"十三五"国家重点出版物出版规划项目
现代机械工程系列精品教材
普通高等教育"十三五"汽车类规划教材

自动驾驶概论

陈 刚　殷国栋　王良模　编著

机械工业出版社

本书是“十三五”国家重点出版物出版规划项目。

本书比较全面、系统地介绍了近几年出现的自动驾驶技术。全书共6章，主要包括绪论、自动驾驶车辆组成模块、自动驾驶车辆控制系统、无人驾驶机器人车辆、自动驾驶车辆智能水平定量评价、自动驾驶车辆的机遇与挑战。内容除了涵盖经典自动驾驶技术外，还包括车辆驾驶行为、车辆行驶姿态与行驶车速感知、车轮与路面之间摩擦因数估计、车速与转向控制、视野扩展系统、无人驾驶机器人控制系统、无人驾驶机器人车辆控制系统、自动驾驶评价模型及智能水平等级划分、自动驾驶车辆评价指标、智能水平定量评价、车联网与智能交通系统等自动驾驶新技术。

本书既可作为车辆工程、交通工程、机器人工程、装甲车辆工程、机械电子工程、机械设计制造及其自动化等专业的教材，也可作为从事相关专业的工程技术人员的参考书。

本书配有PPT课件，采用本书作为教材的教师，可以登录www.cmpedu.com注册下载，或向编辑（tian.lee9913@163.com）索取。

图书在版编目（CIP）数据

自动驾驶概论/陈刚，殷国栋，王良模编著．—北京：机械工业出版社，2019.3（2024.6重印）

“十三五”国家重点出版物出版规划项目　现代机械工程系列精品教材　普通高等教育“十三五”汽车类规划教材

ISBN 978-7-111-62108-9

Ⅰ.①自…　Ⅱ.①陈…　②殷…　③王…　Ⅲ.①汽车驾驶—自动驾驶系统—高等学校—教材　Ⅳ.①U463.8

中国版本图书馆CIP数据核字（2019）第035743号

机械工业出版社（北京市百万庄大街22号　邮政编码100037）
策划编辑：宋学敏　责任编辑：宋学敏　朱琳琳
责任校对：潘　蕊　封面设计：张　静
责任印制：张　博
北京中科印刷有限公司印刷
2024年6月第1版第4次印刷
184mm×260mm · 15.25印张 · 347千字
标准书号：ISBN 978-7-111-62108-9
定价：39.80元

凡购本书，如有缺页、倒页、脱页，由本社发行部调换

电话服务	网络服务
服务咨询热线：010-88379833	机 工 官 网：www.cmpbook.com
读者购书热线：010-68326294	机 工 官 博：weibo.com/cmp1952
	教育服务网：www.cmpedu.com
封面无防伪标均为盗版	金 书 网：www.golden-book.com

前　言

随着互联网技术的飞速发展，人工智能进入公众视野，现阶段已经应用在多个领域，汽车智能化——自动驾驶技术也随之悄然兴起。作为未来汽车行业发展方向的汽车自动驾驶技术的出现，改变了社会传统出行的方式，使人类从烦琐枯燥的驾驶中解脱出来，不仅可以显著提高城市交通的效率，而且能够有效减少甚至避免交通事故的发生。

自动驾驶技术的初步探索研究始于20世纪中叶，美、日、欧等发达国家和地区通过进行多种试验和竞赛的方式，有效促进了自动驾驶技术的进步。近十余年自动驾驶呈现井喷式发展，根据国际汽车工程师协会发布的针对自动驾驶技术的分级标准J3016，国内外大量研发机构设计出了不同智能化等级的自动驾驶汽车，其中具有代表性的有谷歌的无人驾驶汽车、通用汽车公司的EN-V系列电动联网智能汽车、德国慕尼黑联邦国防军大学的VAMT和VITA智能汽车、欧盟CyberCars/CyberMove智能汽车、中国百度智能汽车等。为了普及自动驾驶技术，培养智能制造领域的创新人才，助力智能制造创新发展，组织了本书的编写。

本书反映了近年出现的一些汽车行业的新知识、新技术、新成果，如车辆驾驶行为、车辆行驶姿态与行驶车速感知、无人驾驶机器人车辆、自动驾驶车辆评价模型、自动驾驶车辆评价指标、智能驾驶水平定量评价、车联网及智能交通系统、车联网技术及其发展、国内外自动驾驶车辆上路行驶相关法案。在内容上与已经出版的同类图书具有一定的互补性，本书具有重要的出版价值。

本书是国家自然科学基金项目（编号：51675281）、江苏省六大人才高峰计划项目（编号：2015-JXQC-003）、中央高校基本科研业务费专项资金项目（编号：30918011101）的研究成果。

本书由南京理工大学陈刚、东南大学殷国栋、南京理工大学王良模编著。分工如下：陈刚编写第2章、第4章、第5章；殷国栋编写第1章和第6章；王良模编写第3章。

由于编著者的水平有限，书中疏漏之处在所难免，欢迎广大读者指正。

编　者

目　录

第1章

绪　论

自从1886年世界上第一辆汽车诞生以来，经过100多年的迅速发展，汽车已成为人们日常生活中必不可少的交通工具之一。随着近年来科学技术的进步，汽车正朝着全球化、节能化、环保化、电子化、智能化的方向迈进，其中最具有代表性的就是自动驾驶技术的产生。

人们对自动驾驶的探索由来已久，但是直到最近几年才出现在人们的视野中，并且逐渐成为各大社交媒体的报道热点。根据我国最新发布的《智能网联汽车道路测试管理规范（试行）》给出的定义，智能网联汽车、智能汽车、自动驾驶汽车等是同一概念，具体是指搭载先进的车载传感器、控制器、执行器等装置，并融合现代通信与网络技术，实现车与X（人、车、路、云端等）智能信息交换、共享，具备复杂环境感知、智能决策、协同控制等功能，可实现安全、高效、舒适、节能行驶，并最终可实现替代人来操作的新一代汽车。可以看出，自动驾驶已经不仅仅局限于汽车这一产品，它融合了众多新技术于一身，包括计算芯片、传感器、软件、汽车零部件、出行服务等一整条产业链。

1.1 自动驾驶技术的产生

1. 早期对自动驾驶技术的探索

在汽车发明之后过了大约40年，人们就开始对自动驾驶这项技术进行探索，最早在20世纪20年代，美国无线电设备公司Houdina Radio Control就在纽约市上演了一场“魔术表演”，一辆没有驾驶人的车辆开过繁华的街道，它可以自行起动发动机、换档并转向，在当时引起了不小的轰动，这就是历史上第一辆有据可查的自动驾驶汽车“American Wonder”（见图1-1）。其实它只能算是一辆无线电遥控车辆，在它自动行驶的时候，驾驶人就坐在后面一辆车里，用无线电设备控制它的行动。

到了1939年，美国通用汽车公司在纽约世博会上展示了名为“Futurama”的交通模型（见图1-2），他们设想了未来的高速公路和自动驾驶技术：将电子电路嵌入高速公路中，利用电路电磁场来给车辆提供能量，并通过无线电来控制运动，当车辆驶入高速公路后，就进入自动驾驶模式，根据“定制车道”来行驶。

经过研究人员的实验，美国RCA实验室于1953年研发出一种基于“自动公路”的微型车辆，它是根据设置在道路里的电线来操纵车辆的运动的。在1958年，RCA实验室通过与内布拉斯加州以及通用汽车公司合作，成功实现了在400ft（1ft = 0.305m）长道路上的实车试验。通用汽车公司还在这期间推出了Firebirds系列自动驾驶汽车（见图1-3），车上载有“电子导航系统”，它通过电子脉冲与地下的电缆之间进行通信，从而实现了对车辆的自动控制。

图 1-1　第一辆自动驾驶汽车“American Wonder”

图 1-2　“Futurama”交通模型

图 1-3　通用汽车公司的 Firebird Ⅲ自动驾驶汽车

1960 年，美国俄亥俄州立大学通信与控制实验室开始了对无人驾驶项目的研究，同样提出利用内嵌在道路上的电子设备进行控制和引导。该项目的负责人 Cosgriff 博士预测他们的自动驾驶系统可以在 20 世纪 80 年代初得到完善并投入使用。

在 20 世纪 60~70 年代，很多企业公司、科研机构都对这项技术投入了研究。英国 TRL 实验室研发的自动驾驶汽车“雪铁龙 DS”，在任何天气条件下以 80mile/h（1mile=

1609m）的速度进行测试时，它的速度和方向都不会偏离，这远比人类驾驶更加有效和安全；Bendix 公司还通过道路两侧的通信器来传递计算机的控制指令。

但是到了 20 世纪 70 年代中期，由于对道路修建、改造的要求较高，添置电子设备、铺设电缆的成本和难度也都不低，这些项目的研究资金被撤出，人们逐渐将研究的热情转移到了其他方向，这种技术逐渐在人们的视野中消失了。

2. 现代自动驾驶技术的产生

20 世纪 70 年代中期，人们陆续开始对智能逻辑算法进行研究。1977 年，第一个使用摄像头来感知前方道路环境的自动驾驶汽车在日本筑波工程实验室研发成功，车上搭载了两个摄像头用于环境感知，检测道路上的交通标记，再通过视觉算法来控制车辆行动，而不再需要埋在道路下的电子设备的支持，这代表着自动驾驶技术的研究进入了全新的篇章。

现代自动驾驶技术产生于 20 世纪 70~80 年代。

这一时期，德国的慕尼黑联邦国防军大学研发了一辆由视觉引导驾驶的奔驰汽车（见图 1-4），它以 39mile/h 的速度在没有交通的道路上完成了测试。

同时，美国国防部高级研究计划局开始 ALV 计划，与美国多所大学和科研机构共同研究，集成了激光雷达、计算机视觉和自动机器人技术，研发出了时速 19mile 的自动驾驶汽车（见图 1-5），首次在车上搭载了便携式计算机；1987 年，美国 HRL 实验室使用越野地图结合传感器让汽车实现自主导航，在各种复杂的地形上以 1. 9mile/h 的速度驶过了 2000ft。

图 1-4　视觉引导驾驶的奔驰汽车

图 1-5　美国 ALV 计划发明的自动驾驶汽车

最具代表性的是 20 世纪 80 年代末，由美国卡内基梅隆大学研制的 Navlab 系统，搭载于一辆雪佛兰厢式货车上（见图 1-6）。他们率先采用了神经网络算法来控制和引导车辆，在车上安装了若干摄像头、激光测距仪、激光雷达、陀螺仪等设施，具备惯性导航系统和卫星定位系统，车厢内部是计算机房，整个计算系统由 Wrap 超级计算机和 Sun3/Sun4 工作站组成，还采用了 Intel 80386 实时处理

图 1-6　卡内基梅隆大学研发的自动驾驶汽车

器来处理传感器信息和发出控制指令。受到当时计算机软硬件条件的限制，时速大约只有20mile，但是它为现代自动驾驶技术奠定了基础。

至此，自动驾驶技术的雏形已经基本形成。进入20世纪90年代后，它的发展速度越来越快，国内外投入研究的学者越来越多，各种新的技术层出不穷，自动驾驶技术的研究进入了一个新的阶段。

1.2 自动驾驶汽车的研究状况

1.2.1 国外自动驾驶汽车的研究状况

1. 发达国家的相关政策

国外对自动驾驶技术的研究最早可以追溯到20世纪60年代，主要集中在美国、欧洲、日本等少数发达国家。

为了促进自动驾驶技术的发展，美国国防部高级研究计划局从2004到2007年共举办了三届DARPA无人驾驶挑战赛，吸引了包括卡内基梅隆大学、斯坦福大学、弗吉尼亚大学在内的多个研究团队参赛，并引起了广泛关注。2011年，美国内华达州立法委员会通过了第一部允许测试无人驾驶汽车的法案，并于2012年5月该州的机动车辆管理局（DMV）向谷歌发出首张无人驾驶许可证，允许其上路测试。2015年7月美国密歇根大学M-City正式开放，这是世界上首个测试自动驾驶汽车的封闭测试场，由该校移动交通研究中心负责建设运营。2016年11月，美国交通部公布“自动驾驶试验场试点计划”，并于2017年1月19日确立了10家自动驾驶试点试验场。这一系列的举措表明了美国政府对自动驾驶领域研究的大力支持。

从2015年开始，英国政府开始陆续出台自动驾驶的相关政策，尽力为智能车辆的发展提供宽松的环境。2015年2月，英国政府发布了无人驾驶汽车上路测试的官方许可。四个获批的测试城市分别为布里斯托、米尔顿·凯恩斯、考文垂和格林尼治。2016年1月，英国交通部宣布，准许自动驾驶汽车在伦敦街头上路测试，并将在2017年允许无人驾驶汽车在高速公路与重要道路上进行测试。2017年8月6日，为了确保将网络安全纳入智能车辆的设计、开发及制造过程的考虑范围中，英国运输部与英国国家基础设施保护中心（CPNI）共同制定了一套新的网络安全原则，全称为《联网和自动驾驶汽车网络安全关键原则》。虽然相较于美国，英国在自动驾驶领域起步较晚，但投入的资金却不少。早在2014年，英国政府就建立了专项基金，要投资2亿英镑（约合18亿元人民币）来推行英国自动驾驶相关的研究、开发、演示与部署等工作。2018年2月，英国政府宣布，投资2240万英镑（约合2亿元人民币）在22个新互联和自动驾驶汽车（CAV）研发项目上。此外，英国政府还在2017年推出道路测试项目，耗资1.5亿英镑（约合13亿元人民币）在道路上测试雷达及无线信息技术，同时测试和研发自动驾驶汽车。

日本政府及汽车制造商在自动驾驶技术方面一直保持谨慎的态度。随着东京奥运会的申办成功，日本政府在“日本再兴战略2016”中提出，要在2020年东京奥运会之前实现无人驾驶交通服务，为此日本政府计划开始在公共道路上测试自动驾驶系统。2016年2

月 12 日，日本经济产业省制造产业局汽车课正式公布“无人驾驶评价据点整备项目”并征集承接单位，最终该项目落户筑波市茨城县的日本机动车研究所（JARI），并于 2016 年开始建设。

2017 年 5 月，德国议会两院通过了一项由运输部提出的法案，修改现行的道路交通法规，允许高度或全自动驾驶系统代替人类自主驾驶，给予其和驾驶人同等的法律地位。积极拥抱自动驾驶是德国汽车工业保持领先的重要举措。

在各国政府的大力支持下，国外众多研究机构、传统车企、互联网企业纷纷投入到自动驾驶的研究中来，为自动驾驶的实现与普及做出了重要贡献。

2. 各发达国家的研究状况

美国卡内基梅隆大学从 1987 年左右开始研究自动驾驶技术，其研制的 NavLab 系统代表了世界自动驾驶的发展方向。其中，NavLab-1 系统是于 1986 年基于雪佛兰的一款厢式货车改装而成的，装有 Sun3、GPS、Warp 等计算机硬件，但由于软件的局限性，直到 20 世纪 80 年代末，它的最高速度也只有 32km/h。NavLab-5 系统（见图 1-7）是 1995 年建成的，卡内基梅隆大学与 Assist-Ware 技术公司合作开发研制的便携性高级导航支撑平台 PANS 为系统提供计算基础和 I/O 功能，并能控制转向执行机构，同时进行安全报警。它使用了一台便携式工作站 Sparc Lx，能够完成传感器信息的处理与融合、路径的全局与局部规划。NavLab-5 以 Pontiac 运动跑车作为基础，在试验场环境道路上的自主行驶平均速度达到 88.5km/h，首次进行了横穿美国大陆的长途自主驾驶公路试验，自主行驶里程为 4496km，占总行程的 98.1%。车辆的横向控制实现了完全自动控制，而纵向导航控制仍由驾驶人完成。NavLab-11 系统是该系列最新的智能汽车平台，车体采用了 Wrangler 吉普车，最高车速达到 102km/h。装备的传感器包括差分 GPS、激光雷达、摄像机、陀螺仪和光电码盘等。

图 1-7 卡耐基梅隆大学 NavLab-5 智能驾驶汽车

意大利帕尔玛大学 VisLab 实验室一直致力于 ARGO（见图 1-8）项目的研究，利用计算机视觉完成车道标线识别，控制车辆行驶。于 1998 年沿着意大利的高速公路网进行了 2000km 的长距离道路试验，整个试验途经平原和山区，也包括高架桥和隧道，试验车的无人驾驶里程为总里程的 94%左右，最高车速达到了 112km/h。2010 年，ARGO 试验车装载了 5 个激光雷达、7 个摄像机、GPS 全球定位系统、惯性测量设备以及 3 台 Linux 计算机和线控驾驶系统，同时将太阳能作为辅助动力源，沿着马可·波罗的旅行路线，全程自动驾驶来到中国上海参加世博会，行程 15900km，经历了多种极端环境条件。2013 年，意大利帕尔玛大学的自主车 BRAiVE，在

图 1-8 ARGO 智能驾驶汽车

帕尔玛城区自主行驶，顺利通过单向双车道等狭窄的城郊道路，其间涉及行人横穿马路、交通灯、人工凸起路面、行人区、急转弯等，同时实现全程无人工干预。

2011 年，英国牛津大学研制出的自动驾驶汽车 Wildcat 使用激光雷达和相机监控路面状况、交通状况以及行人和其他障碍物，在崎岖山路上能够实现自主行驶、堵车绕道，如图 1-9 所示。2016 年 10 月，牛津大学公布了 Robot Car（使用日产 LEAF 自动驾驶汽车）自动驾驶数据集，该数据集包含一年内英国牛津市内固定驾驶路线 100 次的重复驾驶数据。该数据集捕捉了许多不同的天气、交通、行人结合出来的路况，也包含建筑道路施工这样的长期变化。

图 1-9　牛津大学自动驾驶汽车 Wildcat

日本丰田公司于 2018 年年初的 CES（电子消费展）上，发布了一款无人驾驶的厢式电动概念车 e-Palette。新车将在 2020 年东京奥运会上试运行，并有望在 2030 年正式向大众推广。2018 年 3 月 3 日丰田公司宣布将与两家供应商爱信精机以及电装公司成立一家新的位于日本东京的合资公司，取名为丰田高级开发研究院，并表示将出资 3000 亿日元（约合 185 亿元人民币）用于研发自动驾驶汽车软件。丰田公司表示 2020 年左右实现可在“汽车专用道路”上的自动驾驶。为建立无人驾驶所需的高精度地图，丰田公司推出了一套“地图自动绘制系统”，该系统可以充分利用汽车本身所搭载的摄像头及 GPS，自动绘制汽车自动驾驶所必需的高精度地图，该项技术有望为将来的自动驾驶汽车提供行驶支持，未来还有望扩充应对“一般道路”及“道路障碍物”等方面的功能。

早在 2013 年，宝马集团就与汽车零部件供应商大陆集团合作开发无人驾驶汽车，主要目的是为 2020 年之后将自动驾驶技术投入应用做准备。2014 年，宝马集团展示了其研发的无人驾驶技术，该技术不仅可以帮助车主在交通拥堵的城市找到便捷畅通的行驶路线，同时又不会剥夺驾驶人对车辆的掌控权。宝马集团将其命名为“UR：BAN research”（城市空间），该技术是以用户为主的网络管理和辅助系统，致力于帮助驾驶人避开路上的行人，通过预测交通信号灯的变化方式使出行更加顺畅、高效。2016 年，宝马集团与英特尔公司以及 Mobileye 公司建立起行业第一个开放式的自动驾驶研发平台。截止到 2017 年下半年，宝马集团在全球共投入了 40 辆自动驾驶测试车辆。2018 年 4 月，宝马集团正式起动自动驾驶研发中心，为最终实现无人驾驶提供技术支持。2018 年 5 月 14 日，上海市智能网联汽车道路测试推进工作小组为宝马集团颁发了上海市智能网联自动驾驶测试牌照。由此，宝马集团成为首家在中国获得自动驾驶路试许可牌照的国际整车制造商。

2016 年 1 月，通用汽车公司宣布成立自动驾驶汽车团队。2016 年和 2017 年，通用汽车公司陆续收购自动驾驶汽车初创公司 Cruise Automation 和激光雷达技术公司 Strobe，在自动驾驶的道路上快速前进。2018 年 1 月 12 日，通用汽车公司官方公布了第四代 Cruise 自动驾驶汽车 Cruise AV。Cruise AV 没有转向盘、加速踏板和制动踏板，安装了 21 个普

通雷达、16个摄像机和5个激光雷达来感知车辆周围的环境和障碍物，是真正的无人驾驶汽车。通用汽车公司不仅开始量产 Cruise AV 的测试车，以便在美国各城市甚至全世界各地进行实际路试，并且也向美国国家高速公路交通安全管理局递交了请愿书，以便能够在2019年开始初步实际部署无人驾驶汽车。

2018年新款奥迪 A8 是全球首款量产搭载 L3 级别的自动驾驶系统的车型，其携带有12个超声波传感器、5个摄像机、5个毫米波雷达、1个激光雷达和1个红外线摄像机，共24个车载传感器，可以在60km/h以下车速时实现 L3 级的自动驾驶，使驾驶人在拥堵路况下可以获得最大限度的解放。

2015年10月，特斯拉推出的半自动驾驶系统 Autopilot，Autopilot 是第一个投入商用的自动驾驶系统。目前特斯拉的量产车上均已安装 Autopilot 1.0、2.0 或 2.5 硬件系统，其自动驾驶功能可通过 OTA 进行从 Level 2 到 Level 4+的软件升级，这是在已量产车上完成了自动驾驶硬件准备。2018年10月推出了基于视觉深度神经网络的 Tesla Vision 9.0 软件版本，特斯拉创始人 Elon Musk 说，由此将实现“完全自动驾驶”。

以谷歌公司为代表的 IT 公司在自动驾驶领域的表现也十分活跃。谷歌公司于2009年开始研发无人驾驶技术。2012年，美国内华达州机动车辆管理部门为其无人驾驶汽车颁发了首例驾驶许可证。2015年，谷歌公司的无人驾驶原型车上路进行测试，该车只配有起动和停止两个物理按钮，通过若干传感器、车载计算机来控制车辆。2016年12月，谷歌公司将无人驾驶业务独立出来，成立了独立公司 Waymo。自2017年10月，Waymo 已在美国凤凰城 Chandler 镇 100mile^2 范围内，对600辆克莱斯勒插电式混合动力 L4 级自动驾驶汽车进行社会公测。当地时间2018年5月31日，Waymo 宣布向菲亚特·克莱斯勒（FCA）采购62000辆 Pacifica 混合动力厢式车用于打造无人驾驶出租车队。2018年，谷歌还与捷豹路虎合作，计划在2020年之前生产另外20000辆无人驾驶出租车。

2016年5月，Uber 无人驾驶汽车在位于美国宾夕法尼亚州匹兹堡市的 Uber 先进技术中心正式上路测试。该车配备了各式传感器，包括毫米波雷达、激光雷达和高分辨率摄像机，以便绘制周边环境的细节。2016年9月14日，Uber 在美国匹兹堡市推出城区大范围无人驾驶出租车免费载客服务并试运行。

综上所述，国外在自动驾驶领域已经进行了较为深入的研究，并且成果显著。各国政府都在陆续制定相关政策为自动驾驶的发展营造良好的环境，企业、研究机构、高校之间形成了良好的合作、竞争关系，这些都将加快国外自动驾驶技术的发展。

1.2.2 国内自动驾驶技术的状况

我国在自动驾驶方面的研究起步稍晚于国外。20世纪90年代初期，由南京理工大学、国防科技大学、清华大学、浙江大学和北京理工大学等高校联合研制成功了我国第一辆自动驾驶汽车 ATB-1（Autonomous Test Bed）型。该车集成了彩色相机、陀螺仪、超声波雷达等，信息融合及决策控制采用两台 PC 协同工作。算法流程采用水平式“感知-建模-规划-执行”结构，该车在校园内自主行驶躲避障碍，最高速度达到21.6km/h。20世纪90年代后期，研制成功了第二代自动驾驶汽车平台 ATB-2 型，最高速度可达70km/h，车辆还具备临场感遥控驾驶和战场侦察等功能。

在国防科学技术委员会和国家“863”计划的资助下，清华大学于21世纪初开始研发THMR（Tsinghua Mobile Robot-V）系列自动驾驶汽车。THMR-V自动驾驶汽车（见图1-10）经过实验研究已经能够实现结构化环境下的车道线自动跟踪、准结构化环境下的道路跟踪、复杂环境下的道路避障和道路停障、视觉临场感遥控驾驶等功能。在车道线自动跟踪研究中，清华智能车THMR-V课题组提出了基于扩充转移网络（ATN）的道路理解技术和基于混合模糊逻辑的控制方法，攻克了车道线图像处理、横向控制和方向传感器传动机构精密设计等关键技术。

这一阶段自动驾驶汽车更多的是在封闭环境进行测试，单一依赖视觉导航，沿清晰车道线行驶。西安交通大学人工智能与机器人研究所研制的Springrobot智能车，着重利用机器视觉感知周边道路环境，利用DSP芯片处理图像信息，完成车道线识别、障碍物检测、行人检测等。

2012年11月26日，由陆军军事交通学院改装的“猛狮3号”自动驾驶汽车（见图1-11），完成了从北京台湖收费站到天津东丽收费站共114km的无人驾驶试验，自主超车12次，换道36次，总自主驾驶时间85min，平均速度为79.06km/h，最高速度为105km/h，全程无人工干预。

图1-10 清华大学“THMR-V”自动驾驶汽车

图1-11 陆军军事交通学院“猛狮3号”自动驾驶汽车

2016年6月初，同济大学在上海国际汽车城无人驾驶汽车测试基地的开园仪式上展示了其协同创新中心研发的自动驾驶电动清扫车。该车在同济大学低速电动车自动驾驶技术、上海司南导航北斗高精度定位技术、上海丁研三元锂电池组与管理技术研究成果的基础上，搭载了可区域示范运行的低速自动驾驶汽车环境感知系统、驱动/制动/转向线控系统及北斗高精度定位系统等自动驾驶控制关键技术。自动驾驶电动清扫车集成了智能决策与控制、环境感知、线控驱动/制动/转向、北斗高精度定位、远程监控、V2I等技术，具备在区域ITS环境下运行的工程化有人/无人双模驾驶清扫车平台。

截至2017年，由国家自然科学基金委员会主办的中国智能车未来挑战赛已举办了9届赛事。其中比较有代表性的有清华大学“睿龙号”无人驾驶汽车和北京理工大学“RAY”无人车。清华大学无人驾驶汽车“睿龙号”采用1个Velodyne HDL-64E激光雷达，用来动态实时创建高精地图，4个车载相机，用来对前方障碍物、车道线和彩色交通标示进行识别，车身周围包含3个IBEO LUX 4激光雷达和Delphi 24/77GHz毫米波雷达，以及惯性导航系统，共同完成车辆周围环境信息的检测。车辆控制部分采用分层递进体系结构，主体包

含智能级、协调级和执行级三层结构，智能级主要用于路径规划，包含全局路径的预规划及全局路径发生变故时路径的重规划。协调级对车辆信息及传感器信息进行融合，将融合后的信息传入智能级进行路径重规划，并对规划结果向执行级发出控制命令。执行级根据上层控制命令，控制车辆完成相应动作。北京理工大学“RAY”无人车系统组成如图 1-12 所示，按功能可将其分为环境感知系统、规划决策系统、底层控制系统、数据采集系统、危险停车系统、数据通信系统以及预留功能系统。

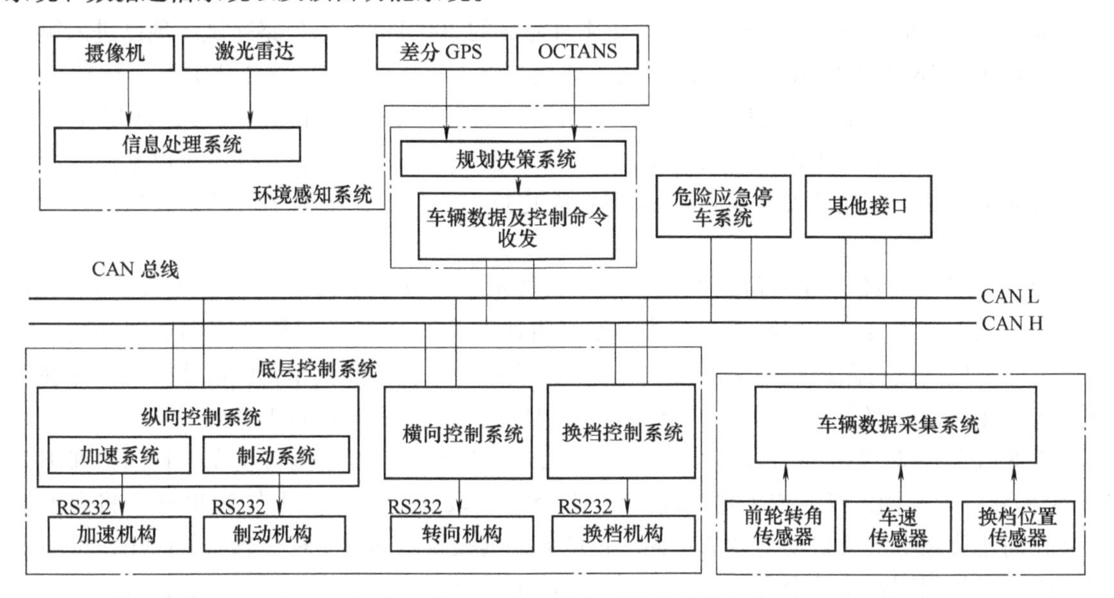

图 1-12 “RAY”无人驾驶汽车系统组成

2018 年 4 月，由上海交通大学–青飞智能园区无人系统联合实验室开发的上海交通大学校园无人小巴系统试运行正式开始。该系统是标准的 Level 4 级自动驾驶系统，无转向盘和加速踏板，通过多传感器融合方式实现自动驾驶。用户可通过微信呼叫、触摸屏交互、语音交互等多种途径方便快捷地使用该系统。与此同时，该系统还具备完整的系统调度、远程监控、运行维护等多种功能。

在欧美车企加快自动驾驶技术研发和应用的同时，我国自主车企也已开始逐步涉足自动驾驶这一领域。2015 年 4 月，一汽集团正式发布了其“挚途”技术战略，标志着一汽集团的互联智能车辆技术战略规划正式形成。根据该战略的十年发展计划，“挚途”战略将从当前的 1.0 发展到 4.0。目前“挚途”1.0 已经于 2013 年应用到红旗轿车上，具备紧急制动、防碰预警、车道偏离等驾驶辅助功能。在 2020 年实现“挚途”3.0，可以实现 V2X 功能，能够整合高速代驾及深度感知和城市智能技术。在 2025 年实现“挚途”4.0，实现高度自动驾驶技术整车产品渗透率达 50%以上。2015 年 4 月 19 日，一汽集团在同济大学举行了“挚途”技术实车体验会，包含“手机叫车、自主泊车、拥堵跟车、自主驾驶”四项智能化技术。手机叫车功能可在视距范围内通过手机发出叫车指令，车辆自动行驶到指定地点，中途可自动躲避行人；自主泊车可通过手机界面寻找车位，输入停车指令，完成平行或垂直泊车任务；拥堵跟车功能可在堵车时自动跟随前车走停、转弯、加减速，可识别交通标识和车间危险，降低拥堵驾驶的疲劳和烦躁。

2015年，上汽集团在自动驾驶领域“结盟”中航科工，并在上海车展上展示了自主研发的智能驾驶汽车iGS。iGS可以通过摄像头和雷达观测周遭环境，再把路况数据传达给控制软件进行分析，给出指令。iGS可以初步实现远程遥控泊车、自动巡航、自动跟车、车道保持、换道行驶、自主超车等功能。

长安汽车在2015年4月发布了智能化战略“654”，即建立6个基础技术体系平台，开发5大核心应用技术，分4个阶段逐步实现车辆从单一智能到全自动驾驶。目前长安汽车已经完成第一阶段的开发试验，即在2017年4月完成的2000km高速公路路试。现已进入第二阶段，将在2018年实现组合功能自动化，如集成式自适应巡航、全自动泊车、智能终端4.0等。未来在第三阶段，实现有限的自动驾驶，如高速公路全自动驾驶等；计划在2025年完成第四阶段，实现车辆全自动驾驶，并进入产业化应用。当前，长安汽车已掌握智能互联、智能个性化、智能驾驶3大类60余项智能化技术，其中，结构化道路无人驾驶技术已经通过实车技术验证。

北汽集团在2016年4月份的北京车展上，展示了其基于EU260打造的无人驾驶汽车。车辆通过加装毫米波雷达、高清摄像头、激光雷达和GPS天线等元器件识别道路环境，同时配合高清地图进行路线规划实现无人驾驶。北汽集团无人驾驶汽车目前搭载的无人驾驶感知与控制元器件大部分都采用了国产化采购，目的是为未来的量产打下基础。

长城汽车在2012年成立了专业团队，对无人驾驶等智能技术进行研发。目前哈弗H8、H9及部分后续车辆已经完成了驾驶辅助（ADAS）阶段的开发。预计在2020年，将会推出能够在高速公路上实现自动驾驶的车辆。长城无人驾驶技术通过多种传感器的应用，可实现对道路情况与周围环境的全方位探测，并经过内部智能电子控制单元高速运算，直接控制车辆的电子转向系统、发动机管理系统及制动系统等机构，实现车辆加减速、变换车道、跟随车辆以及超车等动作。

百度公司于2013年开始了百度无人驾驶汽车项目，其技术核心是“百度汽车大脑”，包括高精度地图、定位、感知、智能决策与控制4大模块。2016年12月，百度无人驾驶汽车在国内首次实现了城市、环路和高速公路混合路况下的全自动驾驶，测试时的最高速度达100km/h。2017年4月17日，百度宣布与博世正式签署基于高精地图的自动驾驶战略合作，开发更加精准实时的自动驾驶定位系统。2018年，Apollo与金龙客车自主研发的“百分百国产”无人驾驶小巴“阿波龙”进行了试运行，并进入运营阶段。

无人驾驶汽车国内发展的关键时间节点总结如下：

2011年7月，国防科技大学与一汽集团合作开发的自动驾驶汽车红旗HQ3，完成了从长沙到武汉，共计286km的高速无人驾驶试验，平均速度为87km/h。

2015年8月，宇通客车在郑开大道城际快速路，完成了开放环境下的无人驾驶试验，全程32.6km，最高速度为48km/h。

2015年12月，百度完成北京开放高速路的自动驾驶测试，其核心技术集中在“百度汽车大脑”，在高精地图、感知决策方面均有突破，试验最高速度为100km/h。

2016年4月，长安汽车完成了超过2000km的无人驾驶汽车测试，计划在2025年实现城市复杂路况下的自动驾驶。

2016年6月，上海“国家智能网联汽车试点示范区”封闭测试区正式开园，标志着在

国家战略高度上，支持自动驾驶汽车技术发展。

2018 年 3 月，北京发放首批自动驾驶测试试验用临时号牌，在 33 条、总计 105km 的开放路段用于自动驾驶测试。

1.3 自动驾驶汽车的发展目标与重点

距离第一辆自动驾驶汽车“上路”已经过去了许多年，也经历了不少的坎坷，人们不禁要问，它将驶向何方？

无人驾驶是自动驾驶的最终目标。自动驾驶系统将完全取代驾驶人对车辆的操纵，人们的出行只需要设定一个目的地，便可以悠闲地享受旅程，而不用忍受漫长的驾驶过程、拥挤的交通环境，不用担心操作失误而造成交通事故，不用考虑停车难的问题……但是，要实现无人驾驶，还有很长的一段路要走，还有很多技术难题需要攻克。

车辆的自动驾驶可以大致分为 5 个过程（见图 1-13）：

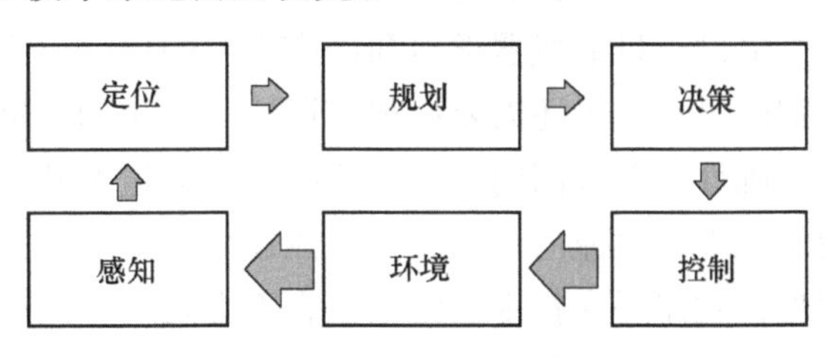

图 1-13 自动驾驶的流程

首先，车辆通过相机、传感器、雷达等元件，获取对环境信息的感知，然后将这些信息映射在地图上，从而得知自身的位置信息；根据环境信息和位置信息，确定可能的行进路线，转交由决策部分处理，决策算法根据这些路径，综合当前道路信息、车辆状态、环境信息等，计算出最佳的路线，最后由控制模块采取行动。在车辆运动期间，感知部分会不断扫描和监控周围的环境并更新信息，后续的模块处理也不断进行，这样就完成了车辆的自动驾驶。这五个部分相辅相成，是促进自动驾驶技术发展的核心。

1）感知是整个系统运行的第一步。虽然环境感知技术目前已大体完善，但是要实现最高级的无人驾驶，还有很多地方需要改进。例如，在恶劣的天气条件下、在不断变化和不利的光照条件下，各种元件不可避免地会受到影响。

许多基于计算机视觉的感知系统，依赖于通过相机获取周围道路的交通信息，这会受到极端天气和光照条件的影响，有暂时失效的可能；而感知精度较高的激光雷达，也会受到空气中的悬浮颗粒物的影响，造成错误的感知信息；传统的雷达虽然在恶劣天气条件下表现良好，但是它的感知不够准确、不够稳定，所以不能完全依赖雷达来感知环境。

目前常见的解决思路是使用融合相机、激光雷达和雷达传感器来检测环境，综合分析它们获取的信息，弥补各自的缺点，以获得在任何恶劣的条件下的良好感知。但是目前的信息融合还不够稳定和一致，该系统仍然需要改进；也有学者致力于改善视觉算法，试图模拟生物的视觉系统构造出车辆的感知系统等。

2）在定位部分，目前的自动驾驶方案太过于依赖“先验信息”，地图就是最重要的先验信息之一。它详细记载了周围环境的静态信息，目的是减轻自动驾驶过程中实时定位的高计算量，它可以给定位系统提供参考，并指导路线规划。这样自动驾驶系统就可以将主要的计算力放在环境的动态信息，如实时的车辆、行人、障碍物等。但是，先验信息会限制自动驾驶系统对新的、突发的情况进行适应和安全反应的能力，如出现了地图上没有的建筑区、道路损坏等。

为了避免这种情况，人们需要大规模地对地图信息进行预先采样和更新，以使车辆能够适应新情况。一种解决方法是建立云端的地图共享系统，它与离线的地图共享并且是动态更新的，但是这对系统的通信能力也提出了更高的要求；也有学者提出“即时定位与地图构建”（SLAM）技术，它并不严重依赖于先验信息，允许自动驾驶系统持续观察环境并适应新情况，但是这项技术需要更多的计算密集型算法，并且根据所使用的传感器和周围环境可能会受到更多不确定性的影响。

3）人工智能算法是自动驾驶的核心。它直接关系到自动驾驶的智能化程度。在驾驶过程中，它要实现诸多复杂的功能，如行人检测、物体识别、多传感器融合、路径规划、行为决策等。不同于智能手机、计算机等，自动驾驶因为涉及人身安全，任何可能造成交通事故的故障都是不可接受的。

借助于目前机器学习和深度学习的研究，人工智能已经能实现越来越多的自动控制，高级别的自动驾驶还需要把智能算法与传统的车辆动力学控制结合起来，对智能算法的稳定性和准确性有着极高的要求；智能算法的道德性和合法性也是人们需要考虑的，“在不可避免的情况下，要撞向一个人的一侧还是撞向一群人的一侧?”类似这样的问题发生了以后处理困难，就需要在技术层面上让它不会发生。因此，人工智能算法的研究任重道远。

4）车联网通信是借助新型信息通信技术，实现“Vehicle to Everything”的全面网络互联，包括人、车、路、通信、服务平台这五类要素，能够有效提升车辆的智能程度和自动驾驶水平，提高交通效率。

车联网的关键技术包括4G/5G车载蜂窝通信技术、LTE-V2X和802.11p直连无线通信技术等的应用，与自动驾驶技术的发展紧密相关，但是这些技术目前只是初步成熟，还需要集中研究力量重点突破，而且车联网信息的安全保护也是一个亟待关注的问题，车联网的过程会产生一定的操纵数据、位置信息等，涉及个人隐私权益的保护，此外，还需要考虑到应用领域的经济效益问题等。

根据Jessica Van Brummelen等人对自动驾驶汽车从出现至今所存在的问题和问题的解决情况做了一个总结，见表1-1。

表1-1　自动驾驶存在的问题和解决情况

项目或竞赛	出现的问题	问题的解决情况
PROMETHEUS（1987—1995）	自主车道保持	大部分已解决
	自适应巡航	大部分已解决
	自动紧急呼叫	大部分已解决
No Hands Across America（1995），Munich to Odense UBM Test（1995），ARGO（1998）	基于视觉的物体检测/追踪	大部分已解决
	复杂光照条件下的感知	部分解决
	改善障碍和道路标志检测	部分解决
	复杂的城市交通	大部分未解决
	恶劣天气下的环境感知	大部分未解决

（续）

项目或竞赛	出现的问题	问题的解决情况
DARPA Grand Challenge（2004），Second DARPA Grand Challenge（2006）	越野无人驾驶	大部分已解决
	避障机制	部分解决
DARPA Urban Challenge（2007）	交通灯和标志检测	大部分已解决
	真实交通环境测试	部分解决
	障碍检测（行人和自行车）	部分解决
	高速自动驾驶	部分解决
	复杂城市交通（交叉路口、密集环境）	大部分未解决
Highly Automated Vehicles for Intelligent Transportation（HAVEIT）（2008—2011）	临时自动驾驶系统	部分解决
	利用 V2V 提高数据冗余度	部分解决
	软件安全架构；硬件感知失败	大部分未解决
Safe Road Trains for the Environment（SARTRE）（2009—2012）	车辆排队及相关的环境安全	部分解决
VisLab Intercontinental Autonomous Challenge（VIAC）（2010）	真实环境下的车辆排队	大部分已解决
	没有先验信息的车辆排队	大部分已解决
	没有先验信息的自动驾驶	大部分未解决
Grand Cooperative Driving Challenge（2011）	高效十字路口联合驾驶	大部分未解决
eFuture（2013）	自动驾驶的节能技术	部分解决
	标准的高级驾驶辅助系统	部分解决
	信息融合以增加感知准确性	部分解决
	人类对自动驾驶的接受程度	大部分未解决
European Truck Platooning Challenge（2016）	基于 V2V 通信的真实车辆排队	部分解决

从表 1-1 可以看出，目前的技术研究水平已经大体完善了基本的自动驾驶技术，还存在的问题是在复杂、恶劣的驾驶环境下，车辆还不能很好地完成驾驶任务，这将成为未来一个阶段研究的重点。总之，目前的自动驾驶技术还有很大的发展空间，还需要人们不断地投入研究，相信真正的无人驾驶汽车正在穿越重重障碍向我们驶来，将给我们带来一个更加智能、安全、环保的世界。

1.4　本章小结

本章首先介绍了自动驾驶技术的产生，接着介绍了自动驾驶汽车的研究状况，包括国外自动驾驶汽车的研究状况以及国内自动驾驶技术的状况，最后介绍了自动驾驶汽车的发展目标与重点。

第2章

自动驾驶车辆组成模块

2.1 自然环境感知模块

2.1.1 道路信息感知

1. 结构化道路检测

在真实的城市交通环境中最常见的是结构化道路。结构化道路是指具有清晰车道标志线和道路边界等的标准化道路。结构化道路检测即是通过结构化道路的相关信息来准确获得本车相对于车道的位置和方向。

(1) 结构化道路常用基本假设 由于现实生活中的实际道路形状、样式各异，因此道路检测是一个非常复杂的模式识别问题。因此，只能提供一个经过假设简化的道路场景进行研究。这里，建立了道路形状假设、道路宽度和道路平坦假设、道路特征一致假设、感兴趣区域假设等，有助于识别结构化的道路。

1）道路形状假设。简化道路模型的一种有效方法就是使用道路形状假设，如回旋曲线、抛物线、直线或其他特殊形状等。

由于高速公路的曲率变化缓慢，而回旋曲线有很好的光滑特性，可以解决道路直线部分与道路转弯的接口问题，如 VaMP 系统和戴姆勒-奔驰汽车公司的 UTA 系统都使用了回旋曲线作为道路模型。

回旋曲线可表示为

$$\rho_L = \rho_0 + \dot{\rho}_L L \tag{2-1}$$

式中，ρ_L 是长度为 L 时的道路曲率；ρ_0 是初始点的曲率；$\dot{\rho}_L$ 是曲率的变化率。由于回旋曲线上任意点的曲率与到起点的距离成比例，因此使用 2 个参数就可以确定道路的形状，即在 L 为定值的情况下，只需要确定 ρ_0 和 $\dot{\rho}_L$ 便可确定当前道路线。

有些系统使用多项式曲线表示车道线，并采用简单的 Hough 变换进行匹配。

最简单的多项式曲线为直线模型，由式（2-2）表示为

$$Y = KX + B \tag{2-2}$$

式中，X，Y 分别是道路的横向坐标和纵向坐标；K 是道路的斜率；B 是截距。在近视野中，由于车辆行驶的速度不高，将道路形状假定为直线可以满足车辆导航的需要。

另外有一些系统采用了更一般化的道路模型。例如，德国 IITB 研究所的 ROMA 系统采用基于轮廓线的方法，首先使用基于梯度的滤波器和可编程的阈值处理图像，将具有

明显梯度方向特征的像素组成轮廓，然后使用道路模型跟踪轮廓。类似地，MOB-LAB 实验车使用更一般化的三角形模型。

使用道路形状假设，避免了道路几何复杂的重构问题，简化了车体控制，提高了系统对阴影和遮挡的鲁棒性。但是该假设往往需要复杂的公式匹配，计算量较大，而且当道路不符合模型假设时会失效。因此道路形状假设的选择至关重要。

2）道路宽度和道路平坦假设。假设道路宽度固定或变化比较缓慢，在道路检测中可认为道路的两个边缘是平行的。在视觉检测系统获得图像的特征（道路边缘线、障碍物）后，为精确地控制车辆，需要将坐标从图像平面坐标系转换到车辆行驶的世界坐标系。假设车辆前方的道路是平坦的，就可以利用已知的摄像机标定信息进行逆透视变换。一般以上两个假设条件同时出现，如意大利帕尔玛大学的 GOLD 系统，首先根据道路平坦假设，利用逆透视变换去除图像中的透视效果，然后利用当前车道两个边缘平行的约束，在转换后的道路俯视图上进行道路检测和障碍物检测。美国卡内基梅隆大学的 RALPH 系统则进一步扩展了该方法，使用道路上任意的平行特征，如车道线、道路边界等来检测道路，并采用道路宽度假设，使系统对阴影和车辆遮挡的影响比较有鲁棒性，但这种假设不适用于宽度变化比较频繁的道路。

3）道路特征一致假设。通常，图像中的路面区域具有一致的特征，如灰度特征、颜色特征、纹理特征等，而非道路区域则没有这样的特征，因而可以采用聚类的方法检测道路区域。例如，FMC 公司的 Kuan 计算图像一维彩色特征的直方图，通过阈值化像素分类为“道路”像素和“非道路”像素。使用路面特征一致假设，系统检测困难道路的能力大大增强。然而，由于使用了比较复杂的聚类方法，因此计算量比较大。

4）感兴趣区域假设。道路跟踪实时处理的运算量非常大，根据物理约束和连续性约束，可以利用相邻帧之间的时间相关性加以简化，即在感兴趣的区域进行分析并寻找期望特征，而不需要对整幅图像进行分析，但前提是已经在前一帧图像中将道路区域检测出来，所以这种感兴趣区域假设仅仅是跟踪策略。例如，GOLD 系统将待处理的道路区域限定在上一帧已经检测出道路区域的邻域内。

也可以对采集的原始图像进行窗口选择，按照已经标定好的摄像机信息，将包含整个道路区域的窗口用作道路检测的初始图像。例如，美国卡内基梅隆大学的 RALPH 视觉系统选取了一个随车速变化的梯形窗口。该梯形窗口中每一行所对应的实际水平宽度为 7m 左右，约为典型车道宽度的两倍，然后对梯形窗口的内容进行几何变换，建立一个像素为 30×32 的低分辨率图像。法国的 Peugeot 系统则抽取一帧图像中的大约 10 行，再从这 10 行中选取位于车道白线附近的一个局部区域进行处理。该区域的宽度仅为图像中车道总宽度的 30%左右。感兴趣区域假设可以显著加快道路检测的速度，降低对硬件的要求，满足道路检测的实时性。如何选择感兴趣区域是关键，选择不当会导致检测失效。

（2）直道检测　结构化道路的设计和建设都严格执行行业标准，轮廓比较规则，道路区域和非道路区域有明显画有车道线的道路边缘，而且规定车速为 120km/h 时的极限转弯半径为 650m，一般的最小转弯半径为 1000m，近视野内车道线完全可以近似为直线。在视觉导航系统中，利用距摄像机不远处的车道线方向变化不大，即曲率变化很小的假设，近似用直线来拟合车道线。视觉系统一般采用车道线信息进行道路区域与非道路区域的分割，从而完成道路检测。道路边缘检测主要包括图像预处理、边缘提取和二值化。预处理一般首先选定图像的感兴趣区域，然后用中值滤波、均值滤波、高斯滤波等消除噪声，再进行边缘增强。在边缘提取的过程中，常用的边缘检测包括 Sobel，Prewitt，Canny，Gauss Laplacian 等算子。边缘算子的选取主要根据算法执行时间和边缘检测结果综合考虑。

1）道路检测算法流程。公路上的道路区域通常可以用一个画有车道线的平面模型来表示。车道检测的过程分为两步：车道线边缘点搜索和车道线边缘曲线拟合。

车道线通常是指在较深的路面上具有一定宽度的白色四边形区域。在装有摄像机的车辆正前方的一段距离内，一般能够看到两组不被遮挡的车道线，系统只在此区域初始化一块检测区域用作车道线检测。一旦提取了车道线，就可以用鲁棒的直线拟合算法确定车道线方程，然后将整个车道从图像场景中分离出来。为了减少计算量，同时防止道路上如阴影或裂缝等环境干扰，减少其他车辆对车道线遮挡的可能性，需要采取一些序列图像的动态处理措施：

①在图像序列的每一帧，将车道线的搜索区域限制在包括车道线在内的动态框架里。

②将车道线边界点定义为每行搜索区域中边界灰度值跳变最大且超过预设阈值的点。

③如果检测的车道线边界点数超过一定数量，就启用直线拟合算法求取近似车道线，否则利用历史帧和当前帧的结果进行推导。

基于结构化道路的一些假设，系统中采用的车道线检测与识别算法流程如图 2-1 所示。首先根据灰度特征在初始化得到的检测区域中检测满足条件的特征点，然后对这些特征点进行预处理。如果经过预处理后得到的特征点个数超过预设的阈值且满足序列图像时空连续性假设，那么就启动直线拟合算法来拟合中间车道的两条车道线，并求出两条车道线的交点（消失点），否则采用历史帧的提取结果和当前帧的信息进行推导。至此，可以得到道路区域车道线的直线方程，以及各车道线之间的分界位置，从而将路面部分与背景区域区分开来。

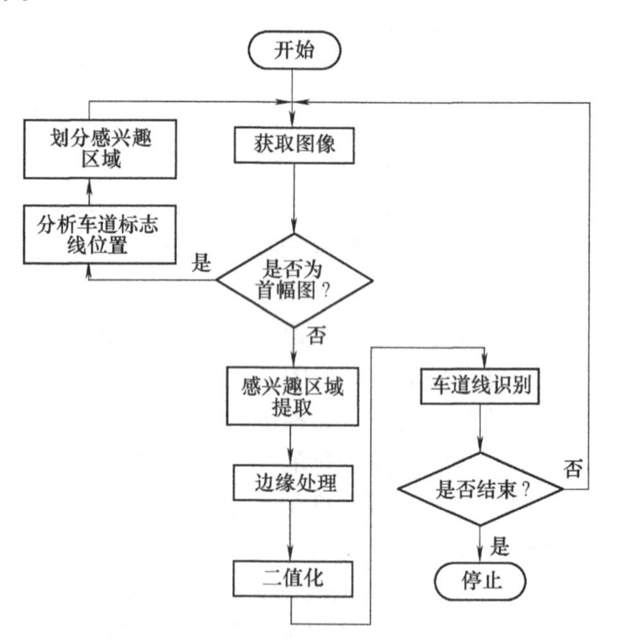

图 2-1　车道线检测与识别算法流程

2）车道线边缘直线拟合。

①Hough 变换原理。Hough 变换是利用图像的全局特性，在二维像素中寻找直线、圆及其他简单形状曲线的一种方法。它将表决原理运用于参数估计。利用曲线上的点表决产生目标参数组，使分割过程具有较强的鲁棒性。其基本思想是建立图像空间与参数空间的映射关系，将研究对象从图像空间中的目标物体转化为参数空间中对应的参考点。其主要优点是受噪声和曲线间断的影响较小。

设直线 L 的表式式为

$$y = kx + b \tag{2-3}$$

它在极坐标中可表示为

$$l = x\cos\theta + y\sin\theta \tag{2-4}$$

式中，l 表示直线离原点的法线距离；θ 是该法线对 X 轴的角度。由此可见，图像空间中的一条直线经 Hough 变换映射到参数空间中是一个点，如图 2-2 所示。图像空间中的一个点经 Hough 变换映射到参数空间则为一条正弦曲线，如图 2-3 所示。

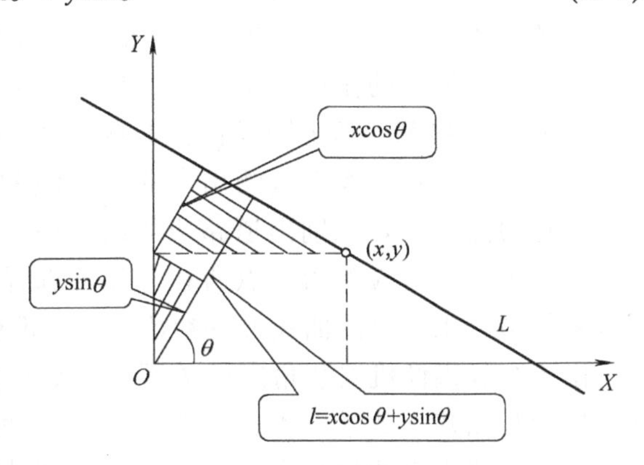

图 2-2　直线的 Hough 变换

②车道线识别算法。道路图像经边缘增强后强化了包括树木、行人、建筑、道路等各种边界信息，而道路边界信息则淹没在大量的边界信息之中，因此必须从诸多的边界信息中识别出道路边界。

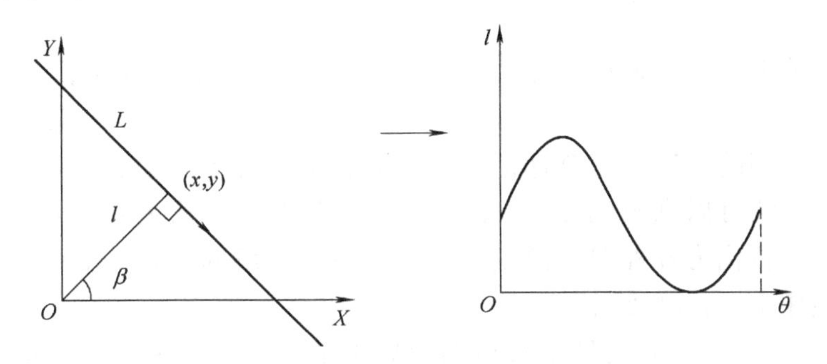

图 2-3　图像空间与参数空间的映射关系

传统的车道线识别算法是基于车道标志线为直线，且道路为平面的假设对车道标志线进行识别的。如图 2-4 所示，以图像左上角为坐标原点，水平方向为 X 轴方向，垂直方向为 Y 轴方向，建立图像平面坐标系。采用的左、右道路标志线模型为

$$y_l = k\_left \times x_l + b\_left \tag{2-5}$$

$$y_r = k\_right \times x_r + b\_right \tag{2-6}$$

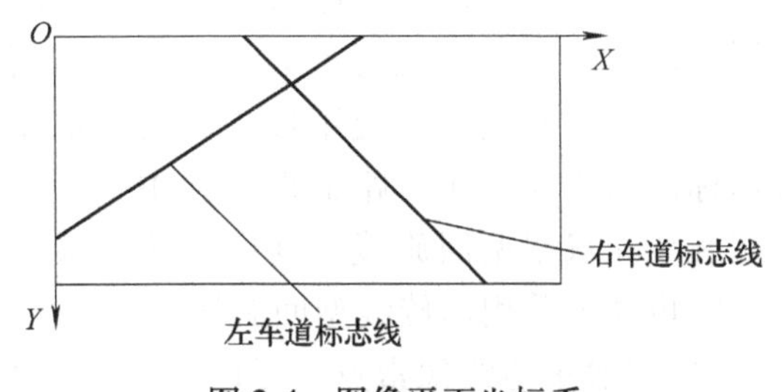

图 2-4　图像平面坐标系

式中，x_l，y_l，x_r，y_r 分别是左、右道路的横、纵向坐标；k_left，k_right 分别是左、右道路标志线的斜率；b_left，b_right 分别是左、右道路标志线的截距。具体过程为：采用沿 X 轴扫描的方式，找出每行中灰度跳变最大的点，记录其坐标。基于行驶路面灰度均匀分布的特征，采用预设阈值的方法对寻找出的每行中最大灰度跳变的特征点进行预处理，同时去除道路区域上灰度跳变小于预设阈

值的特征点。当预处理后剩余特征点的个数超过一定值时，启动车道线直线拟合算法。

通过 Hough 变换，式（2-5）可表示为 $l = x\cos\theta + y\sin\theta$ 形式；同理对式（2-6）进行 Hough 变换，从而使 XY 平面内的任一条直线变换成对应 $l\theta$ 空间中的一个点。为了找出分割图像中车道边缘点所构成的直线，将 $l\theta$ 空间离散化为许多栅格，由每一个（x，y）点离散化值带入式（2-4），求出各个 l 值，落在相应的栅格内，该栅格计数加 l。当统计所有点后，计数值大的栅格对应于共线点，其（l，θ）作为直线拟合参数。

（3）弯道检测 弯道图像包含丰富的道路信息和环境信息，解释了道路周边的场景。弯道检测是从道路图像中检测出弯曲车道线的边界。弯道检测与传统道路检测的区域在于，弯道检测不仅要识别出道路边界线，还需要判断道路弯曲的方向，确定弯道的曲率半径。这也是弯道检测的难点所在。如何选择一个好的曲线模型来描述弯道车道线并由图像数据拟合出可靠的曲线方程参数，是弯道检测的主要难题。

由于车载摄像机安装角度的关系，原始图像中车道线所呈现的轨迹并不是规则的曲线，因而难以建立数学方程，一般需要用其他近似的曲线来进行拟合，从俯视的角度来看，一般公路平面的线形主要分为直线、圆曲线与回旋线，因此选择在俯视图中进行拟合；但由于逆投影变换后，俯视图中图像的精度相对较低，故这也是进行弯道检测时需要考虑的问题。

近些年来，关于弯道检测的研究越来越多，使用的方法也多种多样。常用的弯道检测方法可分为两大类：基于道路特征的方法和基于道路模型的方法。一般基于道路特征的方法和基于道路模型的方法在道路标记明显和完整的条件下才会有较好的检测效果，而基于道路模型的方法可以克服此弊端。国内外弯道检测的方法主要是基于道路模型的方法，即将弯道检测转化为各种曲线模型中数学参数的求解问题，一般可分为建立弯道模型，提取车道线像素点，以及拟合车道线模型三个步骤。

1）建立弯道模型。弯道模型是对道路形状的假设。一般来说，简单模型的鲁棒性强，但不能准确地表达复杂道路；复杂模型较灵活，但对噪声敏感。常用的弯道模型有同心圆曲线模型、二次曲线模型、三次曲线模型、双曲线模型、抛物线模型、线性双曲线模型、回旋曲线模型、样条曲线模型、圆锥曲线模型和分段曲率模型等。研究者们分别用不同的曲线模型进行了尝试，并都取得了一定的成果，其中回旋曲线模型、样条曲线模型和三次曲线模型使用最为广泛，取得的结果也相对较好。由于世界各国道路工程技术标准的差异，在公路工程设计中常使用三种回旋线：回旋线型回旋线、三次抛物线型回旋线和双纽型回旋线。其中，使用最多的是回旋线型回旋线。我国的公路工程技术标准中也规定采用回旋线型回旋线。

2）提取车道线像素点。提取车道线像素点的目的是将目标像素点，即属于每一条车道线的像素点从前景像素点集中提取出来，作为拟合车道线模型的依据。

在车道线像素点提取的方法上，弯道检测与直道检测并没有太大的差别，也主要采用边缘检测的方法。边缘检测得到的检测结果如图 2-5a 所示。

车道线像素点提取的方法还有模板匹配、像素扫描和自适应随机 Hough 变换等。根据车道线可能的方向和位置建立模板库，然后将处理后的弯道图像和预先定义好的车道线模板一一匹配。由于不同模板代表不同的弯道类型（如左弯道和右弯道），因此达到最佳

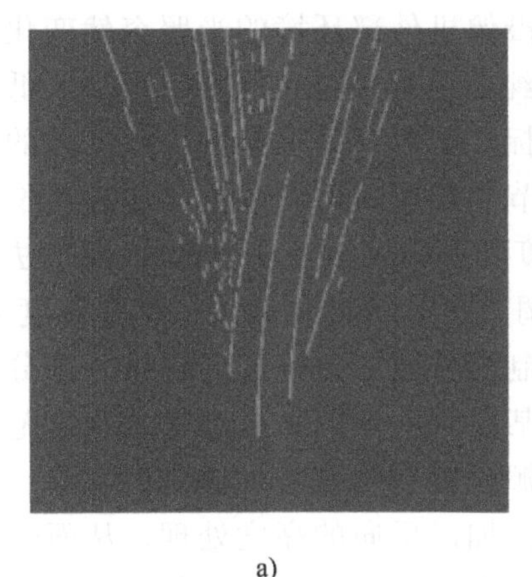

a)

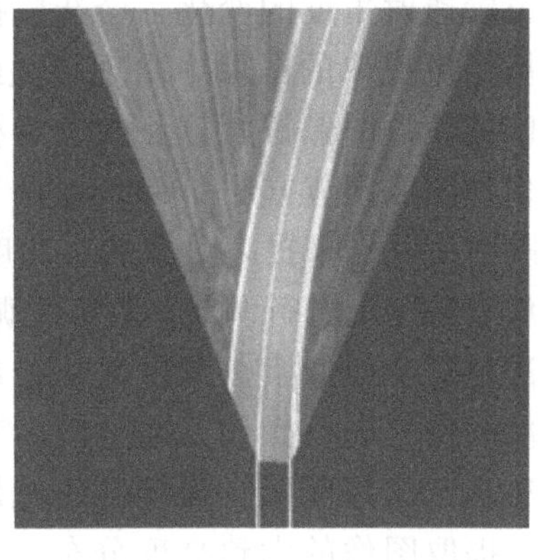

b)

图 2-5 曲线车道线检测

a）边缘检测 b）曲线拟合

匹配效果的模板所蕴含的数据就表示了图像中的弯道信息。像素扫描是车道线像素点提取技术中最普遍的一种，即在二值图中以某一步长沿某一方向扫描，当搜索到前景像素点时，按照预先设定的判别准则进行判断，由此确定该像素点是否是真正的车道线像素点。自适应随机 Hough 变换兼顾了 Hough 变换和随机 Hough 变换的优点，是从图像中提取曲线的一种很普遍的方法。

3）拟合车道线模型。所谓车道线模型拟合就是根据检测到的车道线像素点来确定弯道数学模型的最优参数，主要有直接拟合方法、似然函数方法和随机 Hough 变换等方法。图 2-5b 所示为车道线曲线拟合的结果。

直接拟合方法主要有最小二乘法、插值法、Catmull-Rom 样条函数法、B-样条函数法和分段归类拟合法等。最小二乘法拟合通过计算样本像素与拟合曲线方向的偏差累计值，并使其达到最小，以求得曲线模型的参数。它的优点是拟合速度非常快，且只要遍历一次就可计算出拟合曲线的参数，但对噪声非常敏感。

似然函数方法首先根据弯道模型及其投影模型建立弯道形状参数集合。它描述了在道路图像中弯道边缘所有可能出现的方式，进而通过定义一个似然函数，使该函数的值正比于特定图像中像素数据与特定的弯道参数集合的匹配程度，然后通过求这个似然函数的极大值来确定最优弯道形状参数，进一步检测出弯道。

上述传统方法对特定的结构化道路和一般等级的高速公路都有较好的检测效果，但一种曲线模型很难普遍适用于多种不同形状的弯道，而且曲线识别的模式复杂，情况多样。道路模型难以统一，并且由于算法的复杂性，很难满足准确性和实时性的要求。有研究者采用其他方法来检测车道线，如通过分析道路图像的纹理特征预测道路走向的方法来检测弯道车道线，也有通过模板匹配的方法用多种方向的车道线来与图像做匹配，选择最优的作为检测结果，还有先采用 Hough 变换求出车道线直线方程，确定对应直线段上的最低点和最高点，然后根据相应准则判断出曲线道路的弯曲方向，从而进一步确定曲线段上的特征点，最后分段拟合车道线的直线段和曲线段，实现车道线的二维重建。

（4）复杂环境下车道检测图像预处理 在实际道路行驶状况中，由于环境物体的相互遮挡，光源位置透射角度的变化，会造成摄像机外部环境的光照突然变化或光照程度不均匀，使得摄像机提取的图像中出现多块纯白色或纯黑色区域，即高、低光区域。这些高光或低光区域使得图像识别算法失去目标。图像预处理是解决此问题的一种重要途径。目前存在多种图像调节方法。Gamma 调节和灰度映射调节主要通过使像素灰度值按一定函数进行映射变化，来提高图像的对比度和明暗度。其中 Gamma 调节法直接在摄像机获取的原始像素灰度上进行调节。直方图调节在 Gamma 处理后的像素灰度上进行调节。直方图分析方法是对全部像素按灰度大小绘制直方图，并通过分析直方图分布特征对图像不同灰度层次的像素进行操作，通过减少某段灰度范围来提高特定灰度范围内的信噪比。光流分析法基于图像反射光强度是由光源强度和物体特性决定的假设，先对图像进行模糊化处理，提取图像的大致亮度分布，再加以反向的亮度处理，从而达到对图像明暗程度的减弱并提高对比度的效果。补色法针对高、低光区域的灰度细节丢失，先分析该区域周围的灰度分布趋势，并结合整个图像区域的光流分布，通过模拟函数在此区域设置不同的灰度值，提高区域的灰度细节和对比度。

以上方法能较好地提高图像的对比度和信噪比，但前提是目标区域内像素灰度值存在差异。在实际环境下，摄像机获取的道路区域中存在大量的高、低光区域，此区域内的像素灰度呈现“纯色”效果，即不是全黑，就是全白。这是由摄像机的拍摄灰度范围过窄，而不能有效地捕捉感应造成的。通过以上方法无法实现原始灰度信息量的提高。多重曝光方法可以获取摄像机在多个曝光值下的图像，分析和替换图像中过曝光或曝光不足的像素，将本是“纯色”区域的像素替换成包含灰度细节信息的新像素，加以图像处理后输出新图像。该方法通过设定摄像机不同的曝光参数，能有效地提高所感应的灰度范围；但处理过程复杂，处理时间长，且在合成图像中易出现噪点和合成痕迹，丧失了图像真实性。

在车载视觉中，导航图像对图像的灰度信息范围、图像真实性、图像实时性有较高要求，因此图像预处理方法包括一系列步骤：设置长、短快门值进行多重曝光，在图层级上对图像进行合成、处理，并对合成权值和曝光参数进行动态调整。图像预处理方法必须简单快速，合成图像需平滑自然，产生合成痕迹少，这样才能显著提高摄像机动态灰度范围。为进一步提高实时性，还可将同一摄像机交替变化，曝光方式改进为在双目摄像机中的不同摄像机分别曝光的方式，以增加摄像机曝光变化的稳定性。

2. 非结构化道路感知

非结构化道路（见图 2-6）一般指结构化程度较低的道路，如乡村公路、土路等，在结构上符合道路的特征，但由于缺少车道线等道路标志，故无法采用检测车道线的方法进行识别。

图 2-6　非结构化道路

对于这一类道路，可以采用基于机器学习的道路检测算法。其算法框架如图 2-7 所示。

(1) 自监督样本获取模块　自监督样

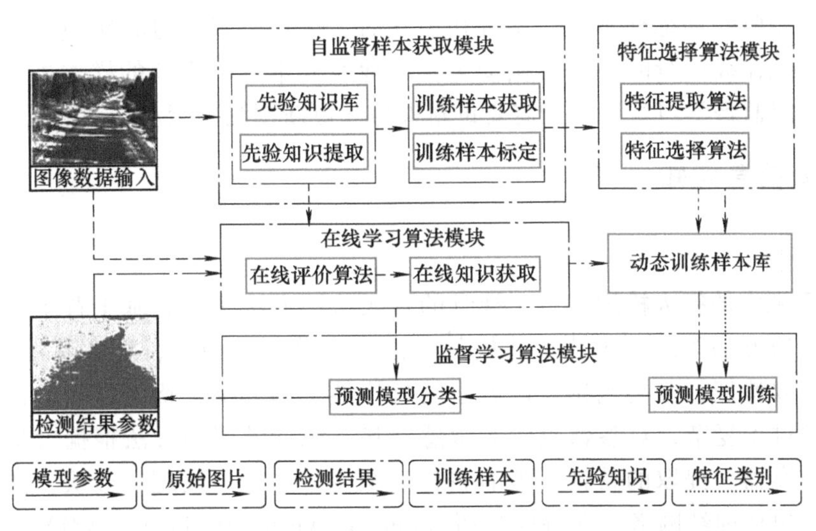

图 2-7 基于机器学习算法的非结构化道路检测方法框架

本获取模块由两个子模块组成。第一个子模块包括先验知识库和先验知识提取两个部分。先验知识库中存放了离线标定的数据。由于这些数据不会随着无人驾驶汽车的行驶环境变化而发生改变，因此被称为先验知识。先验知识提取部分主要通过对先验知识的量化计算，提取一些具有高概率服从某一类别属性的样本点作为训练样本。第二个子模块包括训练样本获取和训练样本标记两个部分，主要负责将每个训练样本赋予不同的类别属性，同时根据其所属某一类别的概率值，赋予不同的权重系数，然后将这些训练样本和相应的权重系数送入特征选择算法模块进行特征提取和特征选择操作。

（2）特征选择算法模块 特征选择算法模块包括两个算法部分：特征提取算法和特征选择算法。特征提取算法通过图像处理技术，从图像中提取每个训练样本点的纹理特征以及颜色特征等，这些特征可能冗余地表达了每个样本点的特征属性，因此，特征选择算法实际上就是去除冗余信息的过程。特征选择算法选择出具有较强分类能力的图像特征后，将这些训练样本和选择出的图像特征输出到动态训练样本库中。

（3）监督学习算法模块 监督学习算法模块包括预测模型训练和预测模型分类两个部分。预测模型训练部分，通过动态样本库中给出的训练样本和特征类别，训练出一个预测模型。训练的方法通常有神经网络、支持向量机等。预测模型分类部分主要负责对整幅图片进行分类，通过学习到的模型，对图片中的每个像素进行类别划分（道路点和非道路点）。

（4）在线学习算法模块 在线学习算法模块的作用是通过在线的方式对预测模型进行补充和修正，使其能够适应环境变化所造成的分类决策面的偏移。它是通过在线评价算法和在线知识获取两个部分完成的。在线评价算法利用先验知识对检测结果进行在线评价，其评价结果反映了预测模型的性能能否适应当前的环境。如果评价结果不满足一定的条件，则激活在线知识获取模块，在线获取那些对预测模型性能的修复和提高有重要作用的样本点（知识），输入到动态训练样本库中，参与模型的在线训练。

（5）动态训练样本库 动态训练样本库连接三个主要的算法模块。其作用是装载监督学习算法所需要的训练样本。当系统初始化时，由自监督学习算法模块提供初始的训练样本；当系统在线运行时，由模块动态实时地对样本库中现有的样本进行更新，由在线评价函数决定监督学习算法是否需要重新训练和更新预测模型。

2.1.2 环境信息感知

1. 行人检测

(1) 基于视觉的行人检测 基于视觉的行人检测方法主要有基于背景建模的方法和基于统计学习的方法等。基于背景建模的方法首先分割出前景，提取其中的运动目标，然后进一步提取特征，分类判别。该方法的鲁棒性不高，抗干扰能力较差，而且背景建模方法的模型过于复杂，对参数也较为敏感。基于统计学习的方法根据大量训练样本构建行人检测分类器。提取的特征一般有目标的灰度、边缘、纹理、形状、梯度直方图等信息。分类器包括神经网络、支持向量机（Support Vector Machine，SVM）、AdaBoost 等。但是基于统计学习的方法存在以下难点：行人的姿态和服饰各不相同；提取的特征在特征空间中的分布不够紧凑；分类器的性能受训练样本的影响较大；离线训练时的负样本无法涵盖所有真实应用场景的情况。

在实际应用中，Pepageorgiou 等人采用 SVM 和多尺度 Haar 小波过完备基结合的方式进行行人检测，首次提出采用滑动窗口进行行人检测。Viola 和 Jones 基于这种思路，用积分图来达到快速特征计算的目的，并利用一种级联结构进行高效的检测；同时，利用 AdaBoost 算法来进行自动特征筛选。受到尺度不变特征变换（Scale-Invariant Feature Transform，SIFT）算子的启发，Dalal 等人提出用梯度直方图（Histograms of Oriented Gradients，HOG）的特征进行行人的特征描述。此外，特征描述方法还有形状特征，利用 Hausdorff 距离变换和分层模板匹配方法，以及基于“Edgelet”特征和“Shapelets”特征的方法。

运动是行人检测中的另一个重要线索。然而，在摄像机运动的情况下，有效地利用运动特征则是一个具有挑战性的课题。在摄像机固定的情况下，Vjola 等人通过计算不同图像的 Haar-like 特征，可以获得较好的性能；而对于摄像机不固定的情况，则需要将运动进行分解。Dalai 等人利用光流场来对图像内部的运动进行统计建模，然后在图像局部区域内进行一定的运动补偿。

就单个特征而言，目前还没有哪个特征描述算子比 HOG 算子更加有效，但将其他特征跟 HOG 特征结合起来，能起到补充的作用。例如，将 Haar-1ike、Shapelets、HOG 特征，以及形状进行一定的组合，比其他单独特征描述算子更加有效。此外，还可将 SVM 分类器进行改进，使其更加适用于遮挡的情况。

1）基于 HOG 特征的行人检测。

①HOG 特征。HOG 特征是一种对图像局部重叠区域的密集型描述符。它通过计算局部区域的梯度方向直方图来构成人体特征，能够很好地描述人体的边缘。HOG 特征对光照变化和小量的偏移不敏感。

图像中像素点 (x, y) 的梯度为

$$G_x(x,y) = H(x+1,y) - H(x-1,y) \tag{2-7}$$

$$G_y(x,y) = H(x,y+1) - H(x,y-1) \tag{2-8}$$

其中，$G_x(x, y)$，$G_y(x, y)$，$H(x, y)$ 分别表示输入图像中像素点 (x, y) 处的水平方向梯度、垂直方向梯度和像素值。

像素点 (x, y) 处的梯度幅度和梯度方向分别为

$$G(x,y) = \sqrt{G_x^2(x,y) + G_y^2(x,y)} \tag{2-9}$$

$$\psi(x,y) = \arctan\frac{G_y(x,y)}{G_x(x,y)} \tag{2-10}$$

HOG 特征提取的过程为：把样本图像分割为若干个像素的单元（cell），把梯度方向平均划分为 9 个区间（bin），在每个单元里对所有像素的梯度方向在各个方向区间内进行直方图统计，得到一个 9 维的特征向量。每相邻的 4 个单元构成一个块（block），而把一个块内的特征向量连起来就可得到 36 维的特征向量。用块对样本图像进行扫描，且扫描步长为一个单元。最后将所有块的特征串联起来，就得到了人体的特征。例如，对于像素为 64×128 的图像而言，以 8 个像素为步长，那么，水平方向将有 7 个扫描窗口，而垂直方向将有 15 个扫描窗口。也就是说，对 64×128 的图片，共有 36×7×15 = 3780 个特征。

在行人检测过程中，除了上面提到的 HOG 特征提取过程，还包括彩色图像转灰度图、亮度校正等步骤。

总结起来，在行人检测中，HOG 特征计算的步骤为：

a. 将输入的彩色图像转换为灰度图。

b. 采用 Gamma 校正法对输入的图像进行颜色空间的标准化（归一化）。其目的是调节图像的对比度，降低图像局部的阴影和光照变化所造成的影响，同时抑制噪声的干扰。

c. 计算梯度，主要是为了捕获轮廓信息，同时进一步弱化光照的干扰。

d. 将梯度投影到单元的梯度方向，为局部图像区域提供一个编码。

e. 将所有单元格在块上进行归一化。归一化能够更进一步地对光照、阴影和边缘进行压缩。通常每个单元格都由多个不同的块共享，但它的归一化是基于不同块的，所以计算结果也不一样。因此，一个单元格的特征会以不同的结果多次出现在最后的向量中。将归一化之后的块描述符称为 HOG 描述符。

f. 收集得到检测空间所有块的 HOG 特征，即将检测窗口中所有重叠的块进行 HOG 特征的收集，并将它们结合成最终的特征向量，供分类使用。

②SVM。SVM 分类器已经被广泛应用于图像识别中，尤其在行人检测中获得了成功。SVM 是在统计学习理论的基础上发展起来的一种机器学习方法，它将最优学习问题转化为一个凸二次优化问题，从而避免了局部极小点，而且支持向量机有效地解决了过学习问题，具有良好的泛化能力及较高的分类精度。其特点是利用有限训练样本得到的决策规则在独立的测试集上仍然能够得到较小的误差。

2）基于 Stixel 模型的行人检测。2012 年，比利时研究人员 Rodrigo Benenson 和 Markus Matias 对如何快速、有效地进行行人检测，提出了两种加速方法。一种是如何在单帧图像上更好地处理尺度信息；另一种是如何利用立体图像的深度信息来加速。在不降低检测质量的前提下，可以获得 20 倍的加速效果。该方法的检测速度达到 100fps。

该方法利用Stixel模型进行目标检测。Stixel为柱状物之类的几何特征描述，主要对地平面之上的目标进行建模。对于图片中的每一列而言，可以估算出底部像素、顶部像素以及目标之间的距离。利用深度信息对目标进行检测。Stixel模型在立体图像中能更好地发挥作用。无须计算所有的深度信息，而只需直接快速地利用立体图像来计算。借助于Stixel模型，检测空间缩小了，使实际应用过程中的速度性能变得更好。

(2) 基于激光雷达与视频数据融合的行人检测 就目前技术来说，视觉虽然可以提供丰富的图像信息，但是室外场景中的光照变化、遮挡、阴影等影响，导致视觉算法在复杂交通环境中的鲁棒性较低。由于激光雷达可以获得移动目标在二维平面内的位置、形状等状态估计，因此可以有效地实现移动目标的状态跟踪。通过融合激光雷达与视频图像数据，可以对目标进行较为准确的检测。利用激光雷达数据抽取出感兴趣区域，再利用视频图像识别该目标的属性，可以有效地实现不同模态传感器间的互补，提高检测性能。

采用激光雷达与视频数据融合的方法检测车辆周边环境中的行人，一般包括三个步骤：

1）处理激光雷达数据，得到感兴趣区域。

2）准备图像数据，进行基于图像的行人检测算法的训练。

3）利用训练好的分类器，在感兴趣区域内进行行人检测。

具体来说，首先是对激光雷达数据进行聚类、分类处理，将处于激光有效范围外的激光点以及可以认为是建筑物、车辆、灌木丛等反射的激光点排除，得到疑似行人反射的激光点。一般将给定激光点所处位置［0，2.2］m的高度范围看作感兴趣区域；同时，将聚类、分类过程中属于同一物体的激光点用一个方框代替。用训练好的分类器，基于感兴趣区域进行行人检测。基于激光雷达数据提供的感兴趣区域进行行人检测，能够极大地提高检测速度，并大大减少误检率。

2. 车辆检测

(1) 概述 基于单目视觉的车辆检测方法分为基于外观（Appearance）的方法和基于运动（Motion）的方法。前者直接从单帧图像中检测车辆，而后者则使用连续帧图像进行检测。单目图像缺乏直接的深度测量，大多使用基于外观的方法。早期的单目视觉车辆检测使用图像中的对称性和边缘特征来进行检测。近年来研究人员采用更通用并具有鲁棒性的特征（如HOG特征、Haar-like特征）来对车辆进行检测。这些特征可被用来直接对图像中的目标进行分类和检测。

HOG特征是一种解释型（Descriptive）的图像特征，可用来确定车辆的姿态，其主要缺点是计算速度慢。近年来，随着GPU的使用，HOG特征的计算瓶颈问题已得到解决，而Haar-like特征不仅非常适合于检测水平、垂直、对称的结构，还通过使用积分图可使特征提取加快，因而可用CPU进行实时计算。也有人利用SIFT特征来检测车的尾部，包括有遮挡时的情况。还有研究人员用加速鲁棒特征（Speeded-Up Robust Features，SURF）和边缘特征的方法来检测盲区中的车辆。

在立体视觉方法中，更常使用基于运动的方法，且多视几何可以测量深度信息。利用立体视觉获取3D坐标，可以区分静态物体和运动物体。与单目方法依赖外观特征和机器

学习不同，立体方法更依赖于运动特征、跟踪和滤波。

（2）V-disparity 方法 V-disparity 方法是一种基于立体视觉的障碍物检测方法。2002年，法国人 Raphael Labayrade 和 Didier Aubert 提出了 V-视差（V-disparity）概念来简化从路面分离障碍物的过程，其中 V 表示（u，v）图像坐标系统中的虚拟坐标。在计算立体视觉的左、右两幅图中，左图的所有像素（u，v）相对右图同一点的水平视差为 d，并以每个像素点的视差作为该点对应的新灰度值，即可形成稠密视差图像（u，v，d）。立体图像的稠密视差图用灰度深浅变化来表示景物相对于摄像机距离的远近。在此基础上，利用视差图内包含的深度信息，累加视差图像每一行上具有相同水平视差的像素个数 m，并以（d，v）为新的像素坐标，以 m 为对应于该像素的灰度值，从而形成了一幅宽度为 d、高度和原图像一致的新图像 V-disparity。在 V-disparity 中，路面可被描述为斜线或分段直线，而垂直的障碍物可被投影为直线。由此，3D 路面和障碍物的提取简化成了 2D 的线性提取。其算法流程为：首先获取立体图像对，然后计算得到稠密视差图，建立 V-disparity 图，通过分析 V-disparity 图，可以提取出行驶环境中的路面，从而计算出路面上障碍物的位置。

在 V-disparity 图中，路面以及障碍物被投影成一条斜线和垂直线。三维目标在二维图像中被投影成平面，而经过视差图像的计算后，又将平面投影成线段，故目标的识别由平面检测转化为线段检测。通过引入 Hough 变换或直线拟合等其他算法提取视差图像中的线段，即可确定路面和障碍物在图像中的准确位置，且路面和障碍物面的交点即障碍物的地点。根据同一目标上的点视差值相近的原理，以每一个障碍物垂线为中心在水平方向延伸，就可以最终锁定所有障碍物区域，完成障碍物检测的任务。

由于 V-disparity 图的计算大幅度地降低了识别工作的复杂程度，因而能够在真实立体图像中实时识别前方目标。V-disparity 方法主要用来提取垂直于立体视觉系统法平面的路面及其上的障碍物，如路面和摄像机前面的车辆，但在实际的驾驶环境中，还有很多障碍物，如栏杆、天桥等，不能在 V-disparity 图中投影为直线。Soquet 等人研究发现，U-disparity 图可以处理此类障碍物。因而，可以采用 U-V-disparity 对路面结构进行分类。

（3）视觉与激光雷达信息相结合的车辆检测 激光雷达能够快速地获取扫描平面中的距离信息，并获得障碍物在扫描平面中的外轮廓，同时不受光照条件的影响。但障碍物的形状、纹理信息等特征无法获得。而机器视觉能够提供更为丰富的平面信息，但容易受光照条件的影响。这两种环境感知传感器可以实现功能上的互补，通过建立激光雷达、摄像机和车体之间的坐标转换模型，将激光雷达数据与图像像素数据统一到同一坐标系中进行识别处理。

结合激光雷达的数据特点选取合适的聚类方法，对聚类后的激光雷达数据进行形状匹配和模板匹配，确定感兴趣区域；通过类 Haar 特征结合 AdaBoost 算法在感兴趣区域进行车辆检测，然后通过车辆在激光雷达中的数据特征实现 Kalman 预估跟踪。

利用激光雷达对障碍物数据点实现聚类分割后，不同的障碍物类成为候选区域。通过对图片样本的统计学习生成由多个不同的弱分类特征组成的分类器，并利用该分类器完成对候选区域的检验，最终与激光雷达聚类分割后提取到的障碍物特征参数进行特征融合输出目标属性参数。

基于统计学习的目标检测方法主要包括两个模块，分类器学习和目标位置的搜索。其中，分类器学习主要包括三个模块：训练数据采集、特征提取和分类器训练。目标位置的搜索方法有很多种，通常采用对待检测图片进行多尺度扫描，对其子窗口进行特征提取，通过学习后的分类器检测每个搜索窗口，以获得目标的具体位置。

训练数据包括正样本和负样本。在采集样本时通过手工标定的方式获得正样本，并对其进行归一化处理。对采集到的正样本进行分类，按照不同的车型，如三厢小车、两厢小车、客车、货车、微型客车（面包车）、SUV 等进行样本的存放。针对分类情况，训练样本库需要对不同车型样本进行综合，从不同的车辆成像角度和不同的车辆姿态建立训练样本集。负样本可以通过采集样本中随机抽取（不能包含检测目标）或 Bootstrapping 方法获取。Bootstrapping 方法首先通过正样本与随机抽取负样本完成第一次训练后，获得一个分类器，再通过该分类器对图像进行检测，提取检测中产生的虚警目标，然后将虚警目标作为负样本，再一次完成样本训练。

特征提取的目的是将训练样本映射到某个特征空间。缩小同类的特征距离，增大不同类间的特征距离，从而通过简单的分类器进行分类。特征提取后可以用监督学习的方法，学习得到两类问题的分类器，以判断目标出现在某一位置的概率。

在待检测图像中，目标可能出现在图像的任意位置，而且具有大小随机的特点，因此在检测过程中一般采用金字塔式的穷尽搜索法进行搜索窗口的特征计算，最终完成目标的检测。如图 2-8 所示，原始图像按照预定尺度步长逐步缩小，直到达到预先设定的尺度或者小于模板为止。

图 2-8　目标检测的金字塔搜索方法

完成样本归一化后，就可以对正、负样本进行训练。基本训练流程为：通过对特征的选择，设置训练参数，载入正、负样本，穷尽搜索样本矩形特征，统计出具有统计特性的矩形特征，组成一个强分类器。

在完成车辆检测后，往往需要利用跟踪算法对检测出来的车辆进行跟踪处理，以缩小后续帧的图像数据搜索区域，使系统具有更高的处理速度。对于车辆跟踪来说，就是不断地更新车辆目标特征属性的过程。在跟踪过程中，车辆的位置、运动速度，甚至加速度等，都是跟踪得到的结果，因而常常使用目标形状、外观等特征来构建跟踪过程所适用的属性。经过跟踪处理的目标检测可以输出稳定的目标检测信息，为车辆控制系统提供稳定的参数信息，将激光雷达与机器视觉共同的检测结果作为跟踪系统的目标参数输入。

基于 Kalman 滤波的车辆跟踪方法，大多假设运动目标做匀速或匀加速运动。两种方

法基本相同，而不同之处只是状态变量维数、各参数矩阵的维数，以及状态方程的维数。对于实时采集的激光雷达与图像序列，每两帧之间的时间间隔很小，可以认为目标在相邻两帧数据中的运动变化缓慢，在实验中，采用车辆做匀速运动的假设。

2.1.3　其他信息感知

1. 交通信号灯检测

目前，不同的国家和地区所采用的交通信号灯的样式不尽相同，我同现行的交通信号灯遵循的是国家标准《道路交通信号灯》（GB 14887—2011）和《道路交通信号灯设置与安装规范》（GB 14886—2016）。虽然交通信号灯的样式各不相同，但灯的颜色都是红、黄和绿或者红和绿组成。在城市环境下，车辆行驶主要遵守机动车信号灯和方向信号灯的指示。

基于色彩特征的交通信号灯识别方法在背景环境相对简单的情况下，如背景为天空，能够有效地检测和识别出交通信号灯；但对于背景环境相对复杂的情况，如存在车辆、行人或广告牌等影响的城市道路环境，基于色彩特征的识别方法很容易出现虚警现象。基于形状特征的识别方法可有效地减少基于色彩特征识别出现的虚警，但需要建立形状特征规则。对相同样式的交通信号灯来说，需要建立不同的形状特征规则。这无疑限制了算法的灵活性。基于模板匹配的识别方法同样需要建立不同样式的交通信号灯模板或建立多级的交通信号灯模板，以实现对不同样式的交通信号灯的识别。单一的方法不能很好地完成交通信号灯的识别，因此需要综合算法和特征才能很好地适应环境的变化，对不同样式交通信号灯进行识别。除此外，还需要注意以下问题：

1）在无人驾驶汽车上应用时，摄像机为车载安装，背景图像为动态变化，与在智能交通监控应用中的摄像机固定安装方式所采用的算法会有所不同。

2）摄像机镜头的焦距决定交通信号灯在图像中的成像大小。在同样距离的情况下，焦距长则成像大，视角范围窄，对不同安装位置的交通信号灯来说，有可能不在摄像机视觉范围内。另外，车辆的行驶振动会影响其成像质量，从而导致图像模糊。

3）无人驾驶汽车在实际的城市环境中行驶，会遇到不同样式的交通信号灯，可能是横式或竖式，可能是机动车信号灯或转向信号灯，因此需要设计适应性、灵活性和扩展性都比较好的分类器。

4）不同大小的交叉路口，其交通信号灯的安装方式也有所不同。大型的交叉路口大多采用悬挂式的交通信号灯，安装高度比较高，且其背景几乎都为天空；而在小型的交叉路口，交通信号灯大部分采用立柱式的安装方式，且其背景大都相对复杂。除此之外，还有少部分门式和挂壁式。因此，无论什么交通环境，鲁棒性强都是交通信号灯识别的关键。

5）当完成交通信号灯识别后，需要对其进行跟踪，以有效缩短系统处理的时间，提高系统的实时性。

6）对于交通信号灯灯色变化，可以根据交通信号灯灯色转换的时序进行灯色转变的跟踪。

交通信号灯识别所采用的系统结构可分为图像采集模块、图像预处理模块、识别模块和跟踪模块。其系统结构如图 2-9 所示。

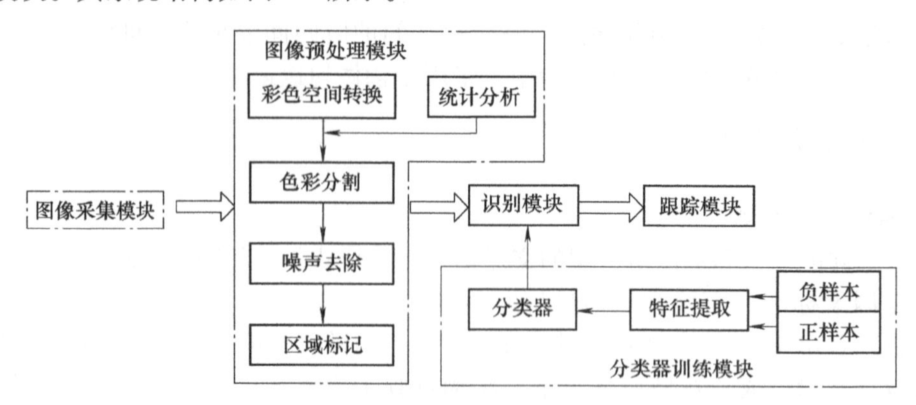

图 2-9　交通信号灯识别系统结构

（1）图像采集模块　摄像机成像质量的好坏直接影响后续识别和跟踪的效果。摄像机的镜头焦距、曝光时间、增益、白平衡等参数的选择对摄像机成像效果和后续处理均有重要影响。

（2）图像预处理模块　图像预处理模块包括彩色空间选择和转换，彩色空间各分量的统计分析，基于统计分析的彩色图像分割、噪声去除，基于区域生长聚类的区域标记。通过图像预处理可以得到交通信号灯的候选区域。

（3）识别模块　识别模块包括离线训练和在线识别两部分。离线训练是通过交通信号灯的样本和背景样本得到分类器，利用得到的分类器完成交通信号灯的检测，结合图像预处理得出的结果完成其识别功能。

（4）跟踪模块　通过识别模块得到的结果可以得到跟踪目标，利用基于色彩特征的跟踪算法可以对目标进行跟踪，有效提高目标识别的实时性和稳定性。

运用基于彩色视觉的交通信号灯识别方法可以检测到单帧图像中的交通信号灯。车辆在自主行驶的过程中，车载摄像机所采集到的图像为连续的图像序列，目标在图像中的相对姿态、位置和大小不断地发生变化，而且会存在交通信号灯被前方车辆部分遮挡的情况。为防止出现误检测或跟踪丢失的现象，可以采用基于色彩直方图的目标跟踪算法。Bradski 提出的 CAMSHIFT（Continuously Adaptive Mean SHIFT）算法是以色彩直方图为目标模式的目标跟踪算法，可以有效地解决目标变形和遮挡的问题，且运算效率较高。

CAMSHIFT 算法是对 Mean SHIFT 算法的改进，是一种通过寻找最大统计分布来实现的鲁棒性统计方法。尽管 CAMSHIFT 算法快速而简单，但它仅在目标的统计特性足够好时才有效。因此，在实际应用中需要对跟踪目标进行相关特征统计，得到特征量的统计结果，然后将搜索领域中的所有像素转换至具有统计特性的特征量空间，这样目标就有良好的相关特征统计特性，不容易受背景环境和外界因素的干扰。交通信号灯在 HSV 彩色空间中具有良好的 H、S、V 特征分量统计特性，因此在对交通信号灯进行色彩分割预处理后，再用 CAMSHIFT 算法对其标记区域的色彩分量进行统计，最后按照色调分量概率分布进行跟踪。其算法流程如图 2-10 所示。

CAMSHIFT 算法的基本步骤：

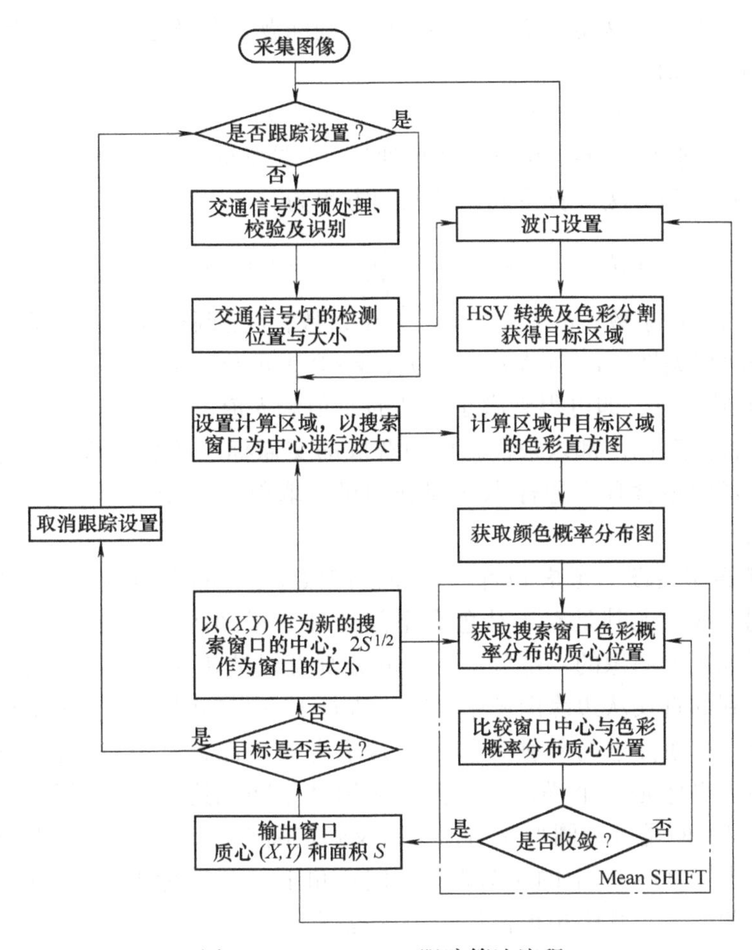

图 2-10　CAMSHIFT 跟踪算法流程

1）完成交通信号灯预处理与校验后设置波门，通过波门初始化搜索区域大小、位置和 HSV 彩色空间转换区域。

2）计算搜索窗口内色彩直方图与色彩概率分布图。

3）运行 Mean SHIFT 算法，获得新的搜索窗口大小和位置。

4）在下一帧采集图像中，以新的搜索窗口大小和位置重复步骤 2）继续运行。

5）当跟踪丢失，如交通信号灯被完全遮挡或其灯号发生改变，跟踪标志取消时，系统需要重新对整幅图像进行预处理、校验和 CAMSHIFT 跟踪。

2. 交通标志检测

交通标志检测与识别系统主要包含三方面内容：色彩分割、形状检测和验证、象形识别。

（1）色彩分割　当光照条件良好时，HSV 色彩空间的色度和饱和度信息能够有效地过滤掉大部分与交通标志色彩信息迥异的颜色，而其阈值的选取是通过从大量的室外环境中进行图像采样得到的。为简化形状检测，准确地分割是必要的。

假定交通标志的颜色数据和负样本数据在 RGD 色彩空间线性分离，则可以找到每个目标颜色划分的超平面。这是一个典型的线性回归问题。其核心在于能够找到满足式（2-11）线性函数的最优值。

$$f(x)=(w\cdot x)+b\cdot x=[v_1 \quad v_2 \quad v_3 \quad 1]^{\mathrm{T}} \tag{2-11}$$

式中，v_1，v_2，v_3 分别是 R、G、B 三个颜色通道；b 是常数系数，$(w\cdot x)$ 通过对标志牌样本数据分析，由岭回归方法计算得到。岭回归方程为

$$L(w,b)= v(w\cdot w)+\sum_{n=1}^{N}[y_n-(w\cdot x_n)-b]^2 \tag{2-12}$$

式中，w 是待求的变量系数；b 是所要求的常量系数；v 是调整因子；N 是样本总数；n 是样本标号；y_n表示相关性，$y_n>0$ 表示正相关，$y_n<0$ 表示负相关。

当 $L(w, b)$ 最小时，即可得到满足条件的 w 值和 b 值。

对于每一种目标颜色，都以采样图像中获取的交通标志的颜色作为正样本训练数据，负样本则通过图像中不含有交通标志的部分随机选取颜色。变量 w 和常数 b 是估测的分割超平面的系数。

（2）形状检测和验证 考虑到鲁棒性和检测效率，Hough 直线变换能够有效地在边缘图像中检测到直线，尤其是对于从色彩空间处理后得到的精确分割图像。被检测直线可以作为三角形或矩形图像的一部分。封闭的分割直线被认为是定位候选区的线段组合。之后将所有检测到的直线从边缘图像中去除，进行下一步的圆检测，以减少时间损耗。

通常情况下，交通标志与驾驶方向并不是垂直的。也就是说，在摄像机捕捉的图像中，圆形交通标志更像是一个椭圆而非圆。采用基于随机连续性采样的椭圆检测，而非 Hough 圆检测，以判断是否为圆形交通标志以及确定圆心位置。一些椭圆形标志检测结果如图 2-11 所示。图 2-11a～c 中的左图表示不同视角下的圆形标志，而右图表示相关的边缘检测和椭圆检测结果，其中矩形框代表边界范围。

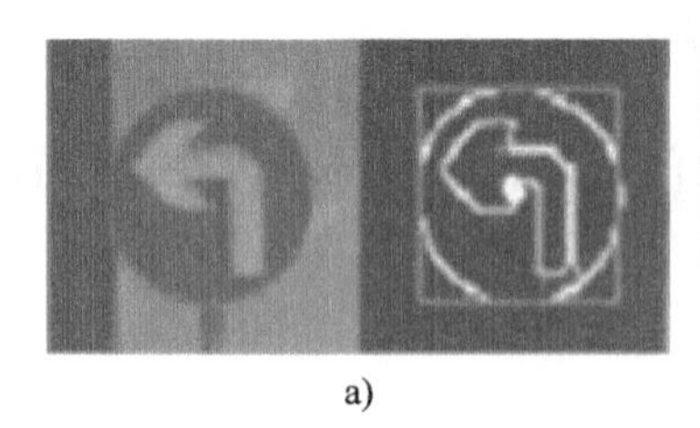

a)　　b)

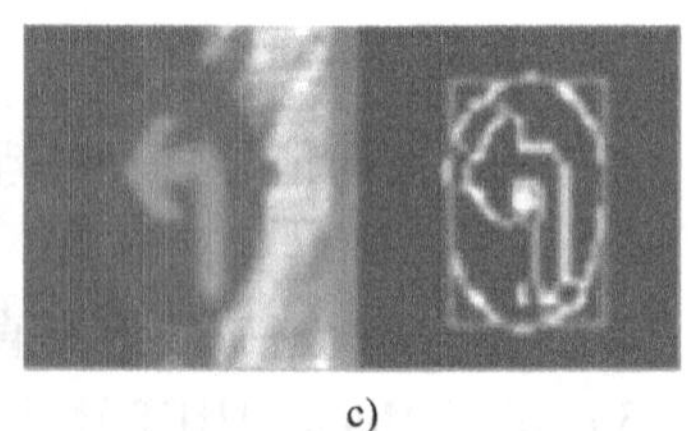

c)

图 2-11　椭圆检测结果

对于交通标志的检测，首先将不是交通标志的候选区清除，之后计算每个检测区域的属性，包括区域的长宽比例以及边界范围。接下来应用模板匹配原理对检测的形状进行验证，并完成大致的分类。图 2-12 所示为图形验证模板。

色彩分割后的图像 I_{C}位于候选区域 R_{can}中，从 I_{C} 中提取出来的图像 I_{CE}被归一化为 48×48 像素的图像，然后应用相关性匹配算法来计算归一化后的二值图像与模板图像的相关性。

（3）象形识别 把从 I_{C}中提取出的 I_{CE}。图像归一化为 48×48 像素的标准格式，然后对其进行识别。对于每一类交通标志，都需要分别设计分类器。

①OTSU 阈值分割算法。为了获得交通标志内部的二色性象形图的准确分布，该二值

图 2-12 图形验证模板

a）红色禁止标志的模板 b）蓝色允许标志的模板 c）黄色警告的模板

化图像应该不受光照、阴影以及遮挡的影响。OTSU 阈值法属于非参数化和非监督算法，能够自动地得到图像分割的阈值，特别适合于前景与背景相差不大的二分问题。因而，在特征提取之前，先应用这种算法来对候选标志进行预处理。

由于大部分交通标志图案无法填充整个候选区域块，因而分割结果极易受到背景图案的影响。为了解决这个问题，对于每一种图形设计不同的模板，如图 2-13 所示。

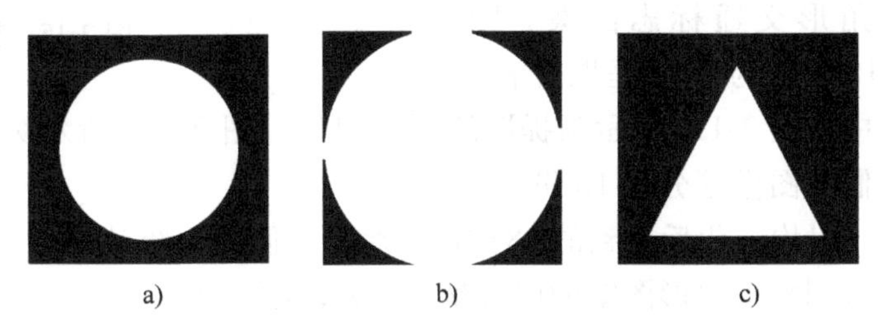

图 2-13 OTSU 分割算法模板

a）红色禁止标志的模板 b）蓝色圆形标志的模板

c）黄色警告标志的模板

图 2-14 所示为在不同光照条件下利用 OTSU 算法从场景中提取的交通标志。其中，图 2-14a~c 中的左图表示原始标志，右图表示 OTSU 二值分割图像；图 2-14d、e 中从左至右分别表示原始标志、应用模板的 OTSU 分割算法和无模板的 OTSU 分割结果。

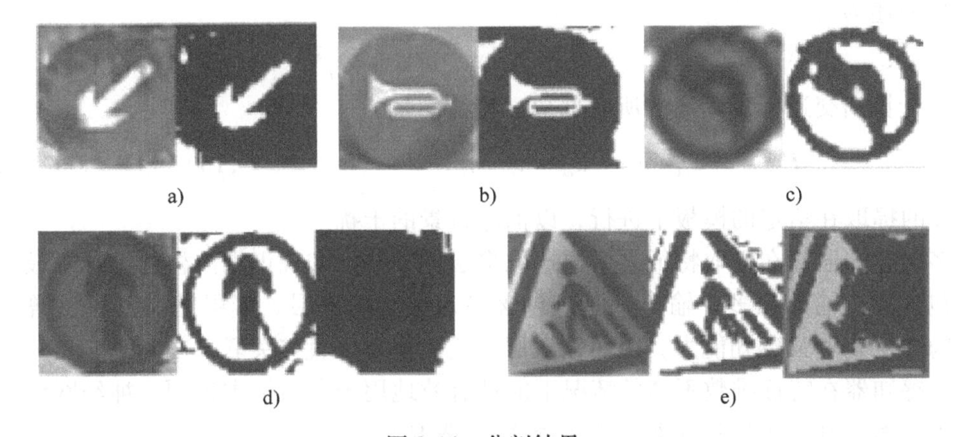

图 2-14 分割结果

②辐射状的特征提取。矩运算被广泛应用于计算机视觉，特别是图形识别领域。矩运算的结果可以表达整个图像的特征，并作为一个特征向量用于图形识别。考虑到具体的应用和典型的图案分布，运用矩运算十分有效，可以将 Tchebichef 矩作为概率神经网络的输入特征。直方图特征也同样被广泛应用于图形识别中，作为分类器的输入特征或直接

用于模板匹配。

针对 OTSU 算法得到的二值化图像 I_{BE}，综合考虑矩特征和直方图特征提取辐射状的直方图特征。首先，将均一化的二值化图像 I_{BE} 等分成 N 份。然后计算每一部分的有效图案部分作为特征向量。整个象形图案的质心位置也是一个特征。值得注意的是，几何中心指的是标志域，而不是候选区，否则会引起计算误差，特别是对于三角形交通标志图案。图 2-15 所示为特征提取样例。其中，图 2-15a 所示为提取的原始图像，图 2-15b 所示为应用 OTSU 算法得到的二值图，它们将图像等分为 16 份。

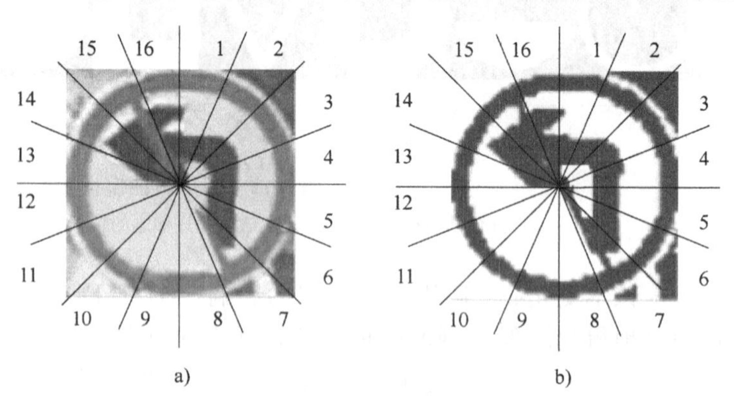

图 2-15　特征提取样例

对均一化后得到的 48×48 像素的二值图，统计第 k 部分的有效像素点的数量 n_k，则可得到整个象形图案的中心坐标（x_c，y_c），即

$$x_c = \frac{1}{N_p}\sum_{i=1}^{N_p} x_i, \qquad y_c = \frac{1}{N_p}\sum_{i=1}^{N_p} y_i \tag{2-13}$$

式中，N_p 是象形图案有效像素点的总个数，即图案中的白色像素点个数，而每个白色像素点的坐标为（x_i，y_i）。

同样地，每一部分的质心也可以通过类似的方法得到。每一部分的质心与总的图案的质心距离描述为

$$d_{ck} = \sqrt{(x_c - x_{ck})^2 + (y_c - y_{ck})^2} \tag{2-14}$$

由此可以计算出交通标志图案的所有部分。特征向量为

$$\boldsymbol{F}_{18} = [d_{c1} \quad \cdots \quad d_{ck} \quad x_c \quad y_c]^{\mathrm{T}} \qquad (k = 1,\cdots,16) \tag{2-15}$$

特征的提取在给定的模板下进行，以消除背景的干扰。

③多层感知器。在提取特征之后，选取多层感知器来实现识别内核的设计。最简单的感知器包含多个输入和多个输出，即只包含输入层和输出层。多层感知器通过增加一个或多个隐含层来增强感知能力，因而输入层与输出层不再直接关联。

多层感知器在特征维数不高的情况下能被有效地用于交通标志识别。神经网络的设计思路如下：考虑到实现的简单性以及高效性，选取受监督的反馈神经网络。输入层包含 18 个神经元，对应从前两步中提取出的矩特征。输出层的神经元个数对应于包含的交通标志的数量。隐含层的层数以及每一层中神经元个数可通过实验优化。在实际应用中，每一个输出神经元的预测值代表着相关交通标志的相似程度，并把相似程度高的输出作为最终的结果输出。

2.2 智能行为决策模块

2.2.1 车辆驾驶行为

1. 驾驶人的信息需要

车辆在行驶时，驾驶人要根据环境、道路交通标志、信号以及车内仪表等提供的信息来进行车辆的控制。信息的获取可以通过视觉、听觉、触觉以及嗅觉等，但据研究，驾驶人80%以上的信息是通过视觉通道获取的，其次是听觉。

由于车辆在行驶时，驾驶人必须审视出现的各种情况，除注视车行道以外，还需注视前面的车辆及邻近车道的车辆；驾驶人要不时地注视反光镜，及时地核对仪表盘。有时，还需主动地观察路旁地带的指路标志以及其他如里程桩之类的情报板。

试验表明，对于驾驶人来说，有一个最适宜的观察目标密度，在这种密度情况下，驾驶人的情绪不至于紧张，较有把握地驾驶车辆，对道路环境的变化也能及时做出反应。适宜的目标密度和环境信息的多样化，有助于驾驶人的注意力集中。当环境信息过少时，如在单调的草原地带交通量很小的情况下行车，信息负担太少，常常会使高级神经活动处于“抑制”状态，昏昏欲睡，很容易发生事故。但在目标密度过大，即“信息过载”时，驾驶人为了从周围的特征（视觉的干扰）中吸取所需的信息，如车辆通过交通量很大或行人交通无组织的村镇时，要求驾驶人高度集中注意力，这时，驾驶人需要有选择地观察目标，放弃一些与行车安全无关紧要的目标，在交通拥挤的情况下，路旁行人实际上不会引起驾驶人的注意。当驾驶人接收的信息过载时，会本能地降低速度，以使输入的信息重新达到适当的数量。

2. 驾驶人处理信息的方式

在道路上行驶的车辆，其驾驶人、车辆和道路环境构成了典型的人机环境系统（见图2-16）。在该系统中，驾驶人是最活跃的要素，对行车安全起着主导控制作用，是保证道路交通系统安全化功能的关键。

在车辆行驶时，驾驶行为是信息感知、判断决策和动作所组成的一个不断往复进行的信息处理过程，亦即感知作用于判断决策后影响到动作。首先是道路上来往车辆、行人、道路交通标志、路面状况以及车辆自身的运行工况等外界信息，通过驾驶人的视觉、听觉和触觉等感觉器官传入驾驶人的大脑，驾驶人依据其驾驶经验予以加工后，做出相应的判断和决策，然后再通过手、脚等运动器官发出调整方向和速率等指令，从而改变车辆运动状态和操纵目的。而车辆行驶轨道、相对于道路的适应程度、振动、速度以及各种操纵后车辆的行驶变化再通过上述过程反馈给驾驶人，同时驾驶人仍在不断接收道路及环境信息，调节自身驾驶状态以适应新的道路环境信息，确保车辆的操纵稳定性、可靠性和安全性。

3. 驾驶行为的三阶段

由图2-16可知，驾驶人与道路环境的联系是通过车辆的“过滤”来实现的，而驾驶行为对车辆运行状态的影响则表现为驾驶人的不同动作。因此，依据对人行为的刺激

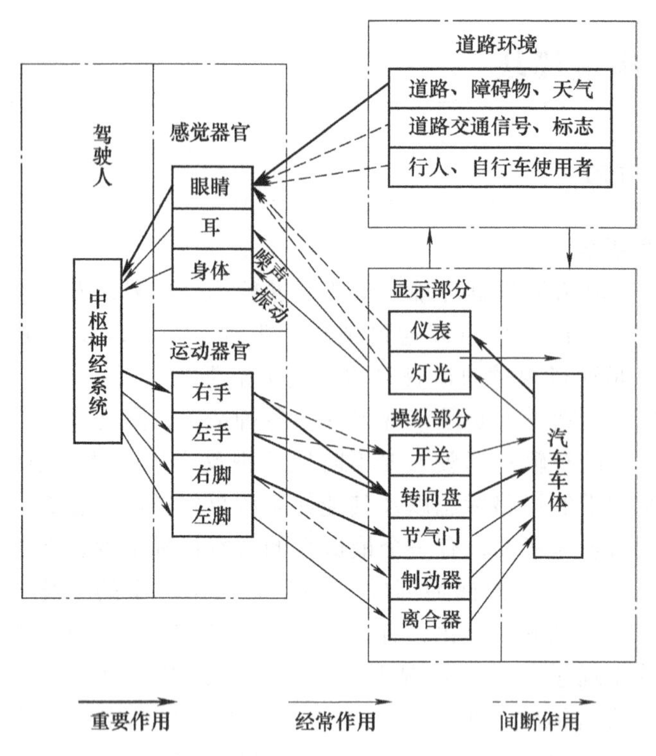

图 2-16　驾驶行为与道路交通系统相互作用简图

(S)-机体（O)-反应（R）经典模式的拓展，驾驶车辆的行为可分为三个阶段，即感知阶段、判断决策阶段和动作阶段。

（1）感知阶段　驾驶人主要通过视觉、听觉和触觉等来感知车辆的运行环境条件，如道路交通信号、行人的动静位置、路面状况以及车辆的运行工况等信息。这一阶段主要由感觉器官完成。

（2）判断决策阶段　驾驶人在感知信息的基础上，结合驾驶经验和技能，经过分析，做出判断，确定有利于车辆安全行驶的措施。这一阶段主要由中枢神经系统完成。

（3）动作阶段　驾驶人依据判断决策所做出的实际反应和行动，具体指手、脚对车辆实施的控制，如加速、制动、转向等。这一阶段主要由运动器官完成。

这样，驾驶行为不仅是信息感知、判断决策和动作三阶段不间断地多次串联组合，而且也是三者连锁反应的综合。于是，道路交通系统中驾驶行为（B）可看作驾驶人（D）、车辆（A）和道路环境（R）相互作用的函数，即

$$B = f(D, A, R)$$

由此可知，驾驶行为不仅受车辆仪器仪表显示、运行工况和道路环境的直接影响，而且也与驾驶人的知识、经验、生理、心理机能等有关，体现在三者的交互制约上。

4. 驾驶状态意识及其层次

（1）驾驶状态意识定义　在感知阶段，驾驶人对已存在着的道路交通状态中要素的识别和正确理解、对要素随后状态的合理确定是保证安全驾驶的基础。即使训练良好、经验丰富的驾驶人，如果没有完全和准确地意识到存在的驾驶状态，也极有可能导致判

断决策和动作差错。因此，驾驶状态意识在驾驶行为中起十分重要的作用。

驾驶状态意识是指，在一定的时间和空间内，通过对存在着的道路交通状态中各要素的观察、识别及对其含义的理解来确定随后要素状态的过程。

良好的驾驶状态意识是驾驶人在动态交通环境中有效工作的保障。这与在静态交通环境中的任务有很大不同，主要在于以下两点：

1）决策要在一个相当短的时间内做出。

2）在做决策的过程中状态不断变化。

（2）驾驶状态意识层次　图 2-17 所示为驾驶状态意识的系统框图，驾驶状态意识主要分为以下三个层次：

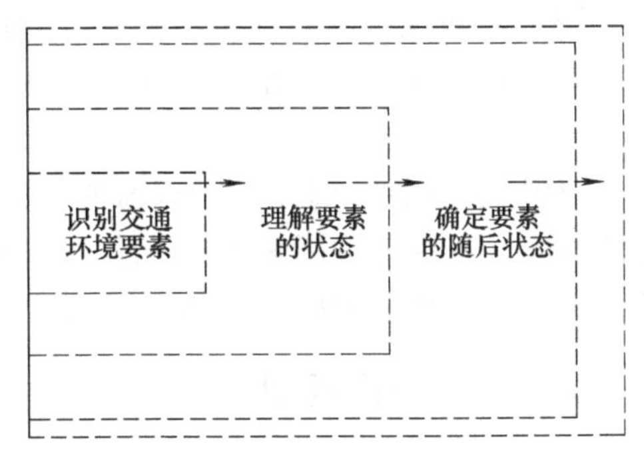

图 2-17　驾驶状态意识的系统框图

1）层次 1——识别道路交通环境要素。在车辆行驶时，驾驶人需要知道其他车辆和障碍物在哪里，它们的运动状态及自己车辆的状态和运动特性。驾驶人可以从道路环境、车内显示仪表或直接通过感觉器官来识别道路交通状态中的要素及其相应特性。

2）层次 2——理解要素的状态。理解要素的状态是基于对层次 1 中分散、不连贯要素的综合，层次 2 超越了仅仅意识到所表现出或观察到的要素，它包括根据相关操作目标，对那些要素意义的理解，以层次 1 的要素的知识为基础，将不同要素组合起来组成模型。驾驶人依据要素的模型匹配来形成对要素的全面认识和重要特性的归结。例如，驾驶人必须要不断理解在特定路段上其他车辆的靠近行为意味着什么。

3）层次 3——确定要素的随后状态。确定要素的随后状态是一种能力，要求驾驶人在一段非常短的时间内，结合层次 1 和层次 2 的结果，根据对现有状态的认识和理解来确定要素的瞬时或随后状态，以便正确判断决策和协调动作。例如，驾驶人常需要预测车辆碰撞的可能性以便于采取更有效的行动。

5. 驾驶行为特征

在道路交通系统中起主导控制作用的是驾驶人，一方面其自身作为一个极其复杂而又相对高度完美的自适应反馈系统，有利于驾驶行为的正确，另一方面驾驶人所具有的功能自由度又导致不同程度的驾驶差错。因此，道路交通系统中驾驶行为具有明显的特征。

（1）复杂性　驾驶人信息加工的衰减性、处理能力的局限性以及道路交通系统中诸多因素的干扰，导致驾驶行为的形成极其复杂。

（2）模糊性　影响驾驶行为的因素既有主观因素，又有客观因素，且各因素对驾驶行为的影响程度较难确切描述，具有一定的模糊性。

（3）自学习性　在许多情况下，驾驶人能及时发现差错并能对差错即将造成的危险后果予以恢复或部分恢复，即具有对差错状态的恢复能力。

（4）相关性　驾驶行为具体体现在感知差错影响到判断决策的正确甚至动作的准确，而判断决策差错则直接制约到动作的协调。

（5）延续性 在驾驶过程中，驾驶人的后续行为要受到前续行为状态的制约，即前续行为的差错有可能导致后续行为的不正确。

（6）时变性 驾驶行为随驾驶时间的变化而发生变化。

（7）随机性 驾驶人在具体的时间、具体的地点和具体的道路交通状态中，其行为表现形式是很不确定的。

（8）自适应性 驾驶人对车辆运行状态的识别、对外界环境动态信息的处理，其变化范围很大，但一定程度上可以通过自身的调节和控制与之相适应。

（9）离散性 驾驶行为由感知、判断决策和动作构成的行为单元组成，每一单元相对独立又彼此联系，即在一定的时间内实现的行为单元或多或少，从而表现出不同的驾驶行为。

（10）突变性 驾驶差错对驾驶行为具有十分显著的影响，这种影响状态一般持续一定的时间，且受各种因素的交互作用，在特定的道路交通状态下，才能使驾驶行为发生某种突发性变化，而破坏道路交通系统的安全化功能，从而发生交通事故。

2.2.2 全局路径规划

1. 全局路径规划简介

常见的路径规划算法主要有可视图法、栅格法、自由空间法、拓扑法、蚁群算法等。这些方法都运用了构形空间障碍（Configuration Space Obstacle）的概念，根据自动驾驶车辆的大小和姿态，将已知的障碍物扩展，变换为扩展障碍（Grown Obstacle），与此同时，自动驾驶车辆缩成一个点。从而使原来物理空间中求运动对象的无碰撞路径规划变为构形空间中求质点的运动轨迹问题，使问题简化。

（1）可视图法 可视图法视自动驾驶车辆为一点，障碍物经相应变换扩展后用多边形表示，将自动驾驶车辆、目标点和多边形障碍物的各顶点进行组合连接，并保证这些直线均不与障碍物相交，这就形成了一张图，称为可视图。由于任意两直线的顶点都是可见的，因此从起点沿着这些直线到达目标点的所有路径均是运动物体的无碰撞路径。搜索最优路径的问题就转化为求从起点到目标点经过这些可视直线的最短距离问题，即带权的图的搜索问题，可以用 Dijkstra 算法求出最优解。

可视图法的缺点是可视图与起点和终点有关，所以一旦起点或终点改变，即使自动驾驶车辆的行走环境不变（障碍物的大小及位置不变），也必须重新构造可视图，这加长了规划的时间。

（2）栅格法 可视图法将障碍物当作多边形处理，这对很多非常不规则的障碍物并不十分适合，除非将多边形的边数定得很大，但这无疑增加了求解的计算量。栅格法却可以克服这一缺点，它将自动驾驶车辆工作环境分解成一系列具有二值信息的网格单元，多采用四叉树（自动驾驶车辆从一个栅格走到下一个栅格只有上、下、左、右四个方向）或八叉树（自动驾驶车辆从一个栅格走到下一个栅格有上、下、左、右、左上、左下、右上、右下八个方向）表示，并通过优化算法完成路径搜索。该法以栅格为单位记录环境信息，有障碍物的地方累积值比较高，自动驾驶车辆就会采用优化算法避开。环境被量化成具有一定分辨率的栅格，栅格大小直接影响环境信息存储量大小和规划时间长短。

栅格划分大了，环境信息存储量小，规划时间短，但分辨率下降，在密集环境下发现路径的能力减弱；栅格划分小了，环境分辨率高，在密集环境下发现路径的能力强，但环境信息存储量大，规划时间长。

（3）自由空间法　自由空间法是 Lozano-Perez 提出的基于 C 空间的一种几何方法，它将障碍物映射到 C 空间，形成 C 空间障碍，即障碍空间，这样在 C 空间中，障碍空间的补集就对应自由空间，自由空间内的点代表不与障碍物干涉的驾驶车辆构形，而障碍空间内的点代表可能与障碍物碰撞的驾驶车辆构形。于是路径规划问题就转化为在 C 空间中寻找一条连接初始点和目标点的自由路径，当自动驾驶车辆沿该路径运动时，能保证不与障碍物发生碰撞。方法是将自由空间表示为连通图，通过搜索连通图来得到最优路径。连通图的构造方法是：从障碍物的一个顶点开始，依次做其他顶点的连接线，删除不必要的连接线，使得连接线与障碍物边界所围成的每一个自由空间都是面积最大的凸多边形。连接各连接线的中点形成的网络图即为自动驾驶车辆可自由运动的路线。

自由空间法的优势在于，构形空间能够用清晰的几何模型来描述，使得自由空间、障碍空间一目了然，然后通过这些几何描述定义一些搜索方法。如果在已知的自由空间中存在避碰路径，那么这些搜索方法可以保证找到这样的路径，而且是最短路径，所以可以按其性能指标来搜索和优化路径，具有完备解。另外该法比较灵活，初始点和目标点的改变不会造成连通图的重构。但自由空间法最大的缺点是自由空间的计算量非常大。随着 C 空间维数的增长，构造连通图所需的计算时间成指数倍增长，尤其是对于障碍物相对比较密集的空间和当自动驾驶车辆的自由度数比较大（即 C 空间维数较大）时，其路径搜索策略要么失败，要么花费不可估量的时间代价。同时在 C 空间中，随着障碍物的移动，C 空间障碍的大小和形状等几何性质也随之变化。因此即使对于低维数的 C 空间，这种方法也不可行，这也是自由空间法的发展受到限制的最主要原因。

（4）拓扑法　拓扑法是根据环境信息和运动物体的几何特点，将组成空间划分成若干具有拓扑特征一致的自由空间的一种算法。根据彼此间的连通性建立拓扑网，从该网中搜索一条拓扑路径，即完成了路径规划的任务。该方法的优点在于因为利用了拓扑特征而大大缩小了搜索空间，其算法复杂性只与障碍物的数目有关，在理论上是完备的。但是，建立拓扑网的过程是相当复杂而费时的，特别是当增加或减少障碍物时，如何有效地修正已经存在的拓扑网络以及如何提高图形搜索速度是目前亟待解决的问题。但是针对一种环境，拓扑网只需建立一次，因而在其上进行多次路径规划就可期望获得较高的效率。

（5）蚁群算法　经研究发现，蚂蚁在觅食过程中能够在所经过的路径上留下一种称为信息素的物质，而且能够感知这种物质的存在及其强度，并以此指导自己的运动方向，它们倾向于朝着该物质强度高的方向移动。因此由大量蚂蚁组成的集体觅食行为便表现出一种信息正反馈现象。某一路径越短，该路径上走过的蚂蚁就越多，则留下的信息素强度就越大，后来者选择该路径的概率就越大。蚂蚁个体之间通过这种信息交流来选择最短路径并达到搜索食物的目的。蚁群算法就是模拟蚁群这一觅食行为的优化算法。

该算法首先将自动驾驶车辆的行走环境按栅格法进行建模，整个求解算法的步骤为：

1）产生初始时刻的蚂蚁种群移动路径。根据蚁群移动过程中途经周围各点的距离启发式信息概率，产生多条从起点到终点的可行移动路径，每一条路径代表了一只蚂蚁的爬行轨迹。

2）信息素的调整。对所产生的每一条可行移动路径，分别计算路径的长度和所对应信息素的增量，再采用设计的信息素轨迹更新函数对路径上各点所对应的信息素进行更新。

3）对产生的每一可行路径进行一定的修正处理。将蚂蚁所走的弯曲路径逐段拉直为一条由直线段连接的可行路径。将此可行路径与记录的目前最短路径进行比较，如果路径长度更小，则用该路径替换最短路径。对路径上的所有点的信息素也根据 2）中的方法进行更新。如果当前时刻已达到预先设定的终止时刻，则转至 5），否则继续 4）。

4）下一时刻蚂蚁路径的产生。综合使用当前点周围的信息素，调整轨迹上各点的位置，产生新的由起点到终点的可行路径，并转至 3）。

5）算法结束，将当前路径作为最短路径输出。蚁群算法具有算法简单、速度快、效果好等特点，非常适于复杂环境的自动驾驶车辆路径规划。但从信息素更新上看，该算法属于一种启发式算法，信息素更新函数的选取直接影响到搜索的快慢和结果的最优程度，而且存在解的不确定性。

（6）神经网络和模拟退火混合算法　基于神经网络和模拟退火算法（Simulated Annealing Algorithm，SAA）的自动驾驶车辆全局路径规划方法，已经有许多文献提及。神经网络作为一个高度并行的分布式系统，对于解决自动驾驶车辆系统实时性要求很高的问题提供了可能性，它在智能自主自动驾驶车辆路径规划中的应用已经显示出其优越性。引入网络结构，使得该方法具有并行性、计算简单及易于从二维空间推广到三维空间等优点，且不存在组合爆炸的问题。引入 SAA，计算简单且能够避免局部极值的产生。但是，SAA 收敛速度相当慢，尤其是在普通计算机上运行时需花费大量机时。但基于自然机理而提出新的优化思想是一件极其困难的事情，因此，围绕提高 SAA 的收敛速度，将 SAA 与其他算法相混合的思想已发展成为提高 SAA 优化性能的一个重要而且有效的途径，其出发点就是使各种单一算法相互取长补短而产生较好的优化效果，目前已经成为众多学者研究的热点。

2. 基于模拟退火算法的自动驾驶车辆全局路径规划

（1）自动驾驶车辆全局路径规划模型的建立

1）基于神经网络的全局环境描述。自动驾驶车辆的无碰撞路径可用一系列中间点来表示，相邻点之间用线段相连，如图 2-18 所示。这样表示具有以下优点：①可定义足够多的点来达到所要求的精度；②可将路径规划问题分解为一组目标统一的规模较小的任务，简化了所要求解的问题；③由于将路径规划问题转化为了一系列的路径点，便于实现大量的并行与分布式计算。

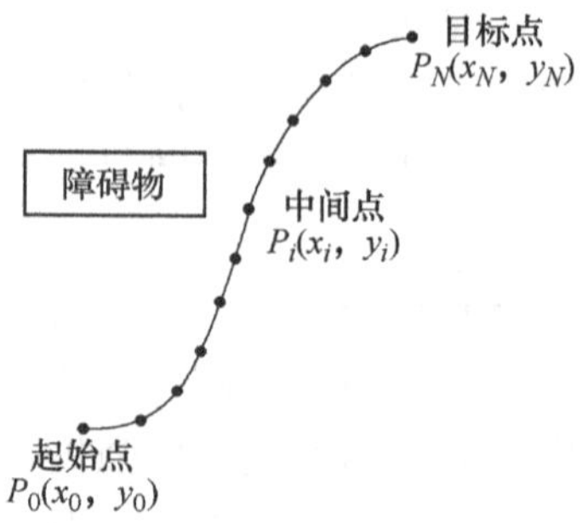

目标点 $P_N(x_N, y_N)$
障碍物
中间点 $P_i(x_i, y_i)$
起始点 $P_0(x_0, y_0)$

图 2-18　自动驾驶车辆无碰撞路径的构建

为了对路径与障碍物之间碰撞性质加以量化，首先必须按照人工神经网络原理，建立一个非常适用于优化设计的层次网络模型，即路径点与障碍物之间的碰撞惩罚函数，同时这也是求解基于神经网络路径规划问题最关键的一步。

三层网络模型如图 2-19 所示，输入层、中间层和输出层，x_i 和 y_i 分别表示路径点的坐标，属于第一层，即输入层。中间层的每一个节点相应于障碍物的一个不等式约束条件，节点的阈值等于此不等式约束中的常数项。输入层和中间层的连接权系数等于不等式约束条件中 x_i 和 y_i 前面的系数，中间层到输出层的连接权系数为 1，输出层节点的阈值取为不等式的个数减去 0.5 后的负数。中间层和输出层节点的激发函数采用 Sigmoid 函数：

$$f(x) = 1/(1 + e^{-x/T})$$

其中，参数 T 是模拟退火算法中的温度，其函数图形曲线如图 2-20 所示。可以看出，Sigmoid 函数具有可微、类阶跃的特点，其取值范围从 0 到 1。这样，输出层的输出将在 0 到 1 之间连续变化，它不仅反映了空间路径点是否与障碍物相碰撞（如果 1 表示相碰，那么 0 就代表不碰撞），同时也反映了两者之间的远近程度。该网络的具体连接及运算关系为

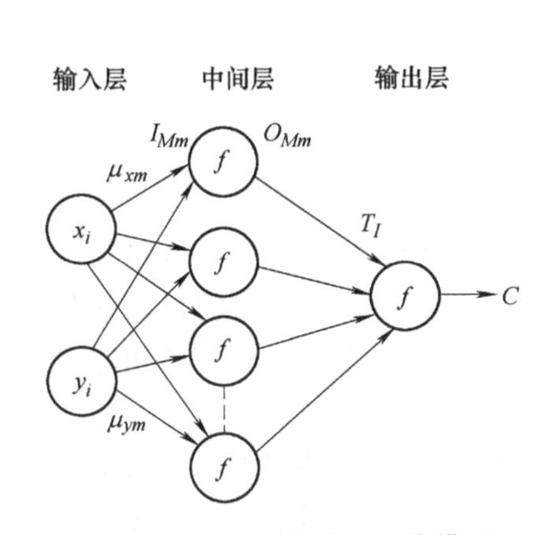

图 2-19　惩罚函数神经网络模型

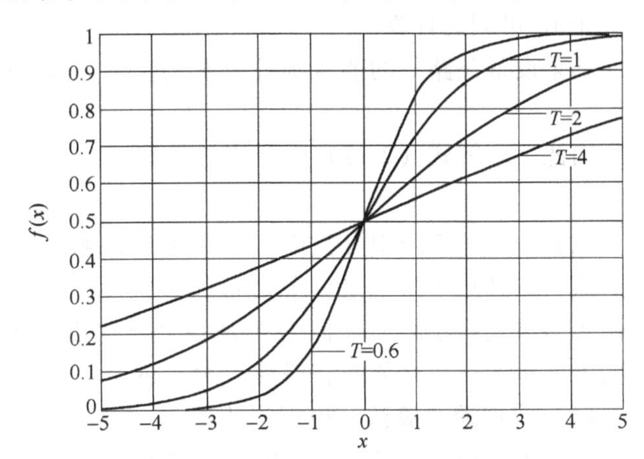

图 2-20　Sigmoid 函数曲线

$$\begin{gathered} C = f(T_I) \\ T_I = \sum_{m=1}^{M} O_{Mm} + \theta_T \\ O_{Mm} = f(I_{Mm}) \\ I_{Mm} = \mu_{xm}x_i + \mu_{ym}y_i + \theta_{Mm} \end{gathered} \tag{2-16}$$

式中，C 是输出层节点输出；T_I 是输出层节点输入；θ_T 是输出层节点阈值；O_{Mm} 是中间层第 m 个节点的输出；I_{Mm} 是中间层第 m 个节点的输入；μ_{xm}，μ_{ym} 是第 m 个不等式限制条件的系数；θ_{Mm} 是中间层第 m 个节点的阈值。

2）路径规划问题的数学建模。从数学角度看，自动驾驶车辆全局路径规划问题，可以等效为一个约束最优化问题：目标函数就是所规划的路径；约束条件就是避免与障碍物相碰撞，其数学模型可以表示为

$$\begin{aligned} &\min \quad f(X) \quad X \in \mathbf{R}^n \\ &s.t. \quad gi(X) \leqslant 0 \quad i = 1,2,3,\cdots,p \end{aligned} \tag{2-17}$$

由于约束优化问题算法收敛速率的判断相对于无约束优化问题困难，而且约束优化问题的研究和进展情况远不如无约束优化问题。因此对于这个约束非线性最优化问题，可通过序列无约束最小化技术（Sequential Unconstrained Minimization Technique，SUMT）转

化成一个无约束最优化问题，即等价于优化一个能量函数 E，它由路径长度函数 E_l 和碰撞惩罚函数 E_c 两部分组成。

E_l 定义为所有线段长度的平方和，对于 N 个路径点，定义为

$$E_l = \sum_{i=1}^{N-1} L_i^2 = \sum_{i=1}^{N-1} [(x_{i+1} - x_i)^2 + (y_{i+1} - y_i)^2] \tag{2-18}$$

E_c 定义为所有路径点的碰撞惩罚函数能量之和，即

$$E_c = \sum_{i=1}^{N} \sum_{k=1}^{K} C_i^k \tag{2-19}$$

式中，N 是路径点个数；K 是障碍物个数；C_i^k 是第 i 个路径点 $P(x_i, y_i)$ 对于第 k 个障碍物的碰撞惩罚函数。网络的计算对于每一个路径点和每一个障碍物都是并列的，也就是说每一个 C_i^k 可同时计算。

如果设整条路径的能量函数为 E，μ_l 和 μ_c 为加权系数，且满足 $\mu_l + \mu_c = 1$，则

$$E = \mu_l E_l + \mu_c E_c \tag{2-20}$$

因此，求解式（2-17）就相当于求解：

$$\min \quad E \quad (X \in \mathbf{R}^n) \tag{2-21}$$

也就是在解空间中寻找能量函数的最小解，即路径的长度较短并较少与障碍物相碰撞。式（2-21）本质上是一个由向量 $(x_i \quad y_i)^{\mathrm{T}}$ 所组成的一个多项式，优化的目的就是寻求使该多项式最小的 E。因为 E 是各个路径点的函数，所以移动每个路径点都朝能量减小的方向运动，最终便能获得使 E 最小的 $(x_i \quad y_i)^{\mathrm{T}}$ 路径。

（2）模拟退火算法 模拟退火算法（SAA）是由 Metropolis 等人在 1953 年根据物理中固体物质的退火原理提出来的，后来 Kirkpatrick 和 Cerny 等人将其用于组合优化。所谓组合优化，即寻找最优状态解 S^*，$S = \{S_1, S_2, S_3, \cdots, S_n\}$，$E(S_i)$ 是状态 S_i 对应的非负目标函数值，使得 $\forall S_i \in S$ 时，$E(S^*) = \min E(S_i)$。

1）模拟退火算法的基本原理。物理退火过程由以下三部分组成：

①加温过程。其目的是增强粒子的热运动，使其偏离平衡位置。当温度足够高时，固体将熔解为液体，从而消除系统原先可能存在的非均匀态，使随后进行的冷却过程以某一平衡态为起点。熔解过程与系统的熵增过程相联系，系统能量也随温度的升高而增大。

②等温过程。从物理学的知识可知，对于与周围环境交换热量而温度不变的封闭系统，系统状态的自发变化总是朝自由能减小的方向进行，当自由能达到最小时，系统达到平衡态。

③冷却过程。其目的是使粒子的热运动减弱并渐趋有序，系统能量逐步下降，进而得到低能量的晶体结构。

虽然固体在恒定温度下达到热平衡的过程可以用 Monte Carlo 方法加以模拟，并且该方法简单，但必须大量采样才能得到比较精确的结果，因而计算量非常大。鉴于物理系统倾向于能量较低的状态，而热运动又妨碍它准确落到最低状态，采样时着重取那些有重要贡献的状态则可较快地达到较好的结果。因此，Metropolis 等提出了重要的采样法，即以概率接受新状态。具体可以描述为：在某一温度 T 下，系统热平衡后的状态为 S_i，$E(S_i)$ 定义为在该状态下的内能，由当前状态做随机扰动产生新状态 S_j，其内能为

$E(S_j)$，若$E(S_j) < E(S_i)$，则接受新状态S_j为当前状态；否则，以一定的概率$P = \exp\{[E(S_i) - E(S_j)]/T\}$接受$S_j$为当前状态，这时，若不成立则保留状态$S_i$为当前状态。当这种过程多次重复后，系统将趋于能量较低的平衡态，各状态的概率分布将趋于某种正则分布，如Gibbs正则分布。同时，也可以看到，这种重要性采样过程在高温下可接受与当前状态能量差较大的新状态，而在低温下基本只接受与当前能量差较小的新状态，这与不同温度下热运动的影响完全一致，而且当温度趋于零时，就不能接受比当前状态能量高的新状态。该种接受准则通常被称为Metropolis接受准则，显然，其计算量比Monte Carlo法明显减少。采用Metropolis接受准则，可有效避免搜索过程陷入局部极值的陷阱，而最终趋于问题的全局最优解。

上述物理退火过程的基本思想，也可用图2-21所示的能量函数曲线加以说明。该能量函数曲线上有两个极小值点A和B，其中A为一个局部极小值点，B为全局极小值点。如果将一个小球（代表系统的初态）放在图2-21所示的位置上，那么通过系统状态的改变，能量必将到达极小值点A，若在系统中引入噪声，使整个系统产生振动，则小球有可能从A点的附近被摇到B点的附近。如果系统振动较强烈，那么小球从A点到B点的概率就比较大，但是这种剧烈振动不宜持续时间太长，否则本来摇到B点的小球又有可能被摇回到A点。一个较好的方法是：先让系统剧烈振动，使小球脱离A点，然后轻轻摇，使小球逐步到达B点，这样就寻找到了该能量函数的全局最优值。

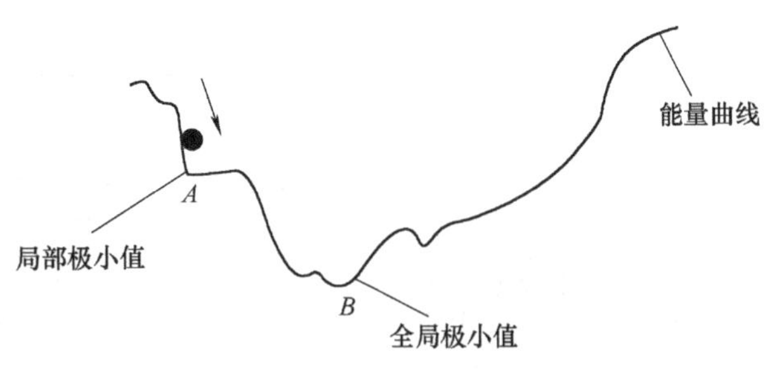

图2-21 能量函数曲线

2）模拟退火算法的求解过程。从上述分析可知，当$E(S_j) > E(S_i)$时，仍然以一定概率（T越高，概率越大）接受S_j，因而可以跳出局部极值的陷阱，最终收敛到问题的全局最优解（能量最低状态）。求解式（2-21）的典型SAA程序流程图如图2-22所示，从算法流程上可以看出，SAA包括“三函数、两准则”，即状态产生函数、状态接受函数、温度更新函数，以及内循环终止准则、外循环终止准则。

进一步分析SAA的基本原理，SAA在一系列递减下降温度下产生的状态点列，从理论上讲，可以视为一系列的马氏链（Markov Chains）。在某一温度下多次重复Metropolis行为，目标函数值的分布规律将满足Boltzmann分布。如果系统温度以足够慢的速率下降，Boltzmann分布将趋向收敛于全局最优状态点的均匀分布，即，若按照一定的条件产生无限长的马氏链，SAA就能够保证以概率1收敛于全局最优状态点（马氏链的强遍历性）。在某一温度下，只要计算时间足够长，也即马氏链足够长，其起始状态点的函数值就会以大概率低于终止状态点的函数值而获得全局最优解。因此，SAA需要一个相当长的优化过程，这是该算法的最大缺点，也将导致在实际SAA运行过程中问题的优化质量与计算时间两者之间产生矛盾，难以保证计算结果为全局最优。

3）计算机仿真试验。利用SAA进行自动驾驶车辆路径规划的仿真试验，初始路径选为从起始点A到终止点B的直线上均匀分布的点列。

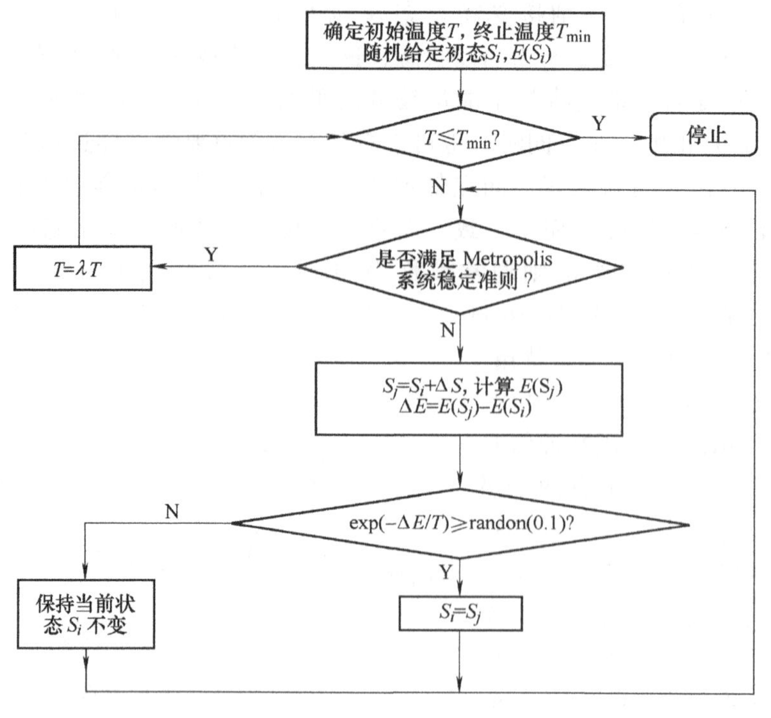

图 2-22　SAA 流程图

当T选得足够高而且下降速度足够慢时，则经过多次迭代计算后，系统将一定能够达到能量较低的平衡状态。但在具体计算时，必须事先假定一个T_{min}，T_{min}不一定为绝对零度，如果$T_{min}=0$，那么将会使此算法持续很长的时间，其时间和精度要求是相互矛盾的。本节采用的退火方式为$T=\lambda T$，$\lambda\in[0.8,\ 0.99]$。试验选取的参数为，初始温度$T=100$，$T_{min}=0.17$，$\lambda=0.91$，$\mu_l=\mu_c=0.5$。

路径规划的仿真试验结果如图 2-23 所示。图 2-23a 和图 2-23b 中的环境信息完全相同，而只是起始点A和终止点B位置不同时所规划的路径。由于自动驾驶车辆所处的环

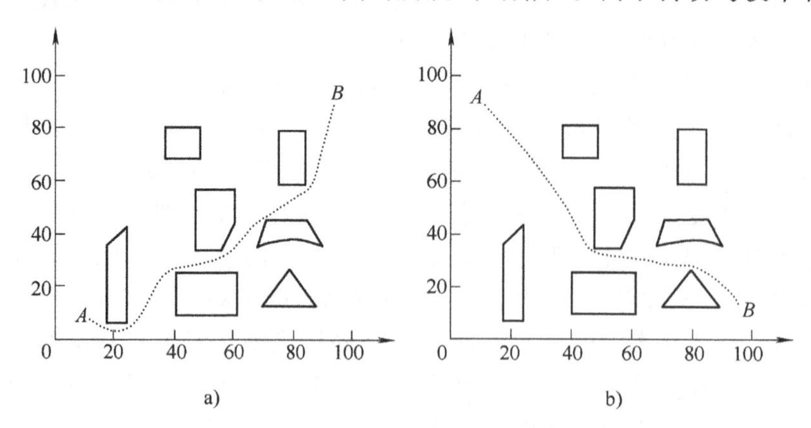

图 2-23　仿真试验结果

a）起始点在下、终止点在上　b）起始点在上、终止点在下

境是随机给定的，仿真结果说明了SAA是收敛的，并且具有鲁棒性。但SAA以随机搜索为基础，以初始温度足够高、降温速率慢及较低的终止温度和各温度下的中心抽样要达到稳定为条件，因而SAA优化过程较长，收敛速度非常慢。因此，在保证一定优化质量的前提下提高SAA收敛速度，必须对其进行改进。

4）模拟退火算法的操作分析及算法改进。从理论上讲，SAA的参数只有满足算法的收敛条件，才能保证该SAA以概率1收敛到全局最优解，此外初温的选择对SAA的性能也具有很大的影响。但实际上，由SAA的收敛性定理可知，某些收敛条件无法严格在实际应用中实现，因此，SAA在实际设计使用中往往得不到全局最优解，或者算法计算结果存在波动而具有不确定性。国内外的许多学者和研究人员试图给出选择“最佳”SAA算法参数的理论依据，但所得到的结论与实际应用还有一定的距离，特别是对于连续变量函数的优化问题。目前，SAA算法参数的选择完全依赖于一些启发式准则和待研究问题的性质。

SAA通用性强，算法易于实现，但若真正取得质量和可靠性高、初值鲁棒性好的效果，克服计算时间较长及效率较低等缺点，尚需进行大量的研究工作。目前，在保证一定要求的优化质量基础上，如何有效提高SAA算法的搜索效率（时间性能），是对SAA算法进行改进的主要内容。可行的方案包括：

①设计合适的状态产生函数，使其根据搜索进程的需要表现出状态的全空间分散性和局部分散性。

②设计高效的退火历程。

③避免状态的迂回搜索。

④采用并行搜索结构。

⑤为避免陷入局部极小，改进对温度的控制方式。

⑥选择合适的初始状态。

⑦设计合适的算法终止准则。

2.2.3　局部路径规划

1. 局部路径规划简介

全局路径规划虽然能找到最优解（在存在可行解的前提下），但从实际应用的角度来看，自动驾驶车辆对于环境信息，特别是动态障碍的信息很难具有先验的知识，自动驾驶车辆在未知环境中行进时，只能根据其传感器探测到周围有限范围内的环境信息。即使自动驾驶车辆通过漫游对环境信息进行预探测，至多也只能获取静态的障碍信息，要在具有未知动态障碍物的环境下进行全局路径规划，无疑具有很大的难度。但实际应用中并不一定要得到全局最优解，在满足不碰撞的前提下很多次优解也是完全可以接受的。局部路径规划正是通过传感器不断探测局部环境信息，再经过一定的算法在线进行多次优化得到一个次优解。由于局部路径规划具有更大的实用性，国内外学者在这方面做了大量的研究，其代表性的方法有：人工势场法、基于模糊推理的路径规划算法、基于神经网络的路径规划算法和遗传算法等。

（1）人工势场法　人工势场法最先由Khatib提出。其基本思想是将自动驾驶车辆在环境中的运动视为在一种虚拟人工势场中的运动。障碍物对自动驾驶车辆产生“斥力”，目标点对自动驾驶车辆产生“引力”，引力和斥力周围由一定的算法产生相应的势，自动驾驶车辆在势场中受到抽象力的作用，抽象力使得自动驾驶车辆绕过障碍物。图 2-24 所示为采用人工势场法进行路径规划的仿真结果，该法结构简单，便于低层的实时控制，在实时避障和平滑的轨迹控制方面，得到了广泛应用。势场法由于其简单性和优美性一度受到很多学者的青睐，但是后来通过试验研究，发现势场法存在以下主要缺陷：

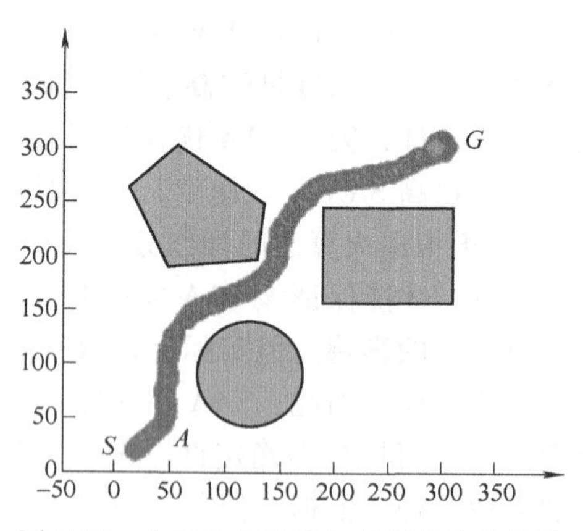

图 2-24 人工势场法路径规划的仿真结果

1）存在陷阱区域，即可能产生局部极点，也就是运动过程存在合力为零的点。

2）在相近障碍物间不能发现路径。

3）在障碍物前振荡。

4）在狭窄通道中摆动。

其原因在于势场法把所有信息压缩为单个合力，这样就存在把有关障碍物分布的有价值的信息抛弃的缺陷，特别是障碍物分布较密集的环境下，更易出现以上各种局限性。

（2）基于模糊推理的路径规划算法 在现实生活中，驾驶人在驾驶车辆时所采取的各种避障动作并非是对环境信息的精确计算而完成的，而是根据以往的经验所建立的一套模糊的规则系统进行的。模糊算法正是基于此而发展起来的一种在线路径规划方法。它首先参照障碍物的位置和运动信息构造二维隶属度函数，建立动态环境模型，然后通过一定的模糊规则综合评价各个方向，最后得出搜索结果。

模糊算法消除了传统算法中存在对自动驾驶车辆的定位精度敏感、对环境信息依赖性强等缺点，使自动驾驶车辆的行为表现出很好的一致性、连续性和稳定性，对处理未知环境下的路径规划问题显示出很大的优越性。但是，其缺点是当障碍物数目增加时，推理规则会急剧膨胀，计算量很大，影响在线规划速度。

（3）基于神经网络的路径规划算法 人工神经网络是一种模拟生物的神经系统对信息进行处理的方法。其优点主要体现在它可以处理难以用模型或规则描述的过程和系统。对非线性系统具有统一的描述，具有较强的信息融合能力和系统容错能力。基于神经网络的多传感器信息融合正是利用了神经网络这些特征，将传感器的数据信息作为神经网络的输入进行处理，可以获得自动驾驶车辆对障碍物影像的比较精确的估计。神经网络系统受学习样本的影响很大，选择代表性强的样本集是很困难的，而让样本覆盖整个样本空间也是不现实的，因此在利用神经网络进行路径规划时样本的获取与选择是算法设计过程中的一大难题。

（4）遗传算法 遗传算法（Genetic Algorithm）是目前自动驾驶车辆路径规划研究中应用较多的一种方法。无论是单自动驾驶车辆静态工作空间，还是多自动驾驶车辆动态工作空间，遗传算法及其派生算法都取得了良好的路径规划效果。遗传算法最早由美国 Michigan 大学的 Holland 提出，是模拟生物在自然环境中的遗传和进化过程而形成的一种

自适应全局优化概率搜索算法。利用遗传算法优胜劣汰、适者生存的自然选择原理，通过对随机产生的多条路径进行选择、交叉、变异和优化组合，选择出适应值达到一定标准的最优路径。利用遗传算法解决自动驾驶车辆的路径规划问题，可以避免烦琐、困难的理论推导，直接获得问题的最优解，但遗传算法运算速度较慢，进化众多的规划要占用较大的存储空间和花费较长的运算时间。

遗传算法的主要步骤为：

1）将个体（即优化问题的解，包括可行解和不可行解）按照一定的机制编码，形成基因组。

2）通过随机选择或人为指定等方法产生一初始群体，即一组个体的集合（表示优化问题的一组可行解）。

3）构造一个适应度函数，以评价各个个体的优劣程度（即可行解的优劣程度），再通过繁殖、交叉和变异三种算子模拟群体的进化过程，不断产生更加优秀的群体。可见遗传算法的关键是编码机制的选取以及适应度函数的构造，它将直接影响到问题的计算规模和收敛速度。将遗传算法应用到自动驾驶车辆路径规划是该领域内研究较多的一种方法，无论是单自动驾驶车辆静态工作空间，还是多自动驾驶车辆动态工作空间，遗传算法及其派生算法都取得了良好的路径规划结果。其基本思想是将路径个体表达为路径中一系列中途点，并转换为二进制串。首先初始化路径群体，然后进行遗传操作，如选择、交叉、复制、变异。经过若干代进化以后，停止进化，输出当前最优个体。

大多数全局优化算法都是单点搜索，而遗传算法是对群体进行优化，隐含的为一种并行算法，故更有可能快速地搜索到全局最优解，但是因为遗传算法本质上是一种随机优化算法，所以理论上不能保证有完备解，且有时不得不花费长时间进行进化，计算开支较大。

2. 基于VFH+的自动驾驶车辆局部路径规划

自动驾驶车辆的局部路径规划就是基于局部环境信息解决自动驾驶车辆避开当前障碍物的问题，它的能力强弱直接反映了自动驾驶车辆自主性的高低。局部环境是根据传感器信息实时生成的，由于栅格法能够比较准确地反映出障碍物的位置信息，能够灵活地融合各种传感器的信息及对动态环境具有良好的适应性，而且简单可靠，因此在自动驾驶车辆局部路径规划中得到了广泛应用。自动驾驶车辆在移动过程中根据局部障碍信息实时更新单元格状态，以确保栅格地图与实际环境的一致性。常用的基于栅格法的避障算法有VFF（Virtual Force Field）、VFH（Vector Force Histogram）以及Ulrich和Borenstein对VFH算法的不足做出改进而提出的VFH+。由于VFF和VFH算法存在较多的不足，现在已经较少应用，而VFH+克服了这两种算法的不足，具有消除狭窄通道的振荡现象、充分考虑到自动驾驶车辆自身的宽度及利用圆弧轨迹转向等优点，能够生成比较光滑和准确的避障轨迹，并且运算效率高，显著提高了自动驾驶车辆的避障性能。

利用VFH+算法实现自动驾驶车辆局部路径规划的步骤主要包含环境地图建模部分和VFH+局部路径规划两个部分。

（1）基于栅格法的环境地图建模 通常，栅格地图中的栅格单元有三种状态：①未知状态，表明该栅格单元没有被传感器探测到，属于未知区域。②占用状态，表明该栅格单元被障碍物占据。③空闲状态，表明该栅格单元属于空闲区域。用超声传感器数据更新栅格地图时，在无障碍物区域内的栅格单元占用概率减小，而在障碍物区域的栅格单元占用概率增大。

1）基于反推传感器模型的占用栅格地图。基于反推传感器模型的占用栅格地图是一种被广泛应用的栅格地图生成方法。它具有运算简单、动态性能好等优点。其基本原理是利用超声波传感器模型，将测量值反推为栅格单元的占用概率，然后应用贝叶斯定理将该概率值融入栅格地图中。

假设 m 表示占用栅格地图，$m_{x,y}$ 表示位于（x，y）的栅格单元被占用，栅格地图是利用超声波传感器测量距离值推算而得到的。令 z_1，…，z_T 代表时间域 $[1, T]$ 内的超声波传感器测量值及其位姿，超声波传感器的每一个距离值包括许多传感器的被占用状态信息，则占用栅格制图的关键是要解决如何利用传感器的测量值 z_1，…，z_T 来计算栅格单元被占用的概率，即

$$P(m \mid z_1,\cdots,z_T) \tag{2-22}$$

由于占用栅格地图是多维空间，其概率是很难获得的。占用栅格制图技术将多维问题分解为相互独立的单维问题，即计算相互独立的栅格单元 $m_{x,y}$ 的概率，即

$$P(m_{x,y} \mid z_1,\cdots,z_T) \tag{2-23}$$

同时，为方便计算，采用易于计算 $P(m_{x,y} \mid z_1, \cdots, z_T)$ 的对数几率（Log Odds），其公式为

$$l_{x,y}^T = \ln \frac{P(m_{x,y} \mid z_1,\cdots,z_T)}{1 - P(m_{x,y} \mid z_1,\cdots,z_T)} \tag{2-24}$$

由式（2-24），得 $P(m_{x,y} \mid z_1, \cdots, z_T)$ 为

$$P(m_{x,y} \mid z_1,\cdots,z_T) = 1 - \frac{1}{1 + e^{l_{x,y}^T}} \tag{2-25}$$

将贝叶斯公式 $P(A \mid BC) = \dfrac{P(A \mid C)P(B \mid AC)}{P(B \mid C)}$ 代入 $P(m_{x,y} \mid z_1, \cdots, z_T)$，得

$$P(m_{x,y} \mid z_1,\cdots,z_T) = \frac{P(z_T \mid z_1,\cdots,z_{T-1},m_{x,y})P(m_{x,y} \mid z_1,\cdots,z_{T-1})}{P(z_T \mid z_1,\cdots,z_{T-1})} \tag{2-26}$$

由于栅格制图中 z_T 与 z_1，…，z_{T-1} 以 $m_{x,y}$ 为条件变量独立，因此忽略掉相邻栅格单元的影响可得

$$P(z_T \mid z_1,\cdots,z_{T-1},m_{x,y}) = P(z_T \mid m_{x,y}) \tag{2-27}$$

将式（2-27）代入式（2-26），得

$$P(m_{x,y} \mid z_1,\cdots,z_T) = \frac{P(z_T \mid m_{x,y})P(m_{x,y} \mid z_1,\cdots,z_{T-1})}{P(z_T \mid z_1,\cdots,z_{T-1})} \tag{2-28}$$

将 $P(z_T \mid m_{x,y}) = \dfrac{P(m_{x,y} \mid z_T)P(z_T)}{P(m_{x,y})}$ 代入式（2-28），得

$$P(m_{x,y} \mid z_1,\cdots,z_T) = \frac{P(m_{x,y} \mid z_T)P(z_T)P(m_{x,y} \mid z_1,\cdots,z_{T-1})}{P(m_{x,y})P(z_T \mid z_1,\cdots,z_{T-1})} \tag{2-29}$$

同理，可推导出栅格单元 $m_{x,y}$ 的空闲（非占用）概率为

$$P(\overline{m}_{x,y} \mid z_1,\cdots,z_T) = \frac{P(\overline{m}_{x,y} \mid z_T)P(z_T)P(\overline{m}_{x,y} \mid z_1,\cdots,z_{T-1})}{P(\overline{m}_{x,y})P(z_T \mid z_1,\cdots,z_{T-1})} \tag{2-30}$$

通过式（2-29）就可计算出栅格单元 $m_{x,y}$ 被占用的概率值，但其计算比较复杂，因此通过对数几率比（Log Odds Ratio）对其进行化简。

令式（2-29）左右两边分别除以式（2-30），得

$$\frac{P(m_{x,y} \mid z_1,\cdots,z_T)}{P(\overline{m}_{x,y} \mid z_1,\cdots,z_T)} = \frac{P(m_{x,y} \mid z_T)P(\overline{m}_{x,y})P(m_{x,y} \mid z_1,\cdots,z_{T-1})}{P(\overline{m}_{x,y} \mid z_T)P(m_{x,y})P(\overline{m}_{x,y} \mid z_1,\cdots,z_{T-1})} \tag{2-31}$$

利用 $P(\overline{m}_{x,y}) = 1 - P(m_{x,y})$ 与 $P(\overline{m}_{x,y} \mid \cdot) = 1 - P(m_{x,y} \mid \cdot)$（·代表任意条件变量），将式（2-31）转换为

$$\frac{P(m_{x,y} \mid z_1,\cdots,z_T)}{1 - P(m_{x,y} \mid z_1,\cdots,z_T)} = \frac{P(m_{x,y} \mid z_T)}{1 - P(m_{x,y} \mid z_T)} \frac{1 - P(m_{x,y})}{P(m_{x,y})} \frac{P(m_{x,y} \mid z_1,\cdots,z_{T-1})}{1 - P(m_{x,y} \mid z_1,\cdots,z_{T-1})} \tag{2-32}$$

两边取对数，可得

$$\ln \frac{P(m_{x,y} \mid z_1,\cdots,z_T)}{1 - P(m_{x,y} \mid z_1,\cdots,z_T)} = \ln \frac{P(m_{x,y} \mid z_T)}{1 - P(m_{x,y} \mid z_T)} + \ln \frac{1 - P(m_{x,y})}{P(m_{x,y})} + \ln \frac{P(m_{x,y} \mid z_1,\cdots,z_{T-1})}{1 - P(m_{x,y} \mid z_1,\cdots,z_{T-1})} \tag{2-33}$$

将式（2-24）代入式（2-33），得到下述递归公式：

$$l_{x,y}^{T} = \ln \frac{P(m_{x,y} \mid z_T)}{1 - P(m_{x,y} \mid z_T)} + \ln \frac{1 - P(m_{x,y})}{P(m_{x,y})} + l_{x,y}^{T-1} \tag{2-34}$$

其初始化为

$$l_{x,y}^{0} = \ln \frac{P(m_{x,y})}{1 - P(m_{x,y})} \tag{2-35}$$

2）基于对数几率比的占用栅格制图算法。显然，式（2-34）和式（2-35）对于占用栅格制图非常重要，但在求解这两个公式之前必须要得到两个概率，即 $P(m_{x,y} \mid z_T)$ 和 $P(m_{x,y})$，其中 $P(m_{x,y})$ 是一个先验概率，它与自动驾驶车辆环境中障碍物的密度相关，通常其取值范围为［0.2，0.5］。$P(m_{x,y} \mid z_T)$ 是基于单个传感器测量值 z_T 而计算获得的栅格单元 $m_{x,y}$ 的占用概率，其值是根据 ISM 而获得的，因为它是由传感器的测量值反推而产生的。

（2）VFH+算法的基本思想 VFH+避障算法的基本原理类似于原始的 VFH 算法，其输入为自动驾驶车辆所处局部环境的柱状栅格地图。VFH+算法包括四个步骤，分别是：

①生成主极坐标柱状图；②生成二元极坐标柱状图；③生成屏蔽极坐标柱状图；④确定运动方向。前三个步骤主要是将二维的栅格地图简化为一维的极坐标柱状图，第四个步骤的主要目的就是基于屏蔽极坐标柱状图和一个代价函数来确定自动驾驶车辆的最佳运动方向，下面详细阐述这四个步骤。

1）主极坐标柱状图。由于 VFH+算法使用占用栅格作为环境模型，只考虑以自动驾驶车辆中心点为圆心、直径为 w_s 的圆形区域内的栅格单元，因此称该区域为活动区域，而在该活动区域内的所有栅格单元称为活动单元。在自动驾驶车辆的环境地图中，将活动区域等分成 360°/a 个圆心角为 α 的扇区，通常 α 取 5°，因此得到 72 个扇区。

为了讨论问题的方便，引入“障碍物矢量”这一概念，每个活动单元对应一个障碍物矢量，障碍物矢量的方向与幅值定义如下：

令活动单元为 unit(i, j)，其障碍物矢量方向定义为活动单元与自动驾驶车辆中心点连线的夹角 $\beta_{i,j}$，其计算式为

$$\beta_{i,j} = \arctan \frac{y_j - y_0}{x_i - x_0} \tag{2-36}$$

式中，x_0，y_0 分别是自动驾驶车辆中心点的横、纵坐标；x_i，y_j 分别是活动单元的横、纵坐标。

活动单元 unit（i, j）的障碍物矢量幅值定义为

$$m_{i,j} = c_{i,j}^2(a - bd_{i,j}^2) \tag{2-37}$$

式中，$c_{i,j}$ 是活动单元 unit（i, j）的占用概率值；$d_{i,j}$ 是活动单元 unit（i, j）与自动驾驶车辆中心点间的距离。

参数 a 与 b 根据下式确定：

$$a - b\left(\frac{w_s - 1}{2}\right)^2 = 1 \tag{2-38}$$

VFH+算法充分考虑了自动驾驶车辆的宽度，栅格单元被放大成半径为 $r_{r+s} = r_r + d_s$ 的障碍物圆，其中 r_r 等于自动驾驶车辆宽度的一半，d_s 等于自动驾驶车辆与障碍物间的最短距离，如图 2-25 所示。当把栅格单元放大到半径 r_{r+s} 后，自动驾驶车辆就完全可以视为一个点，该处理方式对于本书所研究的轮式自动驾驶车辆（WMR）是非常适宜的。

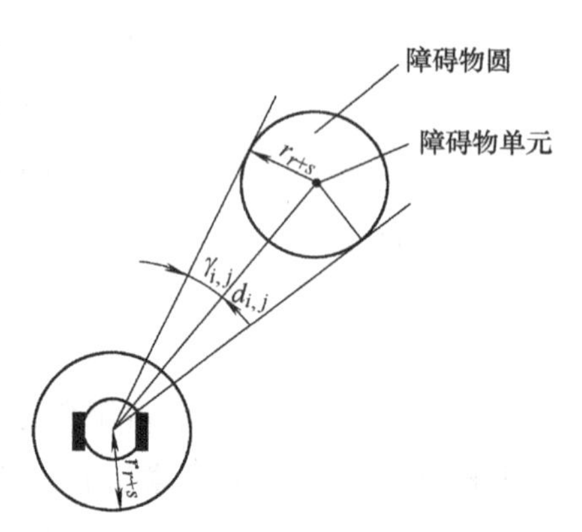

图 2-25 障碍物单元放大示意图

栅格单元 unit（i, j）所对应的放大角度 $\gamma_{i,j}$ 为

$$\gamma_{i,j} = \arcsin \frac{r_{r+s}}{d_{i,j}} \tag{2-39}$$

则第 k 个扇区的极坐标障碍物密度 H_k^p 为

$$H_k^p = \sum_{i,j \in C_a} m_{i,j} h'_{i,j} \tag{2-40}$$

式中，C_a 代表活动区域，若 $ka \in [\beta_{i,j} - \gamma_{i,j}, \beta_{i,j} + \gamma_{i,j}]$，则 $h'_{i,j} = 1$；否则 $h'_{i,j} = 0$。

式（2-40）的处理结果就生成了主极坐标柱状图，该图的横坐标是扇区数 k，纵坐标

是障碍物密度 H_k^p，直观地表示出了每个扇区被障碍物占用的状况。显然，h' 函数起到一个低通滤波器的作用，用于平滑极坐标柱状图。该主极坐标柱状图是相对于自动驾驶车辆当前位置而建立的，与自动驾驶车辆的方向没有关系。参数 $\beta_{i,j}$、$\gamma_{i,j}$ 及 $a-bd_{i,j}^2$ 由活动区域、活动单元尺寸所决定，与自动驾驶车辆位姿无关，可以预先计算出它们的值。由此可见，VFH+算法在该阶段的运算效率相当高。

2）二元极坐标柱状图。传统的 VFH 算法在一般情况下也能生成光滑的运动轨迹，但在狭窄的通道中很容易发生振荡。造成这种现象的原因是：VFH 采用固定的阈值 τ 与扇区障碍物的密度进行对比而判断扇区状态，而实际上自动驾驶车辆在经过狭窄通道时，一些栅格单元占用概率的小幅度变动导致了一些扇区障碍物密度在一定范围内的波动。因此，为有效解决该问题，VFH+算法设置了两个阈值 τ_{low} 和 τ_{high}，当然 τ_{low} 和 τ_{high} 的具体值需经过试验来测定。只要 τ_{low} 和 τ_{high} 与障碍物密度波动范围基本上保持一致，就可大大提高自动驾驶车辆在通过狭窄通道时的稳定性。

如果利用这两个阈值将主极坐标柱状图转换为二元极坐标柱状图，可按照下述原则：

$$\text{若 } H_{k,j}^p > \tau_{\text{high}}\text{，}H_{k,j}^b = 1\text{；}$$
$$\text{若 } H_{k,j}^p < \tau_{\text{low}}\text{，}H_{k,j}^b = 0\text{；}$$
$$\text{其他情况，}H_{k,j}^b = H_{k,i-1}^b\text{。}$$

这时，如果扇区 k 被障碍物阻塞，则它在二元极坐标柱状图中的值置为 1，反之为 0。如果第 1~16 个扇区处于空闲状态，则表明角度区域［0°，90°］范围内没有障碍物存在。

3）屏蔽极坐标柱状图。通常，在应用 VFH+算法时，WMR 的轨迹是由直线与圆弧组成的，WMR 不采用原地转圈，总是利用圆弧轨迹来改变运动方向。圆弧轨迹的曲率最大值恰恰就是 WMR 运动速度的函数，圆弧曲率常数 $k=1/r$。WMR 运动越快，则曲率越小，对于差动式的 WMR 而言，曲率最小值正好等于零。因此，根据 WMR 的运动速度就可确定向右转弯的曲率 k_r 和向左转弯的曲率 k_l，下面以两个障碍物单元（见图 2-26）为例进行说明。

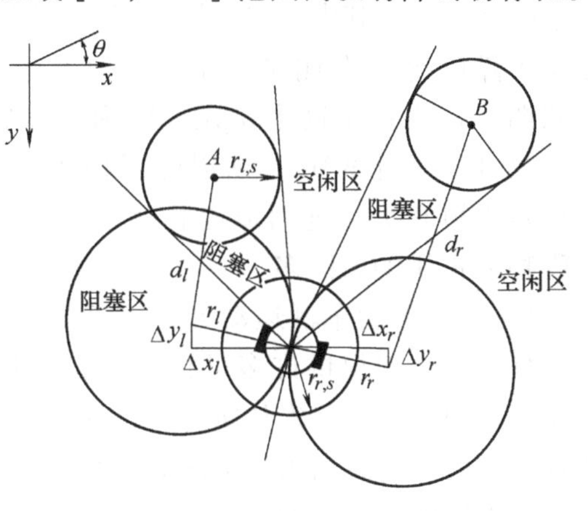

图 2-26　障碍物单元阻止方向示例

在图 2-26 中，向左转弯和向右转弯圆弧的中心相对于 WMR 位置的偏移量为

$$\Delta x_r = r_r\sin\theta \qquad \Delta y_r = r_r\cos\theta$$
$$\Delta x_l = -r_l\sin\theta, \qquad \Delta y_l = -r_l\cos\theta$$

从活动单元到圆弧轨迹中心的距离为

$$d_r^2 = [\Delta x_r - \Delta x(j)]^2 + [\Delta y_r - \Delta y(i)]^2$$
$$d_l^2 = [\Delta x_l - \Delta x(j)]^2 + [\Delta y_l - \Delta y(i)]^2$$

障碍物阻挡 WMR 向右转弯的条件为

$$d_r^2 < (r_r + r_{r,s}) \tag{2-41}$$

式中，$r_{r,s}$ 是右侧障碍圆放大半径。

障碍物阻挡 WMR 向左转弯的条件为

$$d_l^2 < (r_l + r_{l,s}) \tag{2-42}$$

式中，$r_{l,s}$是左侧障碍圆放大半径。

利用上述两个条件检测每个活动单元，WMR 就可获得向右转弯的最大角度 ρ_r 和向左转弯的最大角度 ρ_l ，同时定义 $\rho_b = \theta + \pi$ 为 WMR 向后运动的方向。ρ_r 和 ρ_l 只会受占用概率大于阈值 τ 的活动单元的影响，具体计算方法为

①将 ρ_r 和 ρ_l 初始化为 ρ_b 。

②对活动窗口内所有占用概率大于 τ 的活动单元进行如下处理：

a. 如果 $\beta_{i,j}$ 在 θ 右侧且在 ρ_r 左侧，由式（2-41）判断，若条件满足，置 ρ_r 为 $\beta_{i,j}$ 。

b. 如果 $\beta_{i,j}$ 在 θ 左侧且在 ρ_l 右侧，由式（2-42）判断，若条件满足，置 ρ_l 为 $\beta_{i,j}$ 。

利用 ρ_r 、ρ_l 和二元极坐标柱状图，可按下述规则创建屏蔽极坐标柱状图：

若 $H_k^b = 0$，且 $(k \cdot a) \in \{[\rho_r, \theta], [\theta, \rho_l]\}$ ，则 $H_k^m = 0$；否则，$H_k^m = 1$。

屏蔽极坐标柱状图显示了 WMR 在一定运动速度下的所有运动方向，如果在当前速度没有可行的运动方向，则必须降低运动速度，计算出一组新的 ρ_r 、ρ_l ；如果降到最小速度仍然没有可行的运动方向，则这时 WMR 应马上停止运行。

图 2-27 显示了 WMR 在图 2-26 环境中所生成的主极坐标柱状图、二元极坐标柱状图及屏蔽极坐标柱状图。其中，二元极坐标柱状图错误地显示了障碍物 A 左侧是空闲的，而屏蔽极坐标柱状图正好纠正了这个错误。因为障碍物 A 比障碍物 B 更靠近 WMR，所以障碍物 A 的矢量幅值比障碍物 B 大，进而障碍物 A 占用的扇区比障碍物 B 占用的扇区多。

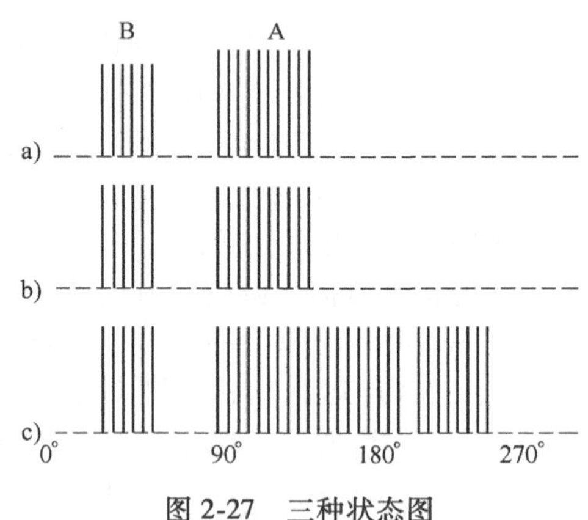

图 2-27 三种状态图

a）主极坐标柱状图 b）二元极坐标柱状图

c）屏蔽极坐标柱状图

4）自动驾驶车辆运动方向的确定。屏蔽极坐标柱状图一般提供许多可行区域，VFH+方法根据一定的原则，首先从所有可行区域确定出一些候选方向，然后利用成本函数估算候选方向的成本，选取成本最小的候选方向作为新的运动方向。根据屏蔽极坐标柱状图，可确定所有可行区域的左右边界扇区数 k_r 和 k_l 。本章将 k_r 和 k_l 所夹扇区数大于 $s_{\max}$（参考值设为 16）的可行区域称为宽可行区域，否则称为窄可行区域。窄可行区域的候选方向穿过区域中心：

$$c_n = \frac{k_r + k_l}{2} \quad （中心方向）$$

宽可行区域有两个候选方向：一个靠近右边界，另一个靠近左边界。如果目标点方向在宽可行区域，则也可以作为一个运动方向。

$$c_r = k_r + \frac{s_{\max}}{2} \quad （靠近右边界）$$

$$c_l = k_l - \frac{s_{\max}}{2} \quad （靠近左边界）$$

$$c_t = k_t \quad (k_t \in [c_r,\ c_l])$$

对于朝向目标点的 WMR，估算所有可行区域的每个候选方向的成本函数定义为

$$g(c) = \min\{|c - k_t|, |c - k_t - n|, |c - k_t + n|\} \tag{2-43}$$

式中，n 是扇区数总和。

通过式（2-43）可计算出候选方向与目标点方向之间的最小扇区数，相差扇区数越小，则候选方向与目标点方向越接近，成本就越低。在计算出所有候选方向的成本后，取成本最小的候选方向作为 WMR 新的运动方向。

5）仿真试验。采用 VFH+算法对自动驾驶车辆避障进行仿真试验，得到图 2-28 所示自动驾驶车辆的运动轨迹图。

由图 2-28 可以看出，运用 VFH+算法，自动驾驶车辆可以找到最优的避障路径，避障轨迹比较平滑，避障效果良好。该仿真试验表明 VFH+算法是一种适用于局部路径规划的避障方法，运行良好。

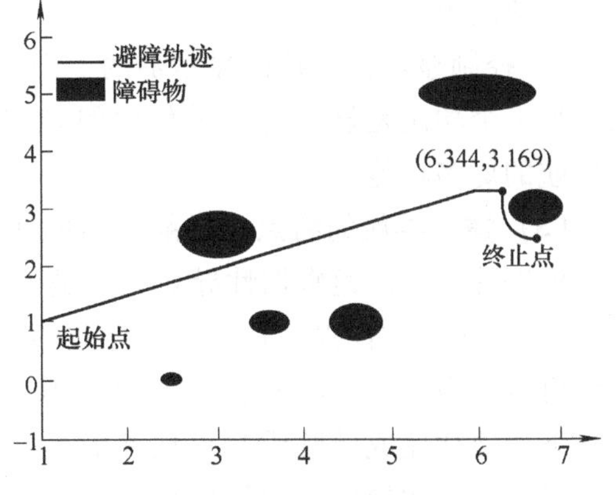

图 2-28　自动驾驶车辆避障运动轨迹图

2.3　车辆自身状态采集模块

2.3.1　车辆行驶姿态与行驶车速感知

1. 惯性导航概述

车辆状态信息的测量和采集是车辆操纵稳定性研究和设计的基本问题，也是车辆电子控制及辅助驾驶系统实现的必要条件。车辆的运动状态信息作为最直观的结果，对于车辆状态信息的测量和采集的研究和开发，特别是对于驾驶人-车辆闭环系统运动性能的分析和评价是十分重要的。这就需要一种具有足够精度和置信度的、快速的、操作简便的和适用范围广的测量车辆运动状态的方法。因此，怎样获取准确的车辆状态信息就变得尤为重要。

（1）惯性导航的基本原理　惯性导航是利用惯性测量元件测量载体相对于惯性空间的运动参数，并经计算后实施导航任务的。由加速度计测量载体的加速度，并在给定运动初始条件下，由导航计算机算出载体的速度、距离和位置（经、纬度）；由陀螺仪测量载体的角运动，并经转换、处理，输出载体的姿态和航向。

（2）惯性导航基本组成　通过对惯性导航基本原理的描述可知，一个完整的惯性导航系统应包括以下几个主要部分：

1）加速度计。加速度计用于测量载体运动的加速度。一般应由三个加速度计完成三个方向的测量。

2）稳定平台。稳定平台为加速度计提供一个准确的安装基准和测量基准，以保证不管载体做何运动，加速度计的空间指向是不变的。也就是说，这个稳定平台在方位上要对正北向，在平面上要与当地水平面平行，使平台的三个轴正好指向东、北、天三个方向。陀螺仪是稳定平台的核心部件，因而这样的平台也称为陀螺稳定平台。

3）导航计算机。导航计算机用于进行积分、相加、乘除和三角函数等数学计算，同时为保证平台始终水平和指北，不断计算出修正平台位置的指令信号，还要计算并补偿有害加速度等。

4）控制显示器。控制显示器的一个功用是向计算机输入载体初始运动参数和位置参数；另一个功用是显示行驶过程中的导航参数，还可以进行必要的控制操作，以实现惯性导航的更多功能。

（3）惯性导航的特点 导航设备除了一般设备要求的安全可靠、体积小、重量轻和价格低廉等以外。通常惯性导航大多是可以满足这些特殊要求的，主要有以下几个方面：

1）工作自主性强。目前车辆导航的方法有多种，根据获得导航参数的手段，其方法大致可以分为自主式和非自主式两大类。不依靠外界信息，在不与外界发生任何联系的条件下能独立完成导航或制导任务的是自主式的；而必须有地面设备或依靠其他装置才能完成导航和制导任务的就是非自主式的。

自主式导航工作时，导航设备不依靠地面辅助设备或其他方面的任何信息，而能独立自主地进行工作。这样，一方面可以扩大载体的活动范围，另一方面它与外界无任何信息交换。惯性导航仅仅依靠机载设备感测加速度，不依靠任何其他信息而能独立地完成导航任务，是一种自主性最强的导航方法。

2）提供导航参数多。惯性导航可以为用户提供加速度、速度、位置、姿态等最全面的导航参数，当惯性导航使用在车辆平台上时，可以通过与自动驾驶控制系统交联实现汽车的自动驾驶；惯性导航的这一优势也是其他导航系统无法比拟的。

3）抗干扰力强，适用条件宽。惯性导航对磁、电、光、热及核辐射等形成的波、场、线的影响不敏感，具有极强的抗干扰能力，同时也不受气象条件限制，能满足全天候导航的要求；也不受地面形状影响，能满足全球范围导航的要求。但惯性导航也有着突出的缺点，即导航精度随时间增长而降低。

由于惯性导航的核心部件陀螺仪存在漂移误差，致使稳定平台随驾驶时间的不断增长偏离基准位置的角度不断增大，使加速度的测量和即时位置的计算误差不断增加，导航精度不断降低。所以，惯性导航在短程导航中具有较高的精度，而长时间的远程导航精度不甚理想。为了提高远程导航的精度，只有提高陀螺仪、加速度计的制造精度，而这都会增加生产中的难度和提高产品的成本。

2. 平台式惯性导航系统

平台式惯性导航系统（简称平台式惯导），核心部分是一个实际的陀螺稳定平台。平台上的三个实体轴，重现了所要求的东、北、天地理坐标系三个轴向，它为加速度计提

供了精确的安装基准，保证三个加速度计测得的值正好是导航计算时所需的三个加速度分量。平台上的陀螺仪作为平台轴相对基准面偏离的角度（角速度）信号传感器，将其检测信号送至伺服放大器，经电动机带动平台轴重新返回基准面。

3. 捷联式惯性导航系统

捷联式惯性导航系统（简称捷联式惯导）与平台式惯导的主要区别就是不再有实体的陀螺稳定平台，加速度计和陀螺仪直接安装在载体上。“平台”这个概念和功能还是要有的，只是由导航计算机来实现，这时的关键问题是要将陀螺仪测量的绕机体坐标系的三个角速度通过计算机实时计算，形成由机体坐标系向类似实际平台的“平台”坐标系转换，即解出姿态矩阵表示式。以这个“数学平台”为基础，再将机体坐标系各轴上的加速度信号变换成沿“平台”坐标系各轴上的加速度信号，这样才能进行导航参数计算；同时，利用这个姿态矩阵，还可求得载体的姿态和航向信号，使实体平台功能无一缺少。

捷联式惯导的主要优点是，取消了结构复杂的机电式平台，减少了大量机械零件、电子元件、电气线路，不仅减小了体积、质量、功耗和成本，还大大提高了系统可靠性和可维护性。但是由于陀螺仪和加速度计直接与载体固连，载体的运动将直接传递到惯性元件（陀螺、加速度计），恶劣的工作环境将引起惯性元件一系列动态误差，所以误差补偿技术要复杂得多，另外导航精度一般低于平台式惯导，这是捷联式惯导的主要不足。由于捷联式惯导除了进行平台式惯导所需的一切计算外，还要进行大量的姿态矩阵、坐标变换以及动态误差补偿计算，所以对计算机的速度、容量和精度要求均比平台式高。计算机问题曾是捷联式惯导发展过程中的一大障碍，但目前的计算机技术不仅满足了捷联式惯导的所有要求，而且反过来成为促进捷联式惯导实时计算、误差补偿和冗余配置等多项技术发展的积极因素。

捷联式惯导系统将陀螺及加速度计直接安装在载体上，不再采用机电式平台，这是捷联式惯导系统的根本特点。但是，平台这个概念在捷联式惯导系统中依然存在，只不过捷联式惯导平台的作用由计算机来完成而已。当将陀螺及加速度计直接安装于载体上时，首要的问题是在计算机中建立了一个数学平台而取代机电式平台的功能，那么直接将陀螺及加速度计安装于载体上的捷联式惯导系统就建立起来了。

前面说过，在捷联式惯导中，平台的作用和概念体现在计算机中，它是写在计算机中的方向余弦矩阵。惯性元件直接安装在载体上，它测得的相对惯性空间的加速度和角速度是沿载体轴的分量。将这些分量经过一个坐标转换方向余弦矩阵，可以转换到所要求的计算机坐标系内的分量。如果这个矩阵可以描述载体和地理坐标系之间的关系，那么沿载体坐标系测得的相对惯性空间的加速度和角速度，经过转换后便可得到沿地理坐标系的加速度和角速度分量。有了已知方位的加速度和角速度分量之后，导航计算机便可根据相应的力学方程解出要求的导航参数和姿态参数来。按照这种思路组成的捷联式惯导系统的原理框图如图 2-29 所示。图中 f_{ic} 及 f_{oc} 分别是载体相对惯性空间和地理系的加速度；ω_{ic} 是载体相对惯性空间的角速度。

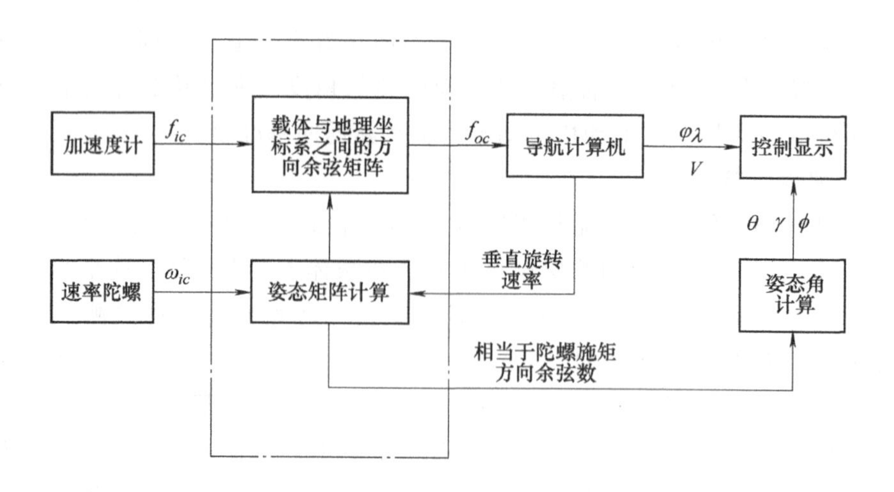

图 2-29　捷联式惯导系统原理框图

导航计算机向姿态矩阵计算提供相当于陀螺施矩的信息，以便根据载体当时的位置在计算机中建立起地理坐标系。从图 2-29 可以看出，加速度信息的坐标变换，姿态矩阵计算及姿态角计算这三者的功能，实际上就代替了机电式导航平台的功能，因此图中用细点画线框起来的部分就是捷联式惯导中的“平台”。

捷联式和平台式惯导系统一样，能精确地提供载体的姿态、地速、经纬度等导航参数。但这两种系统又各有特点。平台式惯导系统构造比较复杂、可靠性较低、故障间隔时间较短、造价也较高。为了可靠起见，通常在一个运载体上要配用两套惯导装置，这就增加了维修和购置费用。但用精密陀螺及加速度计组成的平台式惯导系统定位精度较高，设计原理和实际应用也比较早。在捷联式惯导系统中，惯性元件的工作环境恶劣、测量范围大、对元件要求苛刻，而且要求有运算速度为每秒一百万次以上的大面积集成数字计算机。新的激光陀螺、挠性陀螺和微型计算机的迅猛发展，为捷联式惯导的发展提供了条件。在捷联式惯导中对陀螺及加速度计采取了动静态误差补偿技术，大大提高了惯性元件的精度，也就提高了导航的精度。虽然捷联式惯导系统发展较晚，但目前已日趋成熟和达到了一定的精度要求。

（1）捷联式惯导系统的位置矩阵与姿态矩阵

1）位置矩阵。为了提高捷联式惯导系统在极区工作的能力，“平台”系 $OX_PY_PZ_P$选为游动方位坐标系，它与地理系 $AEN\zeta$ 相差一个游动方位角 α。地球系（e）与地理系（a）之间存在着经纬度 λ 及 φ 的角度关系，那么“平台”系（P）与地球系（e）之间的关系原则上可用 φ、λ 和 α 三个角度来描述，如图 2-30 所示。也就是说，我们可以求到一个九元素的方向余弦阵，它是“平台”系（P）与地球系（e）之间的坐标转换矩阵，其中每个元素都是 φ、λ 和 α 的函数。

设任一向量 $\boldsymbol{R}$ 代表载体在地球表面的位置，这个向量在地球系（e）及“平台”系（P）各轴上的投影分别为 X_e、Y_e、Z_e和 X_P、Y_P、Z_P；向量与地球系 ξ_e、η_e 和 ζ_e 轴之间的夹角分别为 A、B、C（图中未标出）。它们之间的关系可用方向余弦表示为

$$\begin{pmatrix} X_P \\ Y_P \\ Z_P \end{pmatrix} = C_e^P \begin{pmatrix} X_e \\ Y_e \\ Z_e \end{pmatrix} \tag{2-44}$$

从图 2-30 可以看出，位置向量 $\boldsymbol{R}$ 与“平台”系（P）的垂直轴 OZ_P的方向一致。如果能求得 OZ_P在地球系（e）内的方向余弦，也就得到载体在地球上的位置。

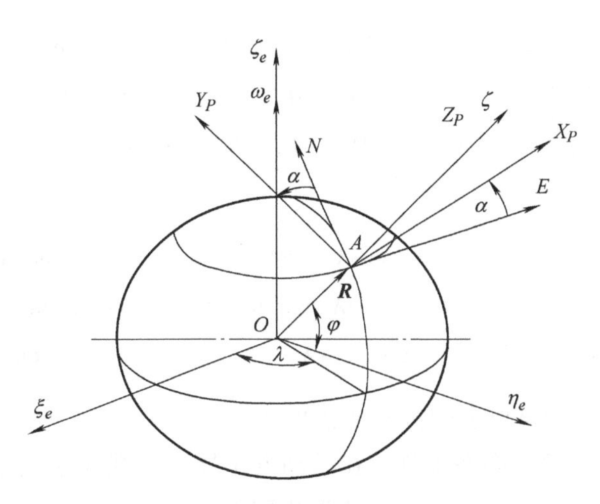

图 2-30 地球系、地理系、“平台”系之间的关系

设 C_e^P 定义为

$$C_e^P = \begin{pmatrix} C_{11} & C_{12} & C_{13} \\ C_{21} & C_{22} & C_{23} \\ C_{31} & C_{32} & C_{33} \end{pmatrix} \tag{2-45}$$

则

$$Z_P = C_{31}X_e + C_{32}Y_e + C_{33}Z_e \tag{2-46}$$

式中，$C_{31} = \cos A$；$C_{32} = \cos B$；$C_{33} = \cos C$。

只要求得方向余弦 C_{31}、C_{32}、C_{33}便可确定载体在地球表面的位置。由此可见，“平台”系（P）和地球系（e）之间存在着载体在地球上的位置关系。下面来求方向余弦矩阵 C_e^P。

为了方便起见，采用经纬度 λ、φ 来表示载体的位置。α 是游动方位角，它是“平台”参考方向 Y_P与正北线之间的夹角，即“平台”系统 Z_P轴逆时针方向的转角。地球系（e）转换到“平台”系（P）的转换过程是：$O\xi_e\eta_e\zeta_e$ 绕 ζ_e 轴转过 λ 角而到 $O\xi_{e1}\eta_{e1}\zeta_{e1}$ 的位置；$O\xi_{e1}\eta_{e1}\zeta_{e1}$ 绕 η_{e1} 转过 $90°-\varphi$ 而达到 $O\xi_{e2}\eta_{e2}\zeta_{e2}$ 的位置；$O\xi_{e2}\eta_{e2}\zeta_{e2}$ 绕 ζ_{e2} 转 $90°$ 而达到 $O\xi_{e3}\eta_{e3}\zeta_{e3}$，即 $AEN\zeta$ 位置；最后绕 ζ 轴转过 α 而到达 $OX_PY_PZ_P$位置，如图 2-31 所示。

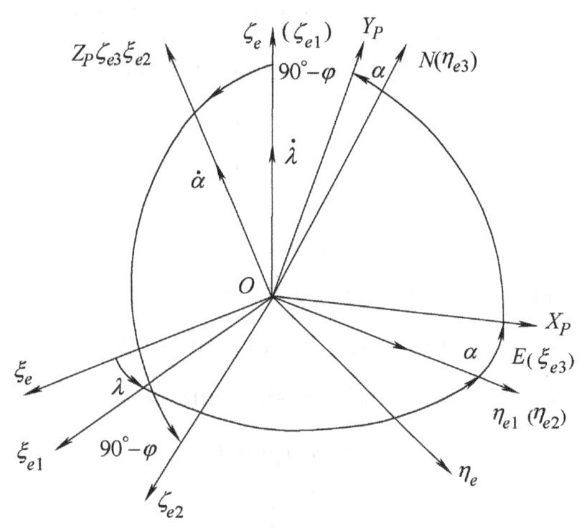

图 2-31 由地球系（e）到“平台”系（P）的转换过程

若捷联式“平台”采用指北方位，$AEN\zeta$ 对 $O\xi_e\eta_e\zeta_e$ 的位置关系由 λ、φ 确定，而 $AEN\zeta$ 与 $OX_PY_PZ_P$只差一个游动方位角 α。可见 $OX_PY_PZ_P$就是当地地平坐标系。

“平台”系（P）与地球系（e）之间的转换方向余弦为

$$\begin{pmatrix} X_P \\ Y_P \\ Z_P \end{pmatrix} = \begin{pmatrix} \cos\alpha & \sin\alpha & 0 \\ -\sin\alpha & \cos\alpha & 0 \\ 0 & 0 & 1 \end{pmatrix} \begin{pmatrix} 0 & 1 & 0 \\ -1 & 0 & 0 \\ 0 & 0 & 1 \end{pmatrix} \begin{pmatrix} \sin\varphi & 0 & -\cos\varphi \\ 0 & 1 & 0 \\ \cos\varphi & 0 & \sin\varphi \end{pmatrix} \begin{pmatrix} \cos\lambda & \sin\lambda & 0 \\ -\sin\lambda & \cos\lambda & 0 \\ 0 & 0 & 1 \end{pmatrix} \begin{pmatrix} \xi_e \\ \eta_e \\ \zeta_e \end{pmatrix}$$

则

$$\boldsymbol{C}_e^P = \begin{pmatrix} -\sin\alpha\sin\varphi\cos\lambda - \cos\alpha\sin\lambda & -\sin\alpha\sin\varphi\sin\lambda + \cos\alpha\cos\lambda & \sin\alpha\cos\varphi \\ -\cos\alpha\sin\varphi\cos\lambda + \sin\alpha\sin\lambda & -\cos\alpha\sin\varphi\sin\lambda - \sin\alpha\cos\lambda & \cos\alpha\cos\varphi \\ \cos\varphi\cos\lambda & \cos\varphi\sin\lambda & \sin\varphi \end{pmatrix} \tag{2-47}$$

$\boldsymbol{C}_e^P$ 就是要求的方向余弦矩阵。

2）姿态矩阵。在游动方位捷联式惯导系统中，姿态角用俯仰角 θ 、滚动角 γ 和格网航向角 ψ_G 来表示。所谓格网航向角 ψ_G ，它是飞行器纵轴在水平面内的投影与游动方位坐标系的参考方位轴 Y_P 之间的夹角。而参考方位轴 Y_P 与正北线的夹角是游动方位角 α ，故真航角 $\psi = \alpha + \psi_G$ 。图 2-18 表示了“平台”系（P）与机体系（C）之间的关系。其转换过程是：

$OX_PY_PZ_P$ 绕 Z_P 轴转 $\psi_G \rightarrow OX_{C1}Y_{C1}Z_{C1}$ ，绕 Z_{C1} 轴转 $\theta \rightarrow OX_{C2}Y_{C2}Z_{C2}$ ，绕 X_{C2} 轴转 $\gamma \rightarrow OX_CY_CZ_C$

机体系（C）与“平台”系（P）之间的方向余弦矩阵为

$$\boldsymbol{C}_P^C = \begin{pmatrix} \cos\gamma & 0 & -\sin\gamma \\ 0 & 1 & 0 \\ \sin\gamma & 0 & \cos\gamma \end{pmatrix} \begin{pmatrix} 1 & 0 & 0 \\ 0 & \cos\theta & \sin\theta \\ 0 & -\sin\theta & \cos\theta \end{pmatrix} \begin{pmatrix} \cos\psi_G & \sin\psi_G & 0 \\ -\sin\psi_G & \cos\psi_G & 0 \\ 0 & 0 & 1 \end{pmatrix}$$

$$= \begin{pmatrix} \cos\gamma\cos\psi_G - \sin\lambda\sin\theta\sin\psi_G & \cos\gamma\sin\psi_G + \sin\gamma\sin\theta\sin\psi_G & -\sin\gamma\cos\theta \\ -\cos\theta\sin\psi_G & \cos\theta\sin\psi_G & \sin\theta \\ \sin\gamma\cos\psi_G + \cos\lambda\sin\theta\sin\psi_G & \sin\gamma\sin\psi_G - \cos\gamma\sin\theta\cos\psi_G & \cos\gamma\cos\theta \end{pmatrix} \tag{2-48}$$

一般来说，常将沿机体系（C）所测量到的角速度和加速度转换到“平台”系（P）进行计算，即常用的是矩阵 $\boldsymbol{C}_C^P$ 。而 $\boldsymbol{C}_C^P$ 是 $\boldsymbol{C}_P^C$ 的转置矩阵，因此有

$$\boldsymbol{C}_C^P = \begin{pmatrix} \cos\gamma\cos\psi_G - \sin\gamma\sin\theta\sin\psi_G & -\cos\theta\sin\psi_G & \sin\gamma\cos\psi_G + \cos\gamma\sin\theta\sin\psi_G \\ \cos\gamma\sin\psi_G + \sin\gamma\sin\theta\sin\psi_G & \cos\theta\cos\psi_G & \sin\gamma\sin\psi_G - \cos\gamma\sin\theta\cos\psi_G \\ -\sin\gamma\cos\theta & \sin\theta & \cos\gamma\cos\theta \end{pmatrix}$$

$$= \begin{pmatrix} T_{11} & T_{12} & T_{13} \\ T_{21} & T_{22} & T_{23} \\ T_{31} & T_{32} & T_{33} \end{pmatrix} \tag{2-49}$$

（2）捷联惯导系统的基本力学方程

1）位置方程。前面说过，载体的位置可用经纬度 λ 、φ 表示，由方向余弦矩阵就可求出经纬度和游动方位角来。用下列符号来表示上述矩阵

$$C_e^P = \begin{pmatrix} C_{11} & C_{12} & C_{13} \\ C_{21} & C_{22} & C_{23} \\ C_{31} & C_{32} & C_{33} \end{pmatrix} \tag{2-50}$$

如果这个矩阵在载体运动过程中随时能得到，那么可以从 C_e^P 的元素获得载体的位置。

$$\left.\begin{aligned} \cos A &= C_{31} = \cos\varphi\cos\lambda \\ \cos B &= C_{32} = \cos\varphi\sin\lambda \\ \cos C &= C_{33} = \sin\varphi \end{aligned}\right\} \tag{2-51}$$

由式（2-51）求得的方向余弦角 A、B、C 定位参数不受极区限制，但一般不用这种位置表示法。

另外，从 C_e^P 矩阵元素可求得经纬度和自由方位角，即

$$\lambda_{主} = \arctan\frac{C_{32}}{C_{31}} \tag{2-52}$$

$$\varphi = \arcsin C_{33} = \arctan\frac{C_{33}}{\sqrt{C_{13}^2 + C_{23}^2}} \tag{2-53}$$

$$\alpha_{主} = \arctan\frac{C_{13}}{C_{23}} \tag{2-54}$$

由这三个公式求 $\lambda_{主}$、φ 及 $\alpha_{主}$导航参数仍受极区限制，但目前习惯用这种位置表示法，这是因为地图就是用经纬度绘制的。由这些公式计算的位置、方位角是反三角函数主值。纬度定义在（-90°，+90°）区间，与 arcsin 主值一致，式（2-53）没有多值情况。而经度定义在（-180°，+180°）区间，游动方位角在（0°，360°）范围内，但 arctan 函数的主值位于（-90°，+90°）区间，这就涉及多值情况。为了由式（2-52）、式（2-54）求真值，可通过观察元素符号的方法来解决。对方程式（2-52）求真值可做如下分析

$$\lambda_{主} = \arctan\frac{C_{32}}{C_{31}} = \arctan\frac{\cos\varphi\sin\lambda}{\cos\varphi\cos\lambda} \tag{2-55}$$

因为 $\cos\varphi$ 为非负值，$\cos\lambda$ 的正负和 C_{31} 是一致的，结合式（2-55），利用 C_{31} 及 $\lambda_{主}$的正负值可求出 λ 的真值。表 2-1 说明了如何求真值。

表 2-1 利用 C_{31}及 $\lambda_{主}$的正负值求 λ 的真值

$\lambda_{主}$的符号	C_{31}的符号	λ 的真值	象限
+	+	$\lambda_{主}$	(0°，90°)
-	-	$\lambda_{主}$ + 180°	(90°，180°)
+	-	$\lambda_{主}$ + 180°	(-180°，-90°)
-	+	$\lambda_{主}$	(-90°，0°)

同样，可以根据方程式（2-54）讨论求 α 的真值问题，见表 2-2。

$$\alpha_{主} = \arctan \frac{C_{13}}{C_{23}} = \arctan \frac{\sin\alpha\cos\varphi}{\cos\alpha\cos\varphi} \tag{2-56}$$

表 2-2 利用 C_{23}及 $\alpha_{主}$的正负值求 α 的真值

$\alpha_{主}$的符号	C_{23}的符号	α 的真值	象限
+	+	$\alpha_{主}$	(0°，90°)
-	-	$\alpha_{主}+180°$	(90°，180°)
+	-	$\alpha_{主}+180°$	(180°，270°)
-	+	$\alpha_{主}+360°$	(270°，360°)

上述 $\lambda_{主}$及 $\alpha_{主}$的确定，都是给计算机输入一定的程序，由计算机进行逻辑判断来实现的。

从上面的分析可以看出，只要在载体运动过程中随时求得方向余弦矩阵 $\boldsymbol{C}_e^P$，就可求得载体的位置参数 φ、λ 和 α。但是，方向余弦矩阵 $\boldsymbol{C}_e^P$ 中各元素的值要根据起始的 λ_0、φ_0、α_0 和“平台”系（P）与地球系（e）之间的角速度确定。由转动的余弦矩阵的微分方程可知，矩阵 $\boldsymbol{C}_e^P$ 的微分方程可表示为

$$\dot{\boldsymbol{C}}_e^P = \boldsymbol{\Omega}_{Pe}\boldsymbol{C}_e^P \tag{2-57}$$

因此有

$$\begin{pmatrix} \dot{C}_{11} & \dot{C}_{12} & \dot{C}_{13} \\ \dot{C}_{21} & \dot{C}_{22} & \dot{C}_{23} \\ \dot{C}_{31} & \dot{C}_{32} & \dot{C}_{33} \end{pmatrix} = \begin{pmatrix} 0 & -\omega'_{Pez} & \omega'_{Pey} \\ \omega'_{Pez} & 0 & -\omega'_{Pex} \\ -\omega'_{Pey} & \omega'_{Pex} & 0 \end{pmatrix} \begin{pmatrix} C_{11} & C_{12} & C_{13} \\ C_{21} & C_{22} & C_{23} \\ C_{31} & C_{32} & C_{33} \end{pmatrix} \tag{2-58}$$

式中，$\boldsymbol{\Omega}_{Pe}$是 ω'_{Pe} 的斜对称矩阵。

我们通常得到的是载体相对地球系（e）的转动角速度 ω'_{eP}，而 $\omega'_{eP} = -\omega'_{Pe}$，所以式（2-57）、式（2-58）可以改写成

$$\dot{\boldsymbol{C}}_e^P = -\boldsymbol{\Omega}_{eP}\boldsymbol{C}_e^P \tag{2-59}$$

$$\begin{pmatrix} \dot{C}_{11} & \dot{C}_{12} & \dot{C}_{13} \\ \dot{C}_{21} & \dot{C}_{22} & \dot{C}_{23} \\ \dot{C}_{31} & \dot{C}_{32} & \dot{C}_{33} \end{pmatrix} = \begin{pmatrix} 0 & \omega'_{ePz} & -\omega'_{ePy} \\ -\omega'_{ePz} & 0 & \omega'_{ePx} \\ \omega'_{ePy} & -\omega'_{ePx} & 0 \end{pmatrix} \begin{pmatrix} C_{11} & C_{12} & C_{13} \\ C_{21} & C_{22} & C_{23} \\ C_{31} & C_{32} & C_{33} \end{pmatrix} \tag{2-60}$$

现在来求矩阵 $\boldsymbol{C}_e^P$ 的微分，即

$$\dot{\boldsymbol{C}}_e^P = \boldsymbol{C}_e^P\boldsymbol{\Omega}_{eP} \tag{2-61}$$

前面已定义 $\boldsymbol{C}_e^P$ 为

$$\boldsymbol{C}_e^P = \begin{pmatrix} C_{11} & C_{12} & C_{13} \\ C_{21} & C_{22} & C_{23} \\ C_{31} & C_{32} & C_{33} \end{pmatrix}$$

则

$$C_P^e=\begin{pmatrix}C_{11}&C_{12}&C_{13}\\C_{21}&C_{22}&C_{23}\\C_{31}&C_{32}&C_{33}\end{pmatrix}$$

所以

$$\begin{pmatrix}\dot{C}_{11}&\dot{C}_{12}&\dot{C}_{13}\\\dot{C}_{21}&\dot{C}_{22}&\dot{C}_{23}\\\dot{C}_{31}&\dot{C}_{32}&\dot{C}_{33}\end{pmatrix}=\begin{pmatrix}C_{11}&C_{12}&C_{13}\\C_{21}&C_{22}&C_{23}\\C_{31}&C_{32}&C_{33}\end{pmatrix}\begin{pmatrix}0&-\omega'_{ePz}&\omega'_{ePy}\\\omega'_{ePz}&0&-\omega'_{ePx}\\-\omega'_{ePy}&\omega'_{ePx}&0\end{pmatrix}\tag{2-62}$$

式（2-60）、式（2-62）两个矩阵微分方程是等效的，所对应的9个微分方程是一样的，只是两种不同的表示方法而已。

求解导航参数时不必将9个微分方程都解出，因为要求的参数只有三个φ、λ、α。但求这三个参数需要5~6个矩阵元素，这样只要解6个微分方程即可。去掉$\dot{C}_{11}$、$\dot{C}_{21}$、$\dot{C}_{31}$以外的其余6个微分方程就是要解的导航位置微分方程。因为游动方案在方位陀螺上只加$\omega_e\sin\varphi$控制指令，不加位置速率ω'_{ePz}信息，即$\omega'_{ePz}=0$，则其余6个微分方程为

$$\dot{C}_{12}=-\omega'_{ePy}C_{23}$$

$$\dot{C}_{13}=-\omega'_{ePy}C_{33}$$

$$\dot{C}_{22}=\omega'_{ePx}C_{32}$$

$$\dot{C}_{23}=\omega'_{ePx}C_{33}$$

$$\dot{C}_{32}=\omega'_{ePy}C_{12}-\omega'_{ePx}C_{22}$$

$$\dot{C}_{33}=\omega'_{ePy}\omega_{13}-\omega'_{ePx}C_{23}$$

从这6个微分方程中可以看出，没有$\dot{C}_{11}$、$\dot{C}_{21}$、$\dot{C}_{31}$元素，这些方程可以独立地联立求解。但是在求λ（$\lambda=\arctan\frac{C_{33}}{C_{31}}$）时要用到$C_{31}$，可运用式（2-47）矩阵元素之间的关系式表示为

$$C_{31}=C_{12}C_{23}-C_{22}C_{13}\tag{2-63}$$

这样，通过式（2-63）来计算C_{31}值，以求得经度λ。

上述6个微分方程和式（2-63），再加上λ和α的真值计算关系式称为力学方程。

为求解上述6个微分方程，首先要知道初始条件：

$$\left.\begin{aligned}C_{12}(0)&=-\sin\alpha_0\sin\varphi_0\sin\lambda_0+\cos\alpha_0\cos\lambda_0\\C_{22}(0)&=-\cos\alpha_0\sin\varphi_0\sin\lambda_0-\sin\alpha_0\cos\lambda_0\\C_{32}(0)&=\cos\varphi_0\sin\lambda_0\\C_{13}(0)&=\sin\alpha_0\cos\varphi_0\\C_{23}(0)&=\cos\alpha_0\cos\varphi_0\\C_{33}(0)&=\sin\varphi_0\end{aligned}\right\}\tag{2-64}$$

将 $t=0$ 时的初始经纬度 λ_0、φ_0 由控制显示器输入计算机。一般来说，载体起始点的地理位置是精确已知的。初始游动方位角由初始对准确定。

将 $C_{31} = C_{12}C_{23} - C_{22}C_{13}$ 代入式（2-52）、式（2-53）、式（2-54），得实际惯导系统通常采用的导航参数计算公式，有

$$\lambda_{主} = \arctan \frac{C_{32}}{C_{12}C_{23} - C_{22}C_{13}} \tag{2-65}$$

$$\varphi = \arctan \frac{C_{33}}{\sqrt{C_{13}^2 + C_{23}^2}} \tag{2-66}$$

$$\alpha_{主} = \arctan \frac{C_{13}}{C_{23}} \tag{2-67}$$

这 3 个导航参数计算公式涉及的 6 个元素恰好是 6 个元素微分方程所包含的元素。补充的代数恰好是方程式（2-63），可直接代入有关公式求得。

求解元素微分方程除了首先满足初始条件外，还要知道载体相对地球运动引起的角速度 ω'_{eP}，如果把 $\boldsymbol{C}_e^P$ 阵称导航位置阵，而和这个阵的变化率直接有关的 ω'_{eP} 的阵 $\boldsymbol{\Omega}_{eP}$ 可称为位置角速率阵，从这个意义上说 ω'_{eP} 称为位置角速率。

2）姿态方程。在平台式惯导系统中，平台系（P）代表实体平台，而在捷联式惯导系统中的“平台”系（P）则是写入计算机中的数学平台。在计算机建立起数学平台需要根据游动方位坐标系与机体坐标系之间的方向余弦矩阵来解决。姿态角 θ、γ、ψ_G 的值可以根据 $\boldsymbol{C}_C^P$ 的元素得到，即

$$\theta = \arcsin T_{32} \tag{2-68}$$

$$\gamma_{主} = \arctan \frac{-T_{31}}{T_{33}} \tag{2-69}$$

$$\psi_G = \arctan \frac{-T_{12}}{T_{22}} \tag{2-70}$$

$$\psi_{主} = \alpha + \psi_G \tag{2-71}$$

这里也有确定 θ、γ、ψ_G 的真值问题，其确定方法类似导航位置的确定。俯仰角 θ 定义在（-90°，90°）区间内，不存在多值情况。滚动角 γ 定义在（-180°，180°）内，格网航向角 ψ_G 定义在（0°，360°），根据式（2-70）、式（2-71）求解存在多值情况。因为 $\cos\theta$ 是非负值，可以借助 T_{33}、T_{22} 的符号来求 γ 及 ψ_G 的真值。T_{33}、T_{22} 分别给予 $\cos\gamma$、$\cos\psi_G$ 的符号。γ 的真值的计算为

$$\gamma_{主} = \arctan \frac{\sin\gamma\cos\theta}{\cos\gamma\cos\theta} = \arctan \frac{-T_{31}}{T_{33}} \tag{2-72}$$

若 T_{33} 为负，且 $\gamma_{主}$为负，则 $\gamma \leftarrow \gamma_{主} + 180°$；
若 T_{33} 为负，且 $\gamma_{主}$为正，则 $\gamma \leftarrow \gamma_{主} - 180°$。

ψ_G 的真值的计算为

$$\psi_G = \arctan \frac{\cos\theta\sin\psi_G}{\cos\theta\cos\psi_G} = \arctan \frac{-T_{12}}{T_{22}} \tag{2-73}$$

若 T_{22} 为负，且 ψ_G 为正，则 $\psi_G \leftarrow \psi_G + 180°$；

若 T_{22} 为正，且 ψ_G 为负，则 $\psi_G \leftarrow \psi_G + 360°$。

作为姿态微分方程可用以下矩阵表达式来表示，即

$$\dot{\boldsymbol{C}}_C^P = \boldsymbol{C}_C^P \boldsymbol{\Omega}_{PC} \tag{2-74}$$

式中，$\boldsymbol{\Omega}_{PC}$ 是姿态微分方程角速度 ω_{PC} 的斜对称矩阵。

因此有

$$\begin{pmatrix} \dot{T}_{11} & \dot{T}_{12} & \dot{T}_{13} \\ \dot{T}_{21} & \dot{T}_{22} & \dot{T}_{23} \\ \dot{T}_{31} & \dot{T}_{32} & \dot{T}_{33} \end{pmatrix} = \begin{pmatrix} T_{11} & T_{12} & T_{13} \\ T_{21} & T_{22} & T_{23} \\ T_{31} & T_{32} & T_{33} \end{pmatrix} \begin{pmatrix} 0 & -\omega_{PCZ} & \omega_{PCY} \\ \omega_{PCZ} & 0 & -\omega_{PCX} \\ -\omega_{PCY} & \omega_{PCX} & 0 \end{pmatrix} \tag{2-75}$$

计算机要解 9 个方程，又要保证有足够的精度，负担太大。若采用四元数法，只需解 4 个微分方程即可。解矩阵微分方程是为了求出 3 个姿态角。作为四元数法有一个余度，且效率也高。不过由 4 个四元数微分方程解出四元数后还要用代数方法推算方向余弦矩阵的有关元素。但一般捷联式惯导系统姿态方程大都用四元数法求解。

四元数用下列符号来表示

$$\lambda = \lambda_0 + \lambda_1 \boldsymbol{i} + \lambda_2 \boldsymbol{j} + \lambda_3 \boldsymbol{k} \tag{2-76}$$

式中，λ_0、λ_1、λ_2、λ_3 是实数；$\boldsymbol{i}$、$\boldsymbol{j}$、$\boldsymbol{k}$ 是单位向量。

一个坐标系相对另一个坐标系的旋转，可用四元数唯一地表示。设一个坐标系相对另一个动参考系（如机体系）的位置可用四元数 R_C 来表示，则

$$R_C = 0 + r_{CX}\boldsymbol{i} + r_{CY}\boldsymbol{j} + r_{CZ}\boldsymbol{k}$$

当机体系绕 λ 轴转动某一个角度时，向量在转动后得到的平台系的投影将发生变化，这一变化可用机体系不动，四元数 R_C 的向量部分 $\boldsymbol{r}_C$ 绕 λ 轴转动同一角度而得到的四元数 R_P 来表示。四元数 R_P 唯一地表示了平台系的位置。

$$R_P = 0 + r_{PX}\boldsymbol{i} + r_{PY}\boldsymbol{j} + r_{PZ}\boldsymbol{k}$$

设任意向量 $\boldsymbol{R}$，在平台系（P）与机体系（C）的分量关系可用以下公式表示

$$\boldsymbol{R}_P = \lambda \boldsymbol{R}_C \lambda^{-1} \tag{2-77}$$

式中，$\boldsymbol{R}_P = r_{P0} + r_{PX}\boldsymbol{i} + r_{PY}\boldsymbol{j} + r_{PZ}\boldsymbol{k}$；$\boldsymbol{R}_C = r_{C0} + r_{CX}\boldsymbol{i} + r_{CY}\boldsymbol{j} + r_{CZ}k$；$\lambda = \lambda_0 + \lambda_1\boldsymbol{i} + \lambda_2\boldsymbol{j} + \lambda_3\boldsymbol{k}$；$\lambda^{-1} = \lambda_0 - \lambda_1\boldsymbol{i} - \lambda_2\boldsymbol{j} - \lambda_3\boldsymbol{k}$。

将这些四元数完成式（2-77）的乘法运算，并使各个单位的各项相等，便可得到用矩阵表示的如下关系式：

$$\begin{pmatrix} r_{PX} \\ r_{PY} \\ r_{PZ} \end{pmatrix} = \begin{pmatrix} \lambda_0^2 + \lambda_1^2 - \lambda_2^2 - \lambda_3^2 & 2(\lambda_1\lambda_2 - \lambda_0\lambda_3) & 2(\lambda_1\lambda_3 + \lambda_0\lambda_2) \\ 2(\lambda_1\lambda_2 + \lambda_0\lambda_3) & \lambda_0^2 - \lambda_1^2 + \lambda_2^2 - \lambda_3^2 & 2(\lambda_2\lambda_3 - \lambda_0\lambda_1) \\ 2(\lambda_1\lambda_3 - \lambda_0\lambda_2) & 2(\lambda_2\lambda_3 + \lambda_0\lambda_1) & \lambda_0^2 - \lambda_1^2 - \lambda_2^2 + \lambda_3^2 \end{pmatrix} \begin{pmatrix} r_{CX} \\ r_{CY} \\ r_{CZ} \end{pmatrix} \tag{2-78}$$

这个系数矩阵和 $\boldsymbol{C}_C^P$ 是等效的，只不过它是用四元数表示元素而已。

四元数的微分方程为

$$\dot{\lambda} = \frac{1}{2}\omega_{PC}\lambda \tag{2-79}$$

将上述方程表示成矩阵形式为

$$\begin{pmatrix}\dot{\lambda}_0\\ \dot{\lambda}_1\\ \dot{\lambda}_2\\ \dot{\lambda}_3\end{pmatrix} = \frac{1}{2}\begin{pmatrix}0 & -\omega_{PCX} & -\omega_{PCY} & -\omega_{PCZ}\\ \omega_{PCX} & 0 & -\omega_{PCZ} & \omega_{PCY}\\ \omega_{PCY} & \omega_{PCZ} & 0 & -\omega_{PCX}\\ \omega_{PCZ} & -\omega_{PCY} & \omega_{PCX} & 0\end{pmatrix}\begin{pmatrix}\lambda_0\\ \lambda_1\\ \lambda_2\\ \lambda_3\end{pmatrix} \tag{2-80}$$

式（2-80）就是四元数的姿态速率方程，它代表4个微分方程，有一个余度，因此四元数应满足一个约束方程，即

$$\lambda_0^2 + \lambda_1^2 + \lambda_2^2 + \lambda_3^2 = 1 \tag{2-81}$$

可用这个四元数速率方程去修正矩阵 $\boldsymbol{C}_C^P$。初始对准是根据三个姿态角对准的，四元数和姿态角之间有一定关系，从四元数转换角度看，四元数 $P = \cos\frac{\psi_G}{2} + k\sin\frac{\psi_G}{2}$ 与绕 $\boldsymbol{k}$ 转 ψ_G 角的第一次旋转相对应；四元数 $M = \cos\frac{\theta}{2} + j\sin\frac{\theta}{2}$ 与绕 $\boldsymbol{i}$ 转 θ 角的第二次转动相对应；四元数 $N = \cos\frac{\gamma}{2} + \boldsymbol{j}\sin\frac{\gamma}{2}$ 与绕 $\boldsymbol{j}$ 转 γ 角的第三次转动相对应。机体系相对“平台”系按上述三个顺序的相继转动等于一次合成的转动，并可用一个合成转动四元数 λ 代替，则

$$\lambda = PMN = \left(\cos\frac{\psi_G}{2} + k\sin\frac{\psi_G}{2}\right)\left(\cos\frac{\theta}{2} + i\sin\frac{\theta}{2}\right)\left(\cos\frac{\gamma}{2} + j\sin\frac{\gamma}{2}\right) \tag{2-82}$$

上述四元数相乘后可以得到用姿态角为函数的四元数分量表达式，即

$$\left.\begin{aligned}
\lambda_0 &= \cos\frac{\psi_G}{2}\cos\frac{\theta}{2}\cos\frac{\gamma}{2} - \sin\frac{\psi_G}{2}\sin\frac{\theta}{2}\sin\frac{\gamma}{2}\\
\lambda_1 &= \cos\frac{\psi_G}{2}\sin\frac{\theta}{2}\cos\frac{\gamma}{2} - \sin\frac{\psi_G}{2}\cos\frac{\theta}{2}\sin\frac{\gamma}{2}\\
\lambda_2 &= \cos\frac{\psi_G}{2}\cos\frac{\theta}{2}\sin\frac{\gamma}{2} + \sin\frac{\psi_G}{2}\sin\frac{\theta}{2}\cos\frac{\gamma}{2}\\
\lambda_3 &= \sin\frac{\psi_G}{2}\cos\frac{\theta}{2}\cos\frac{\gamma}{2} + \cos\frac{\psi_G}{2}\sin\frac{\theta}{2}\sin\frac{\gamma}{2}
\end{aligned}\right\} \tag{2-83}$$

初始对准后便可根据式（2-83）计算四元数初始值。从这些式子可以看出计算是很烦琐的，除了计算正余弦外，这些数三重积分会受到计算机的精度限制。当对准结束后，可得到包含 ψ_{G0}、θ_0、γ_0 的方向余弦矩阵。这样 λ_0、λ_1、λ_2、λ_3 的初值可从 $\boldsymbol{C}_C^P$ 中的各元素计算出来。从两种表示类型的 $\boldsymbol{C}_C^P$ 对角线元素对应相等，并考虑到四元数的约

束方程，则

$$\left.\begin{array}{l}\lambda_0^2+\lambda_1^2-\lambda_2^2-\lambda_3^2=T_{11}\\ \lambda_0^2-\lambda_1^2+\lambda_2^2-\lambda_3^2=T_{22}\\ \lambda_0^2-\lambda_1^2-\lambda_2^2+\lambda_3^2=T_{33}\\ \lambda_0^2+\lambda_1^2+\lambda_2^2+\lambda_3^2=1\end{array}\right\} \tag{2-84}$$

求解上述代数方程可得

$$\left.\begin{array}{l}2\lambda_2^2+2\lambda_3^2=1-T_{11}\\ 2\lambda_1^2+2\lambda_3^2=1-T_{22}\\ 2\lambda_1^2+2\lambda_2^2=1-T_{33}\end{array}\right\} \tag{2-85}$$

由上两式可得

$$\left.\begin{array}{l}|\lambda_1|=\pm\frac{1}{2}\sqrt{1+T_{11}-T_{22}-T_{33}}\\ |\lambda_2|=\pm\frac{1}{2}\sqrt{1-T_{11}+T_{22}-T_{33}}\\ |\lambda_3|=\pm\frac{1}{2}\sqrt{1-T_{11}-T_{22}+T_{33}}\\ |\lambda_0|=\pm\frac{1}{2}\sqrt{1+T_{11}+T_{22}+T_{33}}\end{array}\right\} \tag{2-86}$$

这四个数的符号如何确定呢？由方程式（2-78）不同的非对角线项可知这四个数有如下关系

$$\left.\begin{array}{l}4\lambda_1\lambda_0=T_{32}-T_{23}\\ 4\lambda_2\lambda_0=T_{13}-T_{31}\\ 4\lambda_3\lambda_0=T_{21}-T_{12}\end{array}\right\} \tag{2-87}$$

当 λ_0 符号为正时，可由以下关系式提供其余三个数的符号，即

$$\left.\begin{array}{l}\mathrm{sign}\lambda_0\text{ 为正}\\ \mathrm{sign}\lambda_1=\mathrm{sign}(T_{32}-T_{23})\\ \mathrm{sign}\lambda_2=\mathrm{sign}(T_{13}-T_{31})\\ \mathrm{sign}\lambda_3=\mathrm{sign}(T_{21}-T_{12})\end{array}\right\} \tag{2-88}$$

用式（2-83）确定四元数的初始值的精度会受到限制，而对于捷联式惯导四元数初值的确定又十分重要。为此不用式（2-83）计算四元数的初值，而仅用其第一式确定 λ_0 的符号，然后用式（2-86）、式（2-88）算出四元数的初值。

在捷联式惯导系统开始工作时，首先用上述方法确定初始值 λ_0、λ_1、λ_2、λ_3。在工作

过程中 ω_{PC} 值是可以通过测量和计算得到的。根据四元数微分方程式（2-80）可随时修正 λ_0、λ_1、λ_2、λ_3 的值。C_C^P 矩阵用方程式（2-78）来计算。导航位置方程及姿态微分方程是捷联式惯导系统的两个基本方程，必须首先提供相应的位置速率 ω'_{PC} 及姿态速率 ω_{PC} 才能解这两个微分方程。

3）姿态速率方程。通过陀螺仪测得的机体相对惯性空间的角速度 ω_{iC} 和其他角速度的关系式为

$$\omega_{iC} = \omega_e + \omega_{eP} + \omega_{PC} \tag{2-89}$$

式中，ω_e 是在机体系（C）内的地球自转角速度；ω_{eP} 是在机体系（C）内的机体相对地球系（e）的自转角速度；ω_{PC} 是在机体系（C）相对“平台”系（P）的转动角速度，即姿态角速度。

因此姿态角速度的表达式为

$$\omega_{PC} = \omega_{iC} - \omega_e - \omega_{eP} \tag{2-90}$$

在地球系（e）中，地球自转角速度的分量表达式为

$$\omega_e = \begin{pmatrix} 0 \\ 0 \\ \omega_{e\zeta} \end{pmatrix} \tag{2-91}$$

式中，$\omega_{e\zeta} = \omega_e$。

当“平台”系（P）采取游动方位坐标系时，地球自转角速度在“平台”系中的分量表达式为

$$\omega'_e = C_e^P \omega_e = \begin{pmatrix} C_{11} & C_{12} & C_{13} \\ C_{21} & C_{22} & C_{23} \\ C_{31} & C_{32} & C_{33} \end{pmatrix} \begin{pmatrix} 0 \\ 0 \\ \omega_{e\zeta} \end{pmatrix} = \begin{pmatrix} \omega_e C_{13} \\ \omega_e C_{23} \\ \omega_e C_{33} \end{pmatrix} \tag{2-92}$$

在机体系中姿态速率的分量方程为

$$\begin{pmatrix} \omega_{PCX} \\ \omega_{PCY} \\ \omega_{PCZ} \end{pmatrix} = \begin{pmatrix} \omega_{iCX} \\ \omega_{iCY} \\ \omega_{iCZ} \end{pmatrix} - C_P^C \begin{pmatrix} \omega'_{ePX} + \omega_e C_{13} \\ \omega'_{ePY} + \omega_e C_{23} \\ \omega'_{ePZ} + \omega_e C_{33} \end{pmatrix} \tag{2-93}$$

姿态速率方程中的 ω_{iC} 通过陀螺测得，而 ω_e 是已知量，C_P^C 及 C_e^P 中的元素 C_{ij} 在前面已讨论过了，只有位置速率 ω'_{eP} 还待研究。

4）位置速率方程。在地理系（a）内，机体相对地理系的位置速率和地速有如下关系

$$\begin{pmatrix} \omega_{CE} \\ \omega_{CN} \\ \omega_{C\zeta} \end{pmatrix} = \begin{pmatrix} -\dfrac{V_N}{R_M} \\ \dfrac{V_E}{R_N} \\ \dfrac{V_E}{R_N}\tan\varphi \end{pmatrix} \tag{2-94}$$

设机体速度 V 沿“平台”系（P）各轴的分量为 V'_X、V'_Y、V'_Z，则沿地理系（a）各

轴的速度分量为

$$\left.\begin{aligned} V_E &= V'_X\cos\alpha - V'_Y\sin\alpha \\ V_N &= V'_X\sin\alpha + V'_Y\cos\alpha \end{aligned}\right\} \tag{2-95}$$

机体速度 $\boldsymbol{V}$ 引起的沿“平台”系（P）各轴的转动角速度分量为

$$\begin{pmatrix} \omega'_{ePX} \\ \omega'_{ePY} \\ \omega'_{ePZ} \end{pmatrix} = \begin{pmatrix} \cos\alpha & \sin\alpha & 0 \\ -\sin\alpha & \cos\alpha & 0 \\ 0 & 0 & 1 \end{pmatrix} \begin{pmatrix} \omega_{CE} \\ \omega_{CN} \\ \omega_{C\zeta} \end{pmatrix} = \begin{pmatrix} \cos\alpha & \sin\alpha & 0 \\ -\sin\alpha & \cos\alpha & 0 \\ 0 & 0 & 1 \end{pmatrix} \begin{pmatrix} -(V'_X\sin\alpha + V'_Y\cos\alpha)/R_M \\ (V'_X\cos\alpha - V'_Y\sin\alpha)/R_N \\ \dfrac{(V'_X\cos\alpha - V'_Y\sin\alpha)}{R_N}\tan\varphi \end{pmatrix}$$

对于游动方位惯导系统来说，$\omega_{C\zeta} = 0$，于是上式可改写为

$$\begin{pmatrix} \omega'_{ePX} \\ \omega'_{ePY} \end{pmatrix} = \begin{pmatrix} -\left(\dfrac{1}{R_M} - \dfrac{1}{R_N}\right)\sin\alpha\cos\alpha & -\left(\dfrac{\cos^2\alpha}{R_M} + \dfrac{\sin^2\alpha}{R_N}\right) \\ \dfrac{\sin^2\alpha}{R_M} + \dfrac{\cos^2\alpha}{R_N} & \left(\dfrac{1}{R_M} - \dfrac{1}{R_N}\right)\sin\alpha\cos\alpha \end{pmatrix} \begin{pmatrix} V'_X \\ V'_Y \end{pmatrix} \tag{2-96}$$

式（2-96）提供了地球为椭球体情况下的位置速率方程。

5）速度方程。在捷联式惯导系统中，一般都采用游动方位，捷联式和平台式游动方位的速度方程完全一样。速度方程的向量形式为

$$\dot{\boldsymbol{V}} = f_{iC} - (2\omega'_e + \omega'_{eP}) \times \boldsymbol{V} + g \tag{2-97}$$

将该向量式写成矩阵表示的标量形式，则

$$\begin{aligned} \begin{pmatrix} \dot{V}'_X \\ \dot{V}'_Y \\ \dot{V}'_Z \end{pmatrix} &= \begin{pmatrix} f'_X \\ f'_Y \\ f'_Z \end{pmatrix} + \left[2\begin{pmatrix} 0 & \omega'_{eZ} & -\omega'_{eY} \\ -\omega'_{eZ} & 0 & \omega'_{eX} \\ \omega'_{eY} & -\omega'_{eX} & 0 \end{pmatrix} + \begin{pmatrix} 0 & 0 & -\omega'_{ePY} \\ 0 & 0 & \omega'_{ePX} \\ \omega'_{ePY} & -\omega'_{ePX} & 0 \end{pmatrix}\right] \begin{pmatrix} V'_X \\ V'_Y \\ V'_Z \end{pmatrix} - \begin{pmatrix} 0 \\ 0 \\ g \end{pmatrix} \\ &= \begin{pmatrix} f'_X \\ f'_Y \\ f'_Z \end{pmatrix} + \begin{pmatrix} 0 & 2\omega'_{eZ} & -(2\omega'_{eY} + \omega'_{ePY}) \\ -2\omega'_{eZ} & 0 & (2\omega'_{eX} + \omega'_{ePX}) \\ (2\omega'_{eY} + \omega'_{ePY}) & -(2\omega'_{eX} + \omega'_{ePX}) & 0 \end{pmatrix} \begin{pmatrix} V'_X \\ V'_Y \\ V'_Z \end{pmatrix} - \begin{pmatrix} 0 \\ 0 \\ g \end{pmatrix} \end{aligned} \tag{2-98}$$

式（2-98）为速度方程的标量形式，在计算机中要解这个方程。

2.3.2　车轮与路面之间摩擦因数估计

路面是在路基表面上用各种不同材料或混合料分层铺筑而成的一种层状结构物。它

与路基一起承受行车荷载和自然因素的作用。设置路面不仅使道路具有较高强度（力学性能）的构造物，而且使道路具有良好的使用性能。路面的功能不仅保证车辆在道路上能全天候地行驶，而且要保证车辆以一定的速度，安全、舒适而经济地运行。

为了满足路面的力学性能和使用性能，对路面提出以下基本要求：一是强度和刚度；二是强度稳定性；三是耐久性；四是平整度；五是粗糙性（抗滑性能）；六是少尘性。

1. 概述

路面具有一定的粗糙度是保证车辆在道路上安全行驶的必要条件，它通过车轮轮胎与路面相互作用产生的摩擦阻力而起制约作用。车辆在道路上高速行驶时，如果轮胎与路面之间的摩擦阻力很小，特别是路面在潮湿状况下，轮胎与路面之间的水膜阻隔轮胎与路面接触，引起水动力效应，使黏着力完全破坏，导致轮胎沿路面滑动，最容易产生车辆滑溜事故。

车辆高速行驶时，制动距离加大，若同时紧急转向或制动，更易引起滑溜危险。此外，路面所用的沥青材料含蜡量高，使稳定性差，加之施工不当，易使路表面形成光面，抗滑性能大为降低，也会对交通安全带来不良影响。

路面的粗糙性（抗滑性能）通常是以车辆轮胎与路面之间的摩擦因数或车辆的制动距离来表征的。

2. 摩擦因数的测定原理

在一定的车速下，车辆轮胎与路面的摩擦因数 f 可定义为

$$f=\frac{P}{G} \tag{2-99}$$

式中，P 是圆周牵引力，即作用于路表的水平力；G 是轮胎作用于路面的垂直荷载。

当 $fG>P$ 时，车轮将不会产生滑溜。

摩擦因数的测定方法有下列几种方法：

(1) 制动距离法 制动距离法是根据制动过程中车辆动能消耗等于摩擦力所做功的原理来计算摩擦因数的方法。

测定时，测试路段应选取纵坡很小的直线段，测试车以要求的车速匀速行驶，到达测定位置时，紧急制动，测定从开始制动地点到完全停车地点的距离 S，根据上述原理得

$$\frac{1}{2}\frac{G}{g}v^2=fGS$$

整理得

$$f=\frac{v^2}{2gS} \tag{2-100}$$

式中，G 是车辆质量（kN）；g 是重力加速度（m/s^2）；v 是制动前的车辆速度（m/s）；S 是制动距离（m）。

若车速改为 V(km/h)，则

$$f=\frac{12.96V^2}{2gS} \tag{2-101}$$

第五轮仪法就是根据上述原理进行测试的方法。若无此仪器时，可由此原理，根据测试车制动后轮胎的印痕长度来计算摩擦因数f值。

这种方法的优点是测试简便，也不需要计量仪器，但车辆必须连续地制动，较为危险，并且存在难以掌握开始制动时的速度和开始制动的地点等缺点。

(2) 减速度法　此法的原则是将以一定车速行驶的车辆，在紧急制动过程中，测量其减速度的数值，通过减速度和路面摩擦因数建立的关系式来求算路面的摩擦因数。

根据运动学原理，车辆在制动过程中的等减速度为

$$a=\frac{v^2}{2S}$$

式中，a是等减速度（m/s^2）；v是制动前车速（m/s）；S是制动距离（m）。
因为

$$f=\frac{v^2}{2gS}$$

则

$$f=\frac{a}{g} \tag{2-102}$$

该方法的测定仪器有减速仪和制动仪。其测试程度与制动距离法基本相同。根据车辆在制动过程中仪器给出的减速度a，由式（2-102）可求得摩擦因数f。

这种方法简单，只要在车辆上装设减速仪或制动仪就能测定，但不太准确，并且在行驶过程中需紧急制动，会妨碍其他车辆交通。

(3) 拖车法　拖车法是用牵引车拖拉一辆完全制动的试验车，以一定速度匀速前进，测量牵引车拖拉制动试验车的牵引力和被拖拉的制动试验车质量，其比值就是路面纵向摩擦因数，即

$$f=\frac{P}{G} \tag{2-103}$$

式中，f是纵向摩擦因数；P是牵引车拖拉制动试验车的牵引力（kN）；G是制动试验车的质量（kN）。

该法应用测力仪来测定牵引力P。其操作方法是在牵引车拖拉试验车至测试点时迅速制动试验车车轮，根据测力仪上所反映出的车轮滑移时的牵引力P，即可按式（2-103）算得f值。

(4) 摆式仪测定法　它是利用动力摆的位能损失等于克服路面摩擦所消耗的功这一基本原理来测定摩擦因数的。其优点是结构简单，在路上或在实验室内小面积试样上均可测定。缺点是只能定点测定，其准确性与选点的代表性有很大关系。

3. 影响摩擦因数的因素

路面的摩擦因数除受测试方法的影响外，还受其他因素影响，主要包括：路面的干湿状况，沥青材料的种类和用量，矿料表面的粗糙度，轮胎的状况和路面的温度。

2.4 车辆控制模块

2.4.1 起停控制

自动驾驶车辆在行驶时，需要实时根据道路前方的状况，控制车辆进行起动行驶或者制动停止。目前还没有一种实用的起停控制方法，使得自动驾驶车辆可以根据道路前方的状况自动起停行驶或制动停止。这里简单介绍一种理论上的起停控制方法。

该方法包括：

通过自动驾驶车辆的环境感知设备检测目标区域内是否有交通信号灯和目标车辆，目标区域为所在自动驾驶车辆的行驶方向上且与自动驾驶车辆之间的距离在第一预设距离的区域。

当环境感知设备检测到目标区域内有交通信号灯时，确定自动驾驶车辆与交通信号灯之间的第一距离，以及确定交通信号灯的当前类型和剩余时间；如果第一距离在预设距离范围内、交通信号灯的当前类型为绿灯且绿灯的剩余时间大于第一预设时间，控制自动驾驶车辆为行驶状态；如果第一距离在预设范围内、交通信号灯的当前类型为红灯且红灯的剩余时间大于第二预设时间，控制自动驾驶车辆为制动状态：和/或。

当环境感知设备检测到目标区域内有目标车时，确定自动驾驶车辆与目标车辆之间的第二近距离；如果第二距离不大于第二预设距离，控制自动驾驶车辆为制动状态。

在自动驾驶车辆中的环境感知设备检测目标区域内是否有交通信号灯和目标车辆之前，当检测到自动驾驶车辆的车载终端处于信息配置状态时，接收用户输入的配置信息，配置信息包括第一预设距离、第二预设距离、第一预设时间、第二预设时间和预设距离范围。

在确定自动驾驶车辆与交通信号灯之间的第一距离之后，如果第一距离在预设距离范围内，检测到自动驾驶车辆即将向右行驶时，确定交通信号灯的形状；如果交通信号灯的形状为第一预设形状，控制自动驾驶车辆右转；如果交通信号灯的形状为第二预设形状，执行确定交通信号灯的当前类型和剩余时间的步骤；检测到自动驾驶车辆的行驶方向即将直行或向左行驶时，执行用于确定所述交通信号灯的当前类型和剩余时间的步骤。

如果第一距离在预设距离范围内、交通信号灯的当前类型为红灯且红灯的剩余时间不大于第二预设时间，控制自动驾驶状态为行驶状态；如果第一距离在预设距离范围内、交通信号灯的当前类型为绿灯且绿灯的剩余时间不大于第一预设时间，控制自动驾驶车辆为制动状态。

控制自动驾驶车辆为制动状态之后，如果检测到交通信号灯的当前类型为绿灯且绿灯的剩余时间大于第一预设时间，控制自动驾驶车辆为行驶状态：和/或；当环境感知设备检测到目标区域内有目标车辆时，如果检测到第二距离大于第三预设距离，控制自动驾

驶车辆为行驶状态。

2.4.2 车速与转向控制

1. 车速控制

自动驾驶车辆采用节气门和制动综合控制方法实现对预定速度的跟踪，控制框图如图2-32所示。根据预定速度和自动驾驶车辆实测速度的偏差，节气门控制器和制动控制器根据各自的算法分别得到节气门控制量和制动控制量。切换规则根据节气门控制量、速度控制量和速度偏差选择节气门控制还是制动控制。未选择的控制系统回到初始位置。如按切换规则选择了节气门控制，则制动控制执行机构将回到零初始位置。

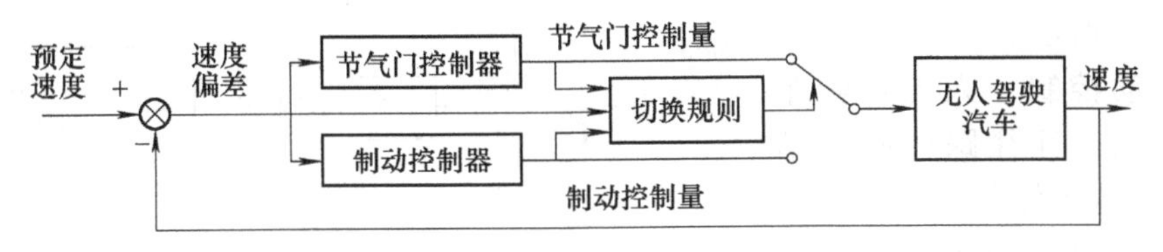

图2-32　纵向控制系统控制框图

(1) 节气门控制

1）增量PID控制算法。在节气门控制中，采用增量PID控制算法。增量PID算法为

$$\begin{aligned}\Delta u &= u_t(k) - u_t(k-1) \\ &= k_p[e(k) - e(k-1)] + k_i e(k) + k_d[e(k) - 2e(k-1) + e(k-2)]\end{aligned} \quad (2\text{-}104)$$

式中，k_p，k_i，k_d 分别是比例、积分和微分系数；$u_t(k)$ 是第 k（$k=0, 1, 2, \cdots$）个采样时刻的控制量；$e(k)$ 是第 k 个采样时刻的速度输入偏差。

从式（2-104）得到控制量后，根据传动比、伺服电动机每转一圈所需的驱动脉冲数确定一个比例系数 $k_{throttle-drive}$，将控制量乘上该系数发送给伺服电动机驱动器。

2）坡道速度跟踪。节气门控制的纯延迟较小，在算法中可以不考虑。利用这种固定系数的PID控制方法，对平坦路面的速度跟踪性能是可以达到要求的。但当道路情况变化时，跟踪效果误差较大。上坡时，速度明显低于期望速度，需要较长时间才能调整到期望速度，且稳态误差较大；而下坡时，速度高于期望速度，同理，需要较长时间调整到期望速度，稳定误差较大。图2-33所示为自动驾驶车辆坡道受力情况分析。图中 g 为重力加速度，α_{slope} 表示坡道倾斜角。自动驾驶车辆在坡道上时由重力产生的加速度为

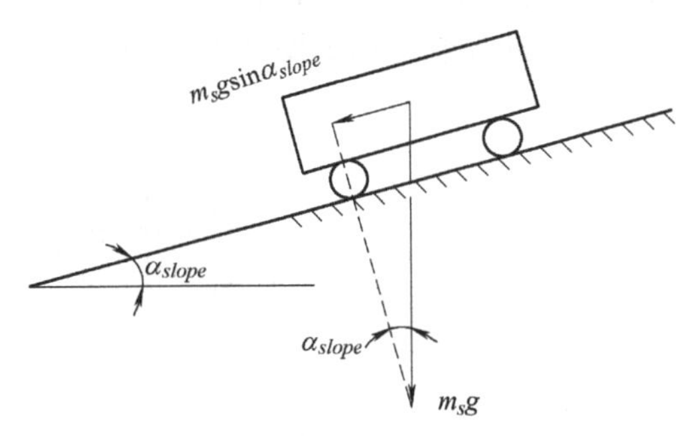

图2-33　坡道上自动驾驶车辆的受力情况分析

$$a_{slope} = \pm g\sin\alpha_{slope} \quad (2\text{-}105)$$

下坡时受到与前进方向相同的力，符号为正；上坡时受到与前进方向相反的力，符号

为负。自动驾驶车辆行驶过程中，坡道倾斜角 α_{slope} 可以用自动驾驶车辆俯、仰角代替。自动驾驶车辆俯、仰角可通过陀螺、电子罗盘等传感器测量。自动驾驶车辆在一个控制周期内因坡道产生的速度增量为

$$\Delta v_{slope} = Ta_{slope} \tag{2-106}$$

式中，T 是一个控制周期的时间。

再用期望速度减去该速度增量和输出速度，得到新的速度偏差，即

$$e = v_d - \Delta v_{slope} - v_1 \tag{2-107}$$

这实质上是改变了自动驾驶车辆在坡道上的期望速度，算法原理如图 2-34 所示。

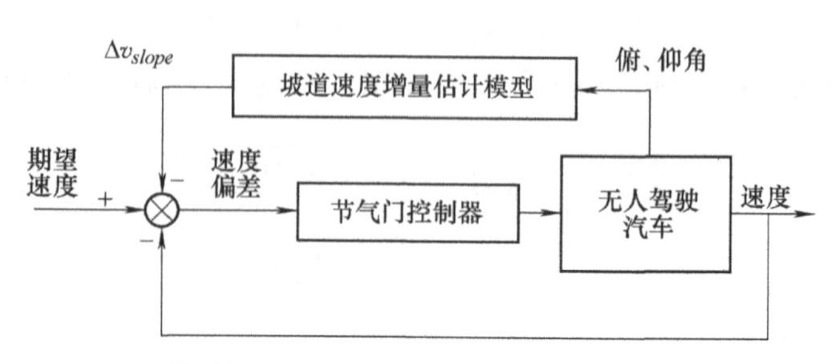

图 2-34　节气门控制坡道预估速度跟踪

(2) 制动控制　人工驾驶车辆进行制动时，往往踩住制动踏板至一定行程并保持一段时间，估计车辆可在要求的距离内达到需要的速度，就松开制动踏板。如果没有达到需要的速度，还可重新踩下制动踏板。若不是紧急制动，驾驶人一般会根据当前车辆速度与减速距离判断制动踏板的行程。减速过程中车辆行驶一般相当平稳，即制动踏板不会频繁抖动；但在 PID 算法作为制动控制器时，与人工制动效果相差很大，制动时制动踏板出现抖动，车辆减速行驶不平稳，乘坐不舒适，模糊分档式制动控制方法是为了模仿人工驾驶，减速时使制动踏板动作平缓，提高自动驾驶车辆行驶平稳性。

1）模糊分档制动控制基本原理。模糊分档是指模糊控制器的查表输出量不直接用于驱动制动踏板，而是将控制量按一定规则分为有限的 u_1，u_2，…，$u_N(N \geqslant 1)$ 行程档。为了减少制动踏板的频繁动作，分档应尽量少。这样，当制动踏板到达某一行程档后，稳定时间就可适当延长，从而保证了行驶平稳性。

模糊制动控制框图如图 2-35 所示。速度偏差 $e(k)$ 和一个控制周期内的速度偏差变

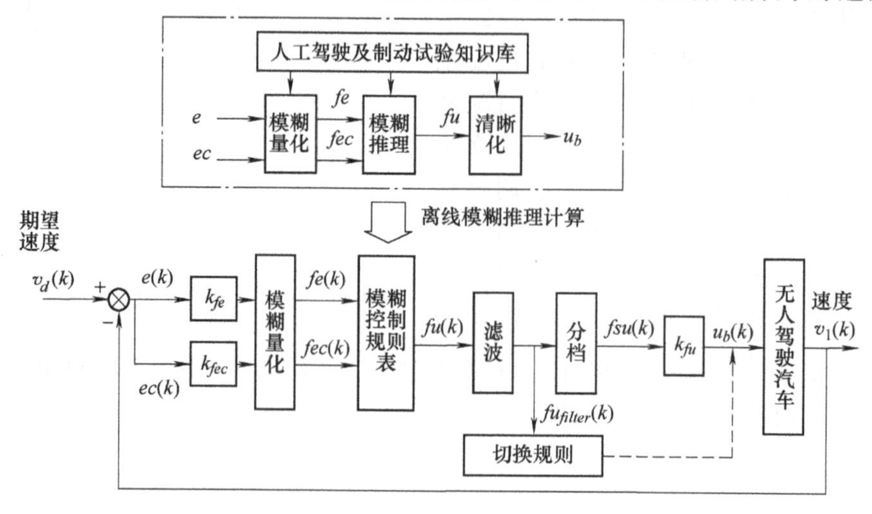

图 2-35　模糊控制框图

化量 $ec(k)$（即 $e(k)-e(k-1)$，可代表自动驾驶车辆的加速度）分别乘以速度偏差变换比例系数 k_{fe} 和速度偏差变化量变换比例系数 k_{fec} 后再进行均匀模糊量化，得到 $fe(k)$ 和 $fec(k)$。其量化过程见表 2-3，论域为［-6，+6］。然后利用 $fe(k)$ 和 $fec(k)$ 查模糊控制规则表得到模糊控制输出量 $fu(k)$。$fu(k)$ 经过滤波后得到 $fu_{filter}(k)$（$fu_{filter}(k)$ 同时也是进行节气门控制与制动控制切换的判据），通过分档规则调整得到分档控制输出 $fsu(k)$，最后乘以实际控制量比例因子 k_{fu}，转换成实际控制量 $u_b(k)$。模糊控制规则表是通过离线模糊推理计算得到的。下面对模糊控制规则推理、分档式控制规则，以及输入输出控制变换比例系数的确定进行详细说明。

表 2-3 速度偏差与偏差变化量的均匀模糊量化

量化等级	-6	-5	-4	-3	-2	-1	0	1	2	3	4	5	6
变化范围	≤5.5	(-5.5~4.5]	(-4.5~3.5]	(-3.5~2.5]	(-2.5~1.5]	(-1.5~0.5]	(-0.5~0.5]	(0.5~1.5]	(1.5~2.5]	(2.5~3.5]	(3.5~4.5]	(4.5~5.5]	>5.5

2）模糊控制规则推理。设模糊控制器中经模糊量化后的输入变量 fe、fec 以及模糊控制变量 fu 的论域分别为 FE、FEC 和 FU，模糊语言变量值集合分别为 $T(fe)$、$T(fec)$ 和 $T(fu)$，模糊语言变量值有 NB（负大）、NM（负中）、NS（负小）、ZE（零）、PS（正小）、PM（正中）和 PB（正大），且有：

$$FE、FEC、FU \in \{-6,-5,-5,-3,-2,-1,0,1,2,3,4,5,6\}$$

$$T(fe)、T(fec)=\{NB,NM,NS,ZE,PS,PM,PB\}$$

$$T(fu)=\{NM,NS,ZE,PS,PM\}$$

各模糊语言变量值的隶属度函数见表 2-4。

表 2-4 各模糊语言变量的隶属度函数

	-6	-5	-4	-3	-2	-1	0	1	2	3	4	5	6
PB	0	0	0	0	0	0	0	0	0	0.1	0.4	0.8	1
PM	0	0	0	0	0	0	0	0	0.2	0.7	1	0.7	0.2
PS	0	0	0	0	0	0.1	0.4	0.8	1	0.8	0.4	0.1	0
ZE	0	0	0	0.1	0.4	0.8	1	0.8	0.4	0.1	0	0	0
NS	0	0.1	0.4	0.8	1	0.8	0.4	0.1	0	0	0	0	0
NM	0.2	0.7	1	0.7	0.2	0	0	0	0	0	0	0	0
NB	1	0.8	0.4	0.1	0	0	0	0	0	0	0	0	0

根据人工驾驶制动经验和多次制动控制试验结果，制定了表 2-5 所列的模糊控制规则。表 2-5 中 NM 和 NS 表示制动，ZE 表示不动作，而 PS 和 PM（表中用括号标示）则没有实际意义。制定控制输出量只是为了作为节气门控制和制动控制的切换判据。在制定控制规则时，考虑到加速踏板完全松开时，自动驾驶车辆也可以依靠行驶阻力减速，故这时不需要进行制动控制。

下面采用 PRODUCT-SUM-GRAVITY 方法进行模糊推理和清晰化，也称中位数法，或

LARSEN 积运算。表 2-6 是利用 PRODUCT-SUM-GRAVITY 方法进行模糊推理及清晰化计算得到的模糊控制表。

表 2-5 制动控制模糊控制规则

fec \ fe	NB	NM	NS	ZE	PS	PM	PB
NB	NM	NM	NM	NS	NS	NS	ZE
NM	NM	NM	NS	NS	NS	ZE	ZE
NS	NM	NS	NS	NS	ZE	(PS)	(PS)
ZE	NS	NS	ZE	ZE	(PS)	(PS)	(PM)
PS	ZE	ZE	ZE	(PS)	(PS)	(PM)	(PM)
PM	ZE	ZE	(PS)	(PS)	(PM)	(PM)	(PM)
PB	ZE	(PS)	(PS)	(PM)	(PM)	(PM)	(PM)

表 2-6 模糊控制表

fe \ fec	-6	-5	-4	-3	-2	-1	0	1	2	3	4	5	6
-6	-4	-4	-4	-4	-3	-3	-2	-2	-2	-2	-1	-1	0
-5	-4	-4	-4	-3	-3	-2	-2	-2	-2	-1	-1	0	0
-4	-4	-4	-3	-3	-2	-2	-2	-2	-1	-1	0	0	0
-3	-4	-3	-3	-2	-2	-2	-2	-1	-1	0	1	1	1
-2	-3	-3	-2	-2	-2	-1	-1	-1	0	1	1	2	2
-1	-3	-2	-2	-1	-1	-1	0	0	1	1	2	2	3
0	-2	-2	-1	-1	0	0	0	1	1	2	2	3	3
1	-1	-1	-1	-1	0	0	1	1	2	2	3	3	4
2	-1	0	0	0	0	1	1	2	2	3	3	4	4
3	0	0	0	1	1	2	2	2	3	3	4	4	4
4	0	0	1	1	2	2	2	3	3	4	4	4	4
5	0	1	1	1	2	2	3	3	4	4	4	4	4
6	0	1	1	2	2	3	3	4	4	4	4	4	4

3）分档式控制规则。在实际控制过程中，模糊控制表的控制输出量 $fu(k)$ 抖动很大，如果直接乘以实际控制量比例因子 k_{fu} 转换成实际控制量 $u(k)$ 去驱动伺服电动机，则制动踏板位置不稳定，导致自动驾驶车辆行驶平稳性差。即使是经过滤波，也会有抖动现象。为了保证自动驾驶车辆行驶的平稳性，可以将滤波后的控制量 $fu_{filter}(k)$ 按一定规则分档，形成台阶式输出，从而使制动踏板在一定时间内位置固定。分档间隔应该大于模糊控制输出变量论域元素之间的最大间隔，以保证分档后控制量曲线在上升过程中递增，在下降过程中递减。这样可以使制动踏板从零位拉紧到最大位置过程中，减少来回抖动的次数。为了补偿滤波带来的控制量减小和滞后的损失，可将控制量做适当的放大。

分档方法如图 2-36 所示，一般情况下，可以分为有限的几档。因为模糊论域为

[−6, +6]，元素间隔为1，小于0的元素为6个。这里按3档举例说明，规则如下：

①若 $0 > fu_{filter}(k) \geqslant p_{ctrl1}$，则 $fsu(k) = 0$。

②若 $p_{ctrl1} > fu_{filter} \geqslant p_{ctrl2}$，则 $fsu(k) = step_1$。

③若 $p_{ctrl2} > fu_{filter} \geqslant p_{ctrl3}$，则 $fsu(k) = step_2$。

④若 $p_{ctrl3} > fu_{filter}(k)$，则 $fsu(k) = step_3$。

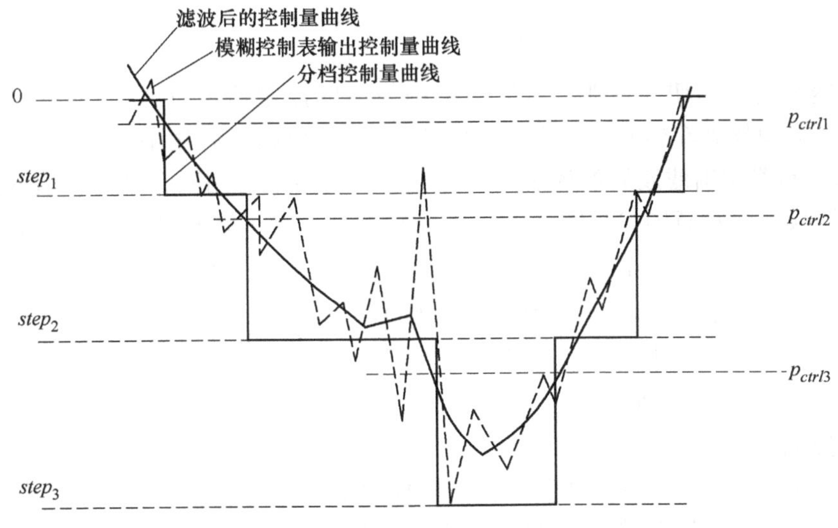

图2-36　模糊控制量分档规则示意图

4）输入输出控制变换比例系数的确定。模糊控制器中，速度偏差比例系数 k_{fe}、速度偏差变化量比例系数 k_{fec}，以及实际控制量比例因子 k_{fu} 对系统性能有比较大的影响：k_{fe} 过小将引起较大的稳态误差，而过大则会导致超调量变大；k_{fec} 过小将使系统响应性能变差，收敛速度减慢，而过大将导致上升时间增加，稳态误差变大，同时超调量会减小；k_{fu} 过小将导致上升时间增加，收敛速度加快，而过大则作用相反。

对自动驾驶车辆速度控制而言，设速度偏差最小值、最大值分别为 $e_{\min}$、$e_{\max}$，模糊控制器模糊变量论域为 $[e_{l\min}, e_{l\max}]$，采用线性变换，则有：

$$fe = \frac{e_{l\min} + e_{l\max}}{2} + k_{\mathrm{fe}}\left(e - \frac{e_{\max} - e_{\min}}{2}\right) \tag{2-108}$$

其中，

$$k_{fe} = \frac{e_{l\max} - e_{l\min}}{e_{\max} - e_{\min}} \tag{2-109}$$

若设速度偏差变化量最小值、最大值分别为 $ec_{\min}$、$ec_{\max}$，模糊控制变量论域为 $[ec_{l\min}, ec_{l\max}]$，采用线性变换，则有：

$$fec = \frac{ec_{l\min} + ec_{l\max}}{2} + k_{fec}\left(ec - \frac{ec_{\max} - ec_{\min}}{2}\right) \tag{2-110}$$

其中，

$$k_{fec} = \frac{ec_{l\max} - ec_{l\min}}{ec_{\max} - ec_{\min}} \tag{2-111}$$

同理，若实际控制量最小值、最大值分别为 $u_{b\min}$、$u_{b\max}$，模糊控制器控制变量论域为 $[u_{bl\min}, u_{bl\max}]$，采用线性变换，则有：

$$u_b = \frac{u_{b\min} + u_{b\max}}{2} + k_{fu}\left(fu - \frac{u_{bl\max} - u_{bl\min}}{2}\right) \tag{2-112}$$

其中，

$$k_{fu} = \frac{u_{b\max} - u_{b\min}}{u_{bl\max} - u_{bl\min}} \tag{2-113}$$

（3）加速与制动的切换规则 节气门控制与速度控制的及时顺利切换是减小速度跟踪误差并保证自动驾驶车辆行驶平稳性的关键。切换规则中利用节气门控制器输出控制量 u_t 和制动控制器输出滤波后的控制量 $fu_{filter}(k)$ 的符号进行判断；同时，引入速度偏差 e 作为判据。切换实施示意图参见图 2-32，切换规则如下（u 表示选择的控制量）：

$$u = \begin{cases} u_t & (e \geqslant -0.5\text{m/s}) \\ u_b \quad \left.\begin{matrix} (u_t<0, fu_{filter}<0) \\ (\text{其他}) \end{matrix}\right\} & (e < -0.5\text{m/s}) \\ u_t & \end{cases} \tag{2-114}$$

2. 转向控制

自动转向控制系统作为自动驾驶车辆车体控制系统中的重要组成部分，主要通过控制车辆的横向运动，使车辆精确跟踪期望道路，因此其控制性能和品质直接影响自动驾驶车辆的智能行为表现。同时，由于自动驾驶车辆行驶工况的复杂性，自动转向控制系统不仅受到已知或未知的干扰作用，而且自动驾驶车辆的车速变化范围较大，因此如何设计对干扰鲁棒并且对变化车速适应的自动转向控制系统是自动驾驶车辆技术中重要的关键问题之一。

纵观国内外发展历史和现状，自动转向控制算法的设计涉及经典控制理论、现代控制理论以及智能控制理论。学者们将 PID 控制、预见控制、最优控制、极点配置、鲁棒控制、H∞ 控制、模糊控制、螺旋理论、模型预测控制等理论应用于自动驾驶车辆转向控制系统中，以求良好的控制性能。由于自动驾驶车辆在行驶过程中受到干扰和不确定性的作用，因此所设计的自动转向控制算法必须对这些干扰具有鲁棒性和适应性。滑模变结构控制作为一种鲁棒控制策略，对干扰和不确定性具有较强的鲁棒性和抗干扰性。

（1）自动转向控制系统模型 自动转向控制系统通过控制前轮偏角实现对自动驾驶车辆横向运动的精确控制，以保证车辆沿期望道路行驶。因此，自动转向控制系统的输入为期望前轮偏角，而输出则为车辆与道路之间的偏差信号或车辆行驶状态。车辆与道路之间的偏差信号包括横向位置偏差、方向偏差以及它们的变化率等，而车辆行驶状态是指横摆角速度、质心侧偏角（或横向速度）等。具体以哪些物理量作为输出量，取决于自动转向反馈控制系统结构。

对自动转向系统进行动力学建模，包括车辆-道路系统动力学模型和转向执行机构动力学模型。为简化分析和方便控制器的色剂，进行如下假设：

1）质心处的曲率和预瞄处的曲率相同。

2）曲率变化率为 0。

可得到自动转向系统的状态方程为

$\dot{x} = Ax + Bw + D\rho L \Rightarrow$

$$\begin{pmatrix}\dot{x}_1\\ \dot{x}_2\\ \dot{x}_3\\ \dot{x}_4\\ \dot{x}_5\\ \dot{x}_6\end{pmatrix} = \begin{pmatrix}0 & 1 & 0 & 0 & 0 & 0\\ \alpha_{21} & \alpha_{22} & 0 & \alpha_{24} & \alpha_{25} & 0\\ 0 & 0 & 0 & 1 & 0 & 0\\ \alpha_{41} & \alpha_{42} & 0 & \alpha_{44} & \alpha_{45} & 0\\ 0 & 0 & 0 & 0 & 0 & 1\\ 0 & 0 & 0 & 0 & \alpha_{65} & \alpha_{66}\end{pmatrix}\begin{pmatrix}x_1\\ x_2\\ x_3\\ x_4\\ x_5\\ x_6\end{pmatrix} + \begin{pmatrix}0\\0\\0\\0\\0\\0\end{pmatrix} w + \begin{pmatrix}0\\ \gamma_{21}\\ 0\\ \gamma_{21}\\ 0\\ 0\end{pmatrix}\rho_L \tag{2-115}$$

式中，状态变量 $x = [x_1 \quad x_2 \quad x_3 \quad x_4 \quad x_5 \quad x_6]^{\mathrm{T}} = [x_{e1} \quad x_{e2} \quad x_{e3} \quad x_{e4} \quad x_{e5} \quad x_{e6}]^{\mathrm{T}}$。其中，$x_{ei}(i = 1, 2, 3, 4)$ 依次表示质心处的方向偏差及其变化率、预瞄点处的横向位置偏差及其变化率；控制输入 w 为期望前轮偏角 δ_{fd}；干扰输入为道路曲率 ρ_L；矩阵的各元素分别为

$$\alpha_{21} = -ua_{21},\ \alpha_{22} = a_{22} - La_{21},\ \alpha_{24} = a_{21},\ \alpha_{25} = b_{21},$$
$$\alpha_{41} = -ua_{11} - uLa_{21},\ \alpha_{42} = a_{12} + La_{22} - La_{11} - La_{21} + u,$$
$$\alpha_{44} = a_{11} + La_{21},\ \alpha_{45} = b_{11} + Lb_{21},\ \alpha_{65} = -\omega_n^2,$$
$$\alpha_{66} = -2\xi w_n,\ \beta_{61} = -w_n^2,$$
$$\gamma_{21} = ua_{22},\ \gamma_{41} = ua_{12} + uLa_{22}$$

由于转向系统受集合和功率限制，实际前轮偏角以及它的变化率是有约束的，同时期望前轮偏角也要满足该限制条件，因此对于状态方程式（2-115）需要有约束条件加以约束，即

$$\begin{cases} |x_5| \leqslant \delta_{f\max} \\ |x_6| \leqslant \dot{\delta}_{f\max} \\ |w| \leqslant \delta_{f\max} \end{cases} \tag{2-116}$$

式中，x_5 是实际前轮偏角；x_6 是实际前轮偏角的变化率；$\delta_{f\max}$、$\dot{\delta}_{f\max}$ 分别是前轮偏角和前轮偏角变化率的最大值，取值为正，单位分别为 rad，rad/s。

针对式（2-115）所表述的自动转向控制系统，在考虑约束条件（2-116）的前提下，可以设计性能良好的控制系统。

（2）自动转向控制系统框图 在确定控制系统框图和结构之前，首先分析自动转向控制模型（2-115）是否满足滑模变结构控制的匹配条件。根据控制系统满足匹配条件的充分必要条件可知，模型（2-115）中 rank(B, D)≠rank(B)，因此不满足匹配条件。也就是说，道路曲率干扰不满足滑模变结构控制的匹配条件，因此滑动模态将受到道路曲率干扰的影响。然而，对于自动驾驶车辆而言，前方道路曲率是已知的，即已知干扰。对于已知的道路曲率干扰，可以采用前馈控制进行抑制。前馈控制是基于已知干扰的预先控制方法，不仅可以提高控制系统对干扰的动态响应性能，同时可以减小反馈系统所具有的波动和时滞性。前馈控制的引入将大大提高自动转向系统的道路跟踪性能。前馈控制量主要克服道路曲率对自动转向系统的影响，按照横向位置偏差为0的条件并基于动力学模型进行计算。而反馈控制算法基于滑模变结构控制理论进行设计，在系统存在不确定性、有外界干扰等条件下，控制系统具有较好的鲁棒性和适应性。

根据上述分析，搭建如图2-37所示的自动转向控制系统。

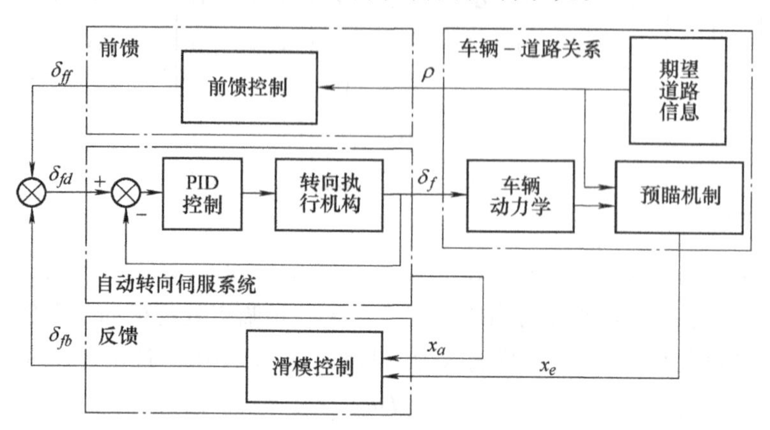

图2-37　自动转向控制系统框图

图2-37中，期望前轮偏角 δ_{fd} 输入到实际前轮偏角 δ_f 之间的转向执行机构视为位置伺服控制系统。车辆横向动力学输出结合预瞄机制和期望道路信息获得预瞄点处的偏差及变化率 x_e，而安装在自动转向伺服系统的转角传感器给出前轮偏角及其变化率 x_a。自动转向滑模控制算法依据状态变量计算反馈系统的期望前轮偏角。前馈控制器根据前方道路曲率信息计算前馈系统的期望前轮偏角。前馈量和反馈量之和作用于自动转向伺服系统，改变车辆动态运动，保持车辆始终沿着期望道路行驶。所需满足的性能指标，必须在自动转向控制算法设计时予以考虑，即控制算法中控制参数的选取直接影响性能指标，因此控制算法设计以后，需要分析控制参数对系统性能的影响。

2.4.3　车身控制

车身控制系统采用“自顶向下”的设计方法，其设计原则为：可实施性针对应用对象的现实情况采取“二不”对策。不改变原车车身的结构，不变更原车使用的开关和执行部件，这也就意味着在系统方案的设计过程中，不能破坏已有的外部条件。系统可扩展性采用CAN总线技术以解决信息共享、线束复杂、布线困难等问题，从而为车身控制系统的网络化奠定基础。嵌入式系统选择主要从是否便于实现、是否能够提供足够的性能、是否有合适的操作系统支持、是否有合适的开发工具支持四个方面进行考虑。从控制的角度提高车身各部分在舒适性、安全性和操作方便性方面的性能，具体体现在增加车窗的防夹功能、车门状态提示功能等。

按照上述设计原则，控制系统可分为中央、左前门、右前门、左后门、右后门五个控制器单元。它们在车上的关联位置和拓扑相关系统的工作过程如下：中央控制器单元接收室内灯和冷却风扇控制信号输入，直接完成灯和冷却风扇的控制。左前门控制器单元

是靠近驾驶人侧的控制单元，输入和输出量最多，控制也最为复杂，不但要接收本地按键输入，完成本地电动机控制，而且还要接收到远程按键输入，并把输入信号打包成一帧命令数据发送到CAN总线，实现其他门的远程控制。右前门控制器单元除接收本地输入完成本地控制之外，还需要接收来自左前门的车窗和门锁的控制指令完成相应远程控制。两个后门控制器单元接收控制本地车窗的按键输入，完成车窗控制以及接收来自CAN总线的车窗和门锁远程控制指令，完成相应远程控制。为了便于监控与维护，这五个单元在完成控制的同时都需要把执行机构的状态发送到CAN总线上。

1. 中央控制器单元的功能

中央控制器单元接收冷却风扇电动机按键的输入和室内灯控制按键的输入，判别出按键的键值并把键值打包成控制指令发送到CAN总线上。

2. 左前门控制器单元的功能

左前门控制器单元是所有控制器单元中最复杂的单元，接收的输入和输出信号量最多。在一辆车的车身控制中驾驶人拥有最高的控制权，因此左前门集成了几乎所有的控制按键，包括门锁控制键、左前窗控制键、右前窗控制键、左右后门窗的控制键。输入的开关量除了这些按键外，还有门锁开关检测、门锁钥匙开关等；输入的模拟量有车窗电动机电流、门锁电动机电流。为达到控制目的这些信号都必须接入左前门控制器单元。该单元除左前门窗、左前门锁采用直接控制外其余的采用间接控制的方式，左前门的车窗和门锁这两个按键的输入直接控制所对应的电动机，而其他门窗和门锁的按键输入都是通过总线的方式把命令传送给相应的MCU控制单元，由它们来控制实际部件。而且采用了总线命令优先的方式避免本地命令和远程命令发生冲突。

3. 右前门控制器单元的功能

右前门控制器单元主要的控制对象是右前门窗电动机、右前门锁电动机。它的开关量输入有：右前门锁开关、右前门窗升降开关、门锁检测开关等。该单元接收来自左前门的指令，并能根据不同指令控制不同的对象，使它们执行不同的动作。当然控制单元也可以执行本地命令，它接收来自按键的输入，判别出按键值，然后控制与键值相应的被控对象的动作。

4. 左、右后门控制器单元的功能

两个后门控制器单元相对前门来说开关量输入比较简单，它们没有门锁开关按键输入，只有一个对应后门门窗升降的按键。控制对象和前门一样有门锁电动机和门窗电动机。门锁电动机只采用间接控制的方式，根据左、右前门的CAN指令来控制门锁的动作；门窗电动机采用间接和直接控制的方式，它除了受本地按键的控制外，还受左前门控制器单元CAN指令的控制。对于后门来说，它们只是接收来自前门的指令和发送控制对象的状态。

2.4.4　安全保障控制

1. 行车防撞控制系统

行车防撞控制系统包括发射和接收反射信号的传感器或摄像元件；行车环境监测信息的采集和分析的电子控制单元；输出显示信号，必要时发出警告信号，并采取应急措施电路等三部分组成，如图 2-38 所示。

位于车辆前部的激光扫描雷达用于分辨车辆前方物体的距离和方位，与路面情况传感器共同承担环境监测功能。

电子控制单元用于对前后障碍物的距离和方位以及路面信号进行分析，提取有用数据，进行危险性判断，输出必要的警示信号或应急车辆控制信号。

操纵机构根据防碰撞系统输出信号的控制，实现对制动系统或转向系统进行自动操作。自动操作系统处于工作状态时，如驾驶人的操作制动力大于自动控制系统提供的制动力，则驾驶人操作有效，这样可保证自动操作系统失灵时，驾驶人控制的制动系统仍能起作用。

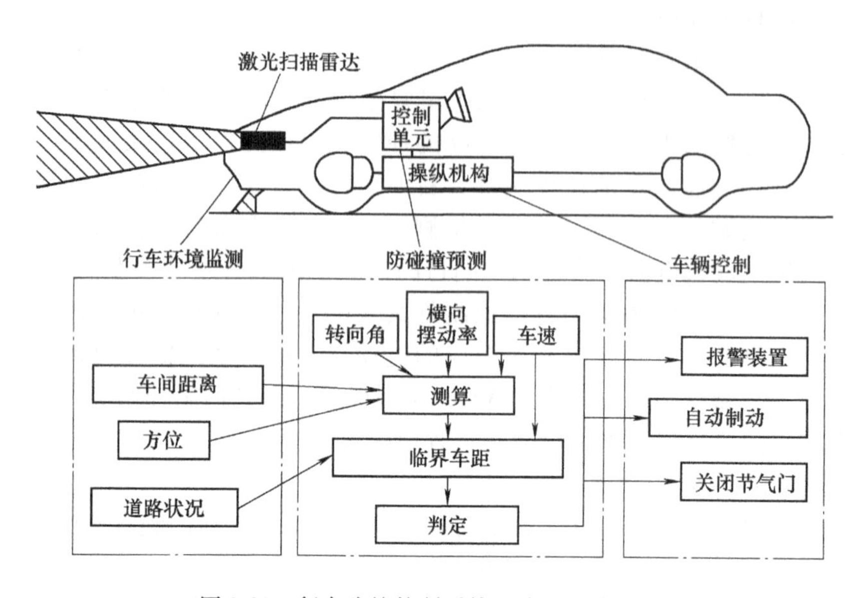

图 2-38　行车防撞控制系统组成及工作原理

2. 安全气囊

安全气囊（Supplemental Restraint System，SRS）也称辅助乘员保护系统。它是一种当车辆遭到冲撞而急剧减速时能很快膨胀的缓冲垫，可以保护车内乘员不致撞到车厢内部，是一种被动安全装置，具有不受约束、使用方便和美观等优点。近年来随着世界车辆市场的竞争愈演愈烈，以及制造成本的降低，以往只在高档轿车上作为选装件的 SRS，已逐步发展到作为标准件安装到一些小型、紧凑型轿车上。轿车发生正面严重碰撞事故时，SRS 系统协同三点式安全带对前排乘员的头部及胸部提供有效保护。发生侧面碰撞时，侧面 SRS 可减轻乘员处于碰撞区域身体部位的伤害程度。按充气器点火方式的不同，安全气囊分为全机械式（M 型）和电子式（E 型）。按气囊安装位置不同可分为正面气囊、侧面气囊和顶部气囊。

（1）控制 SRS 的组成　各型车辆 SRS 采用控制部件的结构、数量和安装位置各有不同，但其基本组成大致相同，主要由碰撞传感器、电子控制单元（ECU）、气囊组件（包括气囊、气体发生器、点火器）、SRS 指示灯和螺旋弹簧等部件组成，如图 2-39 所示。

（2）控制 SRS 的工作过程　控制 SRS 的工作过程如图 2-40 所示。当车辆受到前方一定角度范围内的高速碰撞时，SRS ECU 就会检测到来自安装在车辆前端的碰撞传感器发出的车辆突然减速的信号，碰撞传感器和防护传感器触点闭合，将车辆减速信号传送到 SRS ECU。

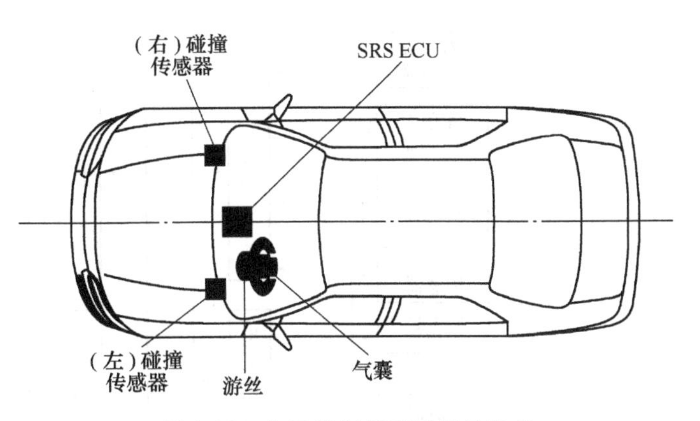

图 2-39　电子控制气囊系统的组成

ECU 按预先设置的程序经过数学计算和逻辑判断后立即向

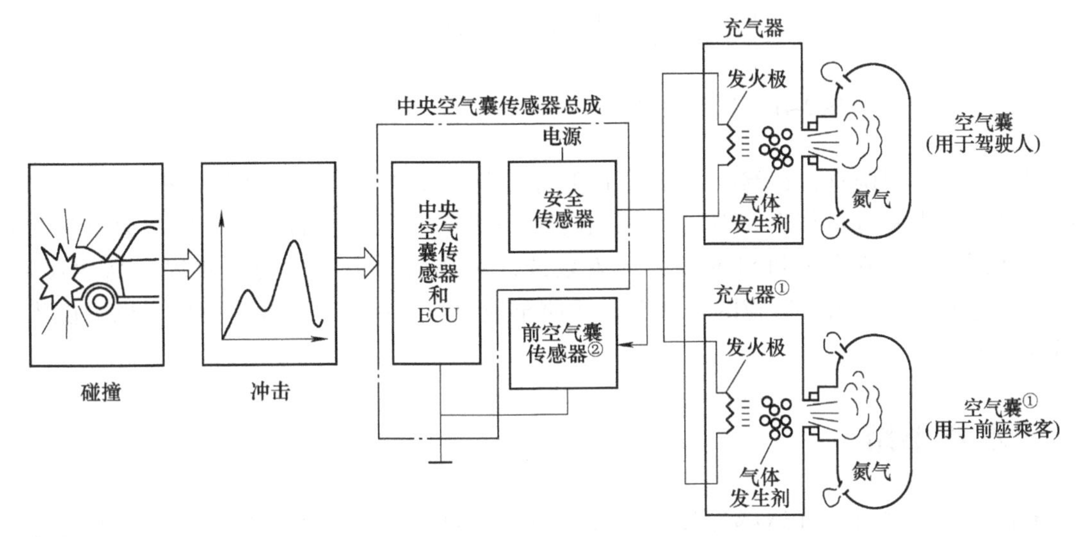

图 2-40　控制 SRS 的工作过程

①限有前座乘客空气囊的型号　②仅限某些型号

SRS 气囊组件内的电热点火器（电雷管）发出点火指令，引爆电雷管，点火剂受热爆炸（电热丝通电发热引爆火药）。点火剂引爆时，迅速产生大量热量充气剂（叠氮化钠固体药片）受热分解释放大量氮气充入气囊；气囊便冲开气囊组件的装饰盖板鼓向驾驶人，使驾驶人头部和胸部压在充满气体的气囊上。在人体与车内构件之间铺垫一个气垫将人体与车内构件之间的碰撞变为弹性碰撞，通过气囊产生变形来吸收人体碰撞产生的动能，达到保护人体的目的。图 2-41 为带自动收紧式安全带的安全气囊系统工作原理及工作流程。

（3）两次动作 SRS　两次动作的 SRS 在车辆发生碰撞时，能根据车辆的速度和减速度的大小自动地选择只使用安全带预紧器动作，还是安全带预紧器和气囊同时使用工作。这样在低速发生碰撞时，系统只使用安全带即能足够保护驾乘人员安全，而不用浪费气囊；如果在速度大于 30km/h 发生碰撞时，安全带和气囊同时引动，以便保护驾乘人员的安全。

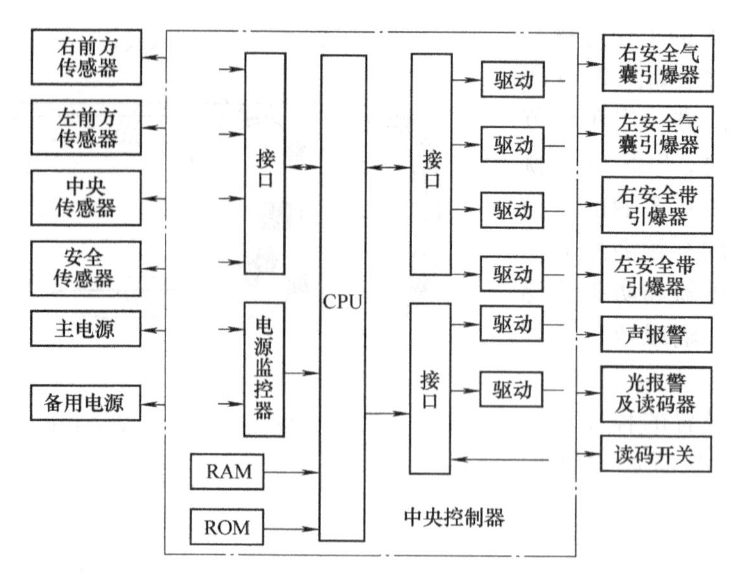

图 2-41 带自动收紧式安全带安全气囊系统的工作流程

根据运输部门调查，在驾驶人位置上使用三点式安全带可以降低负伤率 33%~52%，在副驾驶位置上降低负伤率 37%~45%，在低于 90km/h 车速下的碰撞一般不会发生死亡事故。而同时使用安全带和 SRS 作为约束系统，对乘员伤害保护的有效程度高达70%~80%，而完全不使用约束措施的条件下，即使车速只有 20km/h 的碰撞事故，也可能出现乘员死亡事故。

2.5 本章小结

本章先介绍了自然环境感知模块，包括道路信息感知、环境信息感知等；然后介绍了智能行为决策模块，涉及车辆驾驶行为、全局以及局部路径规划；接着介绍了车辆自身状态采集模块，包含车辆行驶姿态与行驶车速感知以及车轮与路面之间摩擦因数估计；最后介绍了车辆控制模块，分为起停控制、车速与转向控制、车身控制以及安全保障控制等。

第3章 自动驾驶车辆控制系统

3.1 安全预警技术

汽车的安全性分为主动安全性和被动安全性两大类。主动安全性（Active safety）是指汽车防止发生交通事故的性能；被动安全性（Passive safety）是指汽车在交通事故发生时车辆本身具有保护乘员、行人不受伤亡或减少伤亡的性能。据日本汽车行业透露，日本未来的智能汽车将具有良好的主动安全性和被动安全性。为避免车辆事故的发生和减少伤害程度，日本、美国和欧洲都投入了相当的人力、物力在所研究开发的高级安全汽车上大量使用先进的安全预警系统。目前，安全预警系统的部分研究成果已经成功地应用在汽车上，如碰撞报警系统和行路导驶系统等，其他许多系统也都在应用前的试验中。

3.1.1 定速巡航控制系统

1. 巡航控制系统的基本控制原理

巡航控制系统是一个典型的闭环控制系统，电子控制式巡航控制系统的基本控制原理如图3-1所示。输入巡航电控单元CCS ECU的信号有两个：一个是驾驶人根据行驶条件，通过巡航开关设定的巡航车速指令信号；另一个是车速传感器输入的实际车速反馈信号。

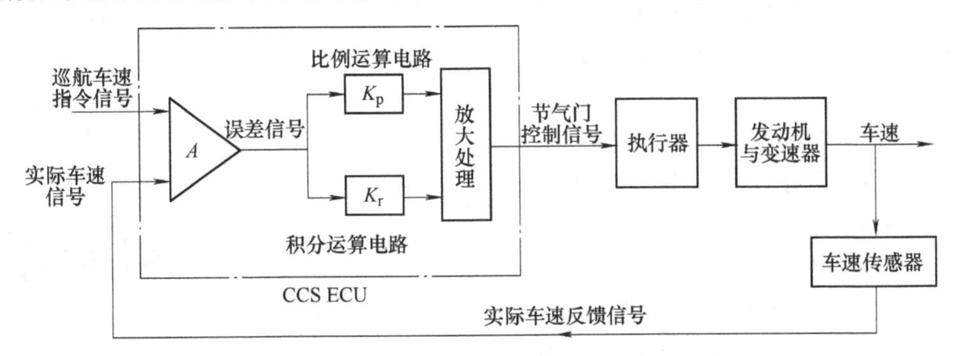

图3-1 巡航控制系统的基本控制原理

当巡航车速指令信号和实际车速反馈信号输入巡航电控单元CCS ECU后，CCS ECU的比较器*A*经过比较运算便可得到误差信号，误差信号经过“比例-积分算法（Proportion and Integral Calculus）”即PI控制方式，再经过放大处理就可得到控制节气门开度大小的控制信号，CCS ECU将控制指令发送给执行机构，执行机构就可驱动节气门拉索调节发动机节气门开度的大小，将实际车速迅速调节到驾驶人设定的车速值，从而实现巡航控制。

在控制过程中，当实际车速低于驾驶人设定的巡航车速值时，巡航电控单元 CCS ECU 将向执行机构发出增大节气门开度的指令，使实际车速升高到巡航车速。反之，当实际车速高于驾驶人设定的巡航车速值时，巡航电控单元 CCS ECU 将向执行机构发出减小节气门开度的指令，使实际车速降低到巡航车速，从而使实际车速基本保持在驾驶人设定的巡航车速值不变。

当车辆在平坦路面上以设定的巡航车速 v_0 行驶时，设节气门开度为 θ_0，如果此时巡航电控单元 CCS ECU 向执行机构发出指令使节气门开度保持不变，则车辆将以设定的巡航车速 v_0 行驶。但是，当车辆遇到坡道上坡行驶时，由于坡道阻力增加将使车速降低到 v_d，不能以设定的巡航车速 v_0 行驶，因此，电控单元 CCS ECU 必须向执行机构发出指令使节气门开度增大（即节气门旋转角度增大 $\Delta\theta$），才能使车速接近于设定的巡航车速 v_0 行驶（实际车速比巡航车速 v_0 低 Δv）。同理，当车辆下坡行驶时，节气门旋转角度将减小 $\Delta\theta$，实际车速将比巡航车速 v_0 高 Δv，如图3-2 所示。

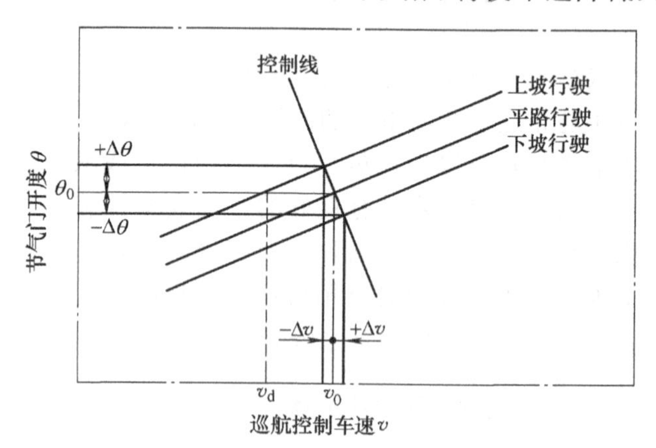

图 3-2　巡航车速控制原理

由此可见，为使车辆巡航车速 v_0 不受行驶阻力变化的影响，巡航电控单元 CCS ECU 中积分运算放大电路 K_1 控制的控制线应尽可能使车速变化范围减小，即控制线的斜率应尽可能小。由于 PI 控制方式设置了控制线，因此，当车辆因行驶在上坡、下坡道路以及风阻等因素导致行驶阻力变化时，控制系统只要将节气门开度调整±$\Delta\theta$，就可将车速变化幅度限制在±Δv 的微小范围内。

车辆巡航控制系统主要由传感器、控制开关、巡航控制 ECU 和执行器等组成。传感器和控制开关将信号送入巡航控制 ECU，ECU 根据这些信号计算节气门适当的开度，并给执行器发出信号，自动调节节气门开度，图 3-3 所示为巡航控制系统的组成。

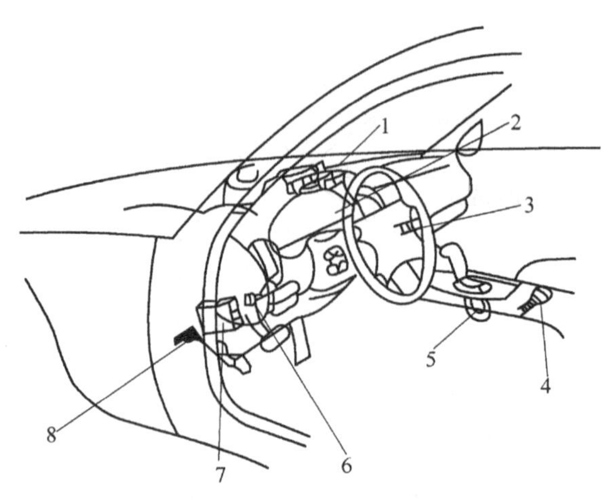

图 3-3　巡航控制系统的组成

1—执行器　2—巡航主指示灯　3—主控开关
4—1 号车速传感器　5—空档起动开关　6—制动灯开关
7—巡航控制 ECU　8—驻车制动器开关

2. 巡航控制开关

巡航控制开关是杆式或按键式组合开关，装在转向柱或转向盘等驾驶人方便操作的位置。其功用是将各种状态信息输入巡航控制电控单元，以便实现恒

速控制。巡航控制开关主要有巡航开关、制动灯开关、驻车制动开关、点火开关、离合器开关（仅对手动变速器车辆）或空档起动开关（对于自动变速器车辆）等。图 3-4 所示为巡航控制开关的信号电路图。

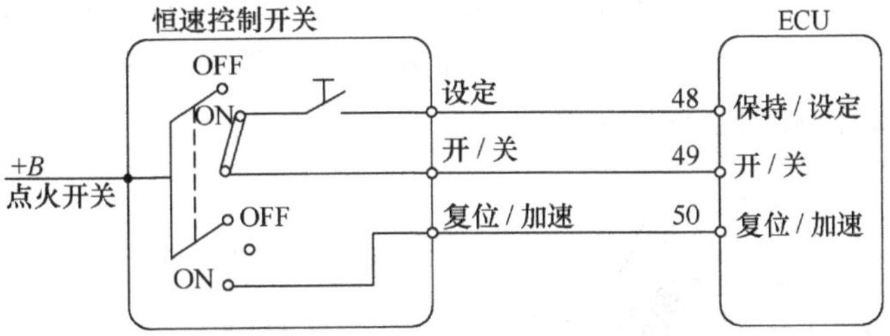

图 3-4　巡航控制开关的信号电路图

（1）巡航开关　巡航开关是巡航控制系统的主要控制开关，其功用是将恒速、加速、减速、恢复原速及取消等指令信号输入到巡航控制电控单元。巡航开关一般都安装在转向盘下右侧偏上位置，随转向盘一同转动，便于驾驶人操作，在驾驶人转动转向盘的同时，即可拨动组合手柄开关进行巡航控制的操作。巡航开关是组合手柄开关，一般由 MAIN（主开关）、SET/COAST（设置/巡航）、RES/ACC（恢复/加速）和 CANCEL（取消）四个功能开关组成。

（2）制动灯开关　制动灯的作用是当驾驶人踩踏制动踏板时，在制动（接通）灯亮的同时，将控制节气门动作摇臂的电磁离合器断开，迅速退出巡航控制的工作状态。在制动灯开关中原来常开触点的基础上，增加了与之联动的常闭触点，当驾驶人踩踏制动踏板制动灯亮时，常闭触点断开，电磁离合器断电，节气门不再受巡航系统控制。

（3）驻车制动开关　驻车制动开关的功用是在驻车制动开关接通时，向巡航电控单元 CCS ECU 输送一个电信号，以便 CCS ECU 解除巡航行驶状态。驻车制动开关的安装位置紧靠驻车制动操纵杆并与驻车制动操纵杆联动，当拉起驻车制动操纵杆时，此开关由断开变为闭合，将取消信号传至巡航控制 ECU，此时驻车制动灯亮。

（4）点火开关　点火开关的作用是接通或断开取自蓄电池和发电机的巡航控制的工作电源。

（5）离合器开关　离合器开关（仅对安装手动变速器车辆）安装在驾驶室离合器踏板的上部，其功用是当车辆处于巡航状态行驶时，如果驾驶人踩踏离合器踏板（以便变换变速器档位等），离合器开关触点就会闭合，并向 CCS ECU 输入一个电信号（低电平或高电平信号），以便 CCS ECU 解除巡航控制，同时也便于驾驶人变换变速器档位。

（6）空档起动开关　空档起动开关（仅对安装自动变速器的车辆）安装位置紧靠变速器操纵杆，并与变速器操纵杆联动，它的作用是当变速器操纵杆置于空档时，空档起动开关由断开变成闭合，向巡航电控单元 CCS ECU 输入一个电信号（低电平或高电平信号），以便 CCS ECU 解除巡航控制。

3. 巡航控制系统传感器

巡航控制系统传感器主要有车速传感器、节气门位置传感器和节气门控制摇臂传感器等。

（1）车速传感器　车速传感器用于产生一个与车辆实际行驶车速成比例的交变振荡脉冲信号，向巡航控制电控单元提供车辆行驶速度信号，通常和车速里程表驱动装置相连。如果车速表是电子式的，车速传感器给出的信号可直接用作巡航控制系统的反馈信号，因而不必为巡航控制系统另外设置传感器。专用于巡航控制系统的车速传感器一般安装在变速器输出轴上，因为实际车速与变速器输出轴转速成正比。车速传感器有磁感应式、霍尔式、光电式、磁阻式等多种类型。图 3-5 所示为常用的磁感应式车速传感器的安装位置和结构原理图。

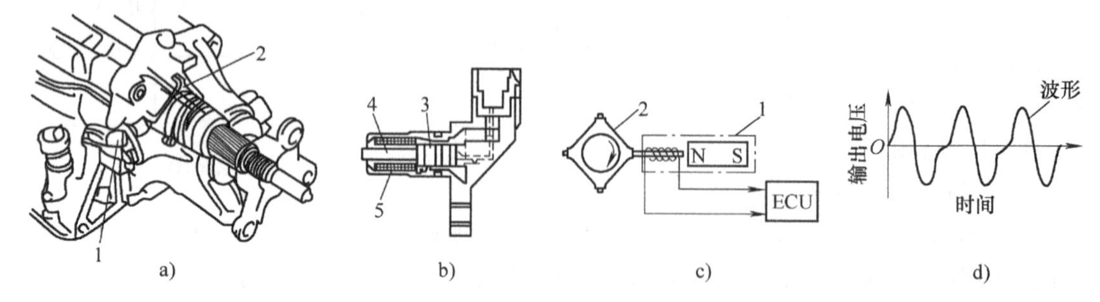

图 3-5 磁感应式车速传感器的安装位置和工作原理图

a）安装位置 b）结构示意图 c）原理图 d）波形图

1—速度传感器 2—转子 3—永久磁铁 4—磁轭 5—线圈

（2）节气门位置传感器 节气门位置传感器的作用是对电控单元提供一个与节气门位置成比例变化的电信号。节气门位置传感器与发动机控制和自动变速器控制的传感器共用，一般为线性输出型。

（3）节气门控制摇臂传感器 节气门控制摇臂传感器是巡航控制系统专用的传感器。它的作用是对电控单元提供节气门控制摇臂位置的电信号，目前应用较多的是滑线电位计式。当节气门控制摇臂转动时，电位计与之转动，便输出一个与控制摇臂位置成比例连续变化的电信号。

4. 巡航控制 ECU 及其控制功能

巡航控制系统电控单元 CCS ECU 又称为巡航电子控制器，其功用是接收车速传感器、巡航开关、制动灯开关、驻车制动开关、空档起动开关或离合器开关、发动机电控单元 ECU 以及自动变速电控单元 ECT ECU 的信号，经过信号转换与处理、数学计算（比例-积分计算）、逻辑判断、记忆存储、功率放大等处理后，向巡航执行机构输出控制指令信号，驱动执行器（步进电动机或直流电动机）旋转，执行器通过节气门联动机构、节气门拉索等改变节气门开度，使实际车速达到设定的巡航车速。图 3-6 所示为美国摩托罗拉（MOTOROLA）公司开发研制的数字式巡航控制电控单元电路框图。

目前，车辆巡航控制电控单元 CCS ECU 普遍采用大规模或超大规模专用集成电路与单片机组合而成。当车辆上已经装备发动机电子控制系统或自动变速控制系统时，许多传感器（如节气门位置传感器、车速传感器）和控制开关（如制动灯开关、空档起动开关等）的信号可以共享，只需编制控制程序调用该信号即可，因此可以大大降低系统的硬件成本。

巡航控制 ECU 根据巡航控制开关和传感器的信号控制巡航系统实现如下各种功能：

（1）恒速控制功能 ECU 将实际车速与设定车速相比较，当实际车速高于设定车速时，ECU 驱动巡航执行元件伺服电动机关闭节气门。当实际车速低于设定车速时，ECU 驱动巡航执行元件伺服电动机打开节气门。

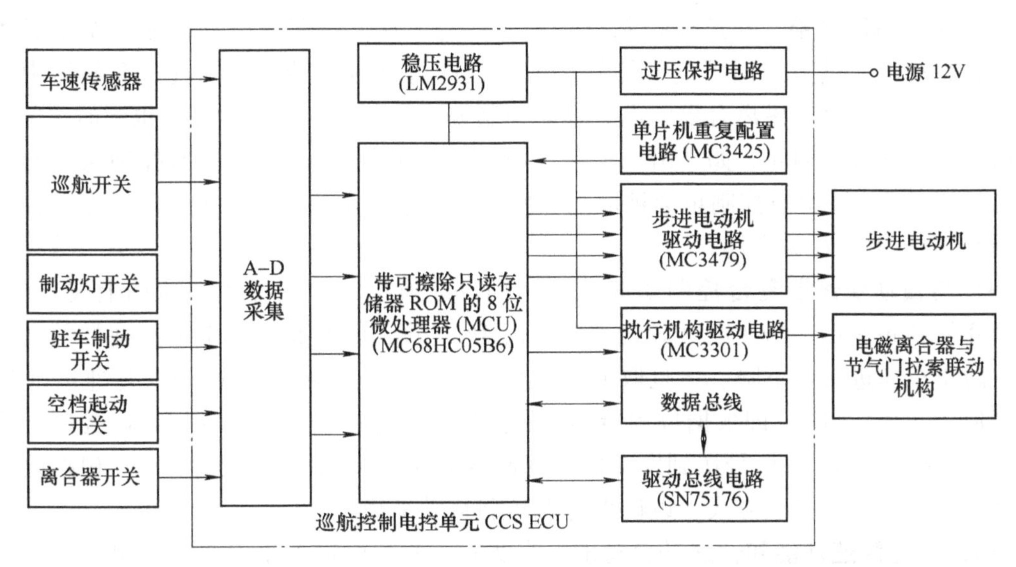

图 3-6 MOTOROLA 数字式巡航控制电控单元 CCS ECU 电路框图

（2）设定功能 接通主控开关，当车辆在巡航车速控制范围内（一般为 40~200km/h）时，将控制开关压到 SET/COAST，然后松开，巡航控制 ECU 储存此时的车速并以此车速稳速行驶。

（3）减速、加速功能 当车辆以巡航控制方式行驶时，将控制开关 SET/COAST 推向 COAST（减速）侧，执行元件的伺服电动机将关闭（或打开）节气门，车辆不断减速（或加速）。当减速到要求车速时，松开开关，ECU 储存这时的车速并以此车速稳速行驶。

当车辆以巡航控制方式行驶时，将控制开关 RES/ACC 推向 ACC（加速）侧，执行元件的伺服电动机将打开节气门，车辆不断加速。当加速到要求车速时，松开开关，车辆保持加速后的速度，并且 ECU 储存加速后的车速并以此车速恒速行驶。

（4）速度上下限控制功能 速度上下限是巡航控制系统所能设定的最高车速（200km/h）和最低车速（40km/h）。巡航控制设定车速不能高于上限的车速。当车辆以巡航控制方式行驶时，车速低于下限速度，巡航控制被自动取消，存储器中的速度设定也被清除。

（5）恢复功能 当控制开关压向 RES/ACC 时，可恢复巡航控制方式并以设定的速度行驶。

（6）安全电磁离合器控制功能 下坡行驶时，若车速高出设定车速 15km/h 时，巡航控制 ECU 将切断安全电磁离合器降低车速。当车速下降低于设定速度，约在 10km/h 范围内时，安全电磁离合器再次接通，恢复巡航控制。

（7）手动取消功能 车辆以巡航控制方式行驶时，如果下列信号中任一信号送到巡航控制 ECU，安全电磁离合器就会切断伺服调速电动机电流，使节气门关闭，巡航控制方式被取消，这些取消信号为：①停车灯开关接通（踩下制动踏板）；②驻车制动灯开关接通（踏下驻车制动）；③空档起动开关接通（变速器变速杆在空档位置）；④巡航控制开关的 CANCEL（取消开关）接通。

(8) 自动取消功能 在巡航控制行驶期间，若出现伺服调速电动机或安全电磁离合器晶体管驱动电流过大，伺服电动机始终朝节气门打开方向转动等情况，存储器中设定的车速被清除，安全电磁离合器断电，巡航控制方式自动解除，主控开关也同时关闭。

在巡航控制行驶期间，如果出现车速下降，低于极限 40km/h，巡航控制系统的电源中断时间超过 5ms，巡航控制也会被取消，但存储器中设定的速度尚未清除，巡航控制功能可用 SET 或 RES 开关恢复。

(9) 与自动变速器复合控制功能 当车辆以巡航控制方式挂入超速档上坡行驶时，若车速降低到超速档切断速度（较设定车速低 4km/h），ECU 将自动取消超速档并增加驱动力，防止车速进一步下降。一旦取消超速档，若车速增加超过超速档恢复速度（较设定速度低 2km/h），ECU 即根据位置传感器的信号恢复超速档。当车辆以巡航控制方式行驶时，巡航控制 ECU 将信号送到发动机和变速器 ECU，发动机和变速器 ECU 根据接收到的信号，转换到正常换档方式，以确保巡航控制行驶平稳。

(10) 快速降速功能和快速升速功能 当实际车速和设定车速相差不到 5km/h 时，每次快速按 SET/COAST 或 RES/ACC 开关（在 0.6s 内），设定车速下降或增加约 1.6km/h。

(11) 诊断功能 若巡航控制系统发生故障，ECU 确定故障并使组合仪表上的电源指示灯闪烁，以便提醒驾驶人。与此同时，ECU 存储相应故障的故障码。故障码可通过闪烁的电源指示灯读出。

5. 巡航控制执行器及其电路

车辆巡航控制系统的执行机构又称为速度伺服装置，其功用是根据巡航电控单元 CCS ECU 的控制指令，通过操纵节气门拉索来改变发动机节气门开度，使车辆加速、减速或保持恒速行驶。根据结构形式不同，车辆巡航控制执行机构可分为真空式和电动机式两种。前者由负压操纵节气门，后者由电动机操纵节气门。

(1) 真空式巡航控制执行器 真空式巡航控制执行器的结构如图 3-7 所示，它是利用发动机的负压或专用气泵所产生的负压驱动其膜片，以控制节气门的开度来实现巡航控制的。

工作时利用控制阀的通电来控制大气通道口和负压通道口的开闭，改变控制室内的压力，以调节膜片的位置。膜片通过拉索与加速踏板及节气门联动，以控制节气门的开度。控制阀的通电利用占空比控制，并由通电时间的比率决定膜片所处的位置。执行器除了装设控制阀外，还有释放阀，当解除巡航车速时，控制室就与大气相通，确保巡航车速的解除。

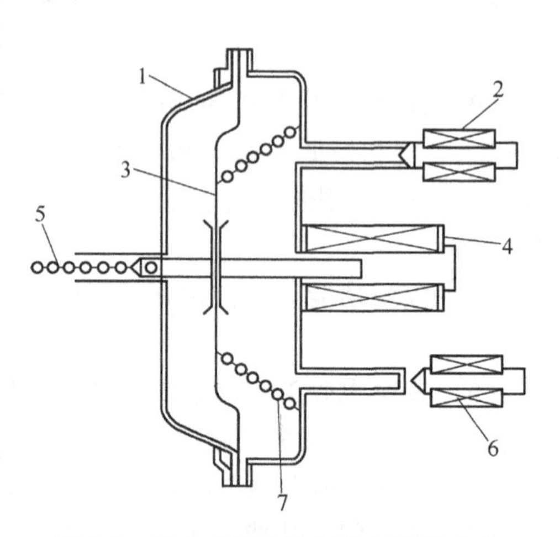

图 3-7 真空式巡航控制执行器的结构
1—外壳 2—真空阀 3—膜片
4—可变电感传感器 5—节气门拉索
6—空气阀 7—膜片弹簧

真空式巡航控制系统由真空调节器、节气门驱动伺服膜盒和制动踏板上的真空解除阀等组成，如图 3-8 所示。

根据 ECU 的输出信号，经电磁阀可调节进入真空调节器的空气量，从而控制作用于伺服膜盒的真空度。当车速低于预定速度时，真空调节器供给的空气量减少，使伺服膜盒内的真空度增大，通过膜片的移动，使节气门开大。反之，当车速高于控制车速时，真空调节器供给的空气量就会增加，减小了伺服膜盒内的真空度，使节气门开度减小，若以预定速度行驶，在发动机进气管负压和真空调节器供给定量空气的共同作用下，伺服膜盒内保持一定的负压，控制车辆按预定速度稳定行驶。在真空系统工作时，如果驾驶人踏下制动踏板，首先使真空解除阀起作用，切断系统电源，电磁阀断电，真空调节器内部与大气相通，负压消失。在踏下制动踏板的同时，真空解除阀也使系统与大气相通。

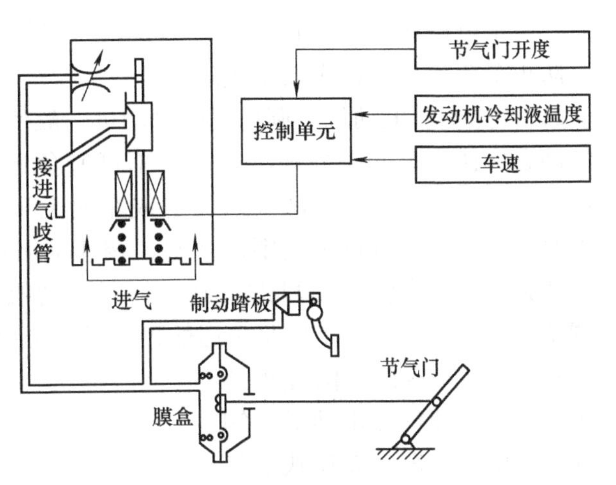

图 3-8　真空式巡航控制系统的结构原理

（2）电动机式巡航控制执行器　电动机式巡航控制执行器通常包括安全电磁离合器、调速伺服电动机和位置传感器三个部分，如图 3-9 所示。

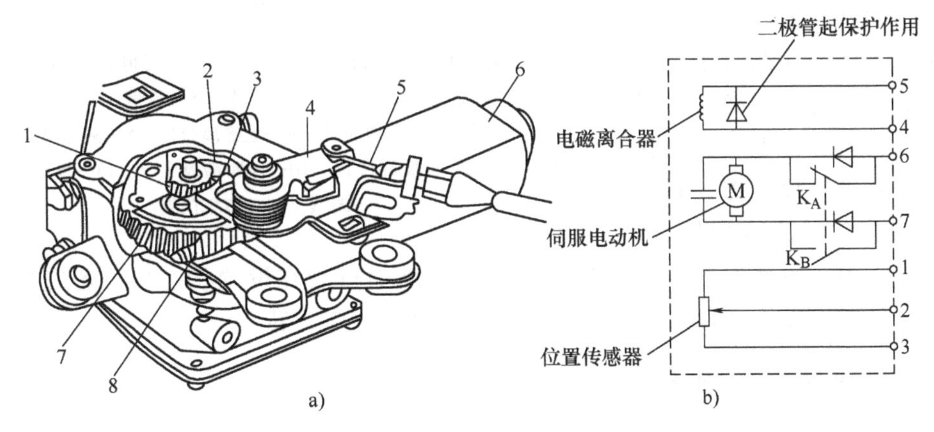

图 3-9　电动机式巡航控制执行器

a）结构示意图　b）内部电路图

1—齿轮　2—电磁离合器　3—齿扇　4—控制臂　5—节气门拉索　6—直流电动机　7—蜗轮　8—蜗杆

1）安全电磁离合器。安全电磁离合器起锁住或释放节气门控制拉索的作用。当车辆在平直道路上以超过 40km/h 的车速行驶，且驾驶人起动巡航按钮 SET（设置）时，安全电磁离合器则锁住钢绳使节气门保持一定的开度，车辆也就基本稳定在这个速度上行驶。这样，省掉了驾驶人脚踩加速踏板控制车速的重复单调动作，提高行车安全性，并使车辆以经济车速行驶。若进行踩制动踏板、踩离合踏板（手动变速器）、从 D 档挂至 N 档（自动变速器）、手制动（驻车制动）、巡航操纵杆移至解除（CANCEL）位置等任一项操作时，安全电磁离合器则释放节气门拉索，巡航装置与节气门分离开，巡航系统停止工作，防止车辆失控而造成飞车危险。

2）调速伺服电动机。调速伺服电动机一般使用永磁可逆式电动机，其作用是保持车辆的动态恒速。车辆在行驶时，都会不可避免地遇到各种情况，如道路不平坦、上坡、下坡、转弯及各种阻力，这些情况造成车速上下波动，为保证车速稳定在某一恒定值，必须对节气门开度进行小范围的调整，调速伺服电动机随时驱动节气门控制其开度的变化，达到车辆动态恒速的目的。调速伺服电动机还用于加速（ACC）和减速（COAST）的调整。伺服电动机的工作是由巡航控制 ECU 控制的。

3）位置传感器。位置传感器用于检测调速伺服电动机控制节气门的位置，即动态反映节气门的开度情况。它作为反馈信号输入巡航控制 ECU。图 3-10 所示为电动机式巡航控制装置与发动机节气门之间的关系。通常情况下，加速踏板与节气门控制拉索进行机械性连接，与加速踏板动作相配合，由节气门臂转动来控制节气门的开与关。

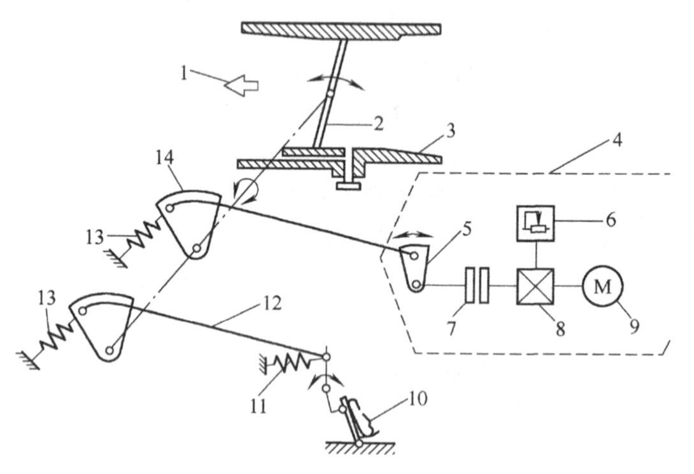

图 3-10　巡航控制装置与节气门之间的关系

1—缓冲罐进气歧管　2—节气门　3—空气流量计　4—执行器
5—控制臂　6—电位计　7—电磁离合器　8—减速机构
9—电动机（正反旋转）　10—加速踏板　11、13—复位弹簧
12—缆索　14—节气门臂

在执行元件的控制臂中，它将电动机的旋转运动变换为摇摆运动并传递出去。在电动机与控制臂之间装有电磁离合器，只是在进行巡航控制时离合器接合，电动机的旋转力矩传递给节气门，当解除巡航速度而行驶在设置状态后，若发生某种异常情况，离合器首先松开，同时电动机向节气门全闭方向旋转。

3.1.2　自适应巡航控制系统

车辆自适应巡航控制（Adaptive Cruise Control，ACC）系统是用于在快速道路或高速公路行走时将车间距离控制在一个定值范围，减轻驾驶人操纵负担的一个辅助系统。车辆巡航控制系统发展了 30 多年，普通的巡航控制系统只能让车辆保持在设定的车速匀速行驶，且一般只在高速时（速度大于 40km/h）才起作用，如果要在低速能起作用则需利用一个开关进行切换。在高速路上，对自适应巡航控制系统的巡航效果和普通巡航控制系统的巡航效果进行比较，如图 3-11 所示，自适应巡航控制系统可在 100%的速度范围内实施巡航，整个过程都起到了减负的作用。

宝马 E90 新 3 系轿车上就选装了由德国博世公司提供的驾驶辅助系统——自适应巡航控制系统，宝马新 3 系是应用这项技术的第一款中型轿车。丰田汽车研制并在雷克萨斯 LS460 上配备的自适应巡航控制系统，可以无缝地实现从高速到塞车时的低速甚至停车的

车间距离控制，是进一步扩大辅助驾驶范围、减轻驾驶负担、提高主动安全性的新系统。

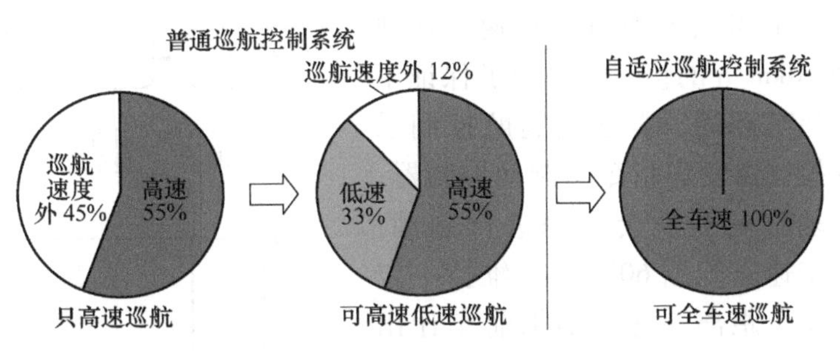

图 3-11 自适应巡航控制系统与普通巡航控制系统的效果比较

1. 自适应巡航控制系统的组成

自适应巡航控制系统主要由车距传感器（雷达）、轮速传感器、转向角传感器以及自适应巡航控制单元等组成。车距传感器一般安装在散热器格栅内或前保险杠的内侧，它可以探测到车辆前方 200m 左右的距离；在前后车轮上装有轮速传感器（与防抱死制动系统共用），可以感知车辆的行驶速度；转向角传感器用来判断车辆行驶的方向；自适应巡航控制单元采集各个传感器的信号并进行计算，以便可以适时地与发动机控制单元和防抱死制动控制单元交换数据。

图 3-12 所示为丰田自适应巡航控制系统，关键部件是用于掌握前方道路环境信息和前方车辆情况的毫米波雷达、CCD 立体相机以及图像处理 ECU。雷达用于探测主车与目标车辆间的相对速度、相对距离、相对方位角等信息。CCD 立体相机可对40~50m 范围内的前方障碍物进行检测，CCD 立体相机的感知范围非常大，跨越可见光到近红外区域，无论白天还是黑夜均可对障碍物进行检测。当前方有车辆时，驾驶辅助系统（DAS）的处理器将会综合图像处理的结果以及各个传感器提供的信息，对前方车辆的行驶车道进行识别、判断并得出最适合的车间距离，从而计算出需要的加减速度。需要减速时，ECB 的 ECU 控制制动油压实现减速；需要加速时，发动机的 ECU 将会控制节气门的开度来实现加速，以达到合适的车间距离与前方车辆跟行。

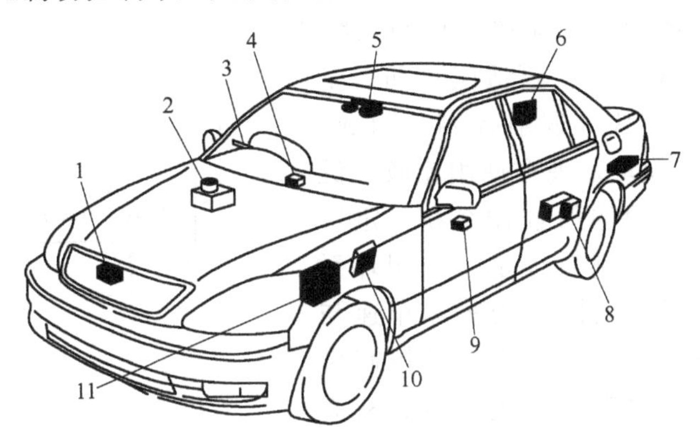

图 3-12 丰田自适应巡航控制系统

1—毫米波雷达 2—电控制动器（ECB）和 ECU
3—巡航操纵杆 4—转向传感器 5—CCD 立体相机
6—图像处理 ECU 7—电子驻车制动 ECU
8—电子驻车制动器 9—偏角传感器
10—驾驶辅助系统处理器 11—发动机 ECU

2. 自适应巡航控制系统的工作原理

自适应巡航控制系统是一种智能化的自动控制系统，它是在巡航控制技术的基础上发展而来的。在车辆行驶过程中，安装在车辆前部的车距传感器（雷达）持续扫描车辆前方道路，同时轮速传感器采集车速信号。当与前车之间的距离过小时，自适应巡航控制单元可以通过与防抱死制动系统、发动机控制系统协调动作，使车轮适当制动，并使发动机的输出功率下降，以使车辆与前方车辆始终保持安全距离。图 3-13 所示为自适应巡航控制系统的工作原理图，当车前的道路空闲，而且车速为 80km/h 时，驾驶人可以将目前的车速设置为目标车速。在遇到 60km/h 的慢车时，为了保证不与前车碰撞，自适应巡航控制系统控制器发送指令给制动控制器，制动控制器就会自动进行制动，将车速降低到 60km/h，维持一定的安全距离。这时如果前车让出车道，或者本车进入超车道后，自适应巡航控制系统控制器将会发送指令给发动机管理系统，让车辆加速到设定的车速。

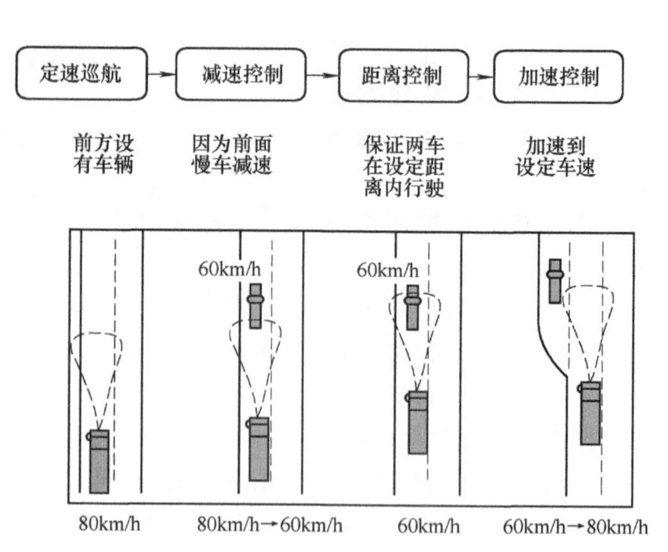

图 3-13　自适应巡航控制系统的工作原理

图 3-14 所示为自适应巡航控制系统的控制原理图。该控制原理图中自适应巡航控制系统由一个 A 模块（自适应）和一个 CC 模块（巡航控制）组成。CC 模块是现在使用比较广泛的定速巡航控制系统。定速巡航控制系统是一个闭环系统，它根据比较实际车速与期望车速，利用巡航控制模块控制节气门的开度，从而保证实际车速达到驾驶人的期望车速。自适应巡航控制系统是定速巡航控制系统的扩展，在定速巡航控制系统的外圈也是一个闭环控制，目的是保持两车之间的距离，通过该距离和反馈回来的车速通过模块 A 算出自适应系统的期望车速，从而实现自适应巡航控制。

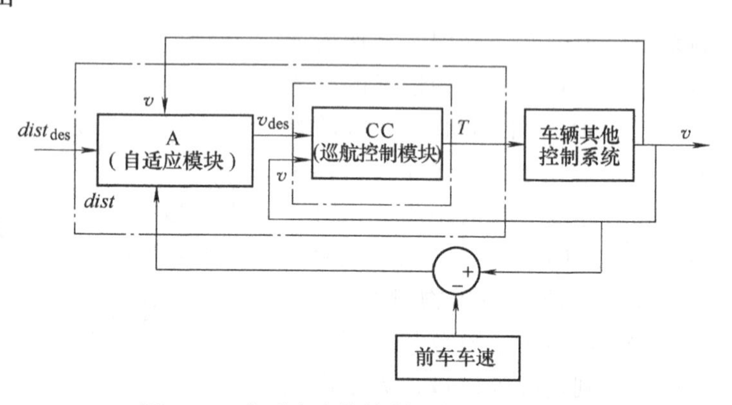

图 3-14　自适应巡航控制系统的控制原理

虽然自适应巡航控制系统可以自动控制车速，但在任何时候驾驶人都可以主动进行加速或制动。当驾驶人在巡航控制状态下进行制动后，自适应巡航控制单元就会终止巡航控制；当驾驶人在巡航控制状态下进行加速，停止加速后，自适应巡航控制单元会按照原来设定的车速进行巡航控制。

3. 自适应巡航控制系统的扩展功能

通过软件升级和增加少量电子装置等方法，自适应巡航控制系统无须增加更多的装置即可实现车辆的智能驾驶等多项扩展功能。

1）通过车距传感器的反馈信号，自适应巡航控制单元可以根据靠近车辆物体的移动速度判断道路情况，并控制车辆的行驶状态；通过反馈式加速踏板（见图 3-15）感知驾驶人施加在踏板上的力，自适应巡航控制单元可以决定是否执行巡航控制，以减轻驾驶人的疲劳。

2）自适应巡航控制系统一般在车速大于25km/h时才会起作用，而当车速降低到25km/h以下时，就需要驾驶人进行人工控制。通过系统软件的升级，自适应巡航控制系统可以实现“停车/起步”功能，以应对在城市中行驶时频繁的停车和起步情况。自适应巡航控制系统的这种扩展功能，可以使车辆在非常低的车速时也能与前车保持设定的距离。当前方车辆起步后，自适应巡航控制系统会提醒驾驶人，驾驶人通过踩加速踏板或按下按钮发出信号，车辆就可以起步行驶。

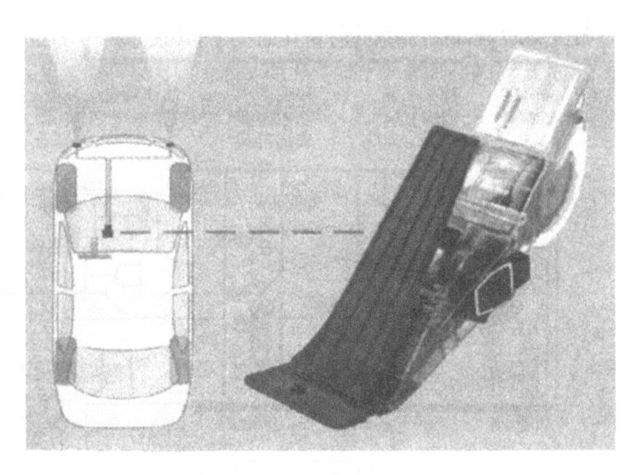

图3-15 反馈式加速踏板

3）自适应巡航控制系统使车辆的编队行驶更加轻松。自适应巡航控制单元可以设定自动跟踪的车辆。当本车跟随前车行驶时，自适应巡航控制单元可以将车速调整为与前车相同，同时保持稳定的车距，而且这个距离可以通过转向盘附近的控制杆上的设置按钮进行选择。

3.1.3 车辆智能避撞预警技术

车辆驾驶时的自主性、舒适性和安全性是智能车辆追求的安全设计目标。车辆智能避障预警技术是从工程实际角度出发，综合考虑车辆行驶中的各种工况，为有效避免车辆碰撞而设计的。车辆智能避撞预警技术与安全设计的关键在于智能、实时地测出车辆之间的安全距离。当车辆之间的距离小于设定的安全距离时，智能避撞系统就应当自动报警并采取制动措施。这些智能避撞预警技术与安全设计已用于无人驾驶智能车辆设计之中。

车辆智能避撞预警技术主要解决车辆之间的安全距离。车辆与车辆之间的距离小于这个安全距离，就应该自动报警，并采取制动措施。在车辆碰撞事故发生后立即自动向救援中心呼叫，报告车辆基于全球卫星定位数据的准确位置、车辆碰撞后的姿态（是底朝天还是侧翻），并在救援人员赶赴现场的途中转发伤员身体方面的重要信息。能测出车内极微的振动和微弱的二氧化碳，或测出车厢、行李箱里是否有人，防止儿童被困在里面。

智能避撞主要是通过一些传感器检测车辆前、后与其他交通物或障碍物之间的位置距离，判断出危险状况后给驾驶人发出警报，并自动操作制动、转向和发动机等，以避免发生碰撞事故。它是目前应用较多的智能化车辆主动安全装置。

智能避撞装置的信息单元主要是雷达障碍物探测器。它可用微波、超声波、激光等作为测距媒介，也可用摄像机作为信息单元来识别道路线标志。控制单元采用可对所采集的信息进行分析处理，并给执行机构发出指令的电子控制器ECU；执行单元包括警告声音或警视图像传播装置，以及自动操纵制动系统、转向系统和发动机等装置。智能避障系统信息单元的激光雷达安装在车辆前端的中央位置，主要功能是测量车间距离和前面车辆的方位。控制单元根据信息单元提供的信息做出防碰撞判断，主要包括行车路径的计算和发生碰撞的安全/危险判断。图3-16所示为典型的车辆智能防追尾碰撞系统，图

3-17所示为车辆智能避撞安全防护装置的分布，图 3-18 所示为预防碰撞安全系统工作流程图。

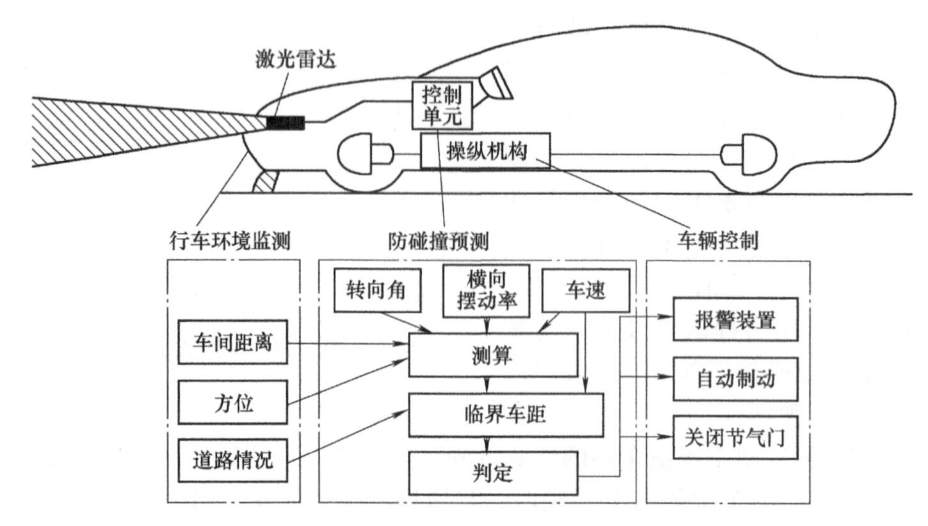

图 3-16　典型的车辆智能防追尾碰撞系统

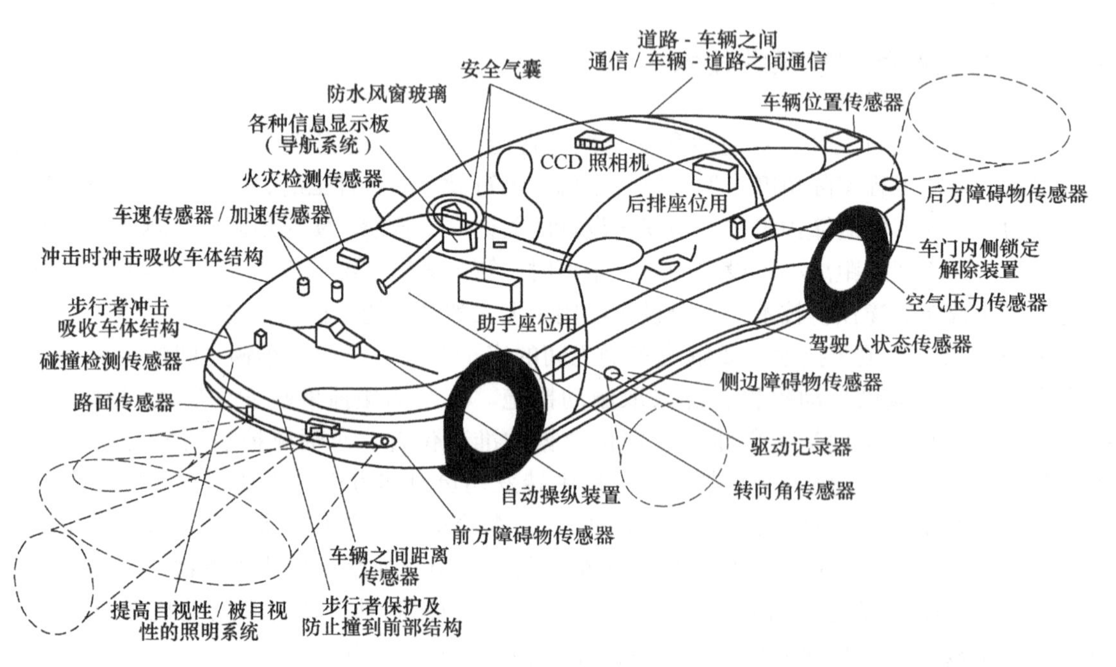

图 3-17　车辆智能避撞安全防护装置分布

侧面碰撞预防系统（Side Collision Prevention，SCP）的元件如图 3-19 所示。安装在车辆后侧方的传感器检测邻道车辆。当邻道有车时，如果驾驶人开始变道，就会在以图像和声音发出警示的同时，通过分别控制每个车轮的制动器产生横摆力矩（车辆的回转力），帮助驾驶人驾驶操作不接近邻道车辆。

倒车碰撞预防系统（Back-up Collision Prevention，BCP）以安装在车辆后部和后侧方

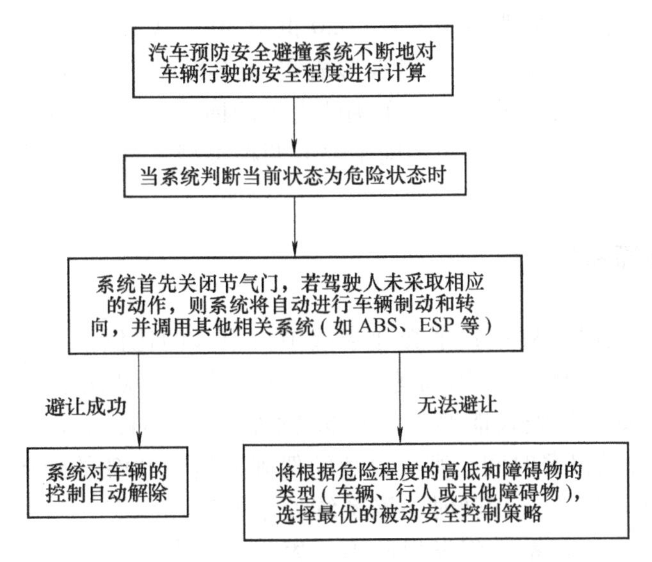

图3-18　预防碰撞安全系统工作流程图

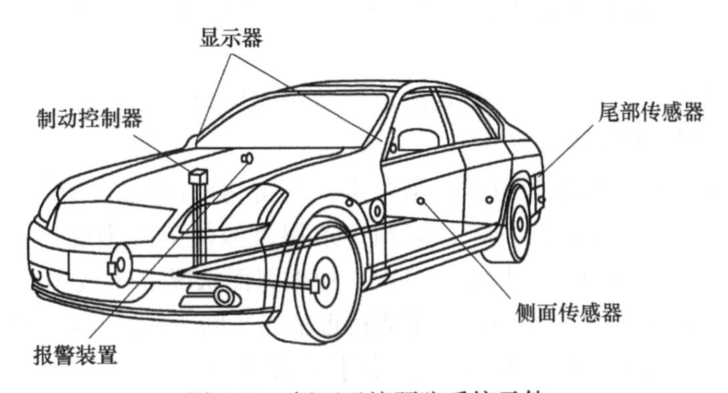

图3-19　侧面碰撞预防系统元件

的传感器来检测周围的障碍物。如果倒车时检测出接近障碍物，则发出警示并控制制动，帮助驾驶人操作不接近障碍物。

车道偏离警示系统（Lane Departure Prevention，LDP）及车距控制辅助系统（Distance Control Assist，DCA）相配合，从整体上为车辆形成了一种“安全盾”的概念，保证驾驶车辆与周围车辆的合理安全距离，帮助驾驶人防止多方向的碰撞危险，为车辆及乘员提供多角度的保护。

3.2　车辆防撞系统

车辆防撞系统能够自动发现可能与车辆发生碰撞的车辆、行人或其他障碍物，并能发出警报，同时采取制动或躲避等措施，以避免碰撞的发生。该系统既能减少碰撞事故的发生，增强驾驶的安全性，又能在一定程度上减轻驾驶人的紧张和疲劳，提高驾驶的舒适性。

车辆碰撞报警系统、碰撞避免系统等在20世纪50年代就已经开始研发，但由于电子技术和雷达等技术的发展水平所限，很难形成实用经济的产品。随着这些技术的迅速发展以及人们对车辆安全性要求的提高，车辆的先进防撞电控系统也迅速发展起来了。

目前，车辆的防撞系统按其作用不同主要有两种类型：车辆防追尾碰撞系统和车辆倒车防撞系统。

3.2.1 防追尾碰撞系统

统计资料表明，追尾事故在整个交通事故中占很大的比例，如我国高速公路追尾事故数约占总事故数的33.4%，美国高速公路上发生的追尾碰撞事故数约占事故总数的24%，而在追尾前，如果驾驶人能够得到0.5s额外的报警时间，60%的追尾碰撞可以避免；如果得到1s额外的报警时间，则可以帮助驾驶人避免90%的追尾事故。装备防追尾碰撞系统的车辆，在车辆正常行驶时，该系统处于非工作状态，当后车车头非常接近前车车尾，有碰撞危险时，该系统将发出防追尾警告，在发出警告后，如果驾驶人没有采取制动减速措施，该系统便起动紧急制动装置，使追尾碰撞事故大幅度降低。

车辆防追尾碰撞系统主要由行车环境监测、防碰撞预测和车辆控制三部分组成，参见图3-16。

1）行车环境监测。行车环境监测系统由测量车间距离和前面车辆方位的雷达以及能够判定路面状态的道路传感器组成。

2）防碰撞预测。其过程分为两步：第一步，从雷达所测的距离及车速数据中抽取有用数据；第二步，进行安全/危险判定，即判定追尾碰撞的危险程度。首先，通过对车辆减速度及安全距离的分析建立数学模型；其次，根据路面状况（干或湿）、后面车速及相对车速，计算出临界车间距离，当实测车间距离接近临界车间距离时，报警器发出警告信号。

3）车辆控制。当实测车间距离等于或小于临界车间距离时，若驾驶人没有采取制动，则自动控制系统起动。由安全/危险预警信号控制的自动制动操作机构，配有防抱死制动系统（ABS），并采用高速电磁阀进行纵向加速度反馈控制。该自动制动操作机构的特点是：当自动制动操作机构处于工作状态时，驾驶人的脚制动力有效；如果自动制动操作机构失灵，脚制动机构系统并不受影响，由于采用制动分泵，不会使两液压回路之间产生压差。

根据行车环境监测所用传感器的不同，车辆防追尾碰撞系统可分为激光扫描雷达防追尾碰撞系统和电磁波雷达防追尾碰撞系统。

1. 激光扫描雷达防追尾碰撞系统

激光扫描雷达防追尾碰撞系统主要由激光扫描雷达、车辆状况传感器、电子控制单元ECU及执行机构等组成。其控制原理如图3-20所示。

（1）激光扫描雷达 激光扫描雷达安装在车辆前端的中央位置，将激光发射至被测物体，然后反射回来被接收，其间所用时间用来计算传感器至障碍物的距离，如图3-21所示。

最早的车用激光雷达都是发射出多股激光光束，并依靠测量前行车的反射镜把该光束反射回来的时间来测定距离。由于前行车的反射镜等容易反射，故可以检测出稳定的较长距离，但检测侧方及后方障碍物，与检测前方障碍物的情况不同。如果障碍物上没有

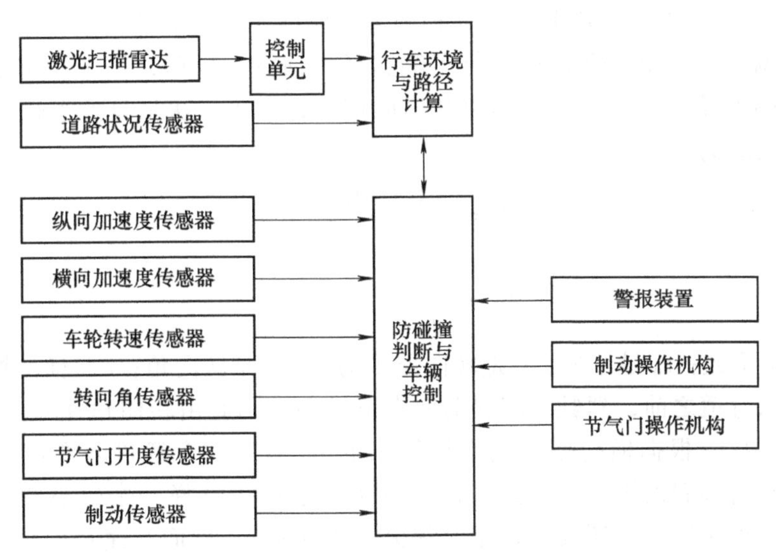

图 3-20　防追尾碰撞控制原理

反射镜，那么由于各种障碍物的反射特性相差很大，测出的距离可能不会太准。因而现在开始采用扫描式激光雷达，如图 3-22 所示，不但至前方车辆的距离可测，而且其横向位置也可以准确检测出来。

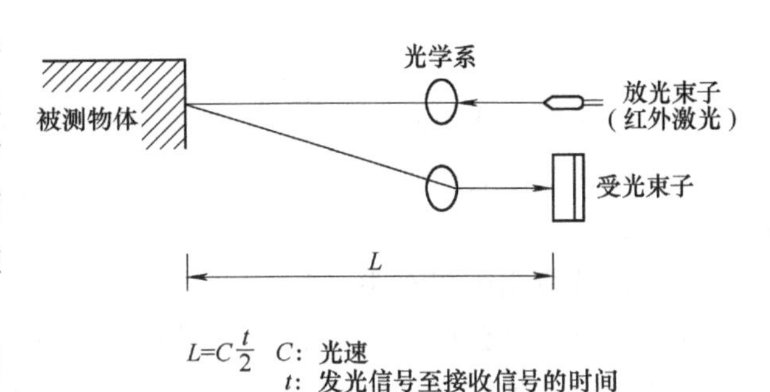

图 3-21　激光扫描雷达示意图

激光扫描雷达的扫描角和视域如图 3-23 所示，激光束的视域窄，在水平面上呈扇形，能在较宽的范围内快速扫描。根据物体的反射特性不同，激光的反射光量变化很大，因此可能检测出的距离也是变化的。通过提高激光束的能量密度，可延长激光扫描雷达的检测距离，消除因车辆颠簸引起的误差，并能检测弯道上的障碍物。最小的激光扫描雷达检测范围（该值在 120m 以上）是由实际车间距离确定的。该车间距离是指在潮湿路面状况下，保证后面车辆减速制动后，不致碰撞到前面的暂停车辆的距离。

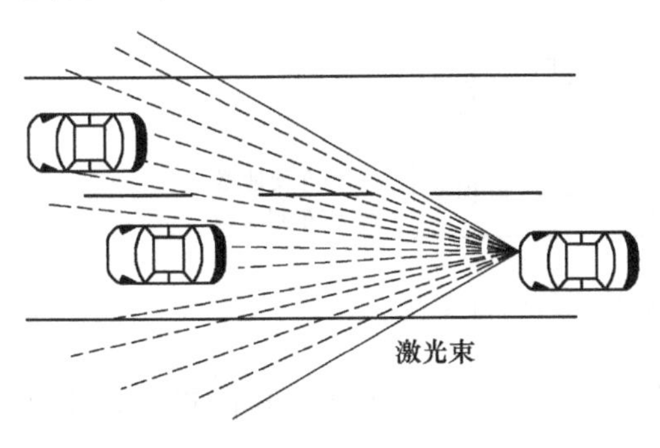

图 3-22　扫描式激光雷达

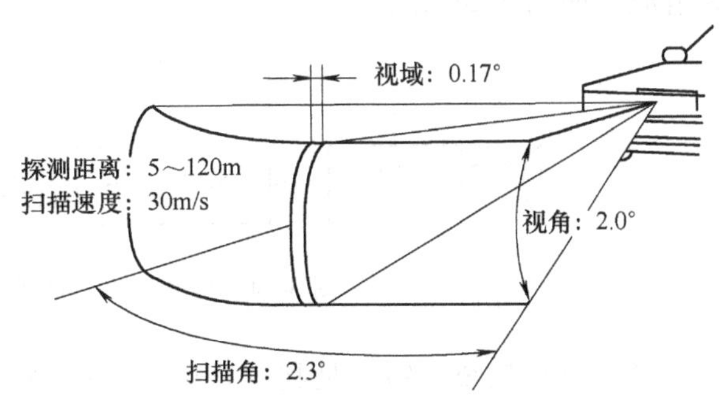

图 3-23　激光扫描雷达的扫描角和视域

（2）ECU的工作过程 ECU从激光扫描雷达所获车距与方位的数据组中抽取有用的数据，然后依据后车的动力学特性进行车辆路径的估算。行车路径半径是根据车速和转角第一次估算的半径（R_1）与根据车速和横向摆动速率第二次估算的半径（R_2）来确定的，具体计算公式为

$$\left.\begin{aligned} R_1 &= \frac{(1 + Av_0^2)ln}{\theta} \\ R_2 &= \frac{v_0}{r} \end{aligned}\right\} \tag{3-1}$$

式中，A是稳定系数；v_0是车速；n是转向器传动比；θ是转向角；r是横向摆动速率。

通常在进入弯道之前，驾驶人应提前使车辆转向，因此由转向角计算出的R_1就受此提前量的影响。尽管根据横向摆动速率计算出的R_2只有在车辆进入弯道入口时才能获得，但它不受车身倾斜的影响。因此，ECU在R_1或R_2中选择一个较小的数值。在进行追尾碰撞危险程度判定时，还要根据路面状况（干或湿）、后面车速及相对车速，计算出临界车间距离l_0，其计算公式为

$$l_0 = \frac{1}{2}\left(\frac{v_0^2}{a_1} - \frac{v_0^2 - v^2}{a_2}\right) + v_0t_1 + vt_2 + d \tag{3-2}$$

式中，l_0是临界车速；v_0是车速；v是相对车速；a_1是自动控制系统减速度；a_2是前面车辆的减速度；t_1是减速时间；t_2是延迟时间；d是车间允许的距离（后车停车时对前车的最小车距）。

ECU在计算出临界车距（l_0）后，就可以与实测车距进行比较。当实际测量的车距接近临界车距时，就会产生报警触发信号；当实际测量的车距等于或小于临界车距时，雷达防追尾碰撞系统便立即起动紧急制动系统，在报警的同时自动采取减速措施，以防止车辆发生追尾事故。

2. 电磁波雷达防追尾碰撞系统

车辆电磁波雷达防追尾碰撞系统利用电磁波发射后遇到障碍物反射的回波，对其不断检测和计算，得出前方障碍目标与后方车辆的相对速度和距离，控制单元经分析、判断后，对构成危险的障碍目标按程度不同进行报警、控制车辆自动减速或进行制动。

电磁波雷达防追尾碰撞系统由雷达系统、信号处理与微处理器、控制电路、报警装置等组成，如图3-24所示。

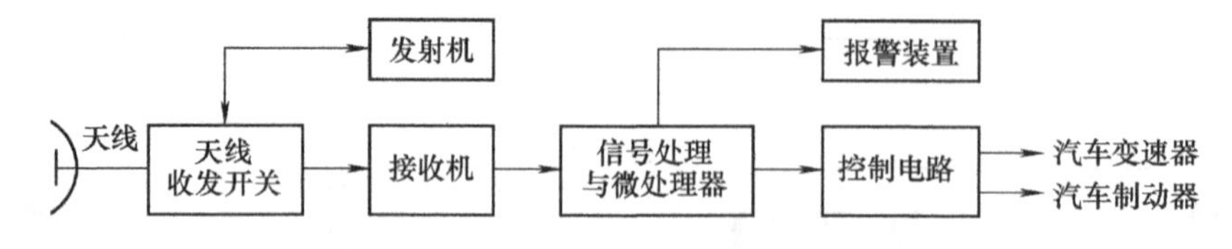

图3-24 电磁波雷达防追尾碰撞系统的组成

（1）雷达系统 雷达是利用目标对电磁波的反射来发现目标并测定其位置的，雷达系统的工作原理如图3-25所示。

由定时器触发调制器，产生调制脉冲，使振荡器产生大功率脉冲信号串，经天线向空

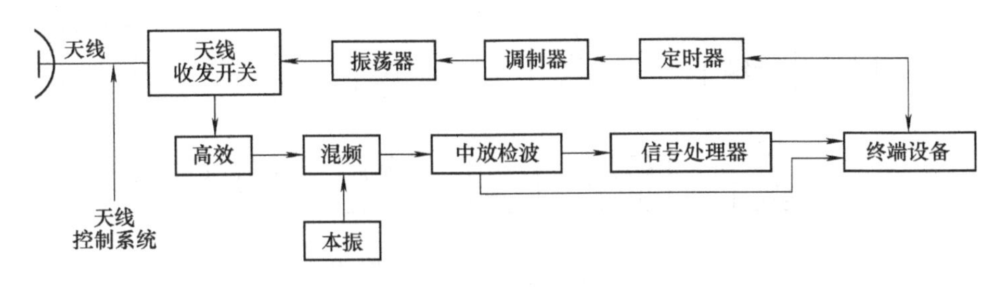

图 3-25 雷达系统的工作原理

间辐射电磁波（它的传播速度等于光速）。天线波束在天线控制系统的作用下，按规定的方式在空间扫描。当电磁波遇到目标时，目标反射回来的回波信号经天线接收并送入接收机，再经信号处理后，送到终端设备，得到目标的坐标数据。

（2）雷达的工作原理 当发射机采用微波调频连续波调制时，在车辆行进中雷达窄波束向前发射调频连续波信号，当发射信号遇到目标时，被反射回来为同一天线接收，经混频放大处理后，用其差频信号间的相差值来表示雷达与目标的距离，把对应的脉冲信号经微处理器处理、计算后得到距离数值，再根据差频信号相差与相对速度的关系，计算出目标对雷达的相对速度。控制单元 ECU 将上述两个物理量代入危险时间函数数学模型后，即可算出危险时间。当危险程度达到各种不同级别时，分别输出报警信号或通过车辆控制电路控制车速或进行制动。

3.2.2 倒车防撞系统

为防止车辆在倒车时撞到障碍物上，车辆上面常装设倒车测距报警系统、倒车声呐系统、多媒体倒车雷达系统和倒车影像系统。

1. 倒车测距报警系统

倒车测距报警系统是利用超声波测距报警的。

（1）倒车测距报警系统的基本组成 图 3-26 所示为超声波倒车防撞测距报警系统的结构原理。超声波倒车防撞测距报警系统主要由发射、接收、数字显示和报警四大部分组成。

1）发射部分。由低频调制器、编码器、双稳态电路、40kHz 振荡器、功率发送器及发射探头等组成。40kHz 振荡器受双稳态电路的控制，断续送出经低频调制器调制的信号。同时，为防止误计数，提高抗干扰性，将此信号经编码器编码，再经功率放大器放大，由发射探头向车后发射。

2）接收部分。接收部分由接收探头、第 1 级放大电路、第 2 级放大电路、整形电路、解码器及双稳态电路组成。接收探头接收到反射信号后由第 1 级和第 2 级放大器放大后，送入施密特触发器进行整形，再经解码器解码，最后经双稳态电路送入数字显示部分。

3）数字显示部分。数字显示部分由时钟振荡器、计数器、译码及显示器组成。时钟振荡器一接通电源即开始振荡，但只有计数器的闸门打开时，它才能进入计数器被计数，一旦接收到反射波信号，即关闭闸门，数据被锁存，经译码后通过显示器显示出来。

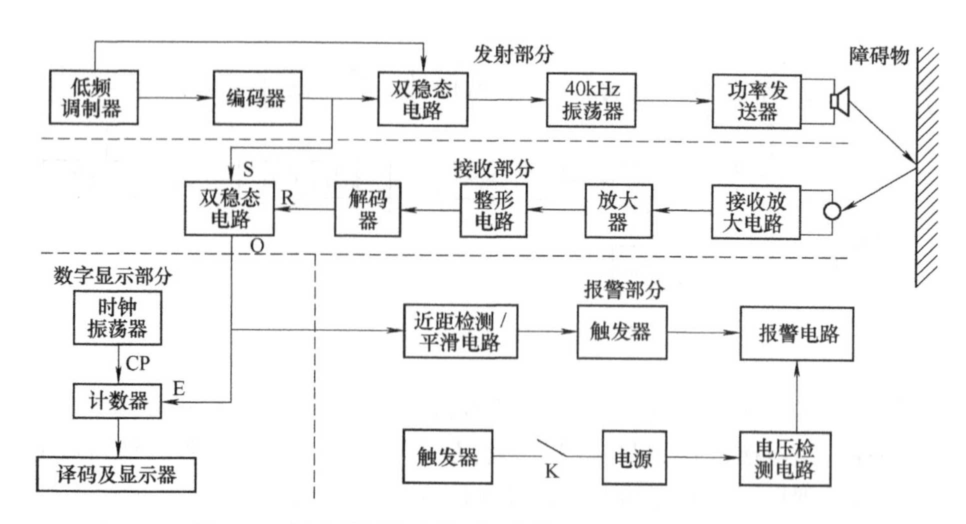

图 3-26　超声波倒车防撞测距报警系统的结构原理框图

4）报警部分。报警部分由电源、电压检测电路、近距检测/平滑电路、触发器及报警电路组成。因探测到的反射波信号是一组脉冲信号，将其平滑后送入触发器，一旦超过触发阈值，报警电路就接通，发出声光报警，当电源电压低于 11.2V 时，同样使报警电路导通发出声光报警。另外，在接通电源的同时，接通语言报警电路，不断输出“倒车，请注意”的语音警告声。

（2）倒车测距报警系统的工作原理　接通电源，40kHz 振荡器受双稳态电路控制开始振荡，同时受低频调制器调制，编码器开始编码，编码完毕双稳态电路即被复位，40kHz 振荡器停振，期间产生的经调制、编码的超声波信号经功率放大器放大后，通过发射探头向空中辐射，遇到障碍物即反射回来（反射角=入射角）。接收探头接收到反射信号后即将此信号放大，然后送入施密特触发器进行整形，形成标准的触发脉冲再去解码，解码后的信号再送入另一双稳态电路，此双稳态电路在发射信号的同时，被置位，同时打开了计数器的闸门，使时钟振荡器信号得以进入计数器，当接收到反射波信号后，此双稳态电路复位，计数器闸门关闭，时钟脉冲被禁止输入，锁存器将进入计数器的脉冲个数锁存，并经译码通过 LED 显示器显示出来，此时，即完成了一次测距过程，该过程能自动重复进行，重复频率受低频调制频率控制，约几赫兹。

另外，为了使仪器具有近距报警功能，特增设了近距 RC 平滑电路及触发器，由 RC 电路将反射波脉冲进行平滑，送入触发器，一旦达到触发电平阈值，就使报警电路导通，发出声光报警。

为了保证电路可靠地工作，电路中增设了 2 路稳压器。本电路工作电压为 9V，蓄电池正常电压为 12V，稳压器输入输出压差为 2V，为此，设定了蓄电池电压警报值 11.2V。

（3）倒车测距报警系统的主要功能

1）倒车时，能自动测出车尾与最近障碍物间的距离，并在驾驶室用数字显示给驾驶人。

2）倒车时，能重复发出“倒车，请注意”的语言警告声，提醒行人注意。

3）倒车至极限安全距离（距障碍物 60cm）时，能发出急促的警告声，提醒驾驶人注意制动。

4）能随时检测蓄电池电压，当电压低于11.2V时，发出声光警告，提醒驾驶人注意充电，以保证系统的各装置及车辆能正常工作。

2. 倒车声呐系统

倒车声呐系统所用的传感器是超声波传感器，因而该系统也称为超声波倒车防撞系统。

（1）倒车声呐系统的基本组成 倒车声呐系统主要由超声波（距离）传感器（包括发射传感器和接收传感器）、微机（电子控制模块ECU）及显示装置等组成，如图3-27所示。超声波（距离）传感器和微机组件之间用屏蔽线相连，用来消除对外及外部传入的干扰。

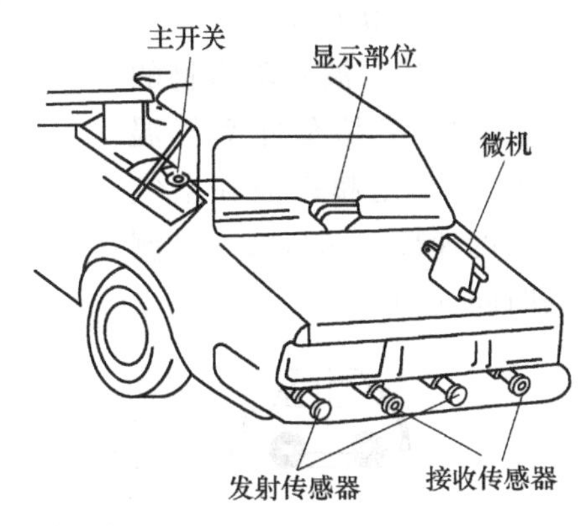

图3-27 倒车声呐系统

所谓超声波，是指耳朵无法听到的高频声波。超声波传感器的主要作用是在车辆后退时，利用超声波检测车辆后方的障碍物，并利用指示灯及蜂鸣器等把车辆到障碍物的距离及位置等通知驾驶人，起到确保安全的作用。

超声波（距离）传感器（见图3-28）由用PZT（钛、锌、锆酸盐材料）制成的压电元件、放大器和超声波发射/接收器所组成。当传感器作为发射器时，交流电压作用于振动线圈，使其产生磁场，该磁场与永久磁铁的恒定磁场发生作用使振动线圈振动，其振动频率与交流电频率相同。振动线圈与膜片相连，从而膜片也以相同的频率振动。膜片振动引起空气运动，产生声波发射出去，如图3-29a所示；当传感器作为接收器时，反射的声波引起膜片以一定的频率振动，这样在振动线圈上感应产生一个同样频率的交流感应电压，从而被电路接收，如图3-29b所示。

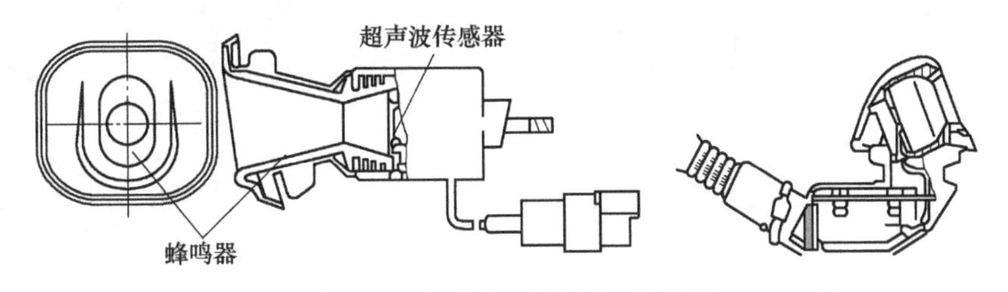

图3-28 超声波（距离）传感器

由于超声波传感器既用作发射器，又用作接收器，因此，在超声波传感器内具有一种独特的结构和电路，可使声波发射后的振动迅速停止，为接收反射回来的声波做好准备。

这种传感器的特点在于它具有方向性，传感器用蜂鸣器的纸盆为椭圆形，其目的是使传感器的水平方向特性宽，而垂直方向受到限制。

（2）倒车声呐系统的工作原理 人对着大山呼喊能产生回声，倒车声呐装置就是利用这种现象制成的。倒车时，该装置先向车辆后方发出超声波，当车后无障碍物时，随着距离的增加，超声波逐渐衰减，而不返回；当车后有障碍物时，超声波遇到障碍物则会返回，如图3-30所示，传感器检测到返回的超声波，经处理器处理，就可知道车后有障碍物。

声呐检测原理如图3-31所示。障碍物到车辆的距离通过检测超声波发出到收到回波

的时间 t，由微机 ECU 计算得到。其计算式为

$$\left.\begin{aligned} D &= C\frac{t}{2} \\ C &= 331 + 0.6T \end{aligned}\right\} \quad (3\text{-}3)$$

式中，D 是超声波到障碍物的距离（m）；T 是车外空气温度（℃）；C 是超声波在空气中传播的速度（m/s）；t 是测定的时间（s）。

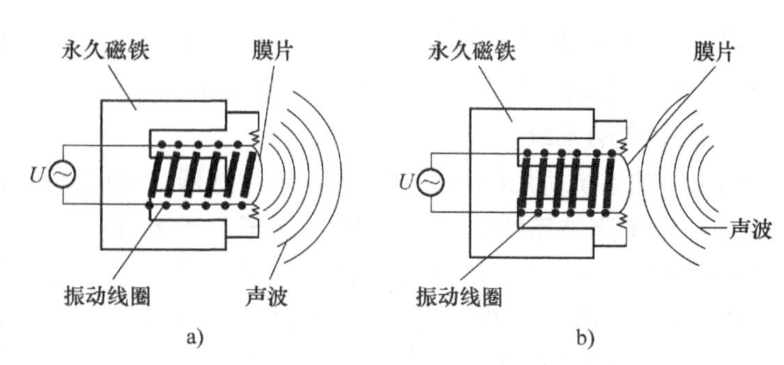

图 3-29　传感器的发射与接收工作原理

a）发射　b）接收

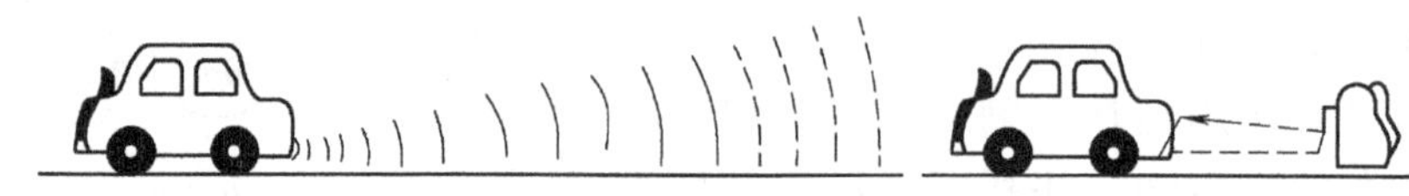

图 3-30　倒车声呐装置工作示意图

（3）角声呐检测系统　有的车辆将超声波传感器等安装在车辆前、后、左、右四个角，如图 3-32 所示，即在车辆前、后保险杠两端均装有超声波发射/接收器，用来检测车辆四角附近是否遇有障碍物，并以某种方式将所检测的情况显示给驾驶人，确保行车安全，即角声呐检测系统。车辆角声呐检测系统的作用范围较小，主要为车辆在停车场狭小的车位中停车时，防止与其他车辆相碰撞而设置的。

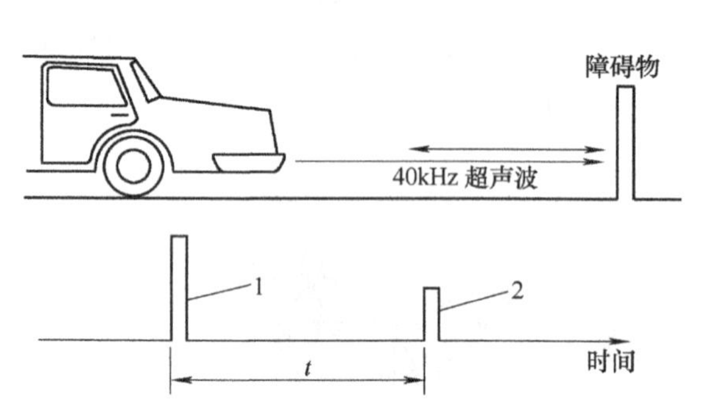

图 3-31　声呐检测原理

1—输出（脉冲）信号　2—接收信号

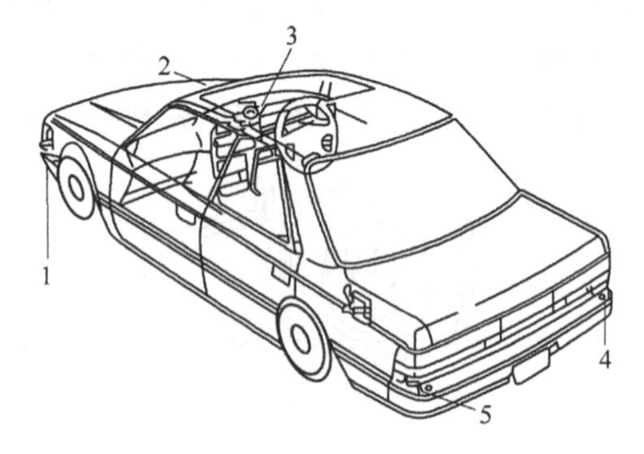

图 3-32　角声呐装置在车辆上的布置

1—左前超声传感器　2—右前超声传感器

3—显示装置（仪表盘上）　4—右后超声传感器

5—左后超声传感器

角声呐检测系统的检测范围（见图 3-33），大约在 50cm 范围以内。当障碍物距车辆 20～50cm 时，蜂鸣器发出间断性声响；当距离小于 20cm 时，蜂鸣器则发出连续声响。

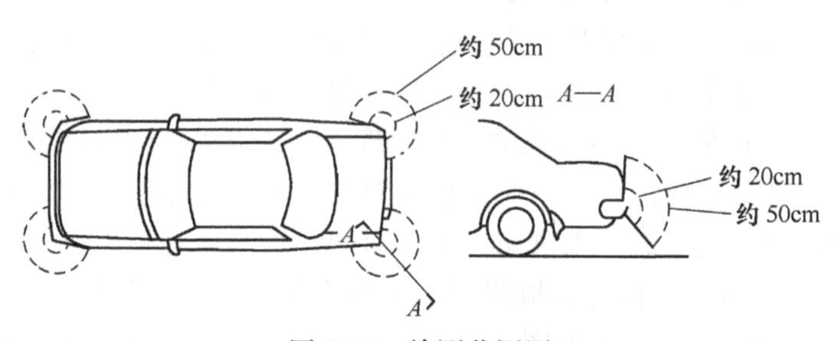

图 3-33　检测范围图

车辆四角超声波发射/接收

器以均等时间的方式，依次按①RR（后右）→②FR（前右）→③RL（后左）→④FL（前左）的顺序发射/接收超声波。由超声波传感器（发射/接收器）从①到④的工作所组成的循环反复进行。由于这一循环的时间是由电子控制器（ECU）控制的，因此，该系统不会受到来自外部声波错误信号的影响。

3. 多媒体倒车雷达系统

（1）多媒体倒车雷达系统的基本组成 多媒体倒车雷达系统主要由雷达探头、照相机、倒车雷达模块（ECU）、液晶显示屏等组成。

1）雷达探头一般是4个，安装在车辆尾部保险杠的左右和中间部分。每个雷达探头的作用夹角是左、右各35°。该探头可以是超声波雷达传感器，也可以是电磁波雷达传感器。

2）照相机一般安装在高处（见图3-34），并可根据实际情况调校角度，以使探测到的视野在合适的范围内，克服侧面可能会形成的盲点。照相机多采用远红外线广角摄像装置，通过车内的显示屏，清晰可见车后的障碍物。即使在晚上，通过红外线也能看得一清二楚。当点火开关接通时，变速器变速杆换到倒档位置，显示屏上就会显示出车辆后方的图像。

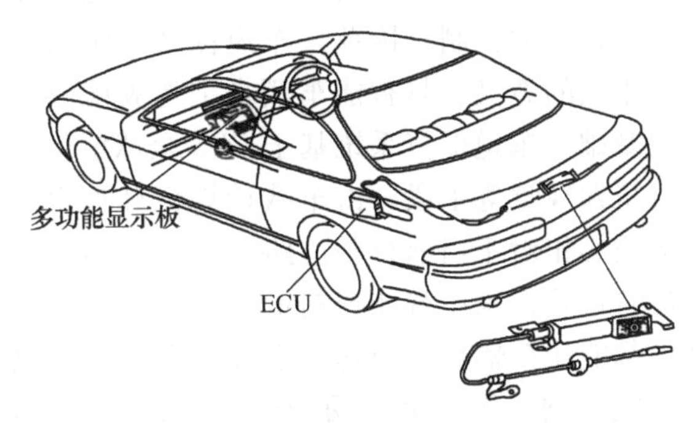

图3-34 照相机的安装位置

（2）多媒体倒车雷达系统的工作原理 把音频线和视频线连接到车载显示屏时，照相机的影像数据就会在显示屏上显示，随着雷达探头的移动，屏幕上的数字不断刷新，喇叭不停地报告最新的距离，如“左53，左57，右42，右41，左40，……”。左、右两侧的雷达探头将探测到的数据传到处理器ECU，处理器即对比各项数据，选择最近的一侧障碍物数据，在显示屏上显示并在喇叭上报读出来，提醒驾驶人注意威胁最大的一侧，并采取相应的措施。当雷达探头探测到的距离缩小到30cm的时候，屏幕和喇叭不再提示当前数据，屏幕将显示“STOP”，喇叭发出“停车”的声音，警告驾驶人威胁已经临近，避免距离过小而来不及采取措施。

多媒体倒车雷达所传递的信息与传感器、摄像头的安装位置和偏向的角度有关，总体来说，这种倒车雷达的实用性很强、精度较高，适合在复杂条件下辅助倒车，如夜晚、旁边车子排列较密集、车位较小的情况等。

4. 倒车影像系统

倒车影像系统是倒车雷达技术的突破性发展，实现了从原来的声音报警到视频可视化。倒车影像系统可谓是倒车时驾驶人的第三只眼睛，车后的所有情况，驾驶人都能在显示器上看得很清楚，避免倒车时因看不到车后情况而发生车祸，让驾驶人更安全地倒好车。

（1）倒车影像系统的基本组成 倒车影像系统主要由远红外线广角摄像装置、电控单元、车载显示器等组成。摄像装置安装在车后，通过车内的显示屏，清晰可见车后的障碍物，即使在晚上通过红外线也能看得一清二楚。车载显示器采用TFT真彩，经过防磁处理无信号干扰、无频闪；另外，可接收两个视频，能够播放VCD、DVD，不用解码器；同时，具有倒车可视自动水平转换，自动开关功能。

（2）倒车影像系统的工作原理 当挂倒车档时，该系统会自动接通位于车尾的高清倒车摄像头，将车后状况清晰地显示于液晶显示屏上，让驾驶人准确把握后方路况，使倒车也如前进般自如、自信。

3.3 车道保持系统

车道保持系统是智能车辆自主驾驶的基础，智能车辆自主驾驶的核心技术之一是车辆横向运动控制，而横向运动控制的本质是对车辆转向机构的控制，因此，车道保持系统具有较为重大的意义，是智能车辆自主驾驶能够实现的基础。车道保持系统基于 GPS 全球定位系统或机器视觉等手段，由车载计算机计算得出车辆质心相对于当前行驶道路中心线之间的横向位置偏差，采用智能控制策略使之在不同速度下都能让车辆自身快速、准确地保持在道路中心线行驶。图 3-35 所示为车道保持系统示意图。

图 3-35 车道保持系统示意图

3.3.1 车道保持系统的功能

车道保持系统用于帮助驾驶人来使车辆一直保持在某个车道上行驶。该系统使用一个摄像头来识别车道的边界线。当识别出车辆所在车道的边界线时，车道保持系统就会介入工作了。当车辆靠近识别出的边界线而要驶离该车道时，转向盘就会振动来对驾驶人进行提醒。图 3-36 所示为车道保持系统的基本功能示意图。

图 3-36 车道保持系统的基本功能示意图

3.3.2 车道保持系统的组成

1. 整体结构

车道保持系统图像采集的硬件主要包括数字摄像头、视频采集卡、计算机（PC）计算

机等，如图 3-37 所示。

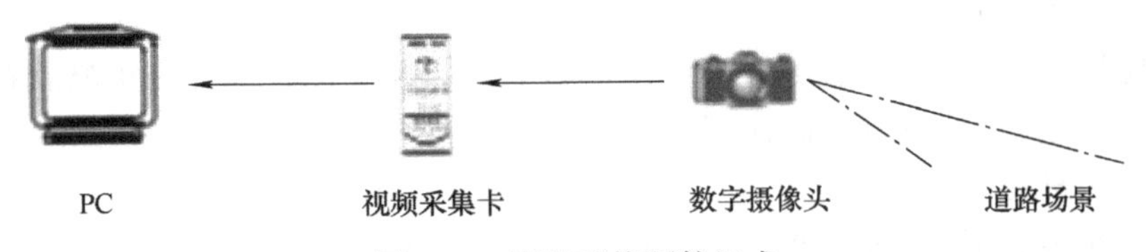

图 3-37 视觉系统硬件组成

图像采集的工作原理为：

1）在智能车辆上安装具有一定精度的数字摄像头，用来完成车辆前方所需图像信息的采集工作，并将所采集到的实时图像信息存储在视频采集卡（以模拟电信号形式）中。

2）将所采集到的模拟信号在模数转换器中，转换为数字信号。

3）在计算机端收到上一步处理后的数字图像信息后，由其所设计的图像处理算法对其做进一步的处理与加工，识别图中的车道线与道路边界，得出所需控制量，并传给车辆的底层控制机构（根据被控对象的功能分为转向机构和加速踏板）。这就实现了由道路图像到底层机构的控制这一流程，车辆当前的前进方向（是否有转向角）和车辆自身的运动状态（加、减速）都能实现被控。此外，在辅助驾驶中，由计算机得出的控制量还可以有其他作用，如在驾驶中监视某一数值，如果超出安全范围，就能及时给驾驶人提醒、警告等。

车道保持系统根据其所传递数据信息的先后顺序，可分为由低至高的 5 个层次，如图 3-38 所示。

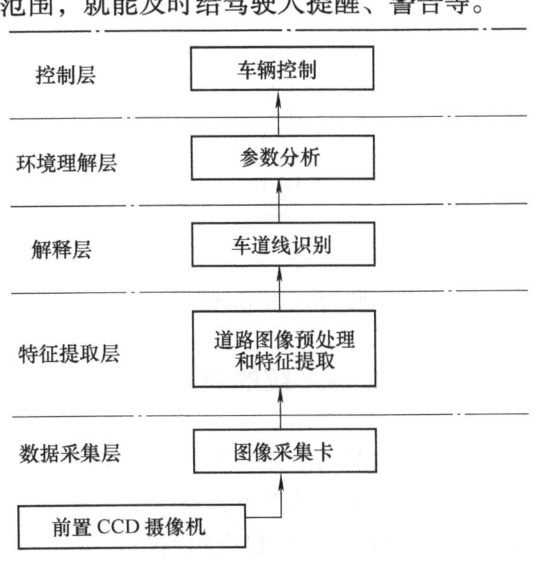

图 3-38 车道保持系统整体分层结构

（1）数据采集层 整个系统构成中，最先要完成的是采集工作，它是整个系统中后续层的输入。该层将外界环境信息与所建立的整个车辆系统进行了有效连接。其整个过程的基本原理是：通过安装在车辆风窗玻璃前端的摄像机捕获到图像帧，送入计算机存储，便于后续图像处理计算。

（2）特征提取层 该层的主要工作是对之前所采集到的图像信息做“预处理”，而在此之前，需要选出有效部分信息，即去除或切割无用信息部分。预处理工作包括：①灰度化（针对彩色图像）；②边缘增强；③滤波处理。这里采用的是基于感兴趣区域内对虚实线边缘特征的特征提取的方法，该方法的实时性、鲁棒性均能满足要求。

（3）解释层 解释层与两坐标系（像素坐标系、图像坐标系）有关，并位于两者之间。用坐标逆变换原理和用最小二乘法，完成相应的车道线边缘的拟合工作，即将原来图像中存在交叉点的两车道线变换为两条平行直线，并处于另一坐标系中——像素坐标系。

（4）环境理解层 环境理解层所涉及的理论性较强，特别是基于“计算机高级视觉的相关理论”。该层在解释层的基础上拟合出一条适宜智能车辆行驶的参考路径，再由智能车辆的质心与参考路径的偏移量（水平方向上），得出当前车辆的横向偏移量，对前方行驶环境做出及时可靠的分析。

（5）控制层 控制层可以说是整个系统的核心层，相关的智能控制策略就存在于此层。并对智能车辆的执行机构具有控制作用。

2. 系统设计安装

系统设计安装视角如图 3-39、图 3-40 所示。图 3-41 为坐标系的示意图。其中 $O_wX_wY_wZ_w$ 为世界坐标系，$Oxyz$ 为摄像机坐标系，O_0uv 为图像像素坐标系，O_LXY 为图像物理坐标系。图像坐标系包括两个坐标系：①图像物理坐标系 O_LXY；②像素坐标系 O_0uv，X 与 Y 轴分别平行于 x 与 y 轴。

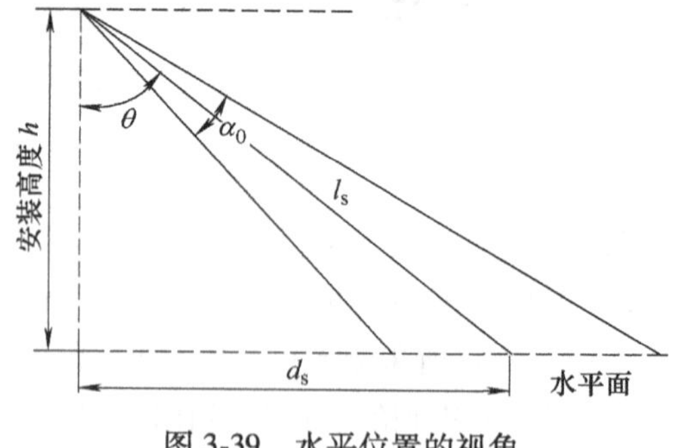

图 3-39 水平位置的视角

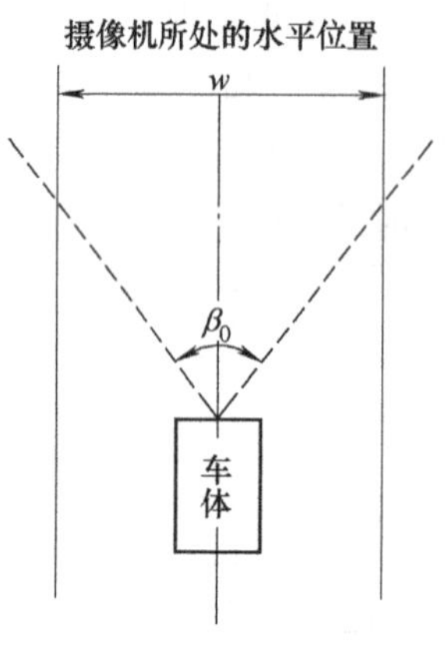

图 3-40 垂直位置的视角

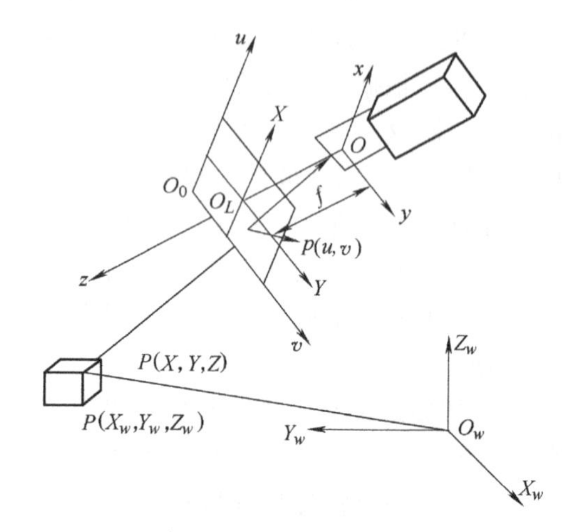

图 3-41 坐标系的示意图

3.3.3 车道保持系统的原理

在前车窗内侧的上方，安装一个摄像头（见图 3-42）。摄像头能看清车道线，形成清晰的图像。在计算机的帮助下，通过一定算法，判断出车辆是否在规定车道内。如果车辆偏离车道（左右偏离），计算机会给出报警信号和纠偏指令。摄像头成像（这是传统技术）是基本要求，对图像扫描后，形成数字信号，这是比较关键的技术，接下来关键的是计算机芯片（处理器）的计算速度和存储器容量的大小。

通俗地讲，摄像头要满足车用要求，车辆是高速运动的，摄像头拍的照片要清晰，计算机芯片（处理器）也必须是专业级。道路上要划分出车道，其车道线的清晰度要符合国际标准 ISO 17361 和 GB/T 26773—2011。

车道保持系统可分为识别、分析、决策系统和控制执行系统。

（1）识别、分析、决策系统 通过对摄像头的画面进行处理，得出当前车辆相对车道线的位置，偏离的方向和速度，当车辆靠近识别出的边界线且要驶离该车道时，系统

图 3-42　车道线识别原理示意图

会通过声音和图像对驾驶人进行提醒。其控制策略有以下几点：

1）如果车辆压过车道边界线之前，操纵了转向拨杆（转向灯亮了），那么就不会出现警告信号。这时该系统认为，是驾驶人的正常车道变换驾驶。

2）在车辆靠近车道边界线时，系统会出现一次警告信号。

3）在第一次警告出现后，车辆前轮远离对应的车道边界线，随后后轮也靠近边界线时，系统会发出第二次警报。这样，就可防止车辆在与车道边界线平行行驶时持续出现这种警告。

4）系统在发出警告信号的同时，发出辅助控制（纠偏）命令是有前提条件的，即驾驶人没有打转向灯并且没有操作转向盘的情况下，车辆发生了车道偏离且车辆速度达到一定规定（乘用车一般约定为 65km/h）时。

注意：如果驾驶人在操作转向盘，则系统认为驾驶人是正常、有意图的驾驶行为，系统不会对转向系统予以控制。

（2）控制执行系统　接到决策系统的辅助控制命令时，由 ESP 系统或电动机输出转向助力，使得车辆保持在道路内行驶。控制执行系统的逻辑示意图如图 3-43 所示。

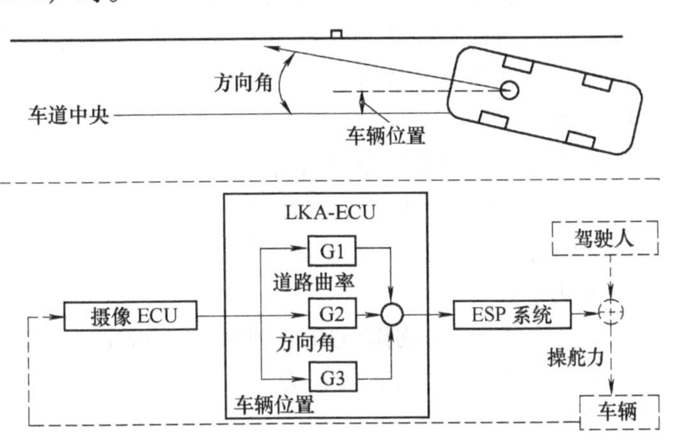

图 3-43　控制执行系统的逻辑示意图

转向助力的大小和时长，由车道半径、车速、偏离方向、偏离速度等参数（由不同传感器给出，由计算机计算出来）经控制执行系统对电控转向机构进行控制。这是一个负反馈平衡系统。

电控转向系统有 3 个元件，分别是步进电动机、转矩传感器、电动机控制器。外加电源线、信号和控制线缆。其在不同路面情况下的控制策略有所差异，具体表现为：

1）车道保持系统用于高速公路和路况良好的普通公路，因此该系统只有在车速超过约 65km/h 时才开始工作（如果用户有要求，按用户要求设定，如公交公司设定的最高限速是 50km/h）。

2）如果车道被雪覆盖着、道路过窄或道路边界线不清晰，车道保持系统会自动关闭。

需要说明的是，车道保持系统属于智能驾驶系统，它在车辆偏离预警系统的基础上对转向控制协调装置进行控制。在换道前，必须打转向灯。车辆速度低时，车道保持系统不工作。如果是园区（码头）、企业物流车辆，需另外设置参数。

3.4 视野扩展系统

3.4.1 视野系统原理

当今，车辆安全、节能、环保已成为车辆工业发展的三大主题，在这三大主题中，安全是首要的，也是其他两项的基础。只有保证车辆的安全性，才能继续在节能、环保上深入研究。根据美国联邦机动车安全法规（FMVSS），车辆安全可划分为主动安全、被动安全和事故发生后的安全，其中主动安全装置包括车辆灯光、车辆视野、驾驶操作性、操纵稳定性、车辆制动系、车辆轮胎和轮毂等，涵盖了车辆性能的所有方面。其中，车辆视野安全在主动安全中占有相当重要的地位。

车辆视野一般就是指驾驶人视野，对车辆的行车安全具有非常重要的作用。车辆视野性能直接影响到车辆的行驶安全性、乘坐舒适性及操纵方便性。车辆视野性能设计是车辆车身总布置设计过程的一个重要环节。在车辆设计阶段，对于三维空间问题，如何保证驾驶人群体的视野能够满足法规的要求以及实际的需求，是车辆设计师的工作重点之一。在车辆主动安全系统设计中应用的主要视觉特性如下：

1. 视角

视角是由瞳孔中心到被观察对象两端所张开的角度。在一般照明条件下，正常人的眼睛能辨别 5m 远处两点间的最小距离，其相应的视角为 1°，被定义为最小视角。人眼辨别物体细部的能力随着照度及物体与背景亮度的对比度的增大而增大。

2. 视力

人眼对物体细部识别能力的生理尺度，被定义为临界视角的倒数。规定当临界视角为 1°时，视力等于 1.0，为正常视力。

3. 视野

视野是指人的眼睛观看正前方所能看得见的空间范围，常以角度表示，按状态可分为静视野和动视野。正常人双眼静视野范围：在垂直方向约为 130°（视水平线上方 60°，下方 70°）；在水平方向约为 120°（两眼内侧视野重合约 60°，外侧各 30°）。为了减轻人眼的疲劳，人-机系统设计中常以人眼的静视野为依据。动视野范围是车速在 40km/h 时，双眼总视野约 100°，车速在 75km/h 时，双眼总视野约 65°，车速在 100km/h 时，双眼总视野约 40°，因此在高速行驶时，要及时发现并躲避突然闯入的人或物比较困难。

4. 视觉的运动规律

眼睛水平运动比垂直运动快，通常先看到沿眼睛水平运动方向放置的物体，后看到沿

眼睛垂直运动方向放置的物体；人眼沿垂直方向运动比沿水平方向运动更易疲劳；人眼视线移动习惯于从左到右、从上到下和顺时针方向运动；人眼对水平方向尺寸和比例的估计比垂直方向准确。

随着车辆动力性能的不断提高及道路状况的改观，车辆车速范围越来越宽，与之相应的驾驶人对视野范围的要求也越来越高，要求前方视线距离更远，后视视距更长，视角范围更广并可调。而传统的光学镜面后视镜已渐渐不能满足现代驾驶的需要。随着现代电子技术、计算机、信息技术的迅猛发展，及其在车辆（尤其是高级轿车）上的广泛应用，信息技术已成为现代车辆技术的一部分，融入其中，密不可分了。到目前为止，由摄像镜头、电子控制器和液晶显示器等组成的电子后视（倒车显示）系统，已经运用在一些中高档车、商务车上，并将日渐普及。

3.4.2 车辆驾驶盲区

车辆视野按方向不同可分为前方视野、后方视野和侧方视野。另外，夜间行驶需要夜间视野。根据视野的性质分可分为直接视野和间接视野。直接视野包括前方地面视野、交通灯视野、A 柱障碍角、仪表板视野、直接后方视野；间接视野主要是指间接后方视野。

所谓车辆盲区，是指驾驶人位于正常驾驶座位置，其视线被车体遮挡而不能直接观察到的那部分区域。简言之，驾驶人坐在驾驶座上驾驶的时候，观察不到的地方就称为车辆盲区。排除人为遮挡造成的因素，不同车型的盲区会有略微差别，总体来说，车辆盲区主要包括四大区域。

1）车头盲区。车头盲区即发动机盖前方看不到的区域。

2）车尾盲区。车尾盲区是指从内后视镜向后观察车辆后方情况时，处于视野外的地方。

3）后视镜（外）盲区。车辆两边的后视镜虽可看到车身两侧的情况，却不能完全地看到车身周围的全部信息。

后视镜（内）盲区。位于车身两侧靠近车门的一个区域，因位置较低，后视镜难以观察到。

4）A、B 柱盲区。由于风窗玻璃两侧的 A、B 柱遮挡形成的盲区。A 柱即驾驶人左前方和右前方的柱，是连接车棚和车身的柱子，如图 3-44 所示；B 柱则是驾驶人最侧后方的，安全带一段固定的柱子，也是分为左右两侧的，如图 3-45 所示。

图 3-44 车辆 A 柱示意图

图 3-45 车辆 B 柱示意图

由于轿车存在视野盲区，经常导致事故发生。其中由于存在车辆后部盲区，容易导致倒车时对比较低矮的幼童、动物发生碰撞、碾压，危害性极大。另外，由于大型工程车辆和货车的车身高大使得车头盲区加大，成为一个非常危险的视野盲区，发生过许多交通事故。网络、报纸上报道的案例有很多。因此一定要重视车辆盲区存在的危害程度，一方面要从交通法规和车辆制造的国家标准层面进行严格规定。另一方面需要从技术层面予以解决。在我国的交通法规中并没有提及车辆在设计过程中是否允许车辆存在驾驶盲区，也没有禁止路上行驶的车辆存在盲区，在该领域是空缺的。在欧美等发达国家的交通法规中，也没有明确的规定。

由于车辆盲区的存在每年引发了众多的交通事故，对社会造成了巨大的危害，产生了巨大的人身和财产损失。而当前对车辆行驶过程中的盲区存在却没有约束。这是相关法律法规落后与社会实际发展情况的一种现象。无论从社会的需求角度，还是从公共安全的角度，相关法律法规出台都是必要的、必需的。

在车辆周围，有一个驾驶人视线达不到的范围；在车辆内部，由于转向盘的遮挡，在仪表板上也会产生一个盲区，这些盲区将影响安全驾驶。因此设计时必须精心检查盲区的大小和部位，并通过采用内、外后视镜等来扩大视野范围。

为了获取足够的交通状况信息，车辆视野必须保证95%以上的驾驶人视野能达到相关标准和法规的要求。前方视野包括保证驾驶人在交通路口的停车线内能看到交通灯和其他交通标志；前风窗玻璃有足够的透明区；对A柱双目障碍角的限制；风窗刮扫区及刮净率的要求等。后方视野一般是通过视镜来实现的间接视野。我国的强制性标准GB 15084—2013《机动车辆　间接视野装置　性能和安装要求》规定轿车的内、外后视镜的视野范围分别如图3-46和图3-47所示。

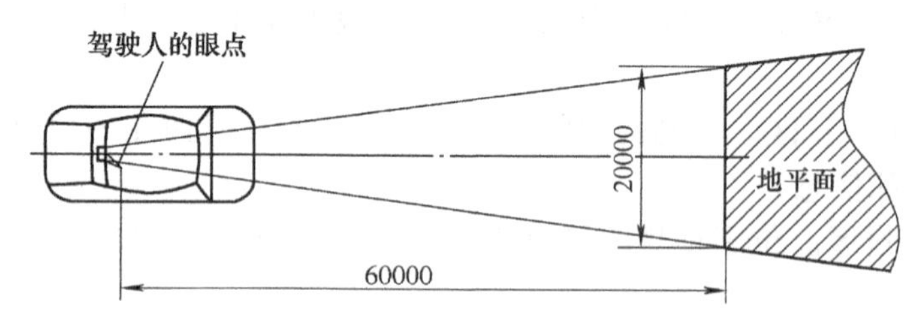

图3-46　轿车内后视野的标准要求

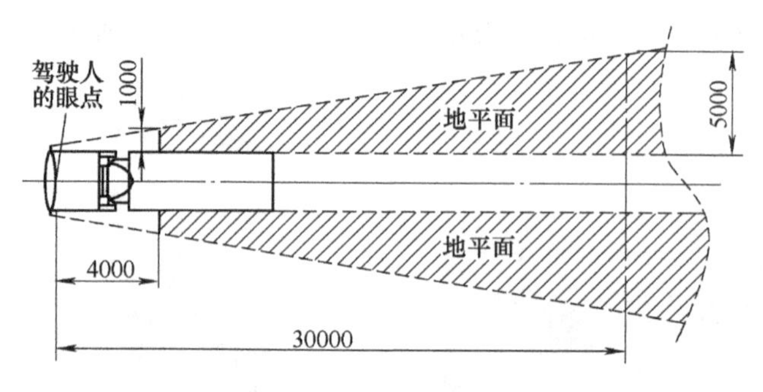

图3-47　轿车外后视野的标准要求

3.4.3 视野扩展方法

当今，随着科技的进步，车辆在设计上也不断创新，加入了很多科技元素，在增强视野方面也处处体现科技的力量。

1. 增强直接前方视野的方法

（1）改善眼睛舒适度 随着车辆玻璃技术的发展，新车辆风窗玻璃技术也陆续出现。例如，能减少阳光对轿车车厢内的影响，提高舒适性。目前广泛使用的绿色玻璃采用反射涂层工艺或改善玻璃成分的方法，只让阳光中的可见光进入车厢内，挡住紫外线和红外线，从而提高眼睛的舒适度来提高直接前方视野。

有一种反红外线辐射银膜玻璃，在多片夹层玻璃中加入镀银薄膜，其红外线反射率为48%。当阳光通过这种看似普通的玻璃时，光和热会减少23%。这种玻璃还起隔热、节能作用，可相对减少空调能量负荷。

（2）扩大前下视野范围

1）地形监视。在一些复杂环境路况下，驾驶人往往不能很好地判断当下的路况，这就衍生出许多辅助驾驶人扩大视野的功能，如地形监视功能。地形监视系统的作用是通过摄像头将路面情况反馈给驾驶人，消除行车过程中的盲区并辅助驾驶人更好地选择车辆驾驶模式。这种系统通过位于车头、车尾、两侧后视镜处的摄像头及仪表盘中间的前轮转向角度的提示，让驾驶人能够清楚地知道自己车子的位置及路面状况，在通过复杂路段时，可以告知驾驶人什么时间怎么打方向，并辅助驾驶人选择最合适的驾驶模式，使车辆一直保持最佳的行驶状态。

如图 3-48 所示，许多越野车在攀爬角度很大的陡坡时，驾驶人往往只能看到蓝天白云，而此时车前的摄像头则可以及时将车前的路面形势在显示屏中呈现给驾驶人，应该避开哪些障碍以及到达坡顶的距离等都会一目了然。

图 3-48 地形监视系统的应用路况

2）涉水感测功能。许多车型在行驶到积水路面时，往往不能很好地判断水深，容易造成被淹、熄火等问题，如图 3-49 所示。近年来一些车型出现的涉水感测功能能在很大程度上帮助驾驶人做出有效的判断，为驾驶提供帮助，无形中为驾驶人视野起到辅助作用。这种功能可提高车辆在积水路面行驶的安全性，让驾驶人决定是否通过积水路段，避免因积水过深导致车辆被淹。负责探测水深的探测器安装在两侧后视镜，可与倾斜仪协同工作鉴别水下地面起伏，探测到的信息以图像的形式显示在中央触摸屏上，如图 3-50 所示。

涉水感测功能可通过触摸屏显示出当前水深和最大涉水深度。当接近该车的最大涉水深度时，系统会通过触屏显示及声音提示警告驾驶人。

2. 增强间接后方视野的方法

（1）自动防眩目内后视镜 夜间行车最大的安全隐患就是视线问题，不仅是因为天黑光线不好，而且各向来车的前照灯对行驶安全也有影响。如果遇上不规矩的驾驶人在后方长期开着远光灯行驶，车内后视镜直接将强光反射入眼睛，刺眼的强光直接影响到行车的安全。为了减小危险的发生，后视镜一般都带有防眩目功能。目前，后视镜防眩目有两种形式，一种为手动防眩目后视镜，这种后视镜通过光学原理抑制眩目，使用一块双反射率的镜子，当驾驶人认为反射光过强感到刺眼时，即可手动调节后视镜角度调节杆，使后视镜角度偏移，此时镜面的反射率减小，自然可以削弱光线强度，如图 3-51 所示。另一种为自动防眩目后视镜，这种后视镜在镜面后面安装了光敏二极管，二极管感应到强光时控制电路将施加电压到镜面的电离层上，在电压的作用下镜片就会变暗以达到防眩目的目的，如图 3-52 所示。

图 3-49　涉水感测功能的应用路况

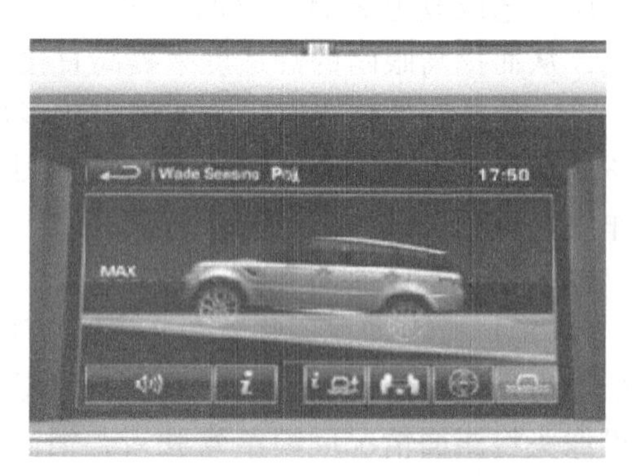

图 3-50　涉水感测功能显示状态

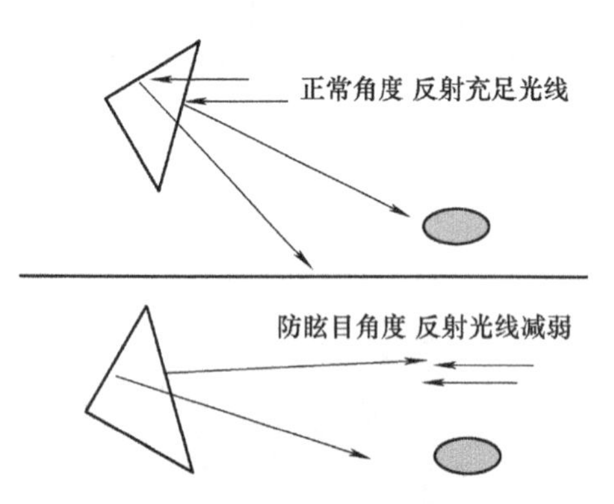

图 3-51　手动防眩目后视镜原理图

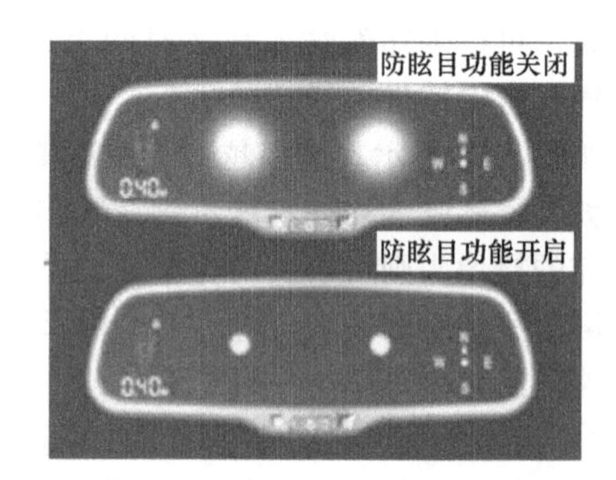

图 3-52　电子防眩目后视镜效果

（2）可投影到风窗玻璃的车辆后视系统　常见的后视镜总会有一些视区盲点，对车辆造成了一些安全隐患，最新出现的车辆后视系统则避免了这样的问题。该系统由两部分组成，车身两侧及后部装置的摄像头和前风窗玻璃上的显示器。它采用先进的高科技手段，即使在光照条件不佳的情况下，也可以提供良好的后视图像，而且不会受到车内环境和乘客的影响，如图 3-53 所示。

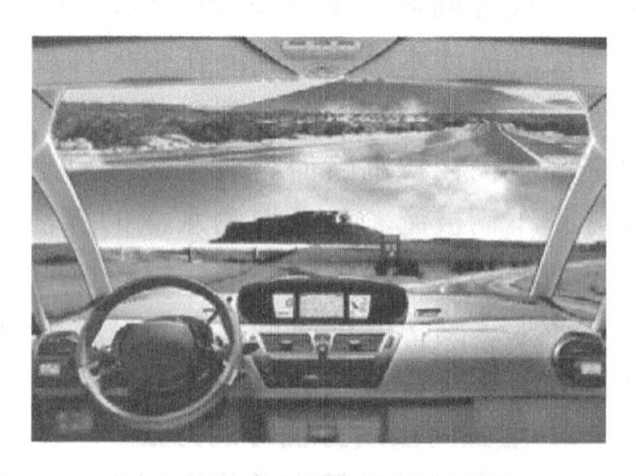

图 3-53　全新的车辆后视系统

（3）双曲率外后视镜　在狭窄的胡同拐角处，经常能看到凸面镜为我们指示拐角另一面的

情况。工程师们将凸面镜直接安装在外后视镜上就是其在应用上最简单的创新，解决了外后视镜视野不足的难题，如图 3-54 所示。不过这种方法实在是不太美观，于是很多厂家便有了一个相对复杂的设计——双曲率外后视镜，如图 3-55 所示。

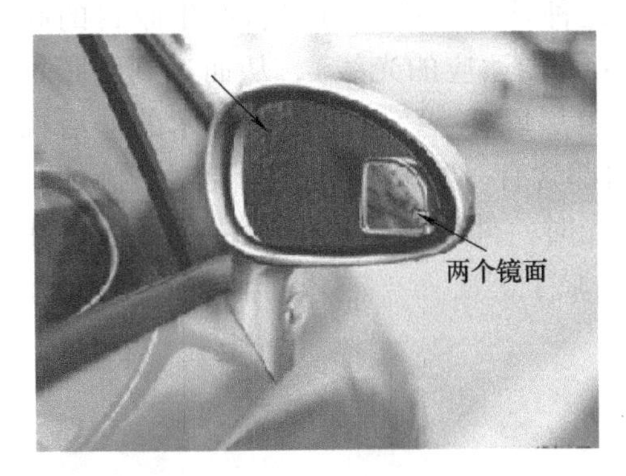

图 3-54　两个镜面的外后视镜

图 3-55　双曲率外后视镜

这种外后视镜镜面曲率会发生变化，靠车辆外侧镜面曲率较大，用来扩大外后视镜的视野。当然，曲率变大会导致视觉失真，所以厂商出于安全考虑在镜面上标有标示线，提醒驾驶人注意失真现象。

（4）带电加热外后视镜　普通外后视镜通过对镜面的改良，外后视镜视野不足的问题得到了很大程度上的改善，不过雨天行车能见度比晴朗天气下要差许多，天空掉落的雨滴在空气中形成水幕，影响了驾驶人的视野，如图 3-56 所示。

外后视镜的加热功能正是为了避免上面这种情况而开发的，如图 3-57 所示。其工作原理非常简单，只需在外后视镜的镜片内安装一个电热片（电热膜）即可。若碰到雨雪天气，只要按下外后视镜加热按钮，电热片就会在几分钟内迅速将外后视镜镜面加热至一个固定的温度（一般在 35～60℃之间），利用电热片的热量将外后视镜上的水蒸发掉，以此免受视线不清带来的困扰。

图 3-56　普通外后视镜

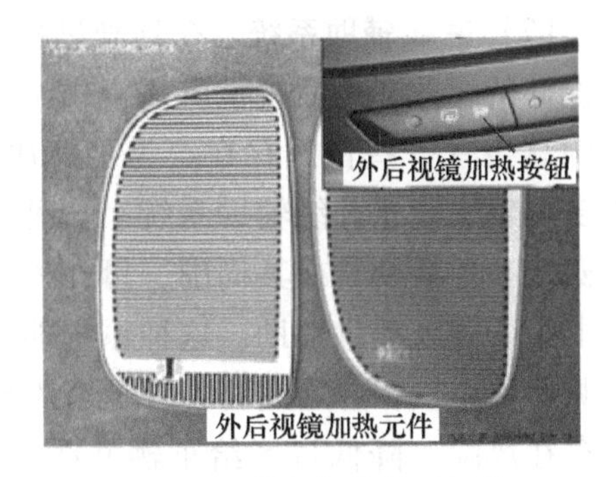

图 3-57　带电加热外后视镜

（5）防眩目外后视镜　对于驾驶人来说，并不是什么时候都要看得越清楚越好，有过夜间驾车经历的人都知道，后车的灯光在漆黑的夜色中显得格外耀眼，会对驾驶人的视觉造成影响，如图 3-58 所示。带有防眩目功能的外后视镜可以过滤部分强光，保证车辆的行驶安全。

目前最常用的防眩目方法就是将外后视镜表面镀上镀层，以过滤较强的光线。镀铬外后视镜虽然可以很好地防止强光眩目，不过这种镀层反射率较低，夜间视野会稍显昏暗。因此更常使用涂镀二氧化钛与二氧化矽的蓝镜。这种外后视镜可对容易产生眩目的高波长可见光产生干涉，转化为蓝光（蓝光是人类眼睛最能适应的光线），从而达到防眩目的效果，如图 3-59 所示。除了在外后视镜表面添加镀层以外，一些电化学技术的外后视镜也具有防眩目功能，如 EC 电化学外后视镜。其内部含有一种胶黏体，只要对其施加小电荷，胶黏体就会变暗。因此当后车前照灯发出强光时，外后视镜的光敏传感器会感知光线强度，激发后视镜电荷，这样外后视镜就不再晃眼了。

图 3-58　普通外后视镜

图 3-59　防眩目外后视镜

（6）外后视摄像头　外后视镜的最基本功用就是观察两侧来车，外后视镜的视野越大，驾驶人在并线、超车、转弯、倒车等情况下行车的安全系数就越高。要做到这一点，最简单的方法就是把外后视镜加大。镜面越大，视野自然也就越好。不过物极必反，这种增大不是无限度的。个头太大会使整车显得不协调，同时也会影响驾驶人对侧前方路况的观察。而且过大的外后视镜对于整车风阻上也有很大的影响。因此，目前一些高端车型用摄像头取代了传统的外后视镜，如图 3-60 所示。

（7）并线辅助系统　在驾驶过程中，由于车身设计的缘故，外后视镜所能提供给我们的视觉范围总会有一些盲区存在。为了解决这一问题，很多车辆安装了并线辅助系统。这种系统的警告灯安装在外后视镜或其周围，可在外后视镜的基础上给驾驶人提供辅助。这种系统能够通过雷达探测后方车辆，并通过警告灯提醒驾驶人并线可能存在风险，降低盲区给车辆并线带来的隐患，提高驾车的安全系数。

图 3-60　外后视摄像头

并线辅助系统通过安装在后保险杠两侧的两个雷达及安装在外后视镜内侧的指示灯辅助驾驶人消除盲区完成并线行驶，如图 3-61 所示。该系统可辨识后侧车辆的当前位置、速度和移动方向。其工作原理是先发出高频电磁射线，即“微波”，随后接收探测物体返

回的射线并分析。物体的反射特性各不相同，金属可以良好地反射射线而塑料则几乎完全穿透射线，因此系统可以很准确地探测机动车。

当车速超过60km/h时，系统开始对车辆后方及侧面50m范围内的道路状况进行监控。若此时存在潜在的并线风险，其对应方向外后视镜上的警告灯将会亮起。如果驾驶人此时仍旧打开转向灯试图并线，则外后视镜上的警告灯将会增加亮度并开始闪烁，提醒驾驶人存在危险。

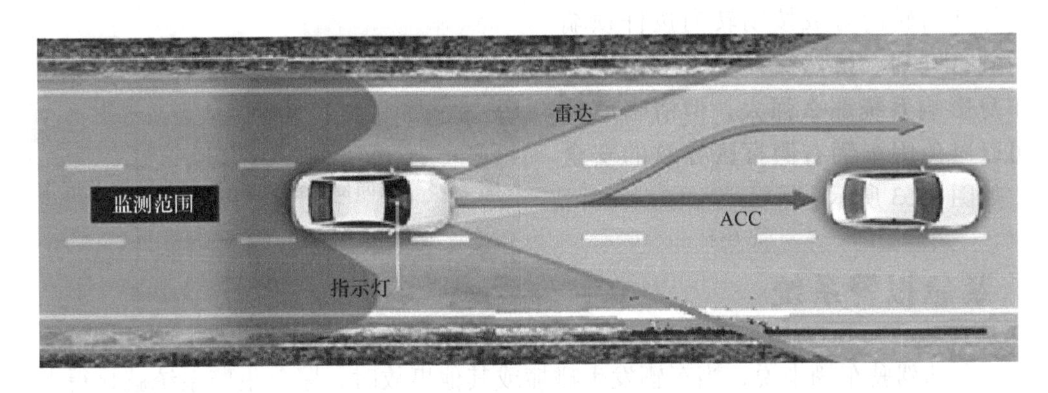

图3-61 并线辅助系统工作示意图

（8）电子车身影像 当今很多车型都具备电子车身影像系统。这种系统可以最大做到360°全方位无盲区，通过车内显示屏就可以将车身四周的环境一览无余，大大增加了泊车、倒车等情况下的驾车安全，而其侧向监控摄像头便安装在外后视镜上。

电子车身影像系统主要由以下六部分组成：图像获取、摄像机定标、图像变换、图像美化、图像无缝拼接融合、图像显示。图像的获取往往利用安装在车身前后左右的4个超广角摄像头（Super-Wide-View-Camera，SWVC）捕捉车辆周围状况。但由于采用SWVC后影像会产生“鱼眼失真”的现象，所以必须通过计算处理进行画面合成及修正，合成一幅车身周围的全景鸟瞰图，从而将车辆四周的真实画面展示在车载显示屏上，避免行车过程中的碰撞危险，如图3-62所示。

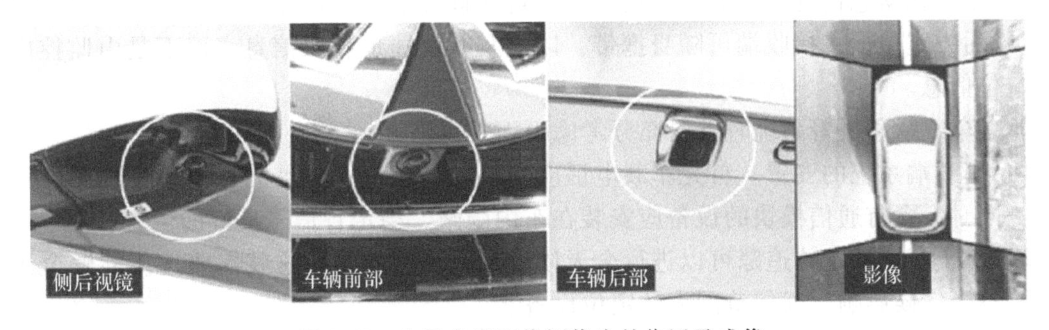

图3-62 电子车身影像摄像头的位置及成像

3. 增强侧方视野

许多车型虽然没有全方位车身影像，但其配备的Lane Watch侧面监视功能也可以大范围消除盲区，降低安全隐患。在车辆倒车时该功能可以辅助驾驶人倒车，就是人们平时所说的倒车影像。它与一般倒车影像系统的差别在于，除在车尾安装有倒车摄像头外，车辆右外后视镜下方也装有一个摄像头，用于监控车辆右侧盲区。驾驶人通过打开右转向灯或按动转向拨杆顶端的按钮进行开启。虽然它在视野上不及全方位车身影响系统那么强大，但清晰度较好，可以避免因车辆右侧盲区导致的安全隐患，如图 3-63 所示。

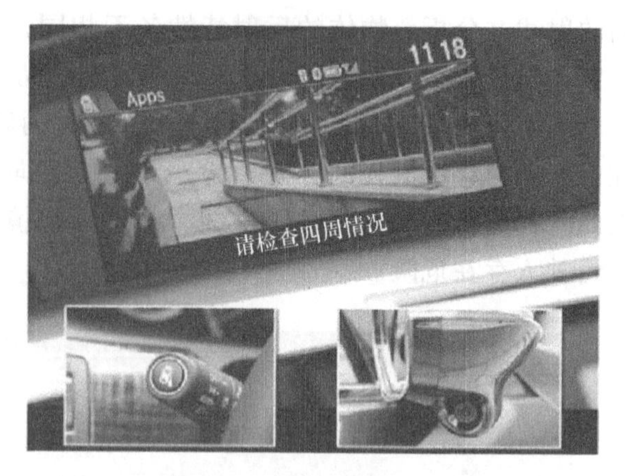

图 3-63　侧面监视功能摄像头的位置及成像

3.5　紧急报警系统

对于自动驾驶车辆来说，当车辆发生碰撞或其他事故时，紧急报警系统就显得尤为重要，车载紧急报警系统就可以解决这类突发状况。

3.5.1　车载紧急报警系统

自动驾驶车辆面对紧急情况时，及时发出求救报警信号，是缩短救援时间，提高救援成功率的一个关键因素。因此，车载紧急报警系统应具备以下几个特点：

1）全天候不间断监控。

2）监控范围大。

3）无线传输。

4）系统设备能在车辆熄火情况下不间断供电。

5）车载设备安装便捷、隐蔽。

6）系统在紧急情况下，通过手动触发和自动触发第一时间起动。

7）后方定位信息接收端可随身携带，以便及时快捷地获取信息，而不是由监控中心接收定位信息。

建立车载紧急报警系统时就要充分考虑下面几点因素：

1）车载端系统的安置。首先车载电话应安装在隐蔽位置并且能有效采集到车内声音信号。同时，含有通信模块的设备应安装在车内隐蔽、稳定且信号良好的位置。

2）对于车辆的定位追踪可以进行全天候、大范围的工作，这就需要选用能够全天候工作、不受气候影响、通信范围大的定位设备。

3）车辆定位信息的传输网络应具有无线传输、入网速度快、传输速率较高、覆盖范围广、使用成本较低的特点。

4）加装网络稳定的辅助通信模块，通过短信方式将车辆的地理位置信息以经纬度的形式发送到移动接收端，增强定位的有效性。

5）即时采集到车辆当前车况，如机油量、冷却液温度、车轮气压、安全气囊是否弹出等，如有异常情况，通过车辆总线技术读取行车 ECU 以及安全气囊 ECU 的信息经通信模块发送到移动接收端。

6）当报警系统起动后，车辆定位模块获取车辆位置，经无线通信网络发送到移动接收端，以电子地图的形式显示出车辆当前位置。

车载紧急报警系统要实现的功能有：

1）车载紧急报警系统的定位及通信模块发送的信息可以通过无线传输方式实现远程传输；紧急情况下能够及时、便捷地起动报警系统。

2）对车辆当前信息（如机油量、冷却液温度、胎压、气囊等）进行采集和存储，并且能对以往的信息进行查询。

3）能够采集车辆内部的声音信号，在系统起动后进行车内通话录音，存储录音并传输给移动接收端。

4）车辆定位具有范围大、覆盖广、全天候的特点。

5）系统的供电不受车辆发动机起停的影响，在发动机停止运转时，系统能够长时间运行。

6）移动接收端接收到定位请求后，通过电子地图获取车辆当前位置，能够准确、直观、快速地确定车辆位置，同时，获取车载段采集到的车辆当前车况，如冷却液温度是否异常、安全气囊是否异常、发动机是否运转，初步判断车辆当前情况，为营救工作提供参考。

7）在定位模块之外提供另一种通信方式，以保证在偏远地区定位信号不佳的情况下，移动接收端依然能够及时获得报警信号，增强信号发布的有效性。

8）移动接收端系统平台设置了求助系统，提供车辆当前位置地区的公安交警、车辆相关保险公司的电话，提高救援速度。

3.5.2 系统总体设计

车载紧急报警系统主要由车载通信端、车辆信息采集端和智能手机端三个部分组成。

系统车载端集成了 GPS 定位模块、GPRS/GSM 无线传输模块、CAN 总线模块部分，完成车辆定位和车辆信息采集与发送的功能。传输层包括多种通信协议的数据传输网络，如 GPRS、GSM 网络等。终端部分的设计则是选择内置了通信和服务客户端平台的智能手机，支持 GSM/GPRS 和 TCP/IP 协议通信，提供车辆定位和车辆信息查询等服务。

当系统起动后，由 GPS 定位模块接收卫星数据，对车辆实施定位；同时，以 ARM 微处理器为核心的系统控制器通过 CAN 总线部分采集车辆 ECU 数据，获取车辆当前信息。控制器对定位信息和采集到的车辆信息进行智能分析，然后通过 GPRS 模块经无线网络将车辆位置和车辆当前信息发送到智能手机端。

3.5.3 定位技术

车辆在行驶过程中，无论是城市或高速路上，还是偏远小镇甚至无人区，往往都面临复杂的路况，基于这种考虑，该系统采用具有全天候、大范围监控特点的GPS全球定位系统。目前，全球主要使用的四大导航系统分别是：

（1）美国全球定位系统（GPS） 该系统由24颗卫星组成，分布在6条交点互隔60°的轨道面上，精度约为10m，军民两用，正在试验第二代卫星系统。

（2）俄罗斯“格洛纳斯”系统 该系统由24颗卫星组成，精度在10m左右，军民两用。

（3）欧洲“伽利略”系统 该系统由30颗卫星组成，定位误差不超过1m，主要为民用。2005年首颗试验卫星已成功发射。

（4）中国“北斗”系统 该系统由5颗静止轨道卫星和30颗非静止轨道卫星组成。

若选取GPS系统作为定位模块，GPS导航系统为单向通信，即车载GPS端只接收来自卫星的信息，对车辆本身进行定位，而不对外发出信息。这就需要单独设计一套系统，对GPS定位进行二次开发，设计智能车载终端，将GPS采集到的卫星定位信息，通过付费无线网络（GSM/GPRS网络等）发布到移动接收端。

3.5.4 系统接收终端

车载紧急报警系统主要用于突发情况，乘客能通过系统及时发出求救信号，提高救援效率。系统接收端应当具备全天候、不间断、不受地点限制等特点。

传统的车辆监控系统，后方接收端的设计大多以监控中心为主，以计算机监控为主要形式。由于成本高、监控中心的人员需要24h工作等，目前只有极少数特殊车辆（如银行、部队车辆）能够通过监控中心来追踪车辆位置，而对于大多数车辆而言，都无法对其进行定位追踪。

针对这种情况，选择智能手机为系统的接收端，即信息发布终端。智能手机通常是指具有独立操作系统和运行空间，用户能够像使用计算机一样自行安装软件、应用等第三方服务商提供的程序，并且能够连接无线通信网络的一类手机。

开发系统平台后，下载到智能手机端，当车载报警系统起动后，GPS模块获取车辆位置，通过GPRS网络发出，手机获得提示后，打开手机端便能以电子地图的形式一目了然地获得车辆当前位置，智能手机拥有强大的处理性能，能通过GPRS网络快速获取GPS定位信息；绝大多数人们都随身携带手机，能很好地满足系统接收端全天候、不间断、不受地点限制的需求；智能手机的高扩展性以及高普及性，使得人们能方便快捷、通过支付较低的费用，就能获取这项服务，大大提高了系统的实用性和经济性。

3.6 车载导航系统

3.6.1 车载导航系统的功能

当车辆在陌生区域行驶，特别是在难以看清道路标志和周围景色的夜间行车时会迷失方向。不仅如此，即使白天在交通比较拥挤的城市中驾车时，在明确目的地及行车路

线的情况下，也需要根据市内各地区、各街道的车辆堵塞情况进行及时的引导，才能顺利到达目的地。为此，世界各国先后开发了各式各样的导向行驶系统，即导航系统（又称为车载航行系统），来解决目前世界各大都市道路系统及高速公路的通病——“有路行不通”的问题，同时提高了车辆行驶的安全性及效率，有利于缓解车流量、平衡交通调度及管制。

随着科学技术的发展，车载导航系统发展很快。从功能上看，最早的只具有简单的“示向”系统，它只能显示车辆航行的方向及离目的地的距离，无任何“导向”功能。目前已发展到比较先进的具有车辆导航功能、防盗功能、调度功能、车辆主要工况的监测报警等功能的综合系统。从设备上看，原先只是由车辆行驶方向及距离传感器、CPU、CRT 等组成的小设备，目前已发展成利用“3C 技术”，即计算机（Computer）、通信（Communication）及控制（Control）技术结合的差分全球卫星定位系统（DGPS），建立了具有行车导航、控制等功能的综合大系统，而且民用精度已达到米级。车载导航系统的功能包括：对目的地进行最佳路线检索、瞬时再检索功能、为检索方便提供丰富的菜单和记录功能、在适当时间内提供实时语音提示、扩大十字路口周围建筑物和交通标志功能、导航系统和娱乐系统部件共用等。

3.6.2 车载导航系统的分类

1）按导航系统的功能可分为单一功能的导航系统和导航综合系统。车载导航综合系统包括单一功能的导航系统和车辆导航、监控、防盗、旅游、交通控制与调度等综合系统。

2）按车辆的信息是否实时返回控制中心，可分为车载开环导航系统和车载闭环导航系统。

车载开环导航系统是从控制中心或电台、卫星传感器等得到定位、方位、方向等信息，根据这些信息和电子地图定出起点到终点的最短行驶距离，但车辆的信息不能返回控制中心。如果某一道路上出现塞车、交通事故，桥梁出现断裂等天灾人祸时，驾驶人是不会知道的，车辆出现故障、被盗等问题时也无法和控制中心联系。

车载闭环导航系统不但有开环导航系统的所有功能，而且驾驶人可以把行车实时信息不断地反馈给控制中心。根据控制中心掌握的交通及气候等综合信息及时通知车辆改道行驶，以最短的时间到达目的地。在车辆出现大故障无法返回或遇到被盗等情况时也可以报告控制中心，一方面告诉控制中心出现的问题，另一方面可随时报告自己的方位，以便营救。

3）按有无引导功能可分为无引导功能的导航系统和有引导功能的导航系统。

无引导功能的导航系统只是简单的电子地图。驾驶人可以从车上 CD-ROM 存储器中调出本国城镇的方位、主干道、高速公路、桥梁等交通信息，也可以通过键盘方便地找到要到达的目的地，以及要行驶路线的各种所需信息，帮助驾驶人选择行车路线，但无引导功能。

有引导功能的导航系统包括：

①内部信息导航系统。该系统是利用电子陀螺或地磁等方向传感器（测出车辆行驶的方向）、距离传感器等制成的车辆导航系统。

②地磁导航系统（又称为车辆导向行驶系统）。该系统利用地磁传感器可随时测出车辆行驶方向，利用距离传感器可测出距离，用计算机计算出车辆的行驶轨迹以及到达目的地的方向、剩余距离等，并可在显示器上一一显示出来，以起到导航的作用。

③惯性导航系统。该系统的方向传感器是利用电子陀螺制成的，其他设备及功能和地磁导航系统一样。

④无线电导航系统。该系统又分为GPS导航系统和固定电台导航系统。

⑤GPS导航系统。它有一个较灵敏的GPS信息接收装置，可接收到卫星发射的导航信息，经过计算处理后，可以得到车辆行驶的方位、速度以及到达目的地的直线距离和已经行驶的里程。如和电子地图结合起来导航功能会更加完善。

⑥固定电台导向系统。该系统又分为中心电台导航系统和路边电台导航系统。

中心电台导航系统一般是一个集导向、车辆监控、防盗、差分GPS等应用为一体的综合系统，并且具有闭环导航系统的所有功能。一般几十到几百千米为半径的范围内设一个中心站。除接收GPS信息外，还收发各个车辆的导航、防盗等综合信息。可以把任一个车辆的实时轨迹显示在显示器上。较大的系统设一个中心站，下设若干个子站，每个子站带若干个车辆，以扩大监控范围和导航的车辆数。

路边电台导航系统：一般是集交通控制和导航于一体的综合系统。在高速公路的路边，每隔几百米到几千米设一个小功率电台，车辆上的小功率收发机可通过无线电波和交通控制中心每到一个电台交换一次信息，达到交通控制与导航的目的。

3.6.3 车载导航系统的特点与组成

车载导航系统的特点如下：

(1) 实现实时位置测定 由于导航系统采用了检测精度高、工作稳定性较好的角速度传感器（陀螺传感器），能实现实时位置测定。

(2) 具有自动检索与图像放大等功能 装备CD-ROM只读存储器，采用声控进行导航，使系统具有自动检索、图像放大等功能。

(3) 自动修正车辆位置 采用全球定位系统（Global Positioning System，GPS）及先进的检测手段和传播技术，在导航系统中引入了具有自动修正车辆位置的地图匹配技术，并开发出与之相匹配的高精度位置检测软件。

(4) 交通行业控制管理的重要组成部分 目前车载导航系统正在实现与地面交通管理网络的联机，车载导航系统是“车辆-道路-人-环境-交通管理”系统中的重要组成部分，加快了未来交通向智能化方向发展的速度。

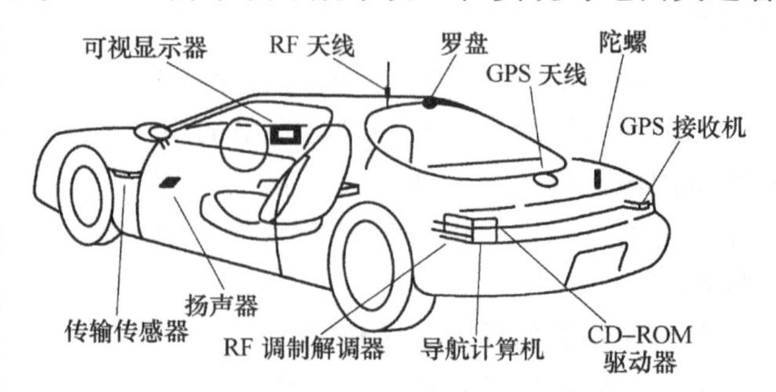

图 3-64　车载导航系统的组成

车载导航系统由GPS天线、GPS接收机、计算机、液晶显示器、位置检测装置（绝对位置检测和相对位置检测）等组成，如图3-64所示。系统根据不同的位置进行分类检测，绝对

位置的检测采用GPS全球定位系统，相对位置的检测采用方向传感器（如地磁传感器、光纤陀螺仪），并利用车轮转速传感器测量车辆行驶距离。

3.6.4　内部信息导航系统

1. 内部信息导航系统的基本组成

内部信息导航系统因所用方向传感器不同，分为地磁导航系统和惯性导航系统。

任何车辆导航装置的基本功能都是把车辆的实时位置（一般用 X、Y 两个位置参数来决定方位，或者以目的地为基准，车辆即时位置与目的地夹角表示）实时告诉给驾驶人。

距离传感器主要检测距目的地的距离（运算时也要用到方向传感器），车辆要行驶的方向由方向传感器检测，这两个传感器的信号通过计算机数据处理后显示在显示屏上。内部信息导航系统主要由计算机、距离传感器、方向传感器、显示屏等组成。

（1）车辆距离传感器　车辆距离传感器的种类很多，但目前用得最多的是将车辆后轮的转数（或转角）变成距离的光电式或霍尔元件式车辆距离传感器。后轮通过机械连接（一般通过软轴）带动一个光电盘，光电盘的外圆上有均匀分布的透光孔（缝隙），其光孔盘的两侧分别放置发光二极管和光敏管。

车辆前进或后退时，软轴带动光孔盘转动，光孔盘的孔每转到发光二极管与光敏管时，光线通过孔便照到光敏管上，光敏管导通；孔转过去后，光线被盘片挡住，光敏管截止，通过电子电路便产生一个电脉冲。光孔盘转一圈产生 n 个脉冲（光孔盘假设有 n 个孔），因为后车轮和光孔盘机械连接，有一定的转速比（如转速比为 M），后车轮每转一周则会产生 Mn 个电脉冲，轮的周长是一定的。每个脉冲所代表的距离为：车轮周长/(Mn)，所以计算机通过计数器检测到距离脉冲数，则可算出车辆所走的距离。用舌簧管、霍尔元件、电磁线圈代替上述光电传感器，即可构成霍尔、磁电式及舌簧管开关式车辆距离传感器。

（2）车辆方向传感器

1）地磁方位传感器。地磁方位传感器是一种以地磁为基准检测车辆方向的装置，又称为车辆方向传感器，按原理分为发电式车辆方位传感器和霍尔元件式方位传感器。因为地磁场很弱，容易受到外界磁场的干扰，此外车外的铁桥、大楼、其他车辆、隧道、高架桥也是干扰源，所以克服干扰带来的误差是该类传感器的关键。

①发电式车辆方位传感器。发电式车辆方位传感器如图3-65所示，它是一个双线圈发电机型地磁矢量传感器。由于上、下线圈相位相反，故垂直方向的磁感应电动势互相抵消。若用电动机转动线圈和铁心，地磁的水平分量使铁心中的磁通密度产生变化，从

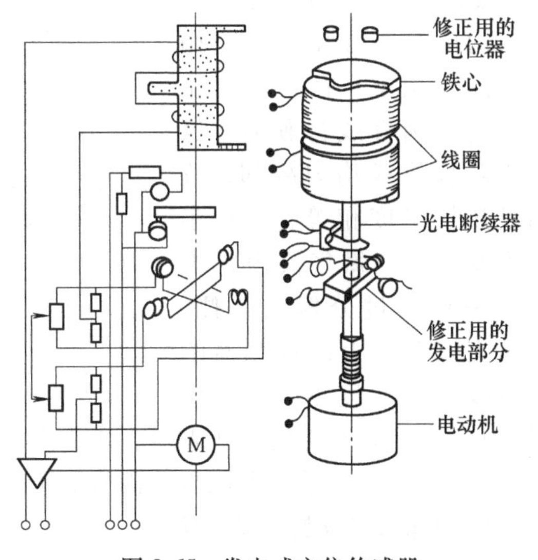

图3-65　发电式方位传感器

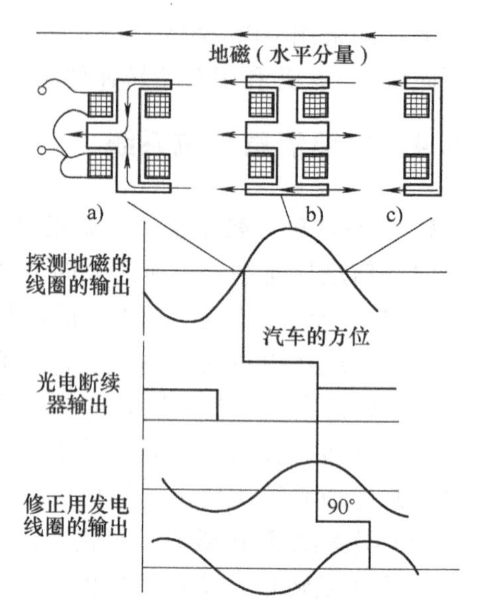

图 3-66 发电式方位传感器原理图

而建立起磁场，如图 3-66 所示。在图 3-66a 位置，磁场方向朝内；在图 3-66b 位置，磁场强度为零；在图 3-66c 位置，磁场方向朝外。因此，在地磁检测线圈中，产生一个正弦交变电压，其相位由地磁场的方位决定。另一方面由光电断续器发出相位固定的脉冲信号，根据这两个输出信号的相位差，可以检测出地磁的方向。

②霍尔元件式方位传感器。该传感器利用地磁磁场作为霍尔元件的外加磁场。霍尔电压（即传感器输出电压）正比于控制电流和磁感应强度的乘积，在电流一定时，和磁场强度成正比。如果地磁场和霍尔元件平面的法线成一角度，则作用在元件上的有效磁场是其法线方向的分量，$B\cos\theta$。B 是地磁场的磁感应强度，θ 是地磁场与霍尔元件法线的夹角，元件是固定在车辆上的，因此，这个角度可以化为车辆与地磁场的夹角，所以霍尔电压与车辆和地磁场的夹角有一定的数学关系，通过计算机的运算即可从霍尔电压的大小求出车辆的方向。

2）惯性方位传感器。该传感器实际上是一个电子陀螺，它与目前世界上现有的 100 多种陀螺相比有如下优点：可靠性与寿命比一般陀螺高 1~2 个数量级；价格为其他陀螺的 1/3~1/2；响应时间短，约为 50~80ms；过载能力强等。同时，它不像地磁方位传感器那样容易受外界磁场干扰，因此越来越受到航天、车辆等领域的欢迎。

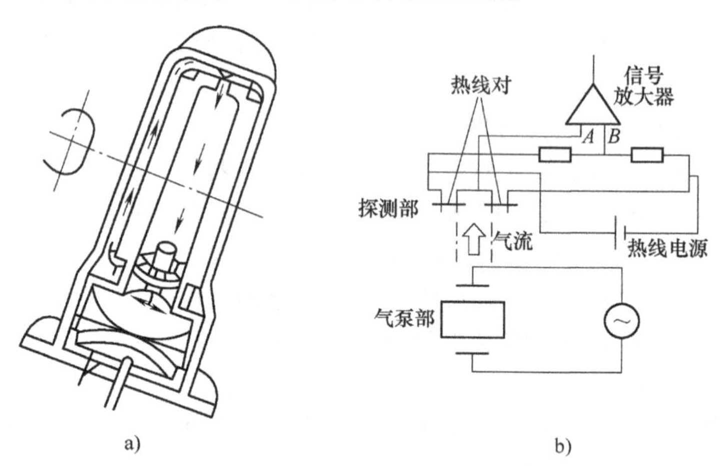

图 3-67 惯性方位传感器
a）传感器结构 b）传感器电路

它的工作原理是利用氮气的惯性检测方向，而不是利用地磁。惯性方位传感器的结构如图 3-67a 所示，密封在容器内的氮气在压电振子循环泵的作用下，在容器内循环。当车辆直线行驶时，氮气使两根热线均匀冷却，故两根热线温度相等。一旦车辆改变方向，氮气流由于本身的惯性而过分偏向一侧，使固定在车辆上的检测器的两热线冷却程度不等，产生温度差，并以电位差的形式表现。两热线构成的电桥电路如图 3-67b 所示，输出 A、B 两点间的电位差，该输出电压与车辆的偏转率成正比。

2. 内部信息导航系统实例

（1）丰田车的导航系统 丰田车的导航系统由地磁方位传感器、舌簧式距离传感器、

计算机及其操纵部件和显示部分等组成，其操纵部分的结构原理如图 3-68 所示。

该系统的主要功能有：

1）标准时间的显示。

2）实时的车辆前进的方向。

3）目的地的方向。

4）到达目的地的直线距离。

5）到达目的地的剩余距离。

6）估计到达目的地的时间等。从功能上看这是一个早期产品；从结构上看，输入部分是按钮开关式，显示部分是段码方式静态显示。

该系统的工作过程和原理：首先从地图上找出出发地到目的地的东西距离 a（有效数字 0.1km）和南北距离 b，分别传输到计算机中去。在操纵面板上右边是东、西、南、北按钮及数字按钮，对应的×100、×10、×1、×0.1（分别每按一下）分别是 100km、10km、1.0km、0.1km，并在左下方显示出来，同时把起点到终点的大体方位也用按钮输到计算机中去（中间的圆形排列的按钮）。从接线图上可以看出，地磁方位传感器的 X 与 Y 线圈接成电桥形式并接入计算机。当车辆行驶后，无论车辆在哪个方向移动，地磁传感器都能检测出绝对方位 θ_1，并在仪表盘上显示出来，而且距目的地距离 l 及方位 θ_2 由计算机进行运算并显示出来，如图 3-68 所示。

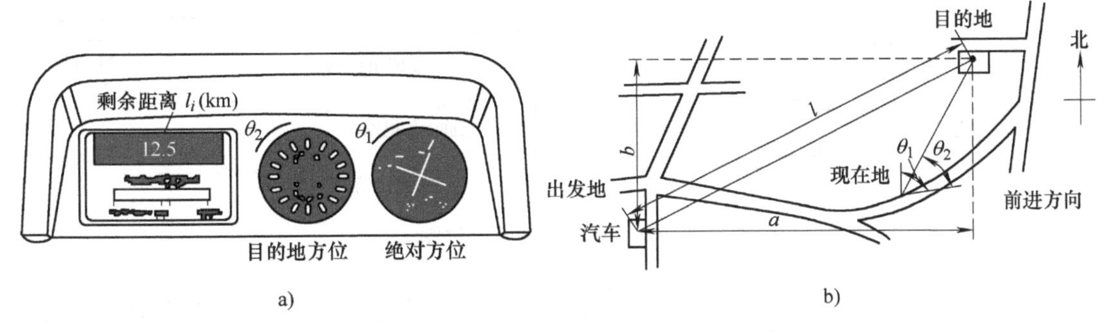

图 3-68　丰田车导航系统工作原理及显示图

a）显示图　b）工作原理

车辆行驶在各个位置时距目的地的剩余距离的计算方法：在任一直线道路段行驶时的距离 Δl_i 由车速传感器检测出来，在此段路程中距离由计算机算出：

东西距离　$\Delta x_i = \Delta l_i \cos\theta_i$

南北距离　$\Delta y_i = \Delta l_i \sin\theta_i$

θ_i 由计算机算出，则剩余距离为

$$l_i = \sqrt{(a - \sum \Delta x_i)^2 + (b - \sum \Delta y_i)^2} \tag{3-4}$$

并在显示屏上显示出来。到达目的地大约所需的时间，也可以由剩余距离和行驶平均速度算出，油箱内剩余的油量可由油位传感器测出，并且油耗传感器可测出单位距离所用油量，则现存油量能否到达目的地也可算出，如果油量不够会提前报警，提醒驾驶人及时加油等。

（2）本田惯性行驶系统——本田电子陀螺仪 该系统借助于早期飞机导航装置，因为采用惯性方位传感器，所以又称为电子陀螺。它由封入氮气的气体速度陀螺、霍尔式车辆距离传感器（或称速度传感器）、行驶用计算机以及 CRT（6in 显像管）的显示部分组成，其整个系统的硬件组成框图如图 3-69 所示。

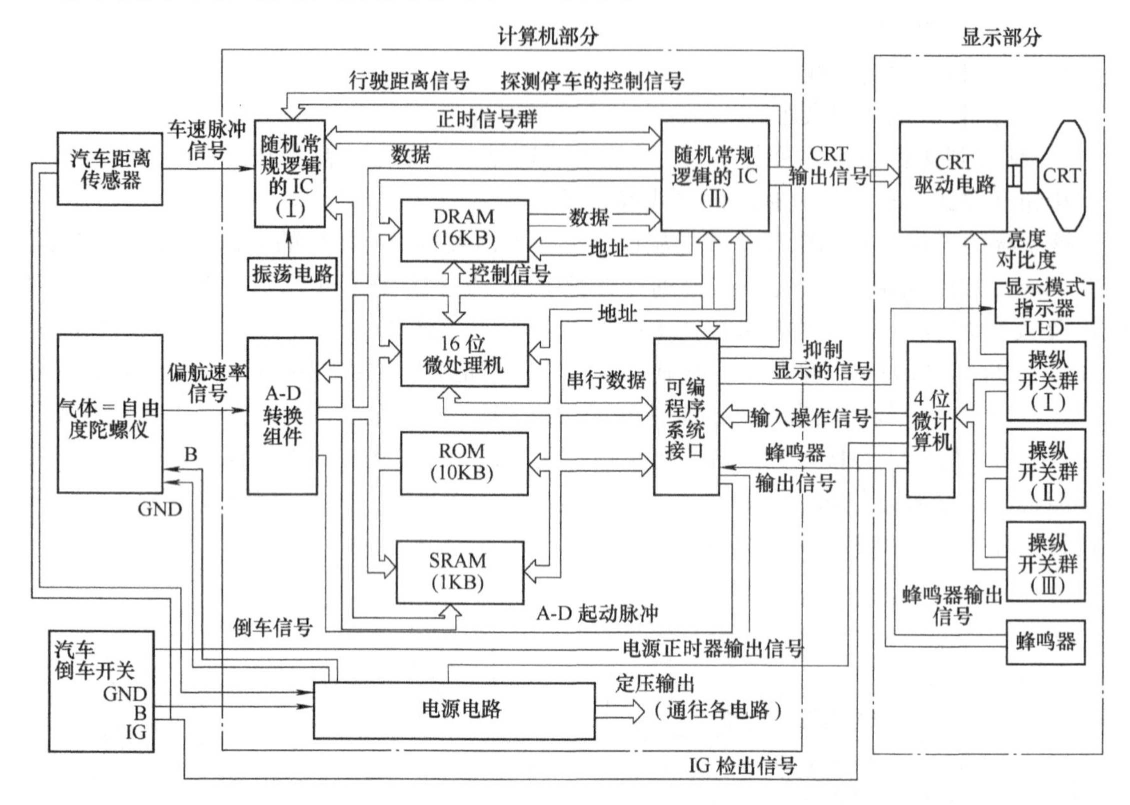

图 3-69 惯性行驶系统框图

方位传感器如前所述。距离传感器由插入变速器车辆速度表软轴带的转子及距转子 1~3mm 的霍尔元件组成。在转子转动过程中，转子上的每一个磁极转到霍尔元件时，则有磁通穿过它，便产生一个霍尔电压，转子每转一转，霍尔元件中就产生 8 个脉冲输出。元件通过软轴等机械连接在后轮上，后轮的圆周长是一定的（不考虑轮胎的气压及磨损），霍尔传感器转子和后轮有一定变化，即后轮转一周，转子也转对应的周数（即对应一定数量的脉冲数），也就是说，每个脉冲对应车辆移动一定的距离。计算机如测车辆行进的距离，只要测出传感器输出的脉冲总数经换算即可求出，如求车辆速度，需同时测出距离脉冲总数和总共经过的时间经换算求出。系统的主计算机是由 16 位微处理机、10KB ROM、16KB DRAM（动态随机存储器）、1KB SRAM（静态随机存储器）、A-D 转换器、可编程的接口器件和其他的 IC 器件组成的；显示部分由 6in（1in=0.05m）的 CRT、亮度及对比度调整电路、水平和垂直两个偏转线圈及其控制电路、人机对话用的输入开关群、CRT 输出及其驱动等电路组成。

该系统比丰田地磁导向行驶系统的功能要多一些，除上述功能外还可以动态显示车辆行驶轨迹。

该系统工作原理的基本思路和丰田导航系统是一样的。首先从显示部分和操纵开关群输入车辆起始点到目的地的水平及垂直距离和大体的方位。车辆行驶过程中实时地通过方位及距离传感器将信息采集到计算机中，然后进行下列累加计算：

$$X = \int v(t)\cos[\theta(t)]\mathrm{d}t \tag{3-5}$$

$$Y = \int v(t)\sin[\theta(t)]\mathrm{d}t \tag{3-6}$$

式中，X 是车辆行进过程中的距离水平分量之和；Y 是车辆行进过程中的距离垂直分量之和；$v(t)$ 是车辆行进过程中的瞬时速度；$\theta(t)$ 是车辆行进过程中实时的车辆前进方向与 X 轴的夹角，该角度可以从方位传感器输入的信号经计算机处理后获得。

行驶的总距离 $L = \sqrt{X^2 + Y^2}$，距目的地的剩余距离、所需时间、油量等，由计算机很容易算出。该系统虽没有电子地图，但它可以显示车辆行驶的轨迹。在车辆从原始点出发前要把目的地垂直和水平距离、大体方位输入到计算机，计算机就可以根据以上参数决定显示屏幕的比例尺（显示屏是 5in）及显示起始与终点的位置。计算机根据此比例尺，就可以把车辆在行进过程中 X 及 Y 两分量在显示屏上显示出来。每运算一次得出一组 X、Y 值，就可在屏幕上显示出来一个点，这些点连接起来就是车辆的行进轨迹。在实际显示过程中，只要显示一个点，该点就一直保存下去，在显示以后点时，它仍然不消除，直到车辆到终点后，人工消除整个轨迹时，形成的车辆轨迹才会消除。

3.6.5 无线电导航系统

1. 电子地图

电子地图是现代车辆导航系统中最基本的也是最重要的部件之一。在早期只是单一地作为地图使用并无引导作用。随着科技的发展，电子地图结合 GPS 技术、“3C” 技术、传感器技术等的发展，在各式各样先进的导航技术中已经广泛应用。目前，绝大部分车辆导航系统中都包括有电子地图。

以导航和监控为目的的数据地图系统是建立在计算机基础上的一种新型地图，它通过计算机进行信息管理和图形操作，在计算机屏幕上以地理表面物体为背景，显示车辆实时位置（轨迹），为驾驶人提供导航和决策服务。各种比例尺的地图显示和车辆定位是电子地图的关键技术。

模拟地图（纸地图）是在纸上用图形及文字的方法表示地理、地形、环境、人文等信息的一种工具，它很早就被广泛应用于导航、旅游、航海、勘探等领域。在人们的生活中，地图发挥着重要作用。与模拟地图相比，导航电子地图（因为以数字形式存在于计算机中，所以又称为数字地图）具有查找和携带方便、容易和其他先进技术结合等优点。随着计算机技术的发展和普及，导航电子地图在人类活动中将具有深远的意义和广阔的前景。

早在 20 世纪 80 年代，由于计算机的软、硬件的飞速发展，尤其是大容量的存储设备、图形图像技术的发展，美国等先进国家就开始了应用于车辆导航、管理和安全保卫等领域的数字化地图（简称 DRM）的研制。经过多年的努力，已发展成目前应用比较成熟、多学科结合的DRM应用系统，包括Etak导航电子地图、日本导航电子地图等。

2. 无线电导航

无线电导向行驶系统因为是靠外部的无线电信息进行导航的，所以又称为外部信息导向行囊系统。

（1）GPS导航系统 卫星导航目前已在美国、欧洲及俄罗斯等国家地区先后建成使用，使导航技术大大前进了一步，现以美国GPS导航系统为例给予简单介绍。

GPS全球卫星定位系统（全称为：导航卫星授时和测距全球卫星定位系统，英文缩写为NAVSTAR GPS，简称GPS），是美国于1973年11月开始研制的美国第二代星基被动式无线电导航系统，是美国继阿波罗登月飞船和航天飞机之后的第三大航天工程。GPS由空间部分、地面监控部分和用户部分组成，GPS能满足提供全球范围从地面到9000km高空之间任一载体高精度的三维位置、三维速度和系统时间信息的要求。

空间部分使用24颗（其中21颗工作卫星，3颗备用卫星）高度约20000km的卫星组成卫星座，24颗卫星分布在6个等间隔轨道上，轨道面相对于赤道面的倾角为55°，每个轨道面上有4颗卫星，卫星轨道为圆形，运行周期为11h58min，这样的卫星分布，可保证全球任何地区、任何时刻有不少于4颗卫星以供观测。

卫星发射2个载波无线信号，$L_1=1575.42\text{MHz}$，$L_2=1227.60\text{MHz}$，在L_1载波上调制1.023MHz的伪随机噪声码（称为粗码或C/A码）、10.23MHz的伪随机码（称为精码或P码）及50bit/s的导航电文，在L_2载波上只调制有精码和导航电文，C/A码可用于低精度测距并过渡到捕获精码，精码用于精密测距。由于美国政府对精码加密，所以一般用户只能用C/A码。GPS提供两种精度水平的导航服务，即精密定位服务（PPS）和标准定位服务（SPS），PPS主要供军用和特殊部门使用，并使用美国指定生产的具有对P码解密功能的用户接收机，所以一般用户只能使用SPS。

地面监控部分由1个主控站、3个注入站和5个监测站组成。主控站位于科罗拉多斯普林斯（Colorado Springs）的联合空间执行中心，3个注入站分别设在大西洋、印度洋和太平洋的美国军事基地内，即大西洋的阿森松岛、印度洋的迪戈加西亚岛和太平洋的夸贾林岛，5个监测站设在主控站和3个注入站以及夏威夷岛。GPS的地面监控部分主要用来测量和计算每颗卫星的星历，编辑成电文发送给卫星，即卫星所提供的广播星历。

用户部分主要是GPS接收机，它接收卫星发射的信号（导航电文），根据导航电文提供的卫星位置和钟误差改正信息计算用户的位置。用户接收机按使用环境可分为低动态用户接收机和高动态用户接收机，按所要求的精度可分为C/A接收机和双频精码（P码）接收机。

（2）GPS定位的基本原理 GPS定位原理是由陆地无线电二维定位原理发展并逐渐完善起来的。无线电二维导航定位的基本原理与测量学中的交会法十分相似。现以圆定位系统为例加以说明，如图3-70所示。

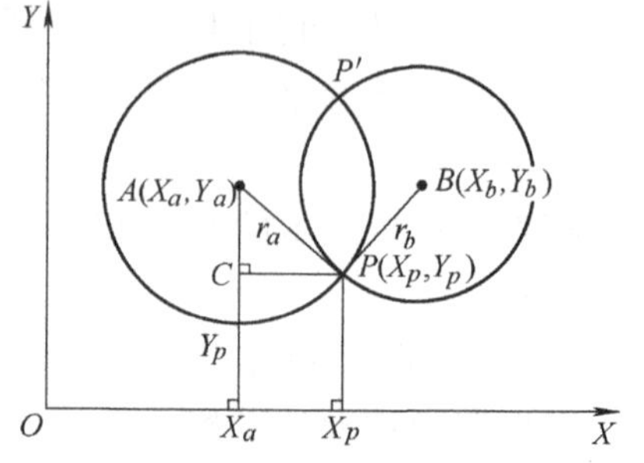

图3-70 圆定位系统

图3-70中的A和B分别位于某地的无线电发射台，它们的坐标均为已知值。待定点P为需要确定的车辆位置。用户用专用的无线电接收机按被动式测距

方式测定了至 A 点的距离 r_a 和至 B 点的距离 r_b 。于是就能根据以 A 为圆心、r_a 为半径的定位圆和以 B 为圆心、r_b 为半径的定位圆，确定两圆的交点为待定点 P 的位置。当然两圆相交一般有两个交点，但根据待定点的概略位置通常是不难加以判断和取舍的。而且为了提高精度和可靠性，实际上使用的已知信号发射台也往往不止两个。也就是说实际上往往是从三个或三个以上已知点来交会 P 点的，在这种情况下便不再存在多值性问题。由图 3-70 圆定位系统的直角三角形 APC 可列出方程：

$$(X_p - X_a)^2 + (Y_p - Y_a)^2 = r_a^2 \tag{3-7}$$

同理得出：

$$(X_p - X_b)^2 + (Y_p - Y_b)^2 = r_b^2 \tag{3-8}$$

在这两个方程中（X_a，Y_a）、（X_b，Y_b）分别为 A 和 B 两个电台的坐标，r_a 及 r_b 可用无线电装置测出，都是已知的，则可联立两个方程式求出车辆的坐标（X_p，Y_p）。

上面讨论的是二维定位的情况，即只需要确定待定点的平面位置时的情况。早期导航一般属于这种情况。在某些情况下需要进行三维定位，即需要同时确定点的平面位置和高程，为飞机导航或借助这些系统来确定地面点的位置时就属于这种情况。三维定位的原理和二维定位相同，只是因为增加了一个自由度，因此需要增加一个约束条件。在三维定位中至某点的距离为定值的点的轨迹为一个球面，所以至少需测定至三个已知点的距离后，才能以这三个已知点为球心，以这三个距离为半径做出三个定位球，从而交会出待定点在空间的三维位置。

卫星导航系统是随着空间技术的发展而出现的一种空间基准的无线电导航系统。其基本原理是从若干地面跟踪站上不断对卫星进行观测。跟踪站的坐标是已知的，通过观测即可求出卫星的运动轨迹——卫星轨道。因而在任何一个瞬间，卫星在空间的精确位置是已知的：将无线电信号发射机装到这些卫星上，于是这些卫星便成了已知其坐标的空间无线电发射台，用户只需用专用无线电信号接收机测定至这些卫星的距离后即可求出自己的位置。由此可见，空间基准的无线电导航系统和陆地基准的无线电导航系统在导航定位的原理上是相同的。其差别仅在于：在陆地基准的无线电导航系统中，无线电发射台是固连在地球上的，其坐标一经测定即可长期使用下去；而在空间基准中，无线电发射台的位置将随着卫星的运动而不断变动。其运动速度一般为每秒钟若干千米，取决于卫星的高度。因此就必须在一个地面卫星跟踪网中不断对卫星进行跟踪观测，以便确定卫星在空中的精确位置。图 3-71 所示为 GPS 定位原理示意图。

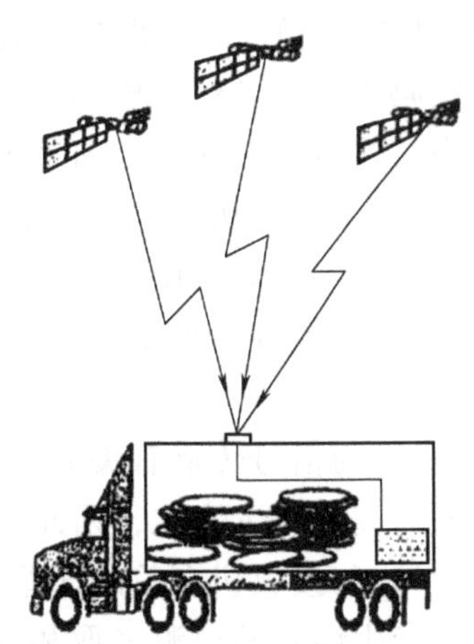

图 3-71　GPS 定位原理示意图

如果卫星和 GPS 接收机（放在车辆内）的时钟完全同步（即误差不考虑），那么用无线电波测出的距离 R_c 就等于测定的几何距离 R_J 。几何距离 R_J 与卫星坐标（X_a，Y_a，Z_a）和接收机坐标（指接收机天线相位中心坐标）（X，Y，Z）之间有下式关系：

$$R_J = \sqrt{(X_{a1} - X)^2 + (Y_{a1} - Y)^2 + (Z_{a1} - Z)^2} = R_c \tag{3-9}$$

式中，$R_c = c\Delta t$，其中 c 为无线电的速度（等于光速，设光速是定值），Δt 是标准时钟测定的信号的实际传播时间。

卫星坐标可根据接收机收到的卫星导航电文求得，所以下面的公式中只包含三个坐标未知数。若用户同时（多通道接收机）对三颗卫星进行了距离测量则可联立方程式，用计算机很容易解出接收机的位置（X，Y，Z）。

$$R_c = \sqrt{(X_{a1} - X)^2 + (Y_{a1} - Y)^2 + (Z_{a1} - Z)^2} \tag{3-10}$$

$$R_c = \sqrt{(X_{a2} - X)^2 + (Y_{a2} - Y)^2 + (Z_{a2} - Z)^2} \tag{3-11}$$

$$R_c = \sqrt{(X_{a3} - X)^2 + (Y_{a3} - Y)^2 + (Z_{a3} - Z)^2} \tag{3-12}$$

上述假设即卫星及接收机的时钟完全同步（没有误差）是不可能的。在数量有限的卫星上配高精度的原子钟是能办到的，但在数以万计的接收机上安装原子钟却是不现实的，因为会大大增加成本，增加接收机的体积和质量，从而严重影响全球定位系统的用户数量。实际解决这个问题的办法是把接收机的时钟误差用一个修正系数 V_{Tb} 来处理。要解四个未知数的联立方程，则需同时检测四颗卫星的信号，以便列出四个方程式的方程组，才能解出四个未知数（X，Y，Z，V_{Tb}），这就是一般常说的四星三维导航法。如果已知车辆所处的垂直高程或已知时钟误差，这样未知数便少了一个，则用三颗卫星的参数即可，这就是常说的三星三维或二维导航法；同样如已知高程和时间则变成二星二维导航法。另外，GPS 接收机从收到卫星的信号中提出多普勒频移，该频移和车辆的速度有一定的数学关系，则可求出车辆在 X 和 Y 两维的速度分量。

$$R_c = \sqrt{(X_s - X)^2 + (Y_s - Y)^2 + (Z_s - Z)^2 - CV_{Tb}} \tag{3-13}$$

式中，c 是光速。

（3）差分式全球卫星定位系统（DGPS） 目前 GPS 卫星发射的信号有 P 码和 C/A 码，P 码的精度高，但只供美国军方使用。供民用的都是 C/A 码，精度较低，而且美国对民码进行了 SA 干扰，使民码的精度比没有干扰的功率码又降低了近 10 倍。除去上述人为（主观）误差外，还存在客观上的误差：

1）卫星星历误差。在卫星电文中发出卫星的位置与由于卫星的跟踪质量等原因造成的实际位置之间的误差。

2）卫星钟的钟误差。虽采用了高精度的原子钟，但因频率不稳定等因素也会造成误差。

3）与信号传播有关的误差。在卫星发射的电磁波经过电离层和对流层时，电磁波的传播速度会产生变化，因此产生误差。

4）与接收机有关的误差。接收机一般精度较低，为了提高 GPS 的定位精度，除针对上述产生误差的根源采取相应的对策外，人们发明了可以把精度提高一个数量级的 GPS（DGPS）。在标准的经纬度及高度的地方设置一个差分 GPS 接收装置，它把从卫星接收到的信息经计算机处理后得到的经纬度及高度和该处的标准值比较，得出 DGPS 三维校正值，把这些校正信号通过无线电台发射到空间，对装有 DGPS 接收机的车辆导航装置进行修正，从而提高了导航精度与可靠性。

（4）GPS 信号接收机 GPS 卫星发送的导航定位信号，是一种可供无数用户共享的

信息资源。当GPS工作卫星星座于1993年建成后，陆地、海洋和空间的广大用户，都可以在任何时候用GPS信号进行导航定位测量。为此，需要一种能够接收、跟踪、变换和测量GPS信号的卫星接收设备，称为GPS信号接收机。由于使用目的的不同，用户要求的GPS信号接收机也各有差异。根据定位过程中接收机天线是处于固定位置还是运动状态，定位方法可分为静态定位和动态定位，两者的主要区别如下：

1）静态定位。用户天线在跟踪GPS卫星的过程中固定不变，接收机高精度地测量GPS信号的传播时间，联同GPS卫星在轨道的已知位置，从而算得固定不动的用户天线三维坐标；后者可以是一个固定点，也可以是若干点位构成的GPS网。静态定位的特点是多余观测量大、可靠性强、定位精度高。

2）动态定位。动态定位是用GPS信号接收机测定一个物体的运动轨迹。GPS信号接收机所位于的运动物体称为载体，它包括陆地车辆、河海船舰、空中飞机、空中飞行器等。按照这些载体的运行速度的快慢，又将动态定位分成秒速为几米至几十米的低动态，秒速为一百米至几百米的中等动态和秒速为几千米的高动态三种形式。所谓"动态定位"，就是载体上的用户天线跟踪GPS卫星的过程中相对地球而运动，接收机用GPS信号实时地测得运动载体的状态参数。动态定位的特点是逐点测定运动载体的状态参数，多余观测量少，精度较低。从目前动态定位的精度来看，可以分为20m左右的低精度、5m左右的中等精度和0.5m左右的高精度。导航和动态定位虽难以严格区分，但导航侧重于"引导"，一般要求测定运动载体的七维状态数（三维位置、三维速度和时间），因此，导航是一种广义的动态定位。

按照GPS信号的不同用途，GPS信号接收机可分成三大类：导航型、测地型和守时型。

按照GPS信号的应用场合不同，GPS信号接收机可以分为袖珍式、背负式、车载式、船用式、机载式、弹载式和星载式七种类型。

GPS信号接收机的种类虽然较多，但从仪器结构来分析，则可概括为天线单元和接收单元两大部分（见图3-72）。对于测地型接收机而言，一般将图示的两个单元分别装成两个独立的部件，以便天线单元安设在监测站之上，接收单元置于监测站附近的适当地方，使用长达10~100m的电缆将两者连接成一个整机。现对两个单元的主要功能予以简要介绍。

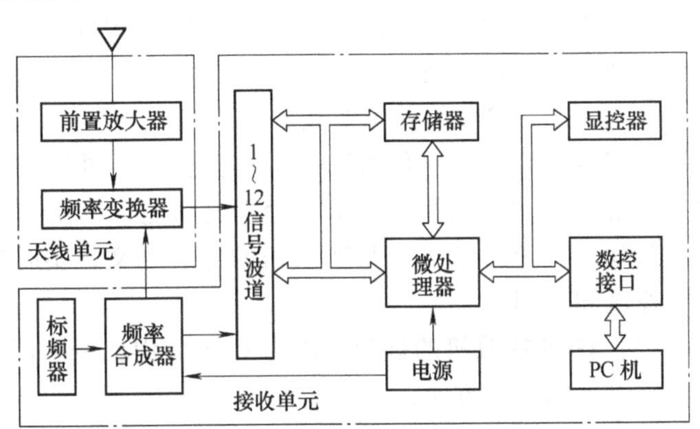

图3-72　GPS信号接收机的基本结构

1）天线单元。天线单元由频率变换器和前置放大器两个部件组成，也有文献将天线单元称为接收前端。GPS信号接收机一般采用全向振子天线、小型螺旋天线和微带天线。

2）接收单元。图3-72绘出了接收单元的主要部件，现简要予以介绍。

①信号波道。信号波道是接收单元的核心部分，它不是一种简单的信号通道，而是一

种软硬件相结合的有机体，故以“波道”之称予以区别。根据接收机的类型不同，它所具有的波道数目从1~12个不等。

②存储器。为了存储差分导航和相对定位检测后的数据，许多接收机能够将定位现场所采集的伪距、载波相位测量和人工测量的数据，以及所解译的GPS卫星星历，都储存在机内存储器里面。

③显控器。图3-72中的显控器，通常包括一个视屏显示窗和一个控制键盘，它们均安装在接收单元的面板上。在作业过程中，使用者通过对键盘按键的控制，可以从视屏显示窗上读取所要求的数据和信息。这些数据和信息是由微处理器及其相应软件提供的。接收机内的处理软件是实现GPS定位数据采集和波道自校检测自动化的重要组成部分，它主要用于信号捕获、环路跟踪和点位计算。在机内软件的协同下，微处理器主要完成下述计算和处理：

当接收机接通电源后，立即指令各个波道进行自检，适时地在视屏显示窗内展示各自的自检结果，并测定、校正和储存各个波道的时延值。

根据跟踪环路所输出的数据码，解译出GPS卫星星历，联同所测得的GPS信号到达接收天线的传播时间，计算出测试站的三维位置，并按照预置的位置数据更新率，不断更新（计算）点位坐标。

用已测得的点位坐标和GPS卫星星历，计算所有在轨卫星的升落时间和方位，并为作业人员提供在轨卫星数量及其工作情况，以便作业人员选用“健康”的、分布适宜的定位星座，达到提高定位精度的目的。

④电源。GPS信号接收机一般用蓄电池作电源，采用机内和机外两种直流电源。采用12V机内镉镍电池，或者12V外接蓄电池。设置机内电池的目的是，使在更换外接电池时不中断连续观测。当机外电池下降到11.5V时，便自动接通机内电池，后者的容量为6.7A·h，可供3~4h的观测之用；当机内电池低于10V时，若没有连接上新的机外电池，接收机便自动关机，停止工作，以免缩短使用寿命。在用机外电池观测的过程中，机内电池能够自动地被充电。

综上所述，接收机的主要任务是：当GPS卫星在用户视界升起时，接收机能够捕获到按一定卫星高度截止角所选择的待测卫星，并能够跟踪这些卫星的运行；对所接收到的GPS信号，具有变换、放大和处理的功能，以便测量出GPS信号从卫星到接收天线的传播时间，解译出GPS卫星所发送的导航电文，实时地计算出测试站的三维位置，甚至三维速度和时间。

（5）GPS接收机的选用 因为GPS应用比较广泛，所以型号也非常多。在选用过程中应注意下面几个方面：

1）按用途选用。车辆导航应从导航、测地和守时三大类中选用导航型。导航又分静态定位和动态定位。静态定位机型多用在固定交通或车辆监控中心，或是差分GPS接收系统中的固定电台部分；动态定位机型一般安装在相对地球有一定运动速度的载体（包括车辆）上。

2）按精度选用。GPS卫星定位误差主要分为三大类：

①GPS的自身误差（包括SA技术所带来的人为干涉误差），简称卫星误差。

②GPS 信号传播误差。

③GPS 接收机的误差。它包括时钟误差和仪器误差，统称为接收机误差。

一般说的定位精度，是上述三类误差的综合结果。用载波相位动态测量原理做成的 GPS 接收机精度非常高，可达到厘米级；用差分伪距测量次之，也达到厘米到米的精度；单机伪距测量精度较差，一般为 1~10m 的精度，详见表 3-1。

表 3-1 GPS 动态定位的精度

方法	三维位置	精度	
		平均值/m	均方根值/m
单机伪距测量	Φ（纬度）	-3.9	±4.9
	λ（经度）	6.7	±7.9
	H（高度）	7.9	±11.5
差分伪距测量	Φ（纬度）	0.2	±2.5
	λ（经度）	-0.1	±3.1
	H（高度）	-1.6	±5.2
差分距离和载波相位测量	Φ（纬度）	0.1	±1.2
	λ（经度）	0.2	±1.0
	H（高度）	-0.8	±1.2

表 3-1 内的数据是某一型号的 GPS 接收机所测得的动态位置与 350 个动态控制点相比较后所求得的 GPS 动态定位精度。随着 GPS 信号接收机的不断更新换代和数据处理方法的不断改进，GPS 动态测量技术逐渐成熟，精度不断提高。因此用户可以根据自己要求的精度适当选用机型。单纯追求高精度，不但对系统的技术参数好处不大，而且会付出较高的经济代价。

3）按 GPS 信号接收机的应用场合选用。GPS 信号机按其应用场合不同可分为袖珍式、背负式、车载式、船用式等七种类型，用户可根据需要选用。另外每种类型的机器又因厂家及天线形状不同而不同，应注意挑选。

4）按载体的运动速度的快慢选用。按载体（如车辆）运行速度的快慢，将动态定位分成秒速为几米到几十米的低动态；秒速为一百米到几百米的中等动态和秒速为几十千米的高动态三种形式。用户应据载体最高运动速度在上述某个范围内进行选取。

5）按 GPS 定位参数多少选用。按定位参数多少和精度，GPS 定位系统分为四星三维和四星六维（除 X、Y、Z 外还有相应的三维速度）导航法、三星三维或二维导航法和二星二维导航法，用户应根据实际需要选用。

3. GPS 公安报警指挥系统

GPS 公安报警指挥系统是用于安全保卫、监控报警、指挥调度等方面的系统。该系统将目前最先进的导航卫星定位技术、计算机技术、网络通信技术、传感器监控技术有机地结合在一起，构成了一个可对移动目标实施动态指挥监控，对固定目标实施静态监控的自动化定位报警指挥系统。

GPS 公安报警指挥系统是由指挥控制中心、受监控的移动目标、受监控的固定目标，以及连接这三者的通信网络四大部分组成的，如图 3-73 所示。该系统既可构成以一个地、市为中心的定位报警指挥局域网，也可组成多个地、市中心联网覆盖大范围定位报警指挥网络。

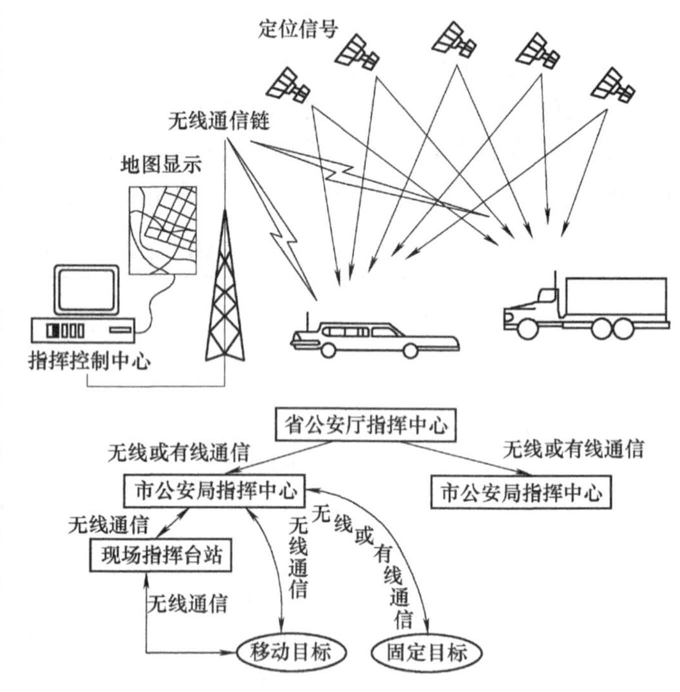

图 3-73　公安报警指挥系统

（1）主要功能

1）定位功能。GPS 定位单元在任何气象条件下，可 24h 连续不断地提供移动目标（各种车辆或运动目标）的三维位置和三维速度信息。

2）报警功能。用户（移动目标或固定目标）用手动（或遥控）和自动的方式实现。

①手动（或遥控）报警方式。对于移动目标的用户，可在车上设置几处隐蔽开关。在遇到紧急情况时，可立即手动报警，也可由用户随身携带一小遥控开关。在用户来不及手动报警时，可寻找机会离开车辆后遥控报警。

②自动报警方式。对于移动目标的用户，当车辆（如运钞车、邮车、囚车等）偏离预定路线时，或静止车辆被非用户开启时，报警装置皆会自动发出报警信息。

对于固定目标的用户，当报警装置中的红外探头、烟雾探头、玻璃破碎探头探测到非正常情况时，会自动发出报警信号。

3）综合指挥控制功能。系统工作时，在指挥中心的监控工作人员，可以通过中心控制操作台上的监视器和投影屏幕监视全市受保护的所有固定目标和移动目标，以及在外巡逻的警车的分布和运动情况，系统定时对固定目标、实时对移动目标进行监测。一旦受控目标发出报警，在指挥中心控制室里的工作人员会得到声光提示，有关报警目标的信息情况也会立即在计算机屏幕上显示出来并打印记录。指挥人员可以开始监视跟踪目标，也可以迅速调动距事发地点最近的巡逻警车和警力赶往事发现场。对于受保护的车辆，一旦发现被劫、被盗，指挥中心的控制操作人员可视情况遥控使其断油断电，车上人员也可通过隐蔽的开关使其断油断电。如有重大案件发生，省指挥中心与地市指挥中心之间可进行实时通信，协同指挥。

①报警信息自动处理。如图 3-74 所示，指挥中心在收到用户发来的报警信号几秒钟内，系统进行自动分类处理，以声、光方式提示指挥人员，如接到火警可自动发送到消防部门；接到匪警时，电子地图自动显示出当时警力分布（如警车分布、派出所位置等），同时将相关信息显示在指挥中心的大屏幕投影屏上，等待指挥人员处理。

②目标监视监听。指挥中心可以监视跟踪选定移动目标的运动方向、运动状态及运动

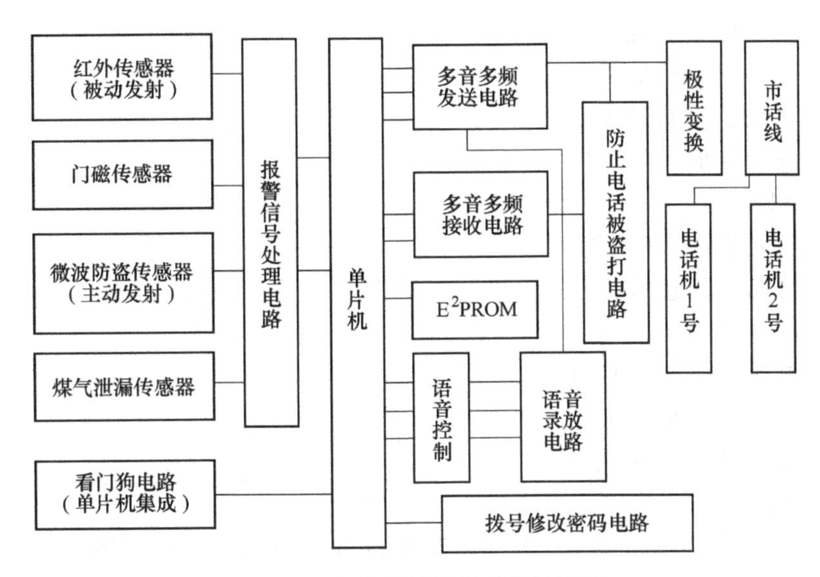

图 3-74 智能报警巡航系统设计图

轨迹；可以监测固定目标报警装置的工作状态及位置分布。指挥中心还可对选定的移动目标进行监听。

③指挥控制功能。指挥人员可根据报警情况及警力分布，用语音进行指挥调度，还可用遥控方式切断被盗窃车辆的电路，强行使车辆停止，即使对方正在通话，也可通过遥控使其停车。

④电子地图。电子地图上包含所有城市、重要党政机关、主要建筑、干道、小巷、铁路、河流。它可实时显示所有移动目标、固定目标的位置和状态。显示窗口可分级放大、缩小，还可在一个窗口内对某一个（或几个）目标进行监视、跟踪，同时带有大量的数据库信息可供查询。当需要显示某一类重要目标（如派出所）的分布时，电子地图可分层分类显示，还可以在大屏幕投影仪上显示。该系统的电子地图具有良好的可维护性，使城市新增的道路、街区能够方便地加入到原来的地图中去。

⑤信息查询功能。指挥人员可通过数据库查阅任何入网用户的有关情况及背景资料，查询内容有：

地理信息数据库：如城区、街道、地名等。

移动目标数据库：如车辆型号、牌号、使用单位、驾驶人姓名以及车辆的档案照片等。

固定目标数据库：如场所地址、名称、经营性质、建筑物构造图、电话号码等。

警力网点数据库：如派出所、治安岗亭、居委会的位置及分布。

⑥目的地（单位）查询导航功能。指挥人员可通过数据库在电子地图上方便地查找到任一目的地（单位）的具体方位，查找方式有按行政分类查询、按电话号码查询、按邮政编码查询和按字母分类查询。

当确定目的地（单位）所在位置后，电子地图会自动生成由始发地至目的地（单位）的参考路线，如图 3-75 所示。

⑦轨迹存储、复放功能。指挥中心控制系统可记录所监视移动目标的运动轨迹、运动速度和运动时间，并进行存储备档，需要时可重新复放显示。

⑧信息输出及制表打印功能。不需要对有关情况或信息进行记录时，计算机可自动将相关信息输出到打印机打印出来，对日常指挥工作可列成标准表格，由值班人员在交接班时将一天的主要情况列表打印出来。

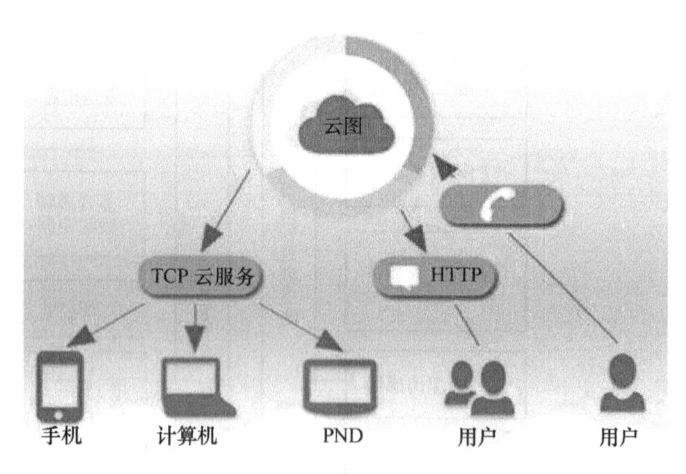

图 3-75　目的地查询导航系统图

4）动态指挥功能。当遇到突发事件需要在行进途中或在案发现场进行动态指挥时，现场指挥可通过自身携带的车载指挥系统的电子地图和通信设备了解全局动态，指挥调动警力，并可与地市指挥中心保持联系，协同指挥。地市指挥中心台站的基本功能，绝大部分在现场指挥中心可以实现。

5）高层统一协调指挥功能。省指挥中心台站除了具备地市指挥中心台站的全部设备和功能外，还具有与各地市指挥中心台站相通的有线和微波专用网。因此，省指挥中心台站可调出任一地市指挥中心台站的有关信息、资料。显示在任一地市指挥中心台站屏幕上的电子地图及案发情况、警力分布等，也能同时在省指挥中心的监控屏幕上显示出来，供高层领导统一协调指挥。

指挥中心以市（地）局指挥中心为核心，全面处理各类报警信息，可根据省厅的要求及时向省厅传送有关的资料或数据。市局与省厅之间设有专用的通信网。通信传送的内容可以是数据，也可以是语音。

（2）系统的服务对象

1）公安、武警、消防、军队。

2）国宾车队、高档车辆。

3）重要物资运输车、银行运钞车、邮政车、医疗急救中心、出租车辆调度中心。

4）油田勘探指挥、机场、港口监理等需要对移动目标进行指挥调度、监控管理的单位及银行、储蓄所、信用社。

5）博物馆、金库、重要物资仓库、军火库。

6）机要档案部门。

7）商店、娱乐场所、住宅等需要防火防盗的固定目标。

3.7　本章小结

本章首先介绍了安全预警技术与车辆防撞系统，其中安全预警技术包括定速巡航控制系统、自适应巡航控制系统以及车辆智能避撞预警技术，而车辆防撞系统包括了防追

尾碰撞系统和倒车防撞系统，然后介绍了车道保持系统与视野扩展系统，其中车道保持系统部分介绍了车道保持系统的功能、车道保持系统的组成以及车道保持系统的原理，视野扩展系统部分介绍了视野系统原理、车辆驾驶盲区以及视野扩展方法，最后介绍了紧急报警系统与车辆导航系统，其中紧急报警系统部分介绍了车载报警系统、系统总体设计、定位技术以及系统接收终端，车辆导航系统部分介绍了车辆导航系统的功能、车辆导航系统的分类、车辆导航系统的组成、内部信息导航系统以及无线电导航系统。

第4章

无人驾驶机器人车辆

4.1 无人驾驶机器人车辆简介

无人驾驶机器人是一种无需对车辆进行改装，可无损安装在不同车型的驾驶室内，替代驾驶人在危险条件和恶劣环境下进行车辆自动驾驶的智能化机器人。无人驾驶机器人是车辆自动驾驶的一种新思路，通过车辆结构尺寸和性能自学习，无人驾驶机器人可以不改变现有车辆结构的同时实现自主驾驶，并可以实现同一台机器人适应多种不同类型车辆。由于其无须对车辆进行任何改装，可以直接安装在不同车型的驾驶室内，因此其相关技术可广泛应用于战场运输、抗洪抢险、车辆试验、无人驾驶车辆等军、警、民用领域。

在军用领域，可利用无人驾驶机器人代替士兵，在荒无人烟的无人区、干旱缺水的沙漠、硝烟弥漫的战场等对士兵生命构成严重威胁的场合执行高风险驾驶任务，以挽救士兵的生命（见图4-1、图4-2）。在警用领域，无人驾驶机器人可以代替消防队员驾驶工程车辆执行抗洪抢险、火灾救援、地震救灾等高危险任务，以保障消防队员的生命安全（见图4-3、图4-4）。在民用领域，随着人们对车辆各方面性能要求的不断提高，车辆试验的强度也要随之提高。无人驾驶机器人可以代替人类驾驶员在极端天气和恶劣环境下驾驶车辆进行试验，且得到的试验结果比人类驾驶员更为精确、可靠（见图4-5）。此外，无人驾驶机器人还可用于改装普通车辆为无人驾驶车（见图4-6）。

图4-1 沙漠中执行驾驶任务

图4-2 战场中执行驾驶任务

国外自20世纪80年代中期开始研究用于车辆试验的驾驶机器人，比较著名的科研院校和公司有新西兰奥克兰大学，德国Schenck公司（见图4-7）、Stahle公司（见图4-8）、Witt公司、大众公司（见图4-9）、德国慕尼黑联邦国防军大学，日本Horiba公司（见图4-10）、Autopilot公司、Nissan Motor公司、Onosokki公司、Automax公司、日本三重大学，

英国 Froude Consine 公司（见图 4-11）、ABD 公司（见图 4-12），美国 Kairos 公司、LBECO 公司等，但其关键技术仍处在保密阶段。

图 4-3 执行堤坝缺口填堵任务

图 4-4 执行地震救援任务

图 4-5 进行车辆排放耐久性试验

图 4-6 改装普通车辆为无人驾驶车

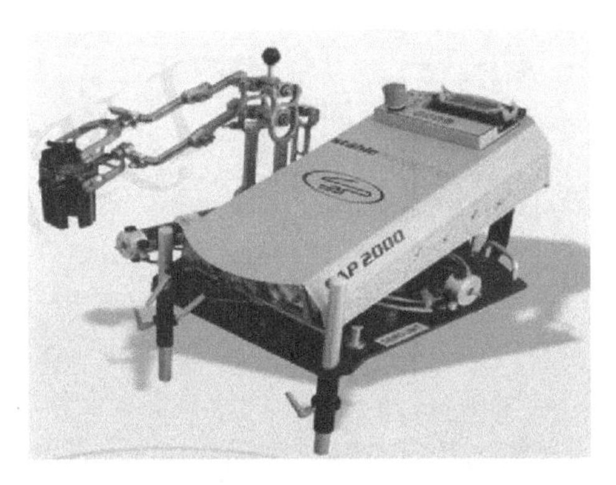

图 4-7 德国 SCHENCK 驾驶机器人

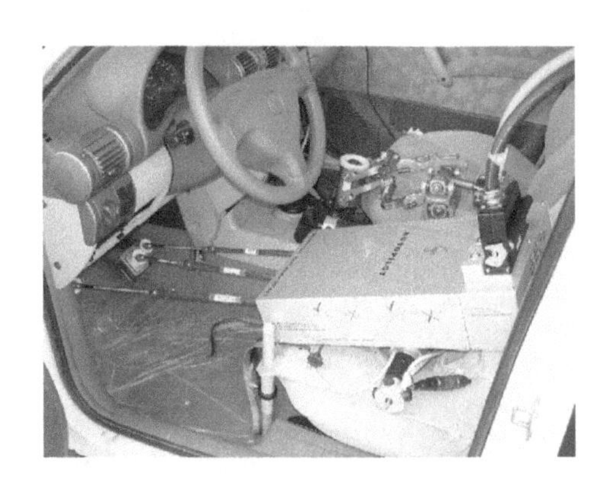

图 4-8 德国 STAHLE 驾驶机器人

国内于 20 世纪 90 年代中期开始研究驾驶机器人，主要有清华大学、中国车辆技术研究中心、上海交通大学、哈尔滨工业大学、南京理工大学、太原理工大学等高校和研究机构，其中最具代表性的是无人驾驶机器人与智能装备课题组与南京车辆研究所研制的 DNC 系列驾驶机器人（见图 4-13～图 4-16）。

本章介绍的无人驾驶机器人是课题组在 DNC-1 全气动驾驶机器人、DNC-2 气电混合驱动驾驶机器人和 DNC-3 全伺服电动驾驶机器人，以及目前国内外驾驶机器人技术的基础上，所研制的 DNC-4 电磁直驱无人驾驶机器人（又称为无人驾驶机器人）。

图 4-9　德国大众驾驶机器人

图 4-10　日本 HORIBA 驾驶机器人

图 4-11　英国 Froude Consine 驾驶机器人

图 4-12　英国 ABD 驾驶机器人

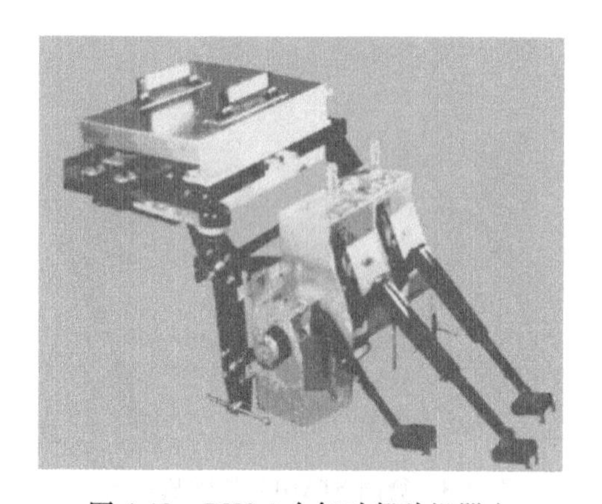

图 4-13　DNC-1 全气动驾驶机器人

图 4-14　DNC-2 气电混合驱动驾驶机器人

无人驾驶机器人的性能要求如下：

1）无人驾驶机器人整体（包括执行机构、驱动电动机和机箱）能够方便地安装在狭小的车辆驾驶室内。

2）无人驾驶机器人的换档机械手、转向机械手、离合机械腿、制动机械腿和加速机械腿等执行机构要小巧灵活，以适应不同车辆驾驶室的无损快速安装要求。

图 4-15 DNC-3 全伺服电动驾驶机器人

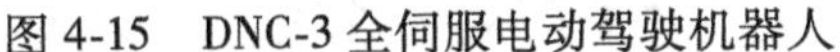

图 4-16 DNC 驾驶机器人用于车辆试验

3）无人驾驶机器人的换档机械手能够顺利地操纵换档手柄准确地到达各个档位，无人驾驶机器人选档动作和挂档动作的误差均在 2mm 以内。换档机械手在选档过程的最大输出行程为 100mm，最大运动速度为 0.60m/s；换档机械手在挂档过程的最大输出行程为 100mm，最大运动速度为 0.60m/s。

4）无人驾驶机器人的转向机械手能够根据车载传感器关于环境信息的反馈操纵转向盘准确快速地转动相应角度，如果车辆实际运动轨迹偏离车辆预期运动轨迹，则立即操纵转向盘使其与预期运动轨迹一致。转向机械手的最大输出转角应为±1080°，最大输出转速不超过 250r/min，最小可调角度为 0.5°。

5）无人驾驶机器人的离合机械腿、制动机械腿和加速机械腿能够根据控制器的不同指令分别操纵离合、制动和加速踏板完成相应驾驶动作，还需保证加速踏板和制动踏板不能同时工作。

6）无人驾驶机器人离合机械腿的最大输出行程为 240mm，最大运动速度应大于 0.35m/s，最小自由度为 1；制动机械腿的最大输出行程为 240mm，最大运动速度应大于 0.30m/s，定位误差不超过±3mm，最小自由度为 1；加速机械腿的最大输出行程为 200mm，最大运动速度应大于 0.45m/s，最小可调行程不超过 2mm，定位误差不超过±0.5mm，最小自由度为 1。

7）无人驾驶机器人需要真实模拟驾驶人的驾驶操作，在动作上要具有人肌肉的弹性和柔顺性，在操作配合上具有人的协调性，在控制上要具有自适应性以适合各种不同车辆动力模型的变化。

4.2 无人驾驶机器人的总体结构

无人驾驶机器人主要由换档机械手、转向机械手、加速机械腿、离合机械腿、制动机械腿、驱动电动机和控制系统等组成。与普通无人驾驶车辆相比，其优势在于可以无损安装在各种车型驾驶室内，不用对原车结构进行改装。无人驾驶机器人的结构如图 4-17 和图 4-18 所示。无人驾驶机器人控制系统根据相关车载传感器的反馈信息，决策出无人驾驶机器人换档机械手、转向机械手及加速机械腿、离合机械腿、制动机械腿的动作要领，从而操纵车辆换档手柄、转向盘以及离合踏板、制动踏板、加速踏板完成相应的驾驶动作。

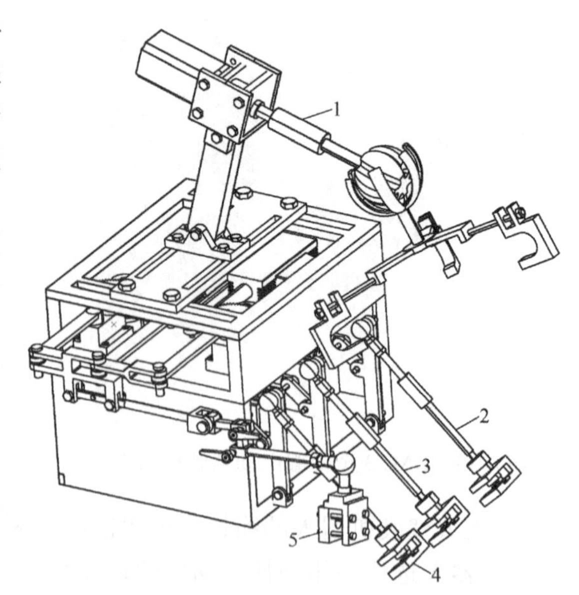

图 4-17　无人驾驶机器人的总体结构

1—转向机械手　2—离合机械腿　3—制动机械腿　4—加速机械腿　5—换档机械手

此外，无人驾驶机器人采用电磁直驱的驱动方式，直接驱动加速机械腿、离合机械腿、制动机械腿、换档机械手、转向机械手等操纵机构动作，实现了高速、高精度的直线直接驱动和旋转直接驱动，消除了机械迟滞，提高了整个系统的动态响应及可靠性，实现了“零间隙传动”，具有其他驱动方式无可比拟的高效性和节能性，在满足操控系统高稳定性、高可靠性要求的同时，又能有效地提高其动态响应和操控精度。与普通自动驾驶车辆相比，无人驾驶机器人车辆在通用性、易改装性方面有着独特的优势。

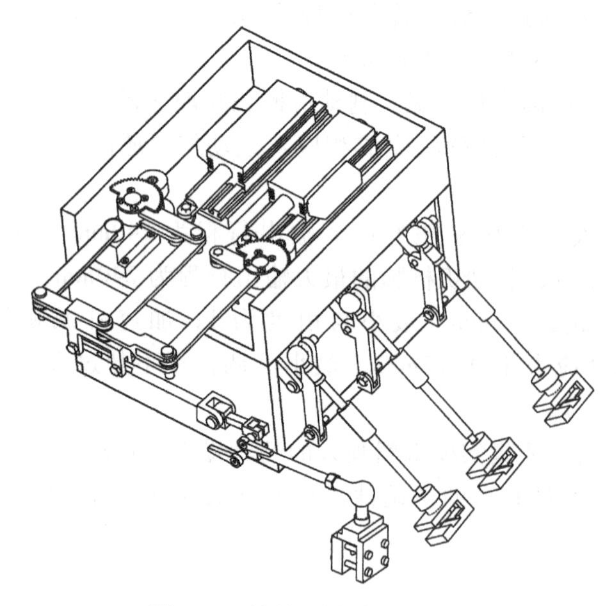

图 4-18　换档机械手及机械腿

4.2.1　换档机械手结构

无人驾驶机器人的换档机械手是一个由七根连杆所组成的二自由度闭链机构，结构模型如图 4-19 所示，主要由三部分组成，分别是上箱体、直线驱动电动机和换档手执行

机构。机械手工作时，选档及挂档电磁直线执行器根据控制系统发出的指令分别单独运动，保证横向选档和纵向挂档两个方向的运动互不干涉，实现两个方向的机械解耦。角度传感器通过齿轮啮合传动实时监测换档机械手选档及挂档两个方向的运动情况。七连杆二自由度换档机构中包含角度调整机构，可上下摆动以调整换档机械手与车辆变速器变速杆的相对位置，确保换档机械手与换档手柄间安装角度合适。角度调整机构前还装有紧固手柄，其作用为连接并固定换档手杆前后两端，并且能够调整换档手柄抓手上下高度，进一步使得换档机械手能够适应不同高度的变速器换档手柄。

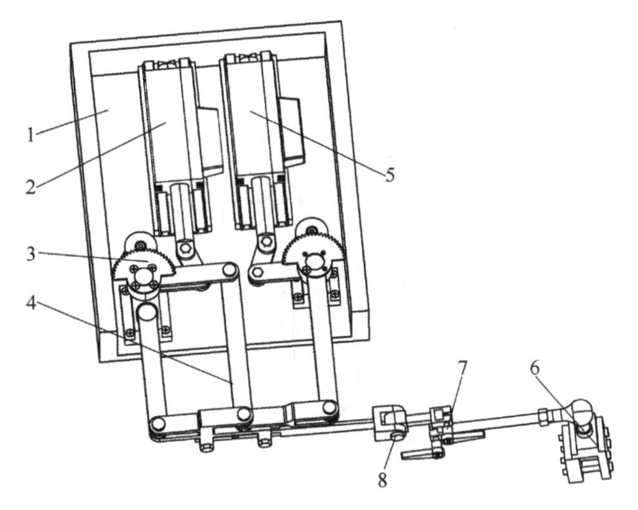

图 4-19 换档机械手的结构模型

1—上箱体 2—选档电磁直线执行器 3—角度传感器 4—七连杆二自由度换档机构 5—挂档电磁直线执行器 6—换档手柄抓手 7—紧固手柄 8—角度调整机构

换档机械手结构模型中的七连杆二自由度换档机构的机构运动简图如图 4-20 所示。

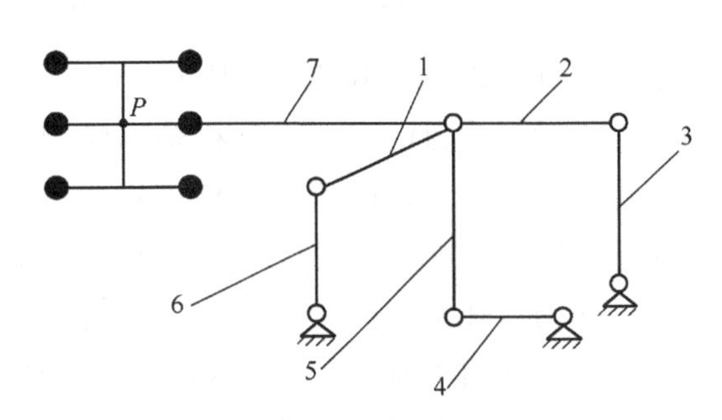

图 4-20 换档机械手机构运动简图

1—第二连杆 2—第一连杆 3—调节杆 4—选档摇杆 5—中间连杆 6—挂档摇杆 7—手杆

换档机构的主要组成即图 4-20 中的七根连杆。由于在运动过程中第一连杆与手杆的运动始终保持一致，因此在计算机构自由度时将这两根杆等效为一根杆进行处理，在此基础上可算得机构自由度为二，进而可知原动件数等于机构自由度，因此机构具有确定运动规律。选档过程中，挂档摇杆保持不动，给选档摇杆一个驱动转矩，通过其余各连杆的相互协调运动，即可控制手杆在图 4-20 所示的“王”字形槽内进行横向选档工作。挂档过程中，选档摇杆保持不动，给挂档摇杆一个驱动转矩，同样通过其余各连杆的协调操作，即可控制手杆在“王”字形槽内进行纵向挂档工作。只要七根连杆长度选择得当，即可实现选档及挂档方向之间互不干扰，实现两个动作的机械解耦，保证换档机械手精确地完成整个换档过程。

4.2.2 加速/制动/离合机械腿结构

无人驾驶机器人拥有三条驾驶机械腿，分别为加速机械腿、制动机械腿和离合机械腿。三条机械腿分别与车辆加速、制动及离合踏板相固定，在工作时达到对车辆加减速、制动以及配合换档机构执行换档操作的目的。驾驶机械腿的结构模型如图 4-21 所示，结构原理如图 4-22 所示。

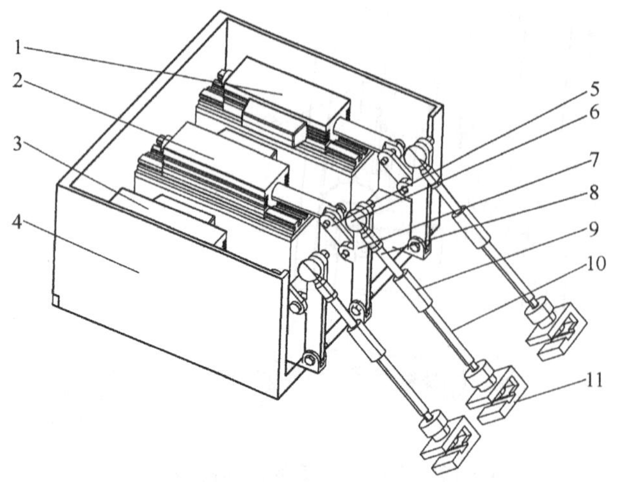

图 4-21　驾驶机械腿的结构模型

1—离合电磁直线执行器　2—制动电磁直线执行器
3—加速电磁直线执行器　4—下箱体　5—推杆
6—角度调整机构　7—立杆　8—机械腿大臂
9—螺纹连接机构　10—机械腿小臂　11—踏板夹紧机构

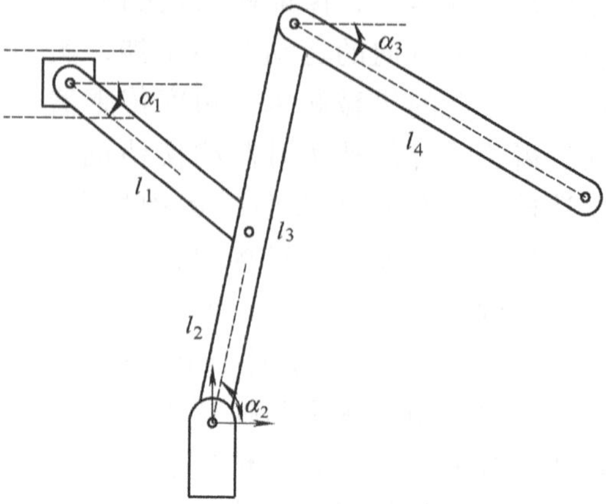

图 4-22　驾驶机械腿的结构原理

由于三条机械腿在结构组成上基本一致，此处仅对离合机械腿工作原理进行分析。离合机械腿工作时，动力由直线电动机输出轴提供，电动机输出轴与由推杆及立杆组成的直线变旋转机构铰接，角度调整机构可用来调整机械腿臂与立杆之间的角度，螺纹连接机构可通过旋紧与放松来改变大小臂的长度，灵活可调的机构组成使得驾驶机器人能够适应不同尺寸的驾驶室。离合机械腿末端的踏板夹紧机构用来与车辆踏板进行固定，从而使得机械腿能够顺利地踩下或抬起踏板，完成预期的驾驶动作。

图 4-22 所示的结构原理图更加直观地体现了驾驶机器人机械腿的工作过程。图中 l_1 对应推杆，l_3 对应立杆（l_2 为 l_3 下半部分），l_4 对应机械腿臂，α_3 灵活可调，用以改变机械腿臂与车辆踏板的角度，调至合适角度时两者再通过花键固接。l_1 两端分别与电动机轴输出端及立杆 l_3 铰接，l_3 下端又与机架铰接。工作时动力从最左端电动机输入，α_1 和 α_2 的大小随着电动机轴的前后移动发生改变，从而驱动机械腿完成踩下或抬起车辆踏板等驾驶动作。

4.2.3　转向机械手结构

无人驾驶机器人转向机械手主要由底座、角度调整机构、转向伺服电动机、转向万向节和转向机械手抓手组成。转向机械手可以通过调整转向调整机构和转向万向节（球笼式等速万向节）来改变转向机械手抓手的角度，转向机械手抓手也可来回滑动调整卡扣机构的位置，使之适应于不同车辆驾驶室的要求，从而实现转向机械手能够有效操纵不同车辆转向盘进行转向。转向机械手的结构如图 4-23 所示。

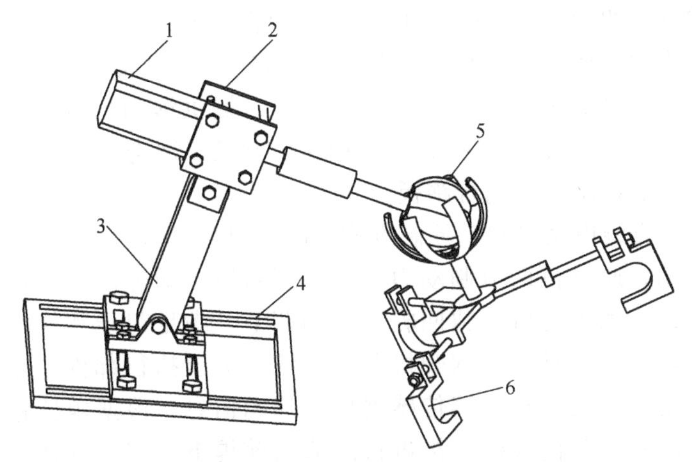

图 4-23 转向机械手的结构

1—转向伺服电动机 2—电动机固定支架 3—角度调整机构 4—底座

5—转向万向节 6—转向机械手抓手

4.3 无人驾驶机器人控制系统

无人驾驶机器人控制系统主要完成传感器的信号采集处理与执行机构的输出控制。无人驾驶机器人控制系统的结构如图 4-24 所示。电磁驱动无人驾驶机器人控制系统以 TMS320F2812 DSP（数字信号处理器）芯片为核心，DSP 接收各执行机构的当前位置、直线电动机的位移与电流、车速与发动机转速等信息，接着把这些信息通过串口通信传输到工控机，然后根据所得到的输入数据与预先输入至存储器中的试验循环工况数据，计算并实时地输出执行机构指令信号。工控机还控制发动机的起动与停止。各执行机构的驱动直线电动机采用 PWM 的控制方式，直线电动机的控制算法采用位移和电流的双闭环控制

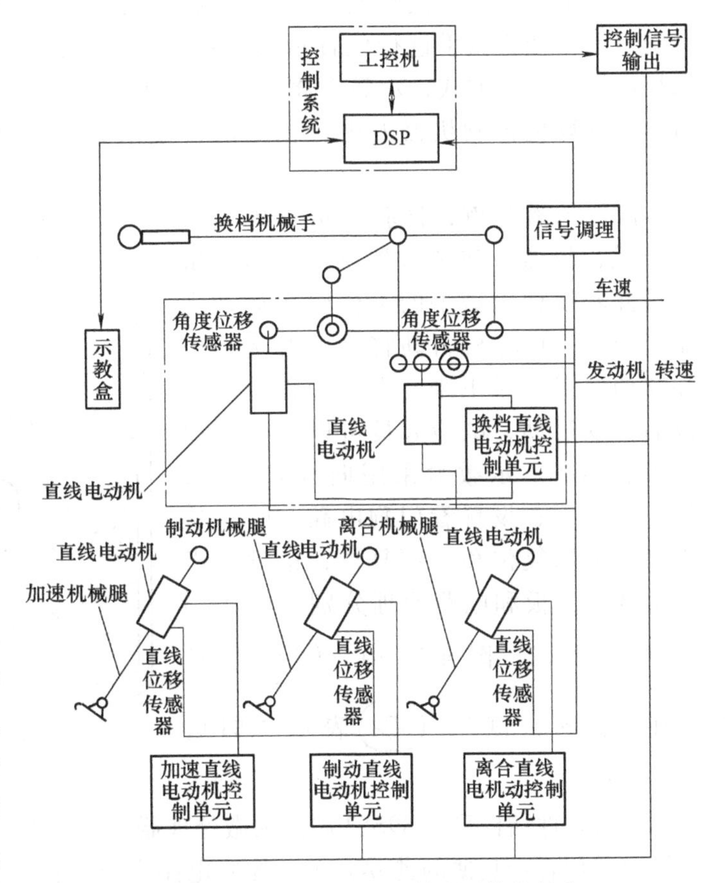

图 4-24 无人驾驶机器人控制系统的结构

策略，伺服控制单元接收DSP控制单元信号后驱动直线电动机，实现对直线电动机的控制。无人驾驶机器人通过改变传送给驱动电路的PWM信号的极性和占空比，控制器改变应用到直线电动机的电压，驱动电路放大控制信号，提供饱和电流以驱动电动机。无人驾驶机器人由直线电动机驱动换档机械手及加速、制动、离合机械腿等分别操纵变速器变速杆、加速踏板、制动踏板、离合踏板。

加速机械腿采用直线电动机驱动控制方式，以实现节气门的高精度定位；制动机械腿采用直线电动机驱动，通过自调节制动力大小实现对制动减速度的控制；离合机械腿采用直线电动机驱动，实现离合机械腿回收速度的调节，满足起步和换档过程中离合器动作的快慢要求；换档机械手是无人驾驶机器人系统的关键执行部件，它采用七连杆二自由度闭链机构，采用两个关节角位移传感器反馈移动信息，根据角位移确定机械手的空间位移坐标，在不需要对车辆换档机构进行改造的前提下，实现选档和挂档两个方向运动的机械解耦，最终实现对无人驾驶机器人机械手的精确控制。无人驾驶机器人控制系统完成对信号的测量、诊断以及对执行机构的运动控制，同时与工控机（上位机）、示教盒进行通信。

4.3.1 示教再现系统

示教盒主要是方便试验人员可以在驾驶室内对无人驾驶机器人加速、制动、离合机械腿以及换档机械手进行位置示教和再现。示教盒与无人驾驶机器人控制计算机之间采用串行通信的方式，示教盒将工作人员想要机器人完成的动作指令发送给控制计算机，由计算机控制机器人进行相应的位置采集和运动控制，从而进一步达到控制目的。

以档位示教为例，试验人员首先进入示教模式，机器人将离合器踩下，然后试验人员握着换档机械手的手柄顺次运动到所需的档位，计算机自动将当前的选档位置和挂档位置记录下来。再现过程将进行档位的再现运动，试验人员可以很方便地查看示教结果。示教盒采用向导式菜单，液晶双行显示；设置看门狗电路，防止软件跑飞；上电复位和外部复位；按键有声音。示教盒面板和电路原理分别如图4-25和图4-26所示。图4-25中，表示“向前（正转）键”，表示“向后（反转）键”。

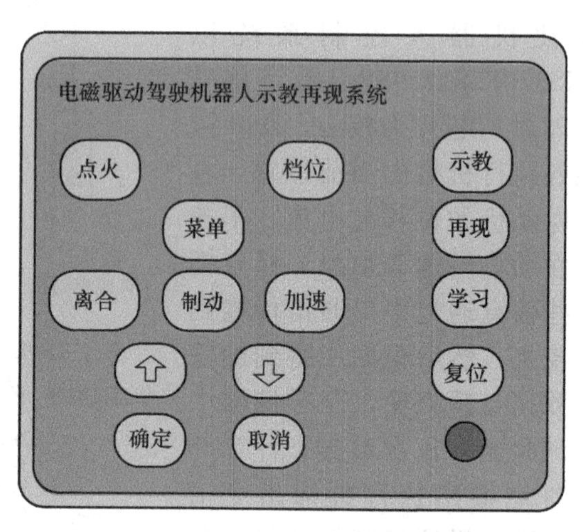

图4-25 示教盒结构图

示教盒硬件结构采用89S52芯片为微处理器，由盒体、键盘、显示屏、控制电路等组成。键盘采用轻巧超薄的薄膜开关，控制电路主要由控制键盘上的功能键和参数设定键

组成。操纵者通过键盘输入信息，来实现机器人的运动、记忆、停止和结束等功能。参数设定键用于设定示教时转动轴的运动速度，实现对机器人运动速度、运动方式及示教点位置信息的控制和存储，选用 8279 为键盘控制芯片。采用液晶显示各种提示信息、坐标位置信息、状态信息。程序存放在只读程序存储器 27128 中，数据存放在数据存储器 6264 中。示教盒与主机的通信采用 RS-232C 标准串口，会自动识别键号，并送入堆栈中存放，同时产生中断请求信号向 CPU 申请中断。CPU 响应中断后，在中断服务程序寄存器中读出键值，根据键值可判断哪一个键按下，同时将对应键的控制指令传送给主机，通过调用相应的程序来控制机器人的运动。

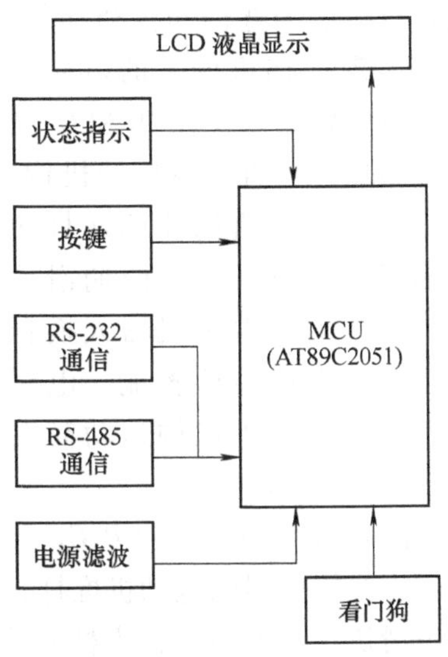

图 4-26　示教盒电路原理图

连接好电缆后，长按任意键（一般为 5s），系统启动。在主菜单下按下“示教”键进入系统示教功能，接着分别按下“加速”键、“制动”键、“离合”键、“档位”键，进入加速、制动、离合和档位示教功能。以档位示教为例，试验人员首先进入示教模式，机器人将离合器踩下，然后试验人员握着换档机械手的手柄顺次运动到所需的档位，计算机自动将当前的选档位置和挂档位置记录下来。再现过程将进行档位的再现运动，试验人员可以很方便地查看示教结果。

在主菜单下选择“再现”操作，实现对加速、制动、离合、档位的再现。在加速再现模式下，按向上的方向键选择节气门全开，按“确定”键发送节气门全开请求代码，等待回复，如果超时或收到再现失败，提示操作失败，收到再现成功提示节气门全开。按向下的方向键选择节气门全闭，按“确定”键发送节气门全闭请求代码，等待回复，如果超时或收到再现失败，提示操作失败，收到再现成功提示节气门全闭。在制动再现模式下，按向上的方向键选择全部制动，按“确定”键发送全部制动请求代码，等待回复，如果超时或收到再现失败，提示操作失败，收到再现成功提示全部制动。按向下的方向键选择制动松开，按“确定”键发送制动松开请求代码，等待回复，如果超时或收到再现失败，提示操作失败，收到再现成功提示制动松开。在离合器再现模式下，按向上的方向键选择离合器脱开，按“确定”键发送离合器脱开请求代码，等待回复，如果超时或收到再现失败，提示操作失败，收到再现成功提示离合器脱开。按向下的方向键选择离合器接合，按“确定”键发送离合器接合请求代码，等待回复，如果超时或收到再现失败，提示操作失败，收到再现成功提示离合器接合。在档位再现模式下，按向上、向下的方向键依次来回选择档位，按“确定”键发分别发送换档请求代码，等待回复，如果超时或收到再现失败，提示操作失败，收到再现成功提示换档成功。

4.3.2　电磁直驱控制系统

1. 换档机械手电磁直驱控制

图 4-20 所示的无人驾驶机器人换档机械手可在 O_2 和 O_3 轴分别施加驱动力矩，完成

换档机械手的选档和挂档动作，要想实现换档机械手的电磁直驱控制，则必须要在 O_2 和 O_3 处分别增加一个直线变旋转机构。参考车辆发动机的曲柄连杆机构的工作原理，运用曲柄滑块机构实现无人驾驶机器人换档机械手的电磁直驱控制。电磁直驱换档机械手机构运动简图如图 4-27 所示。

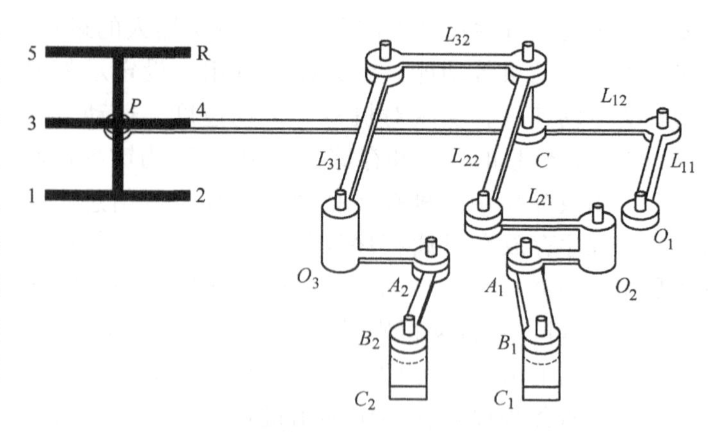

图 4-27　电磁直驱换档机械手机构运动简图

图 4-27 中 B_1C_1 和 B_2C_2 为电磁直线执行器的电动机推杆，$O_2A_1B_1C_1$ 和 $O_3A_2B_2C_2$ 分别组成两个曲柄滑块机构，该机构中滑块（直线电动机推杆）为主动件，电动机推杆分别驱动 O_2A_1 和 O_3A_2 做旋转运动，通过曲柄滑块机构即可将电磁直线执行器的直线运动转化为 O_2 和 O_3 轴所需要的旋转运动，从而无人驾驶机器人换档机械手可实现电磁直接驱动。根据无人驾驶机器人换档机械手的运动要求，换档机械手的选档电动机和挂档电动机均选择德恩科公司生产的电磁直线执行器（无刷直流直线电动机）TB2508，其电动机相关性能参数见表 4-1。

表 4-1　德恩科直线电动机 TB2508 的性能参数

参数	数值	参数	数值
峰值推力/N	624	最高速度/(m/s)	5.8
连续推力/N	87	推杆直径/mm	25
峰值加速度/(m/s^2)	226	动子长度/mm	225

2. 加速/制动/离合机械腿电磁直驱控制

无人驾驶机器人加速/制动/离合机械腿的机构运动简图如图 4-28 所示。加速/制动/离合机械腿可通过施加机械腿摇杆一个驱动力矩使无人驾驶机器人加速/制动/离合机械腿操纵车辆踏板完成相关驾驶动作。由此可见，离合/制动/加速机械腿电磁直驱的实现也需增加一个直线变旋转机构，在摇杆 B 处增加一个连杆 l_1，使其与电磁直线执行器的电动机推杆 A 及摇杆 OB 组成一个曲柄滑块机构，即 ABO 组成一个曲柄滑块机构。电磁直线执行器推杆 A 为主动件，直线电动机运动即可驱动机械腿摇杆 OB 旋转，从而驱动机械腿臂

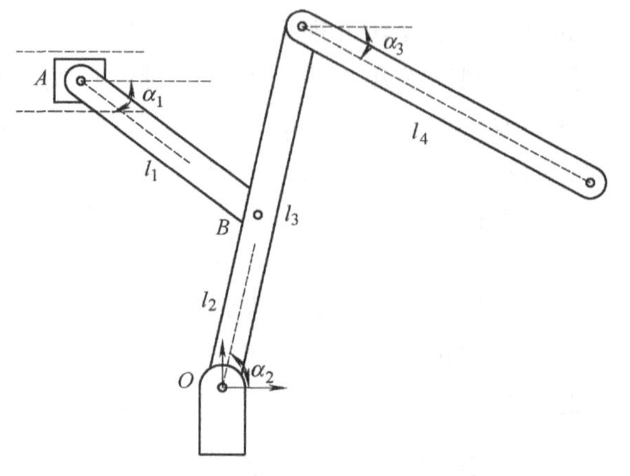

图 4-28　电磁直驱无人驾驶机器人机械腿机构运动简图

运动。因此无人驾驶机器人加速/制动/离合机械腿可实现电磁直驱控制。

无人驾驶机器人机械腿的结构虽然相似，但各机械腿的运动要求差别很大。离合机械腿的驱动装置选择德恩科公司产的电磁直线执行器（无刷直流直线电动机）TB2506，制动机械腿的驱动装置选择德恩科公司的电磁直线执行器 XHA3810，加速机械腿的驱动装置选择德恩科公司的电磁直线执行器 STA2510。各电磁直线执行器的电动机性能参数见表 4-2～表 4-4。

表 4-2 德恩科直线电动机 TB2506 的性能参数

参数	数值	参数	数值
峰值推力/N	468	最高速度/(m/s)	7
连续推力/N	70	推杆直径/mm	25
峰值加速度/(m/s^2)	208	动子长度/mm	200

表 4-3 德恩科直线电动机 XHA3810 的性能参数

参数	数值	参数	数值
峰值推力/N	1860	最高速度/(m/s)	2.6
连续推力/N	276	推杆直径/mm	38
峰值加速度/(m/s^2)	391	动子长度/mm	200

表 4-4 德恩科直线电动机 STA2510 的性能参数

参数	数值	参数	数值
峰值推力/N	780	最高速度/(m/s)	4.2
连续推力/N	102	推杆直径/mm	25
峰值加速度/(m/s^2)	586	动子长度/mm	200

3. 转向机械手电磁直驱控制

考虑到转向机械手机构的布置方式和转向盘的转动特点，转向机械手的驱动方式选择无刷直流直驱电动机驱动，电动机选择的是科尔摩根无刷直流直驱电动机 TKM51。该电动机可以为低速、无齿轮箱的直接驱动应用提供高性能的解决方案。该电动机可以直接驱动负载，提高机器的精度、效率和生产率，并且由于无须减速机构，还可消除背隙，降低噪声。作为低速、高转矩的电动机，TKM 电动机不受负载影响，电动机转动惯量低并且易于控制，因而适合应用于转向机械手的电磁直驱控制。科尔摩根电动机 TKM51 的相关性能参数见表 4-5。

表 4-5 科尔摩根电动机 TKM51 的相关性能参数

参数	数值	参数	数值
额定转矩/N·m	24	峰值电流/A	3.9
额定速度/(r/min)	250	峰值转矩/N·m	36

（续）

参数	数值	参数	数值
额定功率/kW	0.41	转矩常数（N·m/A）	9.23
额定电流/A	2.6	反电动势（V）	764
质量/kg	18	电动机常数（N·m/$\sqrt{w}$）	3.48

无人驾驶机器人转向机械手的无刷直流直驱旋转电动机与车辆转向盘转动角度之间的关系为

$$\delta_s = \delta i_r i_u \tag{4-1}$$

式中，δ_s 是无人驾驶机器人转向机械手伺服电动机的转动角度；δ 是转向盘转动角度；i_r 是减速器传动比，由于转向机械手采用电磁直接驱动，$i_r = 1$；i_u 是转向万向节的传动比，本节采用球笼式等速万向节，因此令 $i_u = 1$。

由于无人驾驶机器人转向机械手的转角与其驱动电动机轴的转角一致，因此有

$$\delta_s = \delta \tag{4-2}$$

4.3.3 多机械手协调控制系统

1. 递阶控制模型

无人驾驶机器人多机械手协调控制各执行机构的力、速度、位移和时间，以使无人驾驶机器人控制系统完成机器人本体的运动控制和车速控制。各种各样的驾驶循环工况可被分解成驻车怠速工况、起步工况、换档工况、连续工况和变工况等。换档工况包括加速升档和减速降档等工况，连续工况包括加速、恒速、减速、连续变速等工况，变工况包括加速、减速、加速-恒速、恒速-加速、恒速-减速、减速-恒速、减速-加速等工况。协调控制模型应该像人类训练有素的专业驾驶员一样，具备一定的智能决策能力，能够针对各种驾驶工况协调控制车辆的节气门、离合器、制动器、换档机构的动作，从而实现车速的跟踪控制。

在研究驾驶人驾驶行为的基础上，给出了如图 4-29 所示的基于 Saridis 三级控制架构的无人驾驶机器人递阶控制模型体系结构，主要由组织级、协调级、执行级和被控对象等组成。

组织级融合了驾驶人的经验、基本知识数据库以及已获得的试验车辆的性能特点，并根据循环行驶工况命令表和试验的当前状态，进行驾驶动作的决策，调度相应的低层模块。协调级用来协调执行级的动作，它不需要精确的模型，但需具备学习功能以便在再现的控制环境中改善性能。协调级包含一些控制模块，如制动力控制模块、加速/制动切换模块、离合器结合速度控制模块、起步加速/离合协调配合模块、加速踏板/离合/换档协调配合模块、减速制动/离合/换档协调配合模块等。执行级是各个子控制单元和用户、底盘测功机及执行器的接口，实现具有一定精度要求的控制任务。

2. 协调控制方法

无人驾驶机器人控制系统属于多变量控制系统，各执行机构的运动必须模拟驾驶人的驾驶动作，多机械手的动作既有严格的时序动作关系，又有协调配合并行执行的过程。由于无人驾驶机器人各执行机构动态特性和动作要求不同，所以最好的控制方法是驾驶

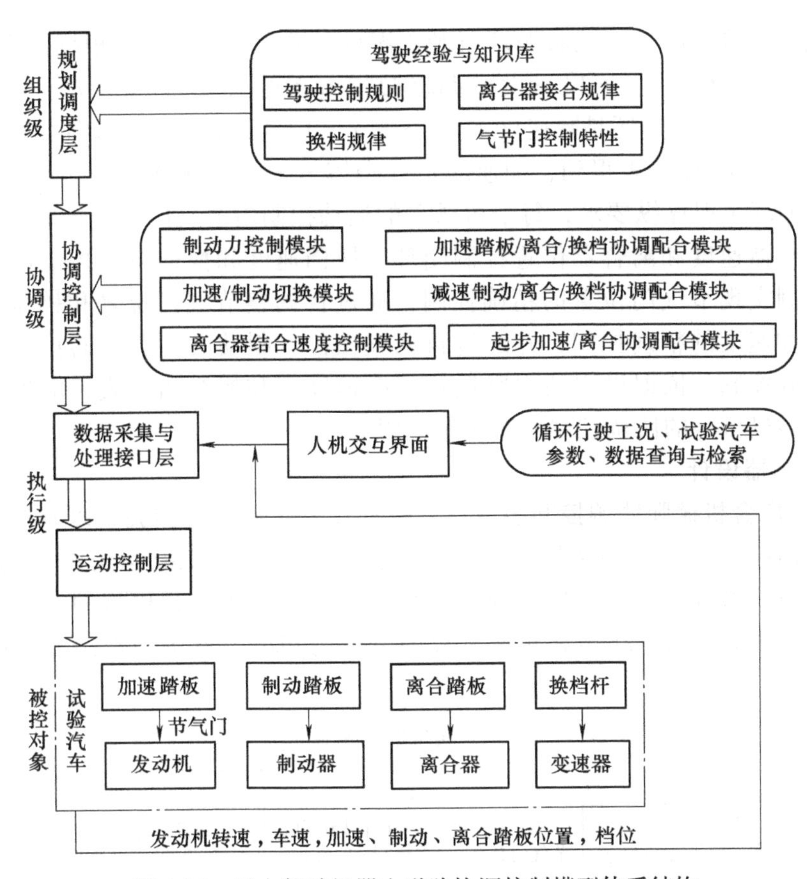

图 4-29　无人驾驶机器人递阶协调控制模型体系结构

机器人采取和人类驾驶员一样的方式，对不同的情况采取不同的驾驶动作，即构成不同的控制算法以满足运动控制需要。

无人驾驶机器人各机械手均以车辆速度为目标在力、速度、位移和时序上进行协调操作，其控制系统必须能够完成机器人本身的运动控制和车辆的车速控制。无人驾驶机器人必须按照给定的循环行驶工况进行驾驶。无人驾驶机器人多机械手协调控制模型结构如图 4-30 所示。

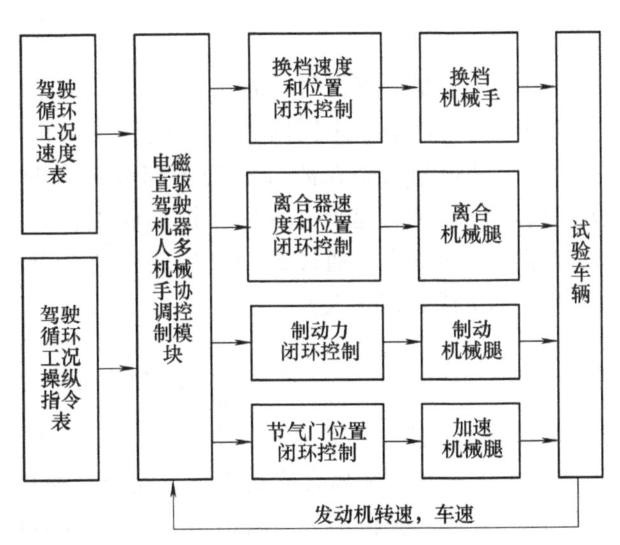

图 4-30　无人驾驶机器人多机械手协调控制模型结构

在驾驶机器人的车速和工况操纵指令表中，存储着一系列车速 $v[i]$、时间 $t[i]$ 和档位 $g[i]$ 信息，其中 $i=1, 2, \cdots, n$。驾驶机器人根据 $v[i]$ 和 $g[i]$ 信息判断所处的工况 $Mode[i]$，然后根据 $Mode[i]$ 进行相应的点火、起步、换档、加速等一系列动作。根据车辆排放耐久性试验循环行驶工况的特点，驾驶机器人根据设定的前一点目标车速 $v[i]$ 和当前点车速 $v[i+1]$ 的大小就能够判断试验的工况是加速（$v[i] < v[i+1]$）、等速（$v[i] = v[i+1]$）还是减速（$v[i] > v[i+1]$），分别进入节气门或制动控制模块，换档工况从 $g[i]$ 命令表得到，加速度 $a = (v[i+1] - v[i])/(t[i+1] - t[i])$。

按照驾驶循环工况操纵要求，每个机械手的运动控制由节气门位置控制闭环、制动力控制闭环、离合器速度和离合器位置控制闭环、换档速度和换档位置控制闭环。多机械手运动闭环控制实现节气门位置的精确控制，通过自调整节气门位置和档位、离合器位置和速度实现加速度的精确控制，并通过自调整档位、制动力和离合器接合速度实现制动减速度的精确控制。依据设定的驾驶循环工况速度表和操纵指令表，电磁驱动无人驾驶机器人实现多机械手的协调控制和车速精确跟踪。

3. 协调控制器设计

(1) 加速/离合机械腿协调控制器设计 根据驾驶作业的协调关系以及车辆本身的控制特性进行协调控制，建立协调控制算法，根据不同的驾驶工况运用不同的控制策略，协调控制节气门、离合器、制动器和换档机构的动作，使各执行机构的运动关系、时序关系符合驾驶动作的要求。起步和换档过程的节气门和离合器协调控制器框图如图 4-31 所示。

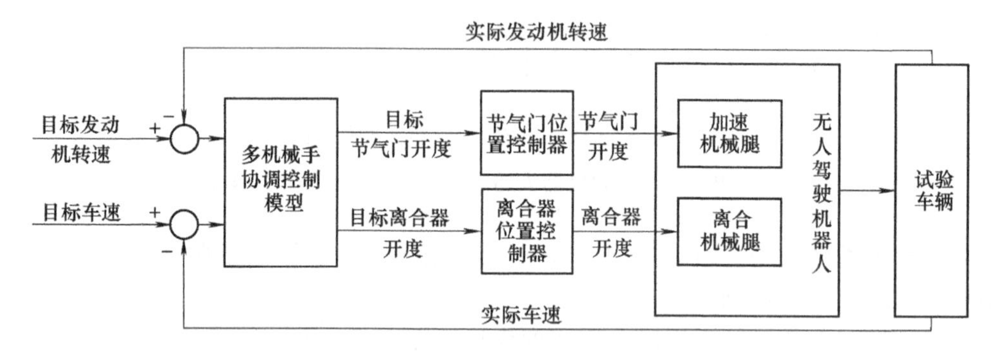

图 4-31 节气门和离合器协调控制器框图

车辆起步控制是节气门、离合器的多目标优化控制问题，无人驾驶机器人通过同时移动节气门和离合器踏板来同时控制车速和发动机转速，因此选择多变量控制器来实现起步加速。这种控制策略在离合器处于部分接合时，把目标发动机转速和目标车速分开。在无人驾驶机器人的起步过程中，将发动机转速下降时刻作为判断开始接合的标志，采用离合器慢收的方式，通过这一过程获得离合器接合区的位置。起步完成后，发动机转速 n_e 和车速 v 满足以下关系：

$$v = \frac{n_e}{i_0 i_g 60} 2\pi r \times 3.6 = 0.377 \frac{r n_e}{i_0 i_g} \tag{4-3}$$

式中，i_0 是主传动比；i_g 是变速器各个档位下的速比；r 是轮胎半径。

利用上述关系判断离合器是否接合完成。换档过程中，需要进行加速、离合、换档的协调控制，无人驾驶机器人首先快速分离离合器以完全切断动力传递，同时松开加速机械腿踏板；接着，挂到目标档位；然后利用起步中获得的离合器接合区位置，快速接合

离合踏板到接合点；慢慢地按下加速踏板使发动机转速达到某一转速，同时慢慢地接合离合踏板，使离合器平稳接合；经过接合区之后，快速完全地接合离合踏板完成换档过程。

（2）加速/制动机械腿切换控制器设计 在工况命令表中存储着每一秒的车速，无人驾驶机器人根据车速点计算出期望的加速度，并和存储的加速/制动查询表进行对比，协调控制节气门和制动器，加速/制动切换控制框图如图4-32所示。图中，Zero控制表明处于切换的缓冲层内，不对节气门或制动器施加控制。

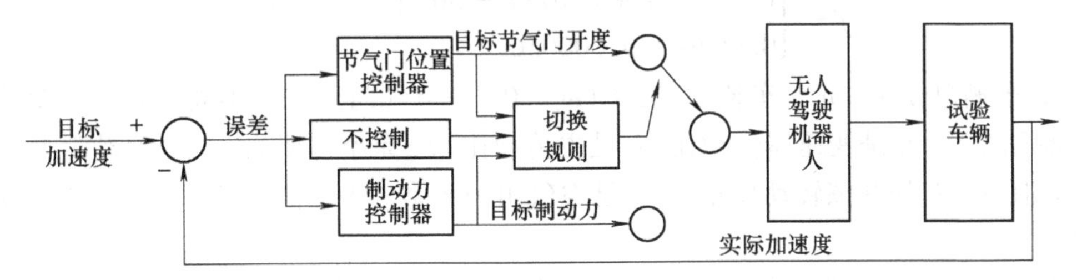

图4-32 加速/制动切换控制框图

控制系统中切换规律的存在，由于采样信号的噪声、采样频率以及切换模型之间的差别等因素，在任何情况下都有可能会导致抖振的产生。切换控制逻辑中如果没有缓冲层，会带来频繁地切换动作，从而对系统的稳定性控制带来大的扰动。因此，需要在切换面的附近引入一个薄的缓冲层（见图4-33），以提高系统在实际应用中的控制效果。

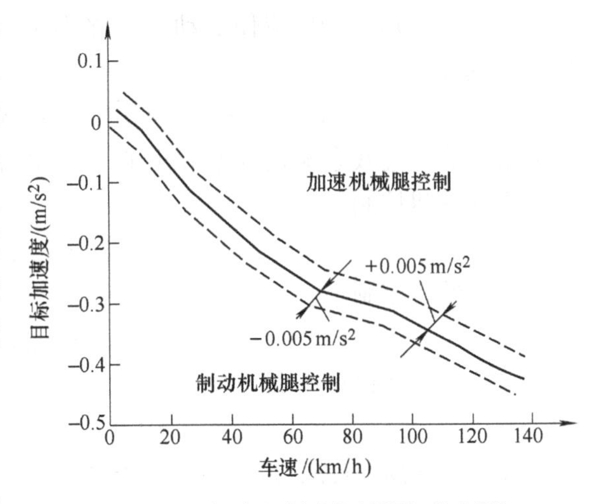

图4-33 加速和制动机械腿切换规则

车辆动力学方程为

$$F_t - F_f - F_w - F_i - F_b = \delta ma \tag{4-4}$$

式中，F_t是驱动力；F_b是控制力；η是传动效率。

对于室内车辆试验，只需要模拟平直道路上的驱动阻力，所以不需要模拟坡度阻力F_i。无人驾驶机器人用车辆动力学方程为

$$F_t - F_f - F_w - F_b = \delta ma \tag{4-5}$$

即

$$\frac{T_e i_g i_0 \eta}{r} - (F_f + F_w) - F_b = \delta ma \tag{4-6}$$

发动机力矩可分为两部分：一部分是节气门开度最小或全闭时的力矩；另一部分是正常驱动力矩。当正常驱动力矩为零，即无控制输入时，节气门开度最小或全闭时的力矩作用下的车辆残余减速度为

$$a_{resid} = \frac{1}{\delta m}[T_e(\omega_e, 0) i_g i_0 \eta / r - (F_f + F_w) - F_b] \tag{4-7}$$

$$\delta = 1 + \frac{\sum I_w}{mr^2} + \frac{I_f i_g^2 i_0^2 \eta}{mr^2} \tag{4-8}$$

$$F_f = mgf \tag{4-9}$$

$$F_w = \frac{C_D A v^2}{21.15} \tag{4-10}$$

$$A = l_{front} l_{height} \tag{4-11}$$

$$f = \begin{cases} 0.0165[1 + 0.01(v - 50)] & \text{轿车} \\ 0.0076 + 0.000056v & \text{货车} \end{cases} \tag{4-12}$$

式中，δ 是车辆总惯量；m 是车辆质量；$T_e(\omega_e, 0)$ 是节气门开度最小或全闭时的发动机转矩；r 是轮胎半径；i_g 是变速器传动比；i_0 是主传动比；F_w 是空气阻力；F_f 是滚动阻力；I_w 是车轮转动惯量；I_f 是摩擦转动惯量；C_D 是空气阻力系数；A 是汽车迎风面积；f 是滚动阻力系数。

也就是说，$a_{resid}(u)$ 为节气门全闭，考虑发动机反拖力矩、空气阻力、滚动阻力时，车辆在平直路面上的减速度。因此，如果期望的加/减速度 a_{des} 大于 $a_{resid}(u)$，则应使发动机输出更大的转矩，否则应使制动系统输出更大的制动力矩。考虑到精确测量 I_w 和 I_f 的困难，δ 被估计为

$$\delta = 1 + \delta_1 + \delta_2 i_g^2 \quad \delta_1 \approx \delta_2 \in [0.03, 0.05] \tag{4-13}$$

优化后的通过残余减速度推导出的加速和制动机械腿切换规则为

加速机械腿控制

$$a_{des} - a_{resid} \geqslant s \tag{4-14}$$

制动机械腿控制

$$a_{des} - a_{resid} < s \tag{4-15}$$

中间控制状态保持不变

$$-s < a_{des} - a_{resid} < s \tag{4-16}$$

式中，s 是缓冲层的厚度，取为 $s = 0.005\text{m/s}^2$，相当于为加速/制动切换控制逻辑引入一定的不作用区域。按照加速和制动机械腿切换规则，确定多机械手的运动规律，获得期望的节气门开度和制动力。

根据加速和制动机械腿切换规则，可确定相应的控制动作，并能得到试验车辆的期望节气门开度和制动力的大小。若是发动机控制，则期望的驱动力矩为

$$T_d = (F_f + F_w + \delta m a_{des}) r / (i_g i_0 \eta) \tag{4-17}$$

若是制动器控制，则期望的制动力矩为

$$T_b = T_e(\omega_e, 0) i_g i_0 \eta - (F_f + F_w + \delta m a_{des}) r \tag{4-18}$$

4. 试验结果与分析

为验证本文提出的无人驾驶机器人多机械手/腿协调控制的效果，在国家客车质量监督检验中心 BOCO NJ 150/80 型底盘测功机上由驾驶机器人对 Ford FOCUS 2.0 L 车辆进行 80000km 排放耐久性 V 型试验。无人驾驶机器人多机械手/腿协调控制试验曲线如图 4-34 所示，测得的实验曲线包括由驾驶机器人操纵的试验车辆车速跟踪曲线及发动机转速曲

线、驾驶机器人换档机械手和加速、制动、离合机械腿控制曲线。这里节气门开度、制动器及离合器行程百分比由安装在加速、制动、离合机械腿上的电位器式位移传感器测得，传感器输出电压经标定后，得到节气门开度、制动器及离合器行程百分比，其中加速、制动、离合机械腿未踩下时行程为0%，踩到底时行程为100%。

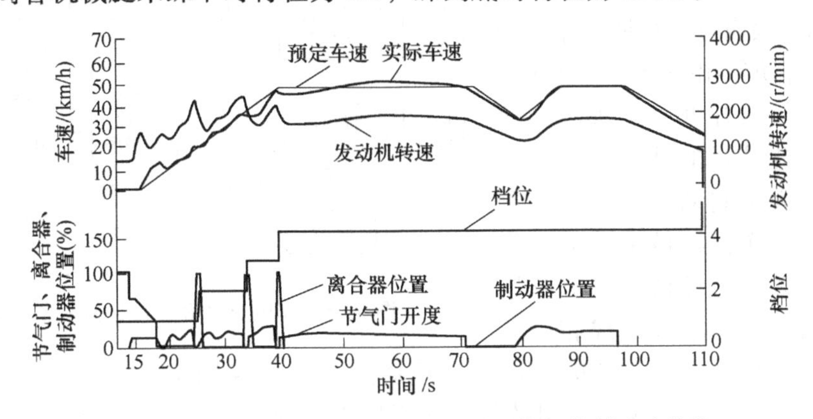

图4-34　无人驾驶机器人多机械手/腿协调控制试验曲线

由图4-34可以看出，测得的实际车速能准确跟踪试验循环工况要求的目标车速（48km/h），车速跟踪精度满足国家车辆试验标准的要求，驾驶机器人具有良好的车速跟踪性能。试验车辆发动机转速在0~15s处于怠速阶段（800r/min），满足国家车辆试验标准每一次循环发动机怠速15s的要求。无人驾驶机器人能合理协调控制换档机械手和加速、制动、离合机械腿，无人驾驶机器人各机械手/腿的协调配合动作流畅，能平顺地实现车辆的起步、加速、换档、等速、减速等工况，试验车辆各工况之间过度顺利，起步平稳，换档平顺，并且等速阶段加速机械腿位置基本保持不变，加速-等速以及减速-等速工况变化阶段车速加速虽然有一定的“过冲”和下降，但都得到了及时控制，避免了加速踏板频繁抖动与切换对车辆燃油经济性及车辆排放结果的影响，保证了车辆试验数据的准确度和有效性。驾驶机器人加速、制动、离合机械腿和换档机械手的协调配合动作流畅，与人类驾驶员的驾驶工作一致，实现了高重复性的拟人化驾驶。

4.4　无人驾驶机器人车辆控制系统

无人驾驶机器人车辆控制技术是车辆自动驾驶的核心技术之一。为了确保无人驾驶机器人车辆在复杂多变的道路环境上安全有效地行驶，其路径及速度跟踪策略尤为重要。本节结合无人驾驶机器人的系统结构和控制原理，提出了无人驾驶机器人车辆路径及速度跟踪的模糊免疫比例积分微分（Proportional Integration Differential，PID）控制方法，探索了无人驾驶机器人的车辆转向控制与纵向车速控制的解耦方法，并通过仿真验证了控制策略的有效性。此外，本节还结合非线性干扰观测器，提出了一种基于驾驶人行为的自适应反演转向控制方法，并通过仿真与试验对转向控制方法的有效性进行了验证。

无人驾驶机器人车辆路径和速度的跟踪控制中的期望路径和期望速度均是已知量，其中期望路径为已知道路的中心线，期望路径和期望速度均可用时域函数$f[X^*(t), Y^*(t)]$

和$v(t)$表示，其中$[X^*(t), Y^*(t)]$为期望路径在大地坐标系下的坐标。无人驾驶机器人车辆路径和速度跟踪控制流程图如图4-35所示。无人驾驶机器人车辆纵向控制模块通过计算期望车速与实际车速的偏差决策出一个统一节气门开度，统一节气门开度为正表示加速机械腿下压加速踏板的开度，统一节气门开度为负表示制动机械腿下压制动踏板的开度，换档机械手和离合机械腿根据两参数动力性换档策略分别操纵换档手柄和离合踏板完成相应驾驶动作；无人驾驶机器人车辆横向控制模块通过计算车辆期望路径与实际路径的侧向偏差决策出转向盘转角，从而控制转向机械手操纵转向盘转动相应角度。

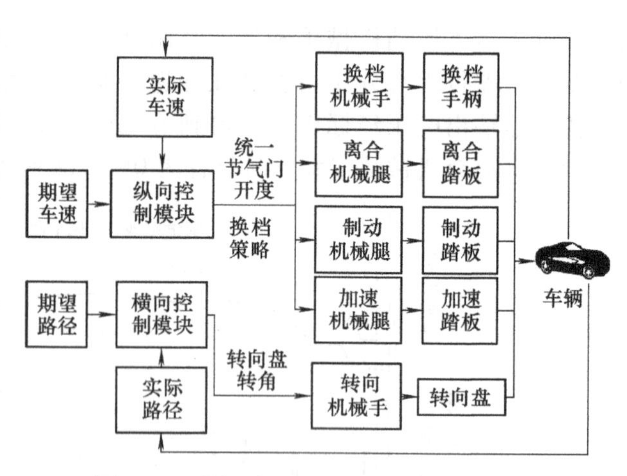

图4-35 车辆路径和速度跟踪控制流程图

4.4.1 无人驾驶机器人车辆路径控制

无人驾驶机器人车辆路径跟踪控制采用模糊免疫P控制策略。根据文献[23]，[24]“预瞄-跟踪”驾驶人模型，假设驾驶人预瞄时间为T，t时刻无人驾驶机器人车辆的侧向位移为$y(t)$，t时刻的侧向速度为$v_y(t)$，$t+T$时刻车辆的侧向位移为$y(t+T)$。若车辆在t时刻以一个理想侧向加速度a_y^*运动，则应该满足关系式

$$y(t+T) = y(t) + v_y(t)T + \frac{1}{2}a_y^* T^2 \quad (4\text{-}19)$$

式中，$y(t+T)$，$y(t)$均为车辆坐标系下的纵向坐标，车辆坐标系下的坐标可由大地坐标系转换而来，车辆坐标系与大地坐标系如图4-36所示。

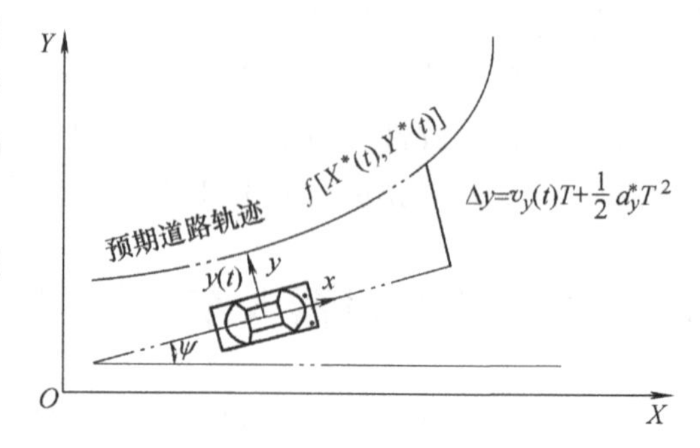

图4-36 车辆坐标系与大地坐标系

车辆坐标系与大地坐标系的坐标变换关系为

$$\begin{cases} x(t) = \cos\psi X(t) + \sin\psi Y(t) \\ y(t) = \cos\psi Y(t) - \sin\psi X(t) \end{cases} \quad (4\text{-}20)$$

则无人驾驶机器人车辆的理想侧向加速度应为

$$a_y^* = \frac{2}{T^2}[y(t+T) - y(t) - Tv_y(t)] \quad (4\text{-}21)$$

由于车辆的理想转向盘转角δ^*与车辆侧向稳态增益G_{ay}满足以下关系：

$$\delta^* = a_y^* / G_{ay} \quad (4\text{-}22)$$

联立式（4-21）和式（4-22）可得无人驾驶机器人车辆理想转向盘转角为

$$\delta^* = \frac{1}{G_{ay}}\frac{2}{T^2}[y(t+T) - y(t) - Tv_y(t)] \tag{4-23}$$

由于车辆是一个高度非线性系统以及各种复杂的行驶工况，车辆实际侧向稳态增益 G_{ay} 可能与计算结果有所差异，这可能导致无法得到理想的侧向加速度 a_y^*，因此增加一个侧向加速度反馈来补偿一个转向盘转角 $\Delta\delta$，则无人驾驶机器人车辆转向机械手实际操纵车辆转向盘转动的角度为

$$\delta = \delta^* + \Delta\delta = \delta^* + P(a_y^* - a_y) \tag{4-24}$$

式中，P 是侧向加速度反馈增益；a_y 是实际车辆侧向加速度。由于车辆侧向动力学的高度非线性，侧向加速度反馈增益 P 可设计为一个模糊免疫 P 控制器。

在生物体的免疫系统中当抗原侵犯机体时，将信息传递给 T 细胞，然后 T 细胞进一步分化为增强 B 细胞的 T_H 细胞和抑制 B 细胞的 T_S 细胞，T_H 和 T_S 细胞共同刺激 B 细胞，而 B 细胞又可以产生相应的抗体消除外来抗原。当抗原过多时则产生的 T_H 细胞较多从而促进 B 细胞产生抗体以消除抗原，反之当抗原较少时则产生的 T_H 细胞减少，而 T_S 细胞则会增多，从而产生的抗体也减少。

生物体的免疫机理可以确保免疫系统稳定的同时快速消除抗原，并且防止抗体过多对机体的伤害。而在车辆转向盘转角的动态调节过程中，在保证车辆转向稳定性的前提下快速消除车辆的侧向加速度偏差的目标与生物体免疫系统反馈调节的目标是一致的。在免疫系统中，假设第 k 代的抗原数量为 $\varepsilon(k)$，由抗原刺激的 T_H 细胞输出为 $T_H(k)$，由抗原刺激的 T_S 细胞输出为 $T_S(k)$，则 B 细胞接收的总刺激 $B(k)$ 为

$$B(k) = T_H(k) - T_S(k) \tag{4-25}$$

其中：

$$T_H(k) = k_1\varepsilon(k) \tag{4-26}$$

$$T_S(k) = k_2 f[B(k), B(k) - B(k-1)]\varepsilon(k) = k_2 f[B(k), \Delta B(k)]\varepsilon(k) \tag{4-27}$$

式中，$\varepsilon(k)$ 作为侧向加速度偏差 $e(k)$；k_1 是促进参数；k_2 是抑制参数；$B(k)$ 可看作为控制律 $u(k)$。联立式（4-25）~式（4-27）可得控制律 $u(k)$ 的表达式为

$$u(k) = k_1 e(k) - k_2 f[u(k), \Delta u(k)]e(k) = k_r\{1 - \eta_r f[u(k), \Delta u(k)]\}e(k) \tag{4-28}$$

式中，$k_r = k_1$ 为比例参数，用于控制车辆转向盘转角的调节速度；$\eta_r = k_2/k_1$ 为抑制参数，用于控制车辆转向系统的稳定性。从式（4-28）可知该控制器为一个非线性 P 控制器，则模糊免疫 P 控制器的比例参数 k_p 为

$$k_p = k_r\{1 - \eta_r f_r[u(k), \Delta u(k)]\} \tag{4-29}$$

$f_1[u(k), \Delta u(k)]$ 是一个非线性函数，可以用模糊方法来逼近该非线性函数。设模糊控制的输入为 $u(k)$，$\Delta u(k)$，其模糊集可表达为 P（正）和 N（负），模糊控制的输出为非线性函数 $f[u(k), \Delta u(k)]$，简写为 $f(\ )$，其模糊子集为 P（正）、Z（零）和 N（负），其输入变量和输出变量隶属度曲线如图 4-37 和图 4-38 所示。

根据免疫调节机理可得到以下模糊规则：

Rule 1：If u is PB and Δu is PB then $f(\ )$ is NB；

Rule 2：If u is PB and Δu is NB then $f(\ )$ is ZO；

Rule 3: If u is NB and Δu is PB then f ( ) is ZO;

Rule 4: If u is NB and Δu is NB then f ( ) is PB。

本书使用 Zadeh 的模糊逻辑进行 AND 操作，并采用重心法反模糊化方法得到所要逼近的非线性函数 $f[u(k), \Delta u(k)]$，联立式（4-23）、式（4-24）、式（4-29）可得无人驾驶机器人车辆转向机械手操纵车辆转向盘转动的理想角度为 δ，即无人驾驶机器人车辆路径跟踪模糊免疫 P 控制器的控制律为

$$\delta = \frac{1}{G_{ay}} \frac{2}{T^2}[\Delta y - Tv_y(t)] + k_r\{1 - \eta_r f_r[u(k), \Delta u(k)]\}(a_y^* - a_y) \tag{4-30}$$

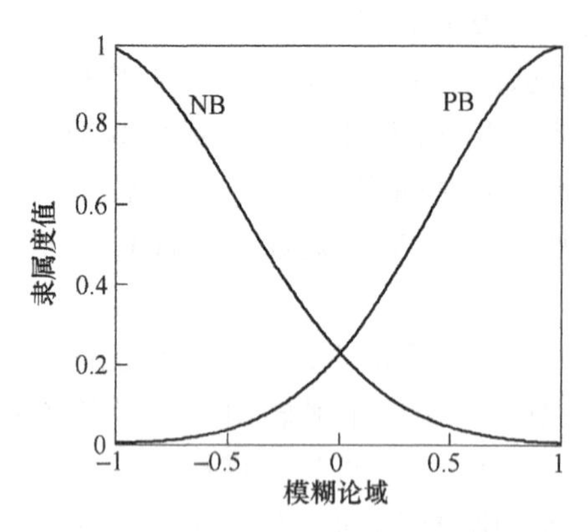

图 4-37　输入变量隶属度函数图

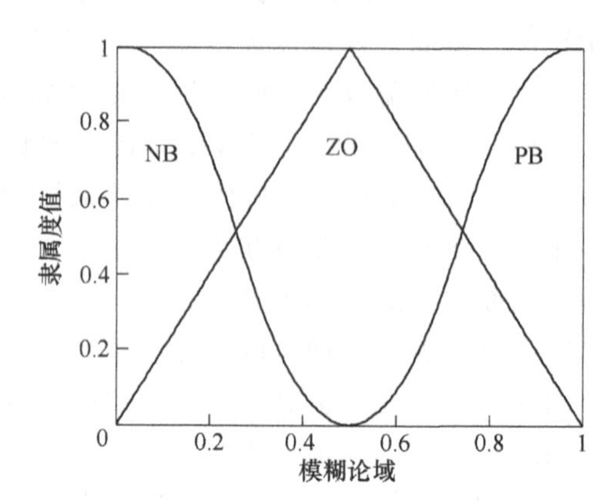

图 4-38　输出变量隶属度函数图

无人驾驶机器人车辆路径跟踪控制结构图如图 4-39 所示。

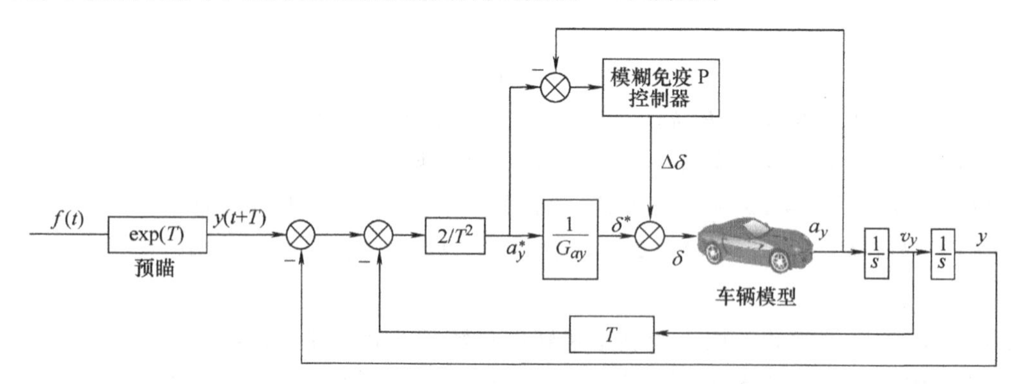

图 4-39　无人驾驶机器人车辆路径跟踪控制结构图

4.4.2　无人驾驶机器人车辆速度控制

无人驾驶机器人车辆速度跟踪控制采用模糊免疫 PID 控制策略。车辆纵向动力学是一个高度非线性系统，很难用精确的数学模型表示，本小节以无人驾驶机器人车辆的期望车速和实际车速的偏差作为控制变量，用模糊免疫 PID 控制实现了无人驾驶机器人车辆速度的精确跟踪。与 4.4.1 节无人驾驶机器人车辆路径控制相类似，本小节用模糊免疫 P 控制器修正车速 PID 控制器的比例系数 Δk_p，用模糊控制分别修正 PID 控制器的积分

系数 k_i 和微分系数 k_d，则无人驾驶机器人车辆速度的控制律设计为

$$\alpha = (k_p + \Delta k_p)e(t) + (k_i + \Delta k_i)\int_0^t e(t)\mathrm{d}t + (k_d + \Delta k_d)\frac{\mathrm{d}e(t)}{\mathrm{d}t} \tag{4-31}$$

式中，控制律 α 表示统一节气门开度，其值若为正表示无人驾驶机器人加速机械腿的开度，其值若为负表示制动机械腿的开度，取值范围限制在［-1，1］区间内；k_p、k_i、k_d 分别为比例、积分和微分系数，Δk_p、Δk_i、Δk_d 分别为PID参数在线调整值，其中 $e(t) = v_y^*(t) - v_y(t)$，$v_y^*(t)$ 为期望车速，$v_y(t)$ 为实际车速。

由于比例系数运用模糊免疫P控制算法在线调整，因此 Δk_p 可表示为

$$\Delta k_p = k_s\{1 - \eta_s f_s[u(k), \Delta u(k)]\} \tag{4-32}$$

式中，k_s 是比例参数；$\eta_s = k_2/k_1$ 是抑制参数。$f_s[u(k), \Delta u(k)]$ 函数利用模糊算法逼近，其逼近过程与4.4.1节所述无人驾驶机器人车辆侧向加速度反馈模糊免疫P控制一致。

单纯的P控制器无法消除静差并使系统趋于稳定，此处利用模糊控制方法在线调整PID控制器的微分系数 k_i 和积分系数 k_d。设无人驾驶机器人车辆的纵向速度偏差 e 和加速度偏差 ec 为模糊控制器的输入，输出为 Δk_i、Δk_d。输入变量 e、ec 的模糊论域为｛-6，-5，-4，-3，-2，-1，0，1，2，3，4，5，6｝，则 e、ec 的模糊子集为｛NB，NM，NS，ZO，PS，PM，PB｝；输出控制变量 Δk_i、Δk_d 的模糊论域为｛-6，-5，-4，-3，-2，-1，0，1，2，3，4，5，6｝，则 Δk_i、Δk_d 的模糊子集为｛NB，NM，NS，ZO，PS，PM，PB｝。e、ec、Δk_i、Δk_d 的模糊子集隶属度函数中，NB和PB采用正态分布曲线，NM、NS、ZO、PS和PM采用三角分布曲线，则模糊控制的输入变量 e、ec 和输出变量 Δk_i、Δk_d 的隶属度函数均如图4-40所示。

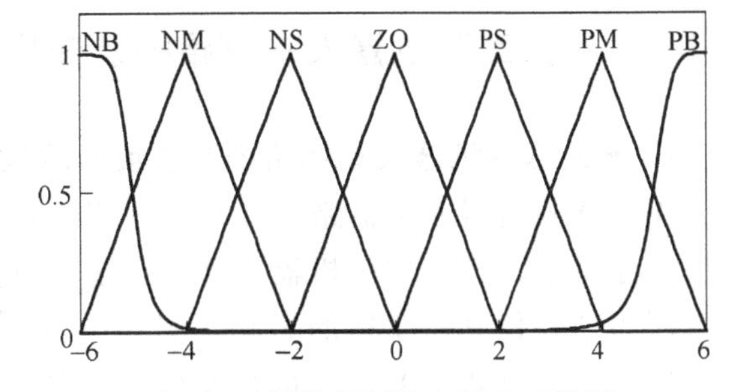

图4-40　模糊控制的隶属度函数图

根据PID控制器的调节特点可以制定表4-6所列的模糊控制规则。此处使用Zadeh的模糊逻辑进行AND操作，再采用重心法反模糊化方法即可得到PID控制算法的在线整定值 Δk_i 和 Δk_d。

表4-6　模糊控制规则

$\Delta k_i/\Delta k_d$	NB	NM	NS	ZO	PS	PM	PB
NB	NB/PS	NB/NS	NM/NB	NM/NB	NS/NB	ZO/NM	ZO/PS
NM	NB/PS	NB/NS	NM/NB	NS/NM	ZO/NS	PS/NS	PS/ZO
NS	NB/ZO	NM/NS	NS/NM	NS/NM	ZO/NS	PS/NS	PS/ZO
ZO	NM/ZO	NM/NS	NS/NS	ZO/NS	PS/NS	PM/NS	PM/ZO
PS	NM/ZO	NS/ZO	ZO/ZO	PS/ZO	PS/ZO	NM/ZO	PB/ZO
PM	ZO/PB	ZO/NS	PS/PS	PS/PS	PM/PS	PB/PS	PB/PB
PB	ZO/PB	ZO/PM	PS/PM	PM/PM	PM/PS	PB/PS	PB/PB

无人驾驶机器人车辆车速模糊免疫PID控制可以决策出一个统一的节气门开度控制

无人驾驶机器人加速/制动机械腿操纵加速/制动踏板完成相应驾驶动作，无人驾驶机器人车辆车速跟踪控制结构如图4-41所示。

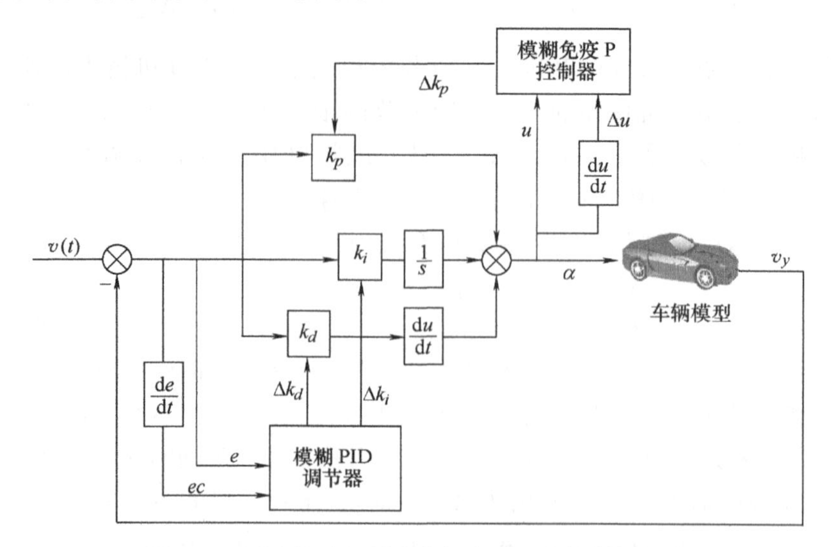

图4-41 无人驾驶机器人车辆车速跟踪控制结构图

4.4.3 无人驾驶机器人车辆路径及速度解耦控制

1. 无人驾驶机器人车辆路径及速度解耦控制原理

无人驾驶机器人车辆路径和车速的跟踪控制存在耦合现象。一方面车辆转向对车辆车速有一定影响，无人驾驶机器人车辆车速控制模块可以通过调节制动踏板和加速踏板的开度尽可能补偿其对车速的影响。另一方面车辆纵向车速对于车辆的横向转向运动也有显著影响，根据式（4-30）可得车辆路径跟踪的理想转向盘转角 δ 与车辆侧向稳态增益 G_{ay} 成反比，而车辆侧向稳态增益 G_{ay} 又与车速 v_x 有关，其关系式为

$$G_{ay}=\frac{v_x^2}{Li_s(1+Kv_x^2)} \tag{4-33}$$

式中，L 是车辆轴距；i_s 是从转向盘到转向车轮的转角传动比；K 是车辆稳定性因素，车辆有不同的转向特性，其值一般在 $0.002\sim0.005\mathrm{s}^2/\mathrm{m}^2$ 之间。将式（4-33）带入式（4-30）可得理想转向盘转角与车速的关系式为

$$\delta=\frac{Li_s(1+Kv_x^2)}{v_x^2}\frac{2}{T^2}[\Delta y-Tv_y(t)]+k_r\{1-\eta_r f_r[u(k),\ \Delta u(k)]\}(a_y^*-a_y) \tag{4-34}$$

由此可见无人驾驶机器人横向控制的理想转向盘转角 δ 与车辆纵向控制的车速 v_x 存在着耦合关系，因此可利用无人驾驶机器人纵向控制反馈的实际车速 v_x 来不断更新车辆的侧向稳态增益 G_{ay}，从而可以不断地更新转向盘转角 δ，实现无人驾驶机器人车辆横向转向控制和纵向车速控制的解耦；而未解耦控制中无人驾驶机器人车辆横向转向控制和纵向车速控制相对独立，未采用车速来更新影响车辆转向的车辆侧向稳态增益，即忽略了无人驾驶机器人车辆车速对转向的影响，其显然不符合车辆的运动规律。无人驾驶机器人车辆路径和车速

解耦控制如图 4-42 所示。

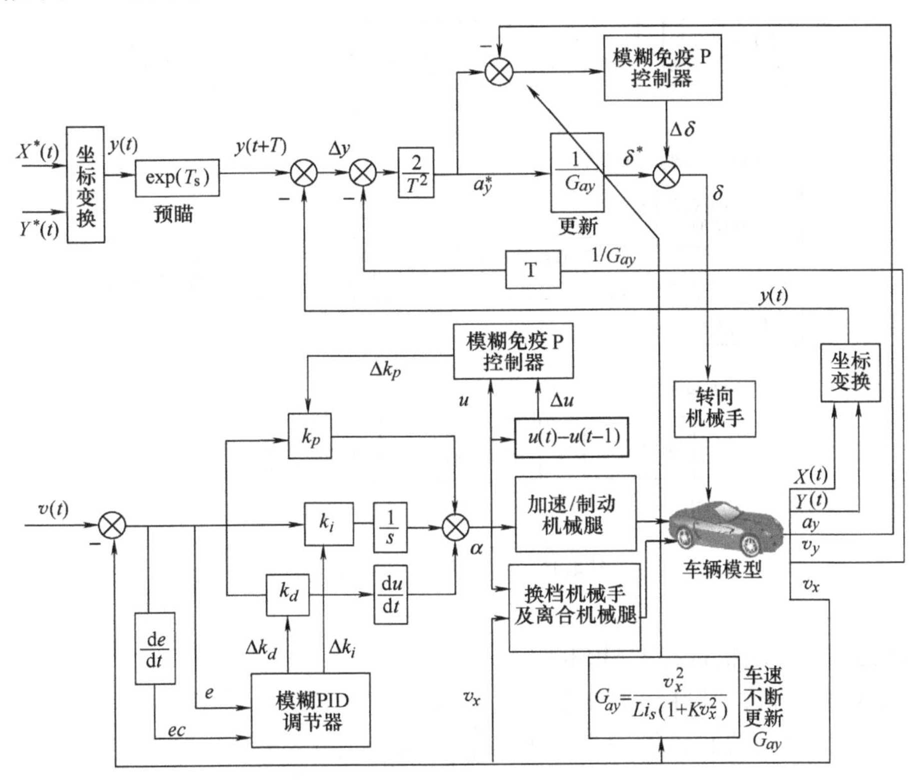

图 4-42 无人驾驶机器人车辆路径和车速解耦控制

2. 无人驾驶机器人车辆解耦控制仿真分析

CARSIM 为车辆动力学参数化仿真软件，用于仿真车辆对驾驶人、路面等输入的响应，被广泛应用。MATLAB/SIMULINK 具有和多种软件通信的能力，利用 SIMULINK 可以和 ADAMS 和 CARSIM 畅通通信的优势，可建立融合无人驾驶机器人机械系统、控制系统以及车辆模型的 ADAMS/SIMULINK/CARSIM 联合仿真模型。其中，运用 ADAMS 建立无人驾驶机器人的机械系统动力学模型，运用 CARSIM 建立车辆模型，运用 SIMULINK 建立无人驾驶机器人控制系统模型。多软件联合仿真软件接口如图 4-43 所示。

（1）CARSIM 车辆模型 CARSIM 软件可以为联合仿真模型提供精确的车辆模型，此处车辆模型选取 CARSIM 软件中的 B class hatchback 2012 车型，车辆模型的主要结构参数见表 4-7。

表 4-7 车辆模型的主要结构参数

参数	数值	参数	数值
长度/mm	3850	迎风面积/m²	1. 6
宽度/mm	1695	空气阻力系数	0. 3
高度/mm	1845	轮胎半径/mm	310
轴距/mm	2600	整备质量/kg	1230

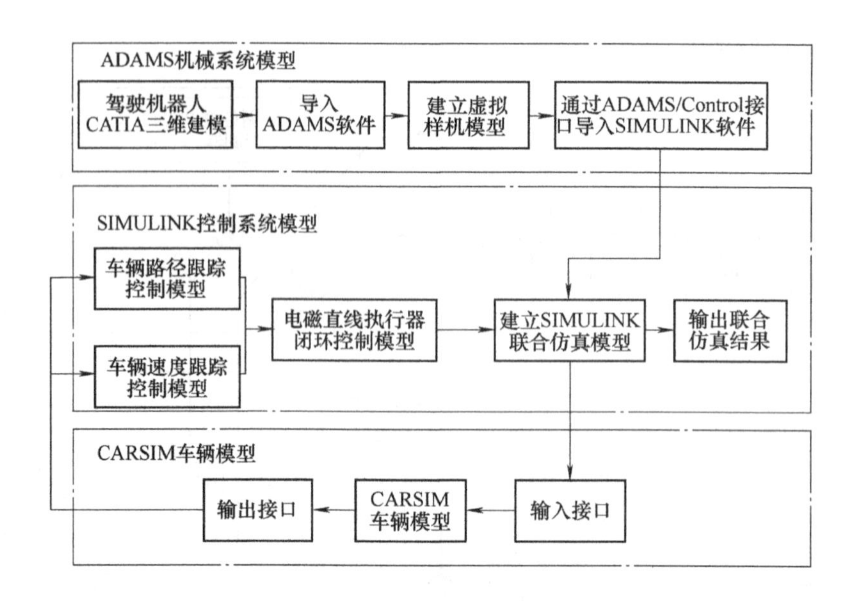

图 4-43　联合仿真软件接口

联合仿真所用发动机选择 CARSIM 软件中的 150kW 发动机，其脉谱图如图 4-44 所示。根据发动机的脉谱图可制定相关换档策略。

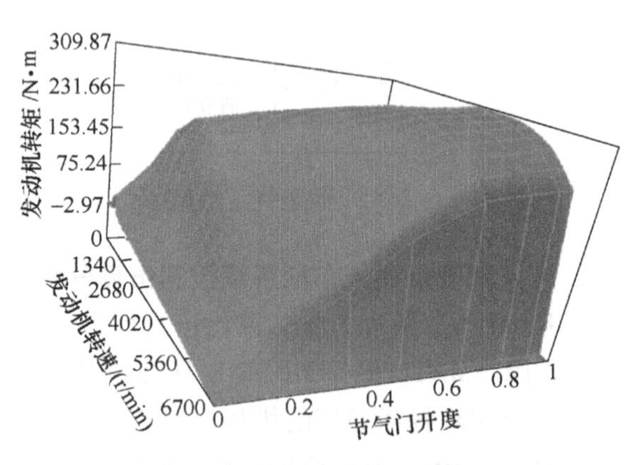

图 4-44　选用发动机的脉谱图

联合仿真所用变速器为五档变速器，其变速器的各档位传动比见表 4-8。其主减速器传动比为 0.034。

CARSIM 软件的信号输入端口设置为转向盘转角、档位信号、离合/制动/加速踏板的开度，信号输出端口设置为车辆在大地坐标系下的实时坐标、侧向加速度、航向角、车辆纵向速度和侧向速度等。

表 4-8　变速器各档位传动比

档位	传动比	档位	传动比
1 档	3.538	4 档	1
2 档	2.06	5 档	0.713
3 档	1.404	倒档	-3.168

（2）换档策略　对于手动变速器需要设定相关换档策略，本节无人驾驶机器人车辆的换档策略采用两参数动力性换档规律，即根据车速和节气门开度决策出变速器升档和降档时机，其升档表和降档表如图 4-45 和图 4-46 所示。

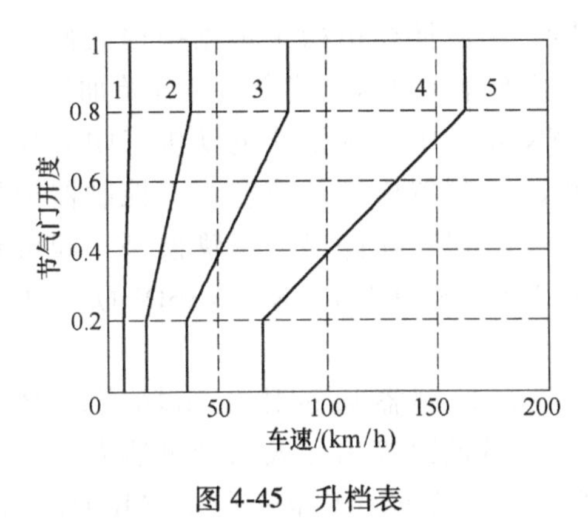

图 4-45　升档表

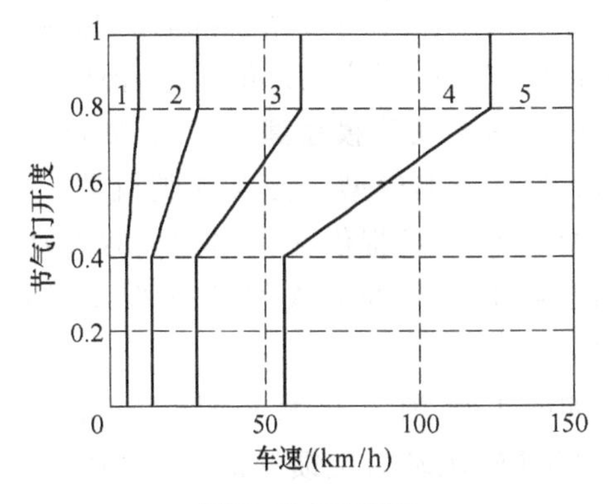

图 4-46　降档表

车辆的换档策略和换档逻辑较为复杂，对于复杂的逻辑问题可借助 MATLAB 中有限状态机（Stateflow）模块来建立相应的换档策略。图 4-47 所示为换档逻辑有限状态机模型。有限状态机模型可以用来解决控制系统各个状态之间的复杂的逻辑关系。车辆的档位状态分为稳定状态、升档状态和降档状态。有限状态机模型可根据图 4-45 和图 4-46 所示的升档表和降档表决策出车辆下一时刻的档位状态。如车辆当前在某一档位处于稳定状态，当车辆的实时车速大于升档车速时，则有限状态机切换到升档状态，车辆变速器上升一个档位；当车辆的实时车速小于降档车速时，则有限状态机切换到降档状态，车辆变速器下降一个档位，其中升档车速和降档车速由车辆实时的节气门状态和档位信息决定。因此换档逻辑有限状态机模型可根据节气门开度、当前车速和档位状态决策出无人驾驶机器人车辆下一时刻的档位，从而操纵无人驾驶机器人各执行机构运动到相应位置。

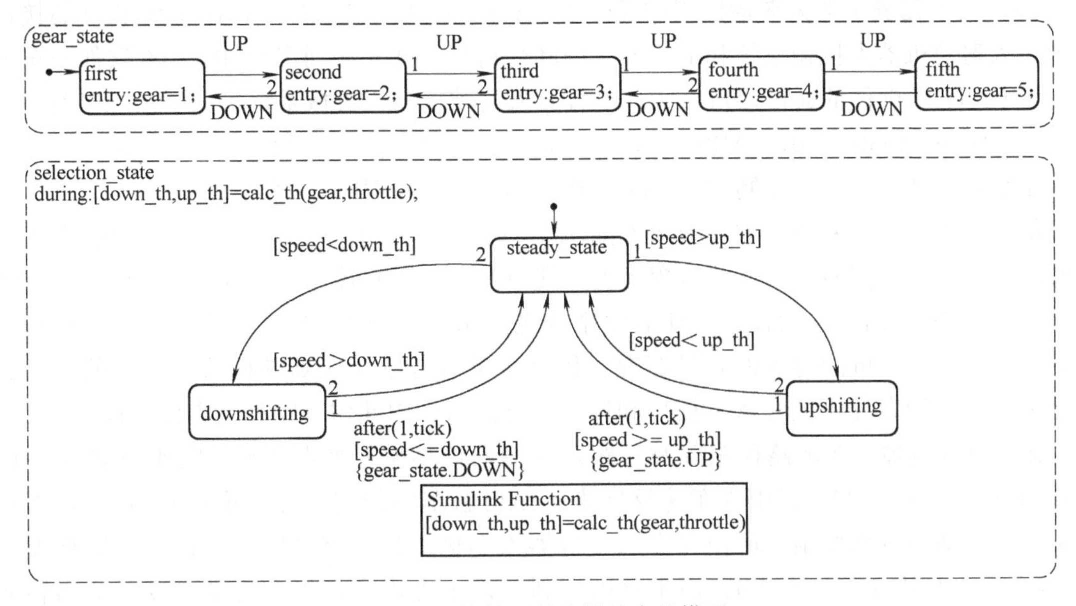

图 4-47　换档逻辑有限状态机模型

车辆换档是离合、节气门和换档手柄协调工作的过程，换档时加速机械腿回收使加速

踏板逐渐松开，并同时操纵离合机械腿踩下离合器，随后换档机械手根据换档表操纵换档手柄换到相应档位上，最后离合踏板开始松开，当离合器到达半接合区时开始加速。

（3）联合仿真模型建立 在 MATLAB/SIMULINK 软件中分别搭建电动机三闭环控制模型、换档策略模型、无人驾驶机器人车辆路径跟踪控制器模型及速度跟踪控制器模型等，ADAMS 软件提供无人驾驶机器人动力学模型，CARSIM 软件提供车辆模型，即可建立如图 4-48 所示的无人驾驶机器人车辆解耦控制 ADAMS/SIMULINK/CARSIM 联合仿真模型。

如图 4-48 所示，无人驾驶机器人车辆路径跟踪控制器通过比较车辆实际路径（CARSIM 输出端口反馈的信息）和期望路径的大小，从而决策出无人驾驶机器人转向机械手的转角；无人驾驶机器人车辆速度跟踪控制器通过比较车辆实际车速（CARSIM 输出端口反馈的信息）和期望车速的大小，从而决策出加速和制动机械腿的开度；换档策略控制模块根据当前车辆车速、节气门开度以及车辆档位信息即可决策出车辆下一时刻的档位以及离合器状态。

因此车辆路径跟踪控制器可决策出转向机械手的驾驶命令，速度跟踪控制器可决策出加速/制动机械腿的驾驶命令，而换档策略控制模块可决策出换档机械手和离合机械腿的驾驶命令。将以上驾驶命令转换为各电动机所需的期望位置信息，电动机位置伺服控制系统可使无人驾驶机器人 ADAMS 模型运动到规定的位置，ADAMS 模型的输出即可转换为相应的驾驶命令（档位信息、踏板开度及转向盘转角）输入到 CARSIM 软件的输入端口，CARSIM 模型的输出信息为车辆当前运动状态（如车辆位置坐标、侧向加速度、航向角、车辆纵向速度和侧向速度等），车辆当前运动状态可反馈至各个控制器中，从而组成无人驾驶机器人车辆路径及速度闭环控制模型。

（4）无人驾驶机器人车辆控制仿真分析 利用 SIMULINK 软件与 ADAMS 软件的接口实现无人驾驶机器人机械系统和电控系统的联合仿真，并充分利用 SIMULINK 软件与车辆动力学 CARSIM 软件的通信接口，实现融合无人驾驶机器人机械系统、控制系统以及车辆模型的 ADAMS/SIMULINK/CARSIM 软件的联合仿真。通过上述操作即可实现无人驾驶机器人车辆路径和车速解耦控制的 ADAMS/SIMULINK/CARSIM 的联合仿真。

仿真路径为图 4-49 所示的期望车辆路径，该路径包含直线运动、三个不同转弯半径的弯道以及两个不同曲率的连续转弯运动，其中三个弯道的转弯半径分别为 $R=15\text{m}$、$R=20\text{m}$ 和 $R=25\text{m}$，两个连续转弯运动的曲率分别为 1/200 和 1/120。该仿真路径包括车辆在城市道路行驶时可能遇到的各种路况，仿真结果可考察无人驾驶机器人车辆的直线保持能力、转向能力（不同转弯半径）和连续转弯能力，因此仿真路径具有代表性。

无人驾驶机器人车辆路径跟踪及其跟踪的侧向位移偏差如图 4-49～图 4-51 所示，由图 4-51 和图 4-52 可知通过引入车速反馈来不断更新车辆的侧向加速度增益 G_{ay}，从而实现了车辆运动的解耦控制，可使无人驾驶机器人车辆的预期路径跟踪的最大瞬时误差为 0.3m 左右，平均误差为 0.1m；而未解耦控制（即未考虑车辆纵向运动速度对横向转向运动的影响）的最大瞬时跟踪误差为 0.75m，平均误差为 0.3m，车辆路径解耦控制其跟踪误差有很大程度上地降低。

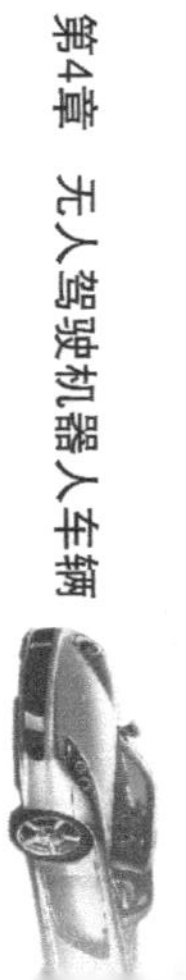

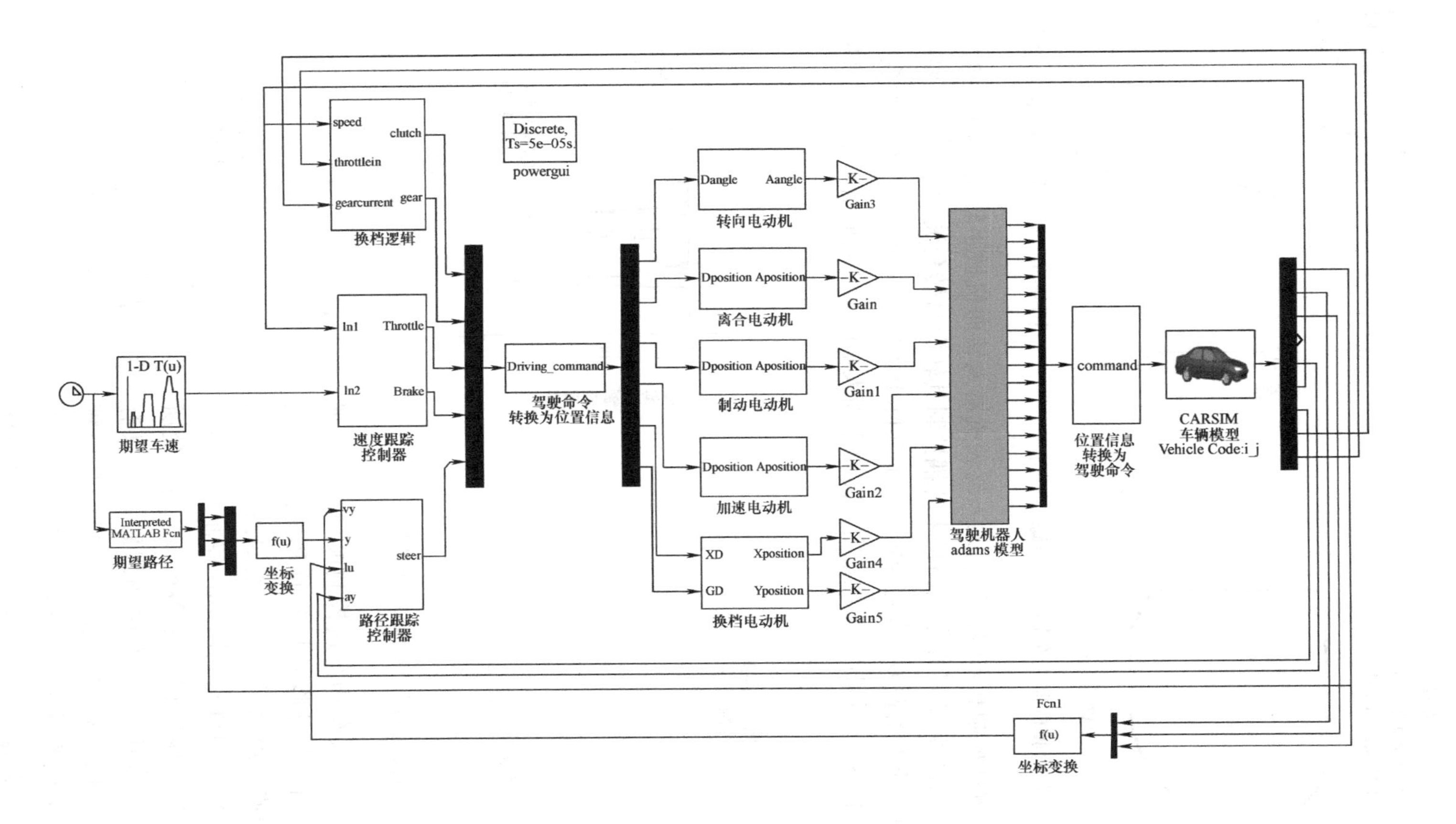

图 4-48　无人驾驶机器人车辆解耦控制联合仿真模型

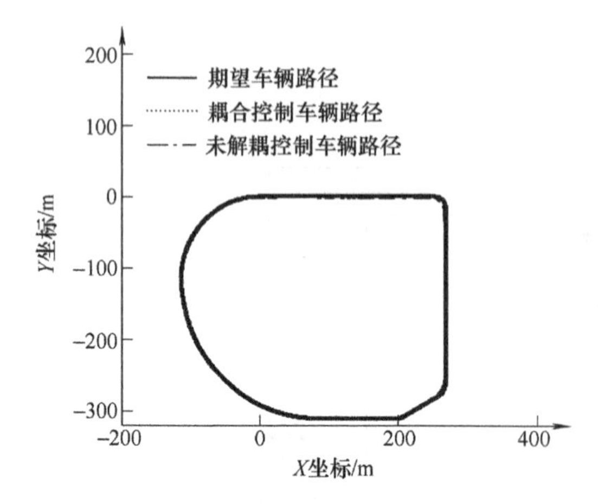

图 4-49　无人驾驶机器人车辆路径跟踪

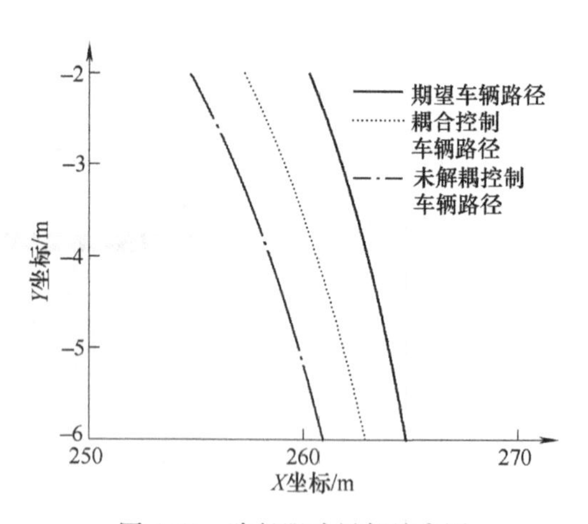

图 4-50　路径跟踪局部放大图

车辆路径解耦控制和未解耦控制无人驾驶机器人转向机械手转角（即转向盘转角）如图 4-52 所示。由图 4-52 可知车辆路径未解耦控制其转向盘转角波动较大，主要原因是未解耦控制的侧向加速度增益 G_{ay} 设定为定值，而实际上车辆转向过程 G_{ay} 有较大变化，因此未解耦路径控制器不能保持控制系统稳定，需要不断大幅度调节转向盘转角来实现路径跟踪。

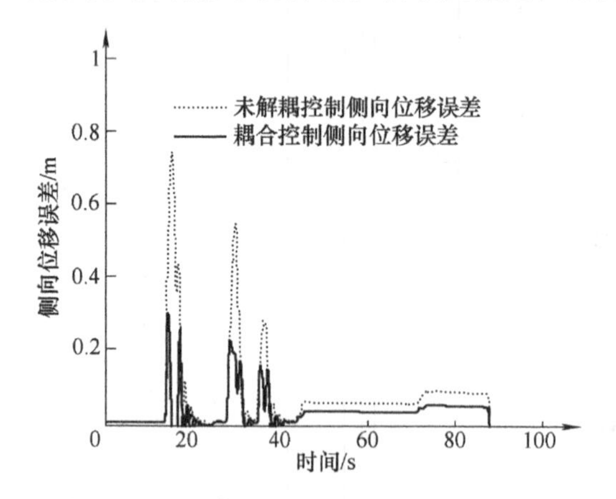

图 4-51　无人驾驶机器人车辆侧向位移误差

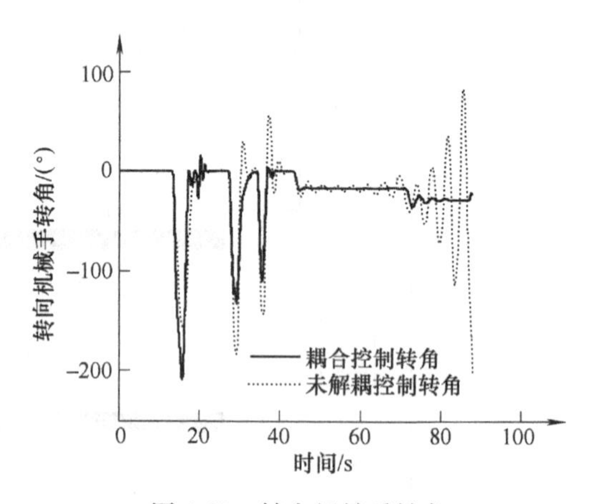

图 4-52　转向机械手转角

无人驾驶机器人车辆车速控制模块可以实现车速的精确控制。此处将其与普通 PID 控制器进行对比。车辆速度跟踪及跟踪误差如图 4-53～图 4-55 所示，由这三图可知利用 PID 控制车辆的预期车速跟踪的最大瞬时误差为 2km/h，而此处所采用的模糊免疫 PID 控制方法的跟踪误差只有 1km/h，其车速跟踪误差降低的主要原因是模糊免疫 PID 控制方法弥补了常规 PID 控制无法在线调整控制参数的缺点，因此本节提出的控制方法可适应于不同种类和结构车辆的具体要求。

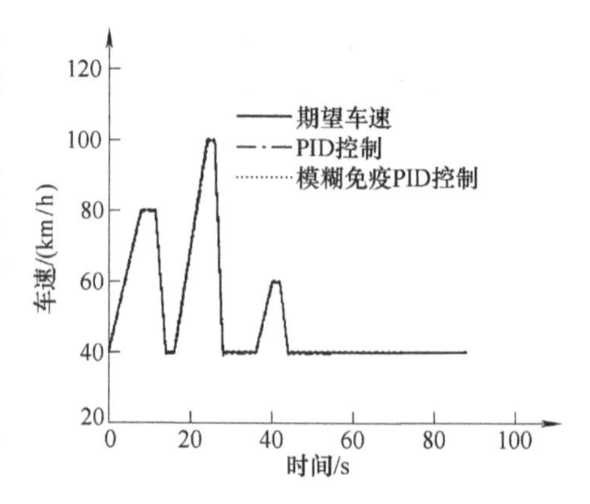

图 4-53　无人驾驶机器人车速跟踪

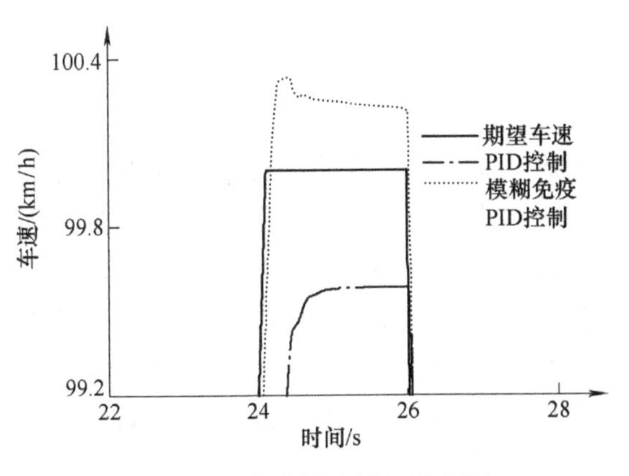

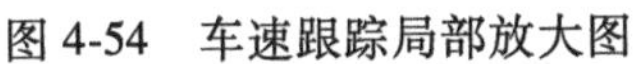
图 4-54　车速跟踪局部放大图

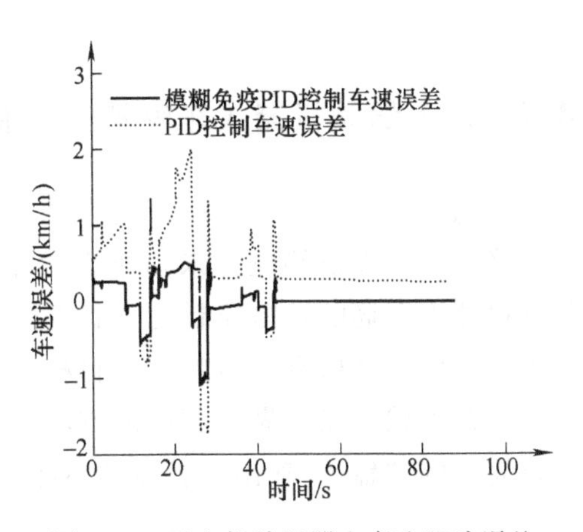

图 4-55　无人驾驶机器人车速跟踪误差

图 4-56 所示为实现指定车速跟踪所需无人驾驶机器人换档机械手操纵换档手柄所达到的档位；图 4-57～图 4-59 所示为实现指定车速跟踪所需无人驾驶机器人离合/加速/制动机械腿的开度（即车辆离合/加速/制动踏板的开度）。由图 4-56 和图 4-57 可知能够在 0. 6s 以内平稳快速地实现换档，由图 4-57～图 4-59 可知无人驾驶机器人离合/加速/制动机械腿的开度变化比较平稳，其幅值波动和振荡量均比较小，满足无人驾驶机器人车辆离合/加速/制动踏板的操纵特性。

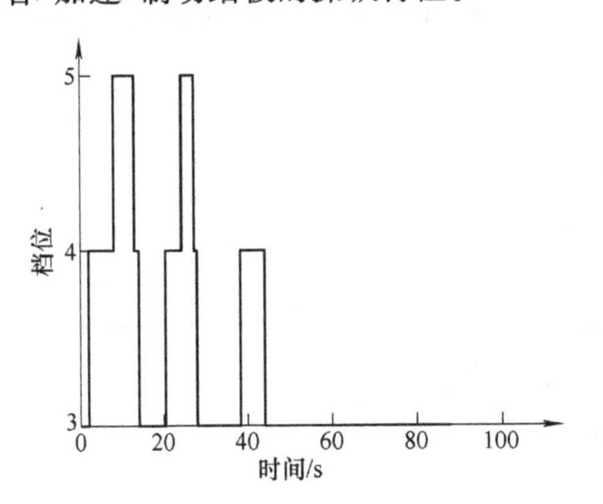

图 4-56　换档机械手档位状态

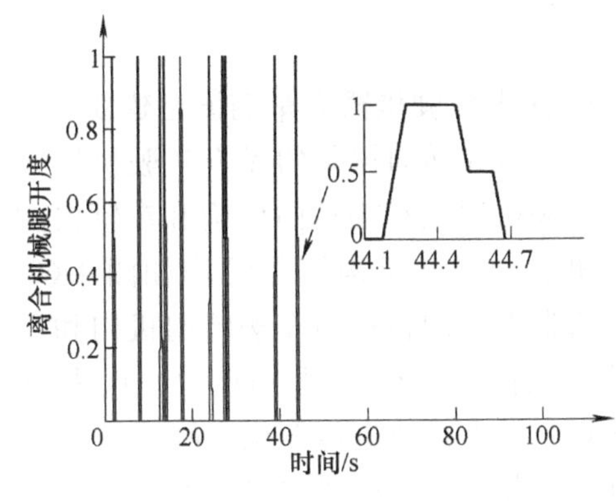

图 4-57　离合机械腿开度

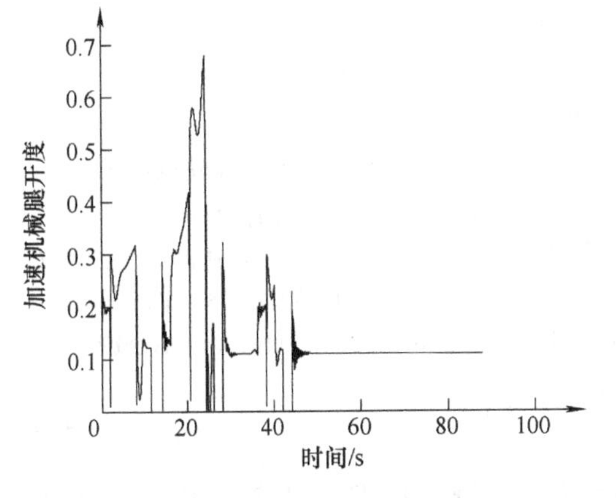

图 4-58　加速机械腿开度

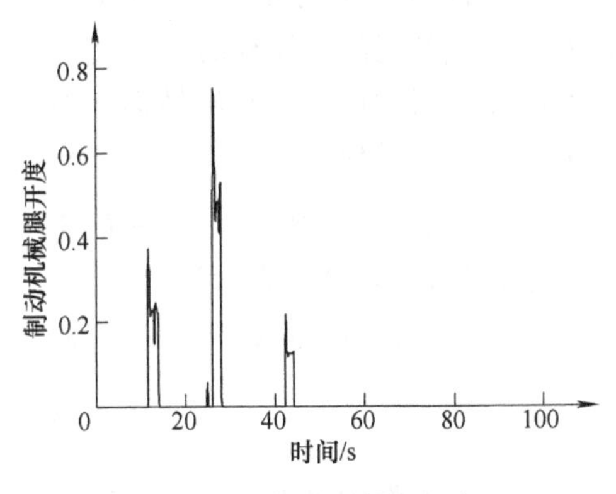

图 4-59　制动机械腿开度

4.4.4 无人驾驶机器人车辆转向控制

无人驾驶机器人车辆是一个复杂的非线性系统，前后车轮侧偏刚度、转动惯量等的复杂不确定性，以及侧风等未知非线性外部干扰均会对其转向控制产生影响。此外，无人驾驶机器人车辆的转向控制是一个“机器人-车辆”交互的协调驾驶操纵过程。无人驾驶机器人的任务是根据自身情况、目标道路信息、车辆行驶状态信息以及驾驶工况的需要，在一系列状态点上做出相应的驾驶决策，并对车辆进行操控。对无人驾驶机器人车辆进行简单的“输入-输出”控制并不能体现出这种“机器人-车辆”的交互协调驾驶的特点。

因此，本节提出了一种基于驾驶人行为的自适应反演转向鲁棒控制方法。考虑到无人驾驶机器人车辆模型不确定性与未知非线性外部干扰，建立了无人驾驶机器人车辆动力学模型。建立了包括坐标变换模型、驾驶人虚拟路径规划模型和驾驶人期望横摆角速度模型的驾驶人行为模型。在此基础上，设计了一种由自适应反演鲁棒控制器和非线性干扰观测器（Nonlinear Disturbance Observer，NDO）组成的转向鲁棒控制器。NDO 用于补偿无人驾驶机器人车辆的模型不确定性和未知非线性外部干扰。基于 NDO 的补偿作用，采用反演方法设计了转向鲁棒控制器，用于实现无人驾驶机器人车辆精确稳定的转向控制。

1. 无人驾驶机器人车辆模型建立

用于研究转向控制的无人驾驶机器人车辆模型由无人驾驶机器人车辆转向机构和车辆模型组成。无人驾驶机器人转向机构简化结构如图 4-60 所示。无人驾驶机器人转向机构由车辆转向机构和无人驾驶机器人转向机械手组成。图 4-60 中，T_m 为伺服电动机输出转矩；i_0 为减速机传动比；K_h 为转向机械手的扭转刚度；J_c 为转向盘和转向盘卡盘的总转动惯量；K_c 为转向柱的扭转刚度；i_s 为从小齿轮到车轮主轴销的传动比；M_z 为前胎回正力矩；δ_f 为前轮角；ζ 为轮胎拖距；J_w 为前轮围绕其直径轴的转动惯量。

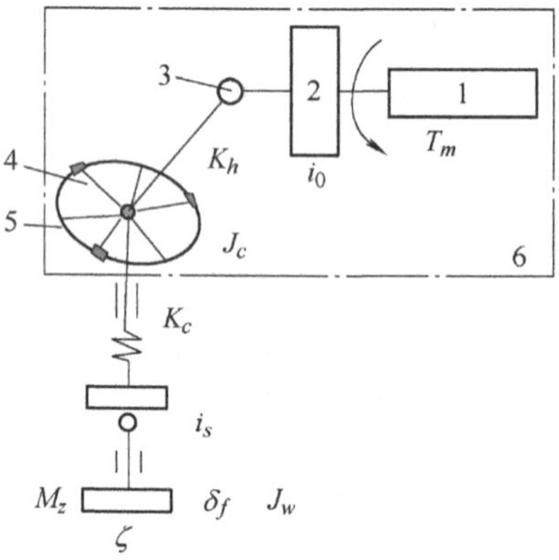

图 4-60 无人驾驶机器人转向机构简化结构
1—伺服电动机 2—减速器 3—万向节
4—转向机械手卡盘 5—车辆转向盘
6—无人驾驶机器人转向机械手

忽略无人驾驶机器人车辆转向机构阻尼，可以得到转向机构动力学模型为

$$i_0 i_s T_m - M_z = J_{eq}\ddot{\delta}_f + K_{eq}\delta_f \tag{4-35}$$

其中，J_{eq} 和 M_z 分别表示为

$$J_{eq} = J_w + i_s^2 J_c K_{eq} = (K_c + K_h) i_s \tag{4-36}$$

$$M_z = K_f \zeta\left(\beta + \frac{l_f}{u_x}w - \delta_f\right) \tag{4-37}$$

式中，J_{eq} 是无人驾驶机器人车辆转向机构的等效转动惯量；K_{eq} 是无人驾驶机器人车辆转

向机构的等效转动刚度；K_f是前轮刚度；β 是车辆质心的侧偏角；w 是横摆角速度；l_f是前轴到质心的距离；u_x是纵向车速。

采用的线性二自由度车辆模型为

$$\begin{cases}\sum F_Y = F_{Y1}\cos\delta_f + F_{Y2}\\ \sum M_Z = l_f F_{Y1}\cos\delta_f - l_r F_{Y2}\end{cases} \tag{4-38}$$

式中，F_Y是车辆模型受到侧向力的总和；M_Z是车辆模型受到的横摆力矩的总和；F_{Y1} 和 F_{Y2} 分别是前、后轮受到的侧向力；l_r是后轴到质心的距离。

F_{Y1} 和 F_{Y2} 可以表示为

$$\begin{cases}F_{Y1} = K_f \dfrac{\tan\alpha_1}{1+s_1} f(\gamma_1)\\ F_{Y2} = K_r \dfrac{\tan\alpha_2}{1+s_2} f(\gamma_2)\end{cases} \tag{4-39}$$

其中，$f(\gamma_1)$ 和 $f(\gamma_2)$ 可以表示为

$$f(\gamma_i) = \begin{cases}(2-\gamma_i)\gamma_i, & \gamma_i < 1\\ 1, & \gamma_i \geqslant 1\end{cases} \quad (i = 1,\ 2) \tag{4-40}$$

式中，s_1 和 s_2 是轮胎滑移率；α_1 和 α_2 是轮胎滑移角；γ_i是轮胎工作区域的参数；当 $\gamma_i \geqslant 1$ 时，$f(\gamma_i) = 1$，表示轮胎工作在非线性区域内；当 $\gamma_i<1$ 时，$f(\gamma_i)=(2-\gamma_i)\ \gamma_i$，表示轮胎工作在线性区域内。

为了简化无人驾驶机器人车辆模型，假设轮胎均在线性区域内做纯滚动，则式（4-38）可以改写成

$$\begin{cases}\sum F_Y = -2K_f\left(\beta + \dfrac{l_f w}{u_x} - \delta_f\right) - 2K_r\left(\beta - \dfrac{l_r w}{u_x}\right) = m u_x(\beta + \dot{w})\\ \sum M_Z = -2l_f K_f\left(\beta + \dfrac{l_f w}{u_x} - \delta_f\right) + 2l_r K_r\left(\beta - \dfrac{l_r w}{u_x}\right) = I\dot{w}\end{cases} \tag{4-41}$$

式中，m 是车辆质量；I 是车辆横摆转动惯量；K_r是后轮侧偏刚度。

结合式（4-35）和式（4-41），可得出无人驾驶机器人动力学模型为

$$\begin{cases}\delta_f(s) = G\delta_f(s)T_m(s)\\ \dot{\beta} = a_{11}\beta + a_{12}w + a_{13}\delta_f + a_{14}f_1 + f_2\\ \dot{w} = a_{21}\beta + a_{22}w + a_{23}\delta_f + a_{24}m_1 + m_2\end{cases} \tag{4-42}$$

其中，

$$G\delta_f(s) = \frac{i_0 i_s}{s^2 J_{eq} + K_{eq} + K_f\zeta\left[G_\beta(s) + \dfrac{l_f}{u_x}G_w(s) - 1\right]} \tag{4-43}$$

$$G_w(s) = \frac{a_{23}s - a_{11}a_{23} + a_{13}a_{21}}{s^2 - (a_{11}+a_{23})s + a_{11}(a_{22}-a_{21})} \tag{4-44}$$

$$G_{\beta}(s)=\frac{a_{12}a_{13}s+a_{12}a_{23}-a_{22}a_{13}}{a_{12}s^{2}-(a_{22}+a_{12}a_{11})s+a_{11}a_{22}-a_{12}a_{21}} \tag{4-45}$$

$$a_{11}=-\frac{K_f+K_r}{mu_x}a_{12}=\left(\frac{l_rK_r-l_fK_f}{mu_x^2}-1\right)a_{13}=\frac{K_f}{mu_x}a_{14}=\frac{1}{mu_x} \tag{4-46}$$

$$a_{21}=\frac{l_rK_r-l_fK_f}{I}a_{22}=-\frac{l_f^2K_f+l_r^2K_r}{u_xI}a_{23}=\frac{l_fK_f}{I}a_{24}=\frac{1}{I} \tag{4-47}$$

$$f_2=\Delta a_{11}\beta+\Delta a_{12}w+\Delta a_{13}\delta_f \tag{4-48}$$

$$m_2=\Delta a_{21}\beta+\Delta a_{22}w+\Delta a_{23}\delta_f \tag{4-49}$$

式中，$G\delta_f(s)$ 是由 T_m 到 δ_f 的传递函数；$G_\beta(s)$ 和 $G_w(s)$ 分别是由 δ_f 到 β 和 w 的传递函数；f_1 和 m_1 是未知外部干扰；f_2 和 m_2 是模型的等效不确定性；Δa_{ij} 是 a_{ij} 的不确定性（i=1，2；j=1，2，3）。

2. 无人驾驶机器人车辆转向控制策略

基于驾驶人行为的自适应反演转向控制框图如图 4-61 所示，主要由考虑总干扰 f（包括模型不确定性和未知非线性外部干扰）的无人驾驶机器人车辆动力学模型和基于驾驶人行为的转向鲁棒控制器组成。首先，根据预瞄距离 x_e、目标路径 $Y=f(x)$ 以及车辆位姿（X_C，Y_C，ϕ_C），得出预瞄点 O_p 在车辆坐标系 $O_CX_1Y_1$ 中的坐标（x_e，y_e）。然后，根据（x_e，y_e）和无人驾驶机器人车辆的行驶状态信息 u_x、β 以及 w，规划出一条从车辆质心到 O_p 的虚拟路径 $y(x)$，继而可计算出驾驶人期望横摆角速度 w_r。最后，设计出基于驾驶人行为的转向鲁棒控制器。其中，转向鲁棒控制器包括一个 NDO 和一个自适应鲁棒反演控制器。NDO 产生的 f 用于补偿总干扰 $\hat{f}$。自适应鲁棒反演控制器产生的 u 经过传递函数转换为无人驾驶机器人转向机械手的驱动力矩 T_m。

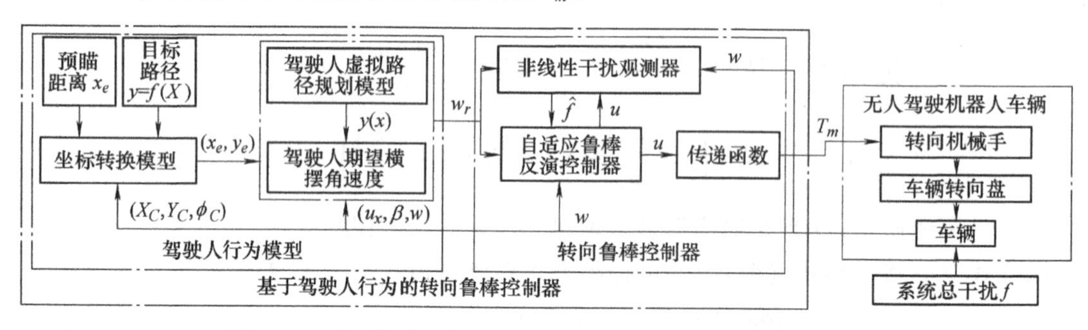

图 4-61 基于驾驶人行为的反馈自适应反演转向鲁棒控制器

基于驾驶人行为的转向鲁棒控制器由驾驶人行为模型和转向鲁棒控制器组成。其中，驾驶人行为模型包括坐标转换模型、驾驶人虚拟路径规划模型以及驾驶人期望横摆角速度，转向鲁棒控制器包括非线性干扰观测器和自适应鲁棒反演控制器。

（1）坐标转换模型 坐标转换模型的作用是将预瞄点 O_p 在大地坐标系中的坐标转化为车辆坐标系中的坐标，从而可以进行下一步的驾驶人虚拟路径规划。坐标转换模型的输入为预瞄距离和目标路径，输出为 O_p 在车辆坐标系中的坐标。坐标转换模型如图 4-62 所示。图中，$O_CX_1Y_1$ 是车辆坐标系，OXY 是大地坐标系，v 是总车速。在坐标系 OXY 中，

(X_C, Y_C) 是无人驾驶机器人车辆的坐标，(X_P, Y_P) 是道路预瞄点 O_P 的坐标，ϕ_C 是无人驾驶机器人车辆的横摆角。在车辆坐标系 $O_CX_1Y_1$ 中，x_e 是预瞄距离，y_e 是 O_C 与 O_P 之间的侧向误差。

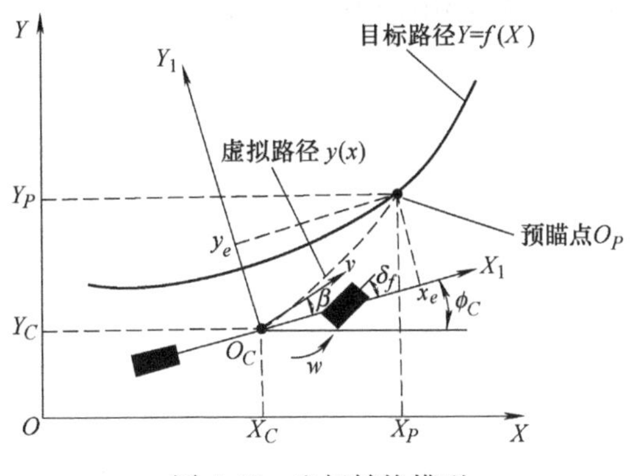

图 4-62 坐标转换模型

O_P 在车辆坐标系 $O_CX_1Y_1$ 中的坐标为

$$\begin{pmatrix} x_e \\ y_e \end{pmatrix} = \begin{pmatrix} \cos\phi_C & \sin\phi_C \\ -\sin\phi_C & \cos\phi_C \end{pmatrix} \begin{pmatrix} X_P - X_C \\ Y_P - Y_C \end{pmatrix} \tag{4-50}$$

在计算出式（4-50）之后，可规划出一条虚拟路径 $y(x)$。虚拟路径规划方程采用三次函数，使虚拟路径适应道路的曲率变化。由于车辆质心的侧偏角较小，可假设总车速 v 的方向与车辆纵向轴线方向一致，那么虚拟路径规划方程为

$$y(x) = Ax^3 + Bx^2 + Cx + D \tag{4-51}$$

式（4-51）的已知条件为

$$y(0) = 0;\ y(x_e) = y_e;\ \dot{y}(0) = 0;\ \left.\frac{\ddot{y}}{\sqrt{(1+\dot{y})^3}}\right|_{x=0} = \rho \tag{4-52}$$

式中，ρ 是无人驾驶机器人车辆的行驶曲率；A、B、C 和 D 均为 $y(x)$ 的系数。

将式（4-52）带入式（4-51），可以得出虚拟路径方程为

$$y(x) = \frac{1}{x_e^3}\left(y_e - \frac{w}{2v}x_e^2\right)x^3 + \frac{w}{2v}x^2 \tag{4-53}$$

（2）驾驶人期望横摆角速度 在系统总干扰的影响下，无人驾驶机器人也要像人类驾驶员一样，能够操纵车辆进行精确稳定的转向。假设无人驾驶机器人车辆能够无偏差地沿着虚拟路径行驶，那么可得出沿着虚拟路径行驶时的驾驶人期望横摆角速度率为

$$\dot{w}_d = \dot{v}\frac{w}{v} + v^2\frac{\dddot{y}(1+\dot{y}^2) - 3\dot{y}\ddot{y}^2}{(1+\dot{y}^2)^3} \tag{4-54}$$

将式（4-51）带入到式（4-54）中，并令 x=0，则可以得出驾驶人期望横摆角速度率为

$$\dot{w}_d = \dot{v}\frac{w}{v} + \frac{6v^2}{x_e^3}\left(y_e - \frac{w}{2v}x_e^2\right) \tag{4-55}$$

那么，下一控制时刻的驾驶人期望横摆角速度为

$$w_r = w + \varepsilon\dot{w}_d \tag{4-56}$$

式中，ε 是与控制时间间隔相关的系数。

（3）转向鲁棒控制器 转向鲁棒控制器由一个自适应鲁棒反演控制器和一个 NDO 组成。NDO 用于补偿系统总干扰，自适应鲁棒反演控制器用于实现精确稳定的转向控制。

假设无人驾驶机器人车辆位置 (X_C, Y_C)、车速 u_x、质心侧偏角 β 均能通过反馈获得，且总车速 v 可以通过 u_x 和 β 算出。为了采用反演法设计转向鲁棒控制器，先忽略无人

驾驶机器人车辆模型的不确定性与未知非线性外部干扰，将式（4-42）改写为

$$\begin{cases}\dot{x}_1 = x_2 \\ \dot{x}_2 = b_1x_2 + b_2x_1 + u - f\end{cases} \tag{4-57}$$

其中，

$$x_1 = w \tag{4-58}$$

$$x_2 = \dot{w} \tag{4-59}$$

$$b_1 = a_{22} + 1 \tag{4-60}$$

$$b_2 = -a_{11}a_{22} + a_{12}a_{21} \tag{4-61}$$

$$f = -a_{24}\dot{m}_1 - \dot{m}_2 + a_{11}(a_{24}m_1 + m_2) - a_{21}(a_{14}f_1 + f_2) \tag{4-62}$$

$$u = (a_{13}a_{21} - a_{11}a_{23})\delta_f + a_{23}\dot{\delta}_f \tag{4-63}$$

式中，u 是等效输入；f 是系统总干扰，包括模型不确定性与未知非线性外部干扰。

自适应鲁棒反演控制器的设计可以分为两步。

第一步：

定义 z_1 和 z_2，有

$$\begin{cases}z_1 = x_1 - w_r \\ z_2 = x_2 - \alpha_1\end{cases} \tag{4-64}$$

式中，z_1 是无人驾驶机器人车辆跟踪期望横摆角速度的误差；α_1 是定义的虚拟控制律。

对 z_1 进行微分可以得到

$$\dot{z}_1 = \dot{x}_1 - \dot{w}_r = x_2 - \dot{w}_r \tag{4-65}$$

定义

$$\alpha_1 = -c_1z_1 + \dot{w}_r \tag{4-66}$$

式中，c_1 是反馈增益，且大于0。

定义李雅普诺夫方程 V_1 为

$$V_1 = \frac{1}{2}z_1^2 \tag{4-67}$$

对 V_1 进行微分可得

$$\dot{V}_1 = z_1\dot{z}_1 = -c_1z_1^2 + z_1z_2 \tag{4-68}$$

第二步：

定义李雅普诺夫方程 V_2 为

$$V_2 = V_1 + \frac{1}{2}z_2^2 \tag{4-69}$$

对 z_2 进行微分可得

$$\dot{z}_2 = \dot{x}_2 - \dot{\alpha}_1 = b_2x_1 + b_1x_2 + u - f + c_1\dot{z}_1 - \ddot{w}_r \tag{4-70}$$

对 V_2 进行微分可得

$$\dot{V}_2 = -c_1z_1^2 + z_1z_2 + z_2(b_2x_1 + b_1x_2 + u - f + c_1\dot{z}_1 - \ddot{w}_r) \tag{4-71}$$

为了使 $\dot{V}_2 \leqslant 0$，可以设计输入控制律 u 为

$$u = -c_2 z_2 - z_1 - b_2 x_1 - b_1 x_2 + \hat{f} - c_1 \dot{z}_1 + \ddot{w}_r \tag{4-72}$$

式中，c_2 为反馈增益，且大于 0；$\hat{f}$ 是用于补偿系统总干扰 f 的量。

将式（4-72）带入式（4-71）可得

$$\dot{V}_2 = -c_1 z_1^2 - c_2 z_2^2 + z_2 \tilde{f} \tag{4-73}$$

式中，$\tilde{f} = \hat{f} - f$，为补偿值与总干扰之间的误差。

根据式（4-73），除了使 $\dot{V}_2 \leqslant 0$，还需要设计一个 NDO 来产生补偿值 $\hat{f}$，从而使得 $\tilde{f} \approx 0$。根据式（4-73）和式（4-72），NDO 可以设计为

$$\begin{pmatrix} \dot{\hat{f}} \\ \dot{\hat{\varepsilon}} \end{pmatrix} = \begin{pmatrix} 0 & 0 \\ 1 & 0 \end{pmatrix} \begin{pmatrix} \hat{f} \\ \hat{\varepsilon} \end{pmatrix} + \begin{pmatrix} 0 \\ 1 \end{pmatrix} (\ddot{w}_r - b_2 x_1 - b_1 x_2) + \begin{pmatrix} 0 \\ -1 \end{pmatrix} u + \begin{pmatrix} k_1 \\ k_2 \end{pmatrix} \tilde{x} + \begin{pmatrix} -k_3 \\ 0 \end{pmatrix} z_2 \tag{4-74}$$

式中，$\hat{\varepsilon}$ 是对 $-\dot{z}_1$ 的估计值；$\tilde{x} = -\dot{z}_1 - \hat{\varepsilon}$，是对 $-\dot{z}_1$ 的估计误差；k_1、k_2、k_3 均大于 0。

将式（4-74）进行化简，可以得到 NDO 为

$$\begin{cases} \dot{\hat{f}} = k_1 \tilde{x} - k_3 z_2 \\ \dot{\hat{\varepsilon}} = \hat{f} - u - b_2 x_1 - b_1 x_2 + k_2 \tilde{x} + \ddot{w}_r \end{cases} \tag{4-75}$$

（4）系统稳定性　定义控制系统的李雅普诺夫方程为

$$V = V_2 + V_3 = V_1 + \frac{1}{2} z_2^2 + V_3 \tag{4-76}$$

其中，

$$V_3 = \frac{1}{2k_1} \tilde{f} + \frac{1}{2} \tilde{x} \tag{4-77}$$

对 V_3 进行微分可得

$$\dot{V}_3 = \frac{1}{k_1} \tilde{f} \dot{\tilde{f}} + \tilde{x} \dot{\tilde{x}} = \frac{1}{k_1} \tilde{f} (\dot{\hat{f}} - \dot{f}) + \tilde{x} (-\ddot{z}_1 - \dot{\hat{\varepsilon}}) \tag{4-78}$$

假设总干扰 f 是一个慢时变信号，即 $\dot{f} = 0$。将式（4-71）代入到式（4-78），可得

$$\dot{V} = \dot{V}_2 + \dot{V}_3 = -c_1 z_1^2 - c_2 z_2^2 + z_2 \tilde{f} - \frac{k_3}{k_1} z_2 \tilde{f} - k_2 \tilde{x}^2 \tag{4-79}$$

对式（4-76）进行微分，并将式（4-79）代入其中可得

$$\dot{V} = \dot{V}_2 + \dot{V}_3 = -c_1 z_1^2 - c_2 z_2^2 + z_2 \tilde{f} - \frac{k_3}{k_1} z_2 \tilde{f} - k_2 \tilde{x}^2 \tag{4-80}$$

由于 c_1、c_2、k_1、k_2、k_3 均大于 0，只需令 $k_1 = k_3$，就可以得到 $\dot{V} \leqslant 0$，即所有误差信号均指数收敛到 0。

3. 无人驾驶机器人车辆转向控制试验验证

（1）仿真验证　为了证明提出控制器［控制律见式（4-72）］的性能，采用传统控制

器［控制律见式（4-81）］与提出控制器分别进行期望横摆角速度的跟踪仿真。

$$u_1 = -c_2z_2 - z_1 - b_2x_1 - b_1x_2 - c_1\dot{z}_1 + \ddot{w}_r \tag{4-81}$$

关键仿真参数见表4-9。令期望横摆角速度 $w_r=0.7\sin(0.4\pi t)$，即无人驾驶机器人车辆转向盘做周期为5s的简谐转动。令无人驾驶机器人车辆受到的总干扰 $f=10w_r+4\cos t$。

表4-9　关键仿真参数

参数	数值	参数	数值
m/kg	1126	ζ/m	0.035
L/mm	2548	i_0	15
I/kg·m^2	2697	i_s	20
u_x/(km/h)	50	c_1	10
J_c/kg·m	0.03	c_2	10
J_w/kg·m^2	2	k_1	100
K_h/(N·m/rad)	150	k_2	100
K_c(N·m/rad)	150	k_3	100

无人驾驶机器人车辆跟踪期望横摆角速度的曲线如图4-63所示。从图4-63a和图4-63b可以看出，采用传统控制器的误差较大，在系统总干扰 f 的影响下可达11.57%。这是因为传统控制器无法对系统总干扰 f 进行有效的补偿。然而，采用的提出控制器，可以对系统总干扰 f 进行有效的补偿（见图4-63c），因而误差小于3.7%。由图4-63d可得，提出控制器和传统控制器所得到的转向机械手驱动力矩总体相似，但提出控制器得到的转向机械手驱动力矩振幅较大。这是因为提出控制器能对系统总干扰 f 进行补偿，来克服系统总干扰 f 对无人驾驶机器人车辆转向控制的影响，从而导致了转向机械手的驱动力矩的增加。

（2）试验验证　为了进一步验证提出方法的有效性，进行了无人驾驶机器人车辆双移线仿真和人类驾驶员车辆（由人类驾驶员驾驶的车辆）双移线试验。无人驾驶机器人车辆双移线仿真采用提出方法和传统反演控制方法［控制律见式（4-81）］。预瞄距离 x_e 设为8m，关键仿真参数见表4-9。无人驾驶机器人车辆系统总干扰 f 设为 $\sin 3t$，用来模拟转向过程中无人驾驶机器人车辆的模型不确定性以及未知非线性外部干扰。

进行了无人驾驶机器人车辆性能自学习之后，无人驾驶机器人能够自动驾驶试验车辆。无人驾驶机器人安装在车辆驾驶室以及双移线试验如图4-64所示。由于无人驾驶机器人没有安装定位系统，故双移线试验由人类驾驶员在北京试验场来完成。

车速为50km/h的转向仿真与试验曲线如图4-65所示，包括目标双移线路径曲线、无人驾驶机器人车辆仿真曲线、人类驾驶员车辆试验曲线。

由图4-65a~c可得，人类驾驶员车辆的转向控制误差较大，达到了-0.45m。图4-65c中，控制误差为负代表无人驾驶机器人车辆（或人类驾驶员车辆）从右侧偏离目标双移线路径，控制误差为正代表无人驾驶机器人车辆（或人类驾驶员车辆）从左侧偏离目标双移线路径。此外，人类驾驶员车辆的控制误差的波动也较大，驾驶稳定性较差。尽管人类驾驶员具备路径规划和驾驶决策以及一定程度上克服外部干扰的能力，但容易受到

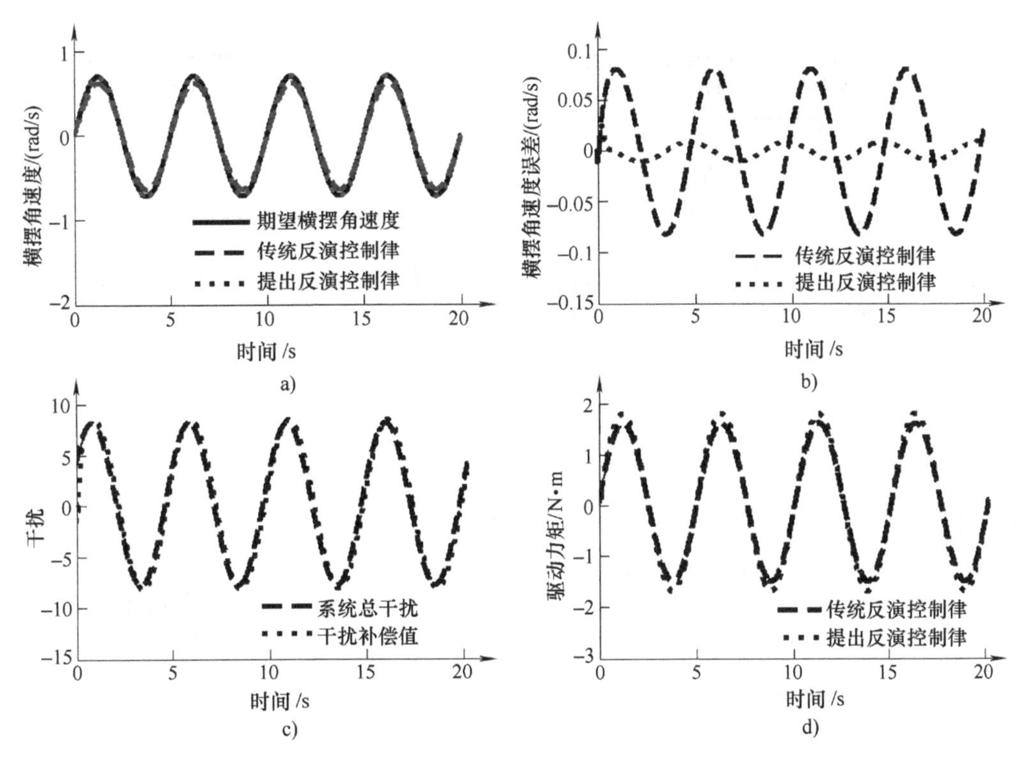

图 4-63 无人驾驶机器人车辆期望横摆角速度跟踪曲线

a）期望横摆角速度跟踪曲线 b）期望横摆角速度跟踪误差

c）系统总干扰与干扰补偿值 d）转向机械手驱动力矩

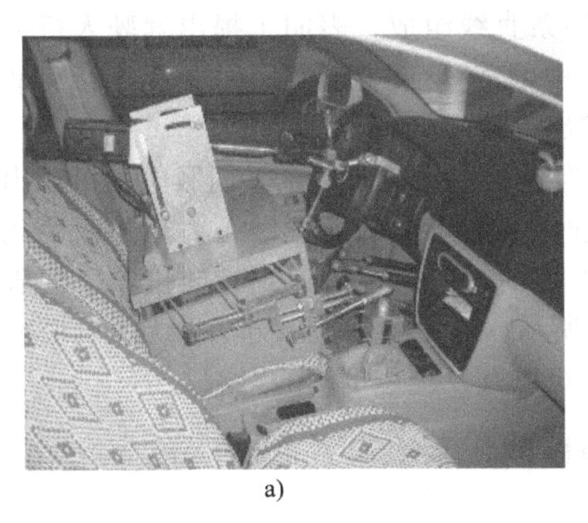

a) b)

图 4-64 无人驾驶机器人安装到车辆驾驶室以及双移线试验图

a）无人驾驶机器人安装在车辆驾驶室 b）双移线试验

驾驶经验、驾驶心理以及周围环境的影响。

图 4-65a～c 表明，采用传统反演控制方法的控制误差较大，达到了 0.36m，且控制精度和稳定性均不高，这是因为传统反演控制方法无法对系统总干扰进行有效的补偿。采用提出方法的控制误差较小，在±0.2m 之内，且控制误差波动小于传统反演控制方法。

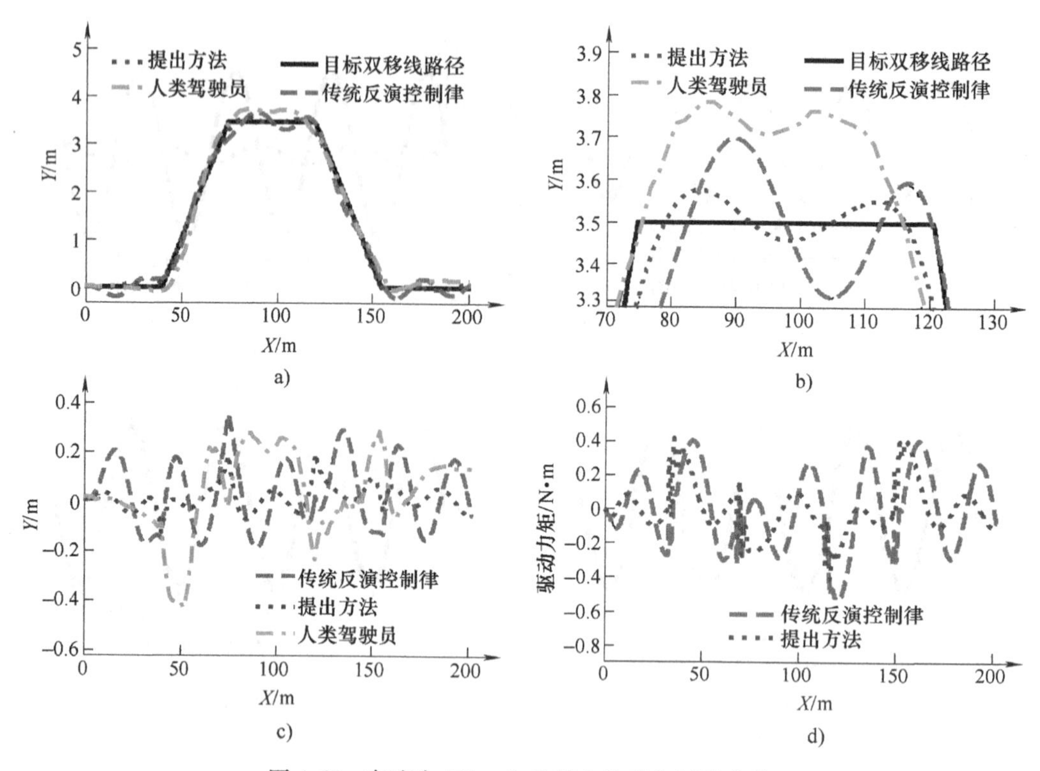

图 4-65　车速为 50km/h 的转向仿真与试验曲线

a）转向仿真与试验曲线　b）转向仿真与试验曲线放大图

c）仿真与试验误差　d）转向机械手伺服电动机输出力矩

由图 4-65a、b 可得，目标双移线路径曲线由四条直线组成，表明了提出驾驶人行为模型在虚拟路径规划的有效性。此外，提出控制器中的 NDO 能够对系统总干扰进行有效的补偿，并能在线调节自适应鲁棒反演控制器的输出。

由图 4-65d 可见，无人驾驶机器人车辆转向过程中，转向机械手伺服电动机输出力矩不断变化。这是因为，在转向过程中无人驾驶机器人车辆的前轮回正力矩不断变化，而不断变化的前轮回正力矩通过无人驾驶机器人车辆转向机构传递到转向机械手伺服电动机，从而形成了电动机负载力矩，如图 4-65d 所示。可见采用提出方法，无人驾驶机器人转向机械手伺服电动机能够克服电动机负载力矩以及系统总干扰的影响。

4.4.5　无人驾驶机器人车辆多模态切换控制

无人驾驶机器人车辆的关键技术是跟踪目标车速和目标轨迹。利用车辆跟踪目标工况的误差将跟踪过程分为车速误差大轨迹侧向误差小、车速误差小轨迹侧向误差小、车速误差大轨迹侧向误差大、车速误差小轨迹侧向误差大四个模态。对于多个模态的控制情况，本节提出了无人驾驶机器人车辆多模态切换控制方法来跟踪目标车速与目标轨迹。

1. 无人驾驶机器人车辆模型建立

（1）车辆动力学模型　车辆在平路上行驶主要受到驱动力、制动力、滚动阻力、空气阻力以及加速阻力。分别用式（4-82）、式（4-83）表示加速和制动时车辆动力学模型。

$$F_t = mgf + \frac{C_D A\ (3.6u_x)^2}{21.15} + ma_x \tag{4-82}$$

$$-ma_x = mgf + \frac{C_D A\ (3.6u_x)^2}{21.15} + F_{xb} \tag{4-83}$$

式中，m 是车辆总质量；f 是滚阻系数；C_D是空阻系数；A 是迎风面积；u_x和 a_x是纵向车速和加速度；F_t、F_{xb}是驱动力与地面制动力。

车辆横向动力学模型采用二自由度车辆模型，其状态空间方程为

$$\begin{cases} \dot{w} = \dfrac{a^2k_1 + b^2k_2}{I_z u_x}w + \dfrac{ak_1 - bk_2}{I_z}\beta - \dfrac{ak_1}{I_z}\delta_f \\ \dot{\beta} = \left(\dfrac{ak_1 - bk_2}{mu_x^2} - 1\right)w + \dfrac{k_1 + k_2}{mu_x}\beta - \dfrac{k_1}{mu_x}\delta_f \end{cases} \tag{4-84}$$

式中，w 是车辆横摆角速度；β 是车辆质心侧偏角；I_z是车辆绕 Z 轴转动惯量；k_1、k_2 是前后轮侧偏刚度；δ_f 是前轮转角；a、b 是前后车轴到质心距离。

（2）转向机械手运动学模型 转向机械手旋转电动机产生转角 θ_m，经减速器、转向万向节、转向盘卡盘传到转向盘的转角为 θ_s，从而产生前轮转角 δ_f。将转向机械手的传递函数 $A_1(s)$ 简化为低阶环节，即

$$A_1(s) = \frac{k}{T_1 s + 1} \tag{4-85}$$

式中，T_1 是时间常数，表示转向响应的快慢；k 是转向角增益。

（3）驾驶机械腿运动学模型 加速机械腿与制动机械腿采用相同结构，因此只需分析其中一条。驾驶机械腿运动学模型如图 4-66a 所示。其中，车辆踏板简化为摇杆 l_5，驾驶机械腿与踏板连接处简化为旋转副，并将图 4-66a 模型分解为图 4-66b 的左半部分和右半部分。

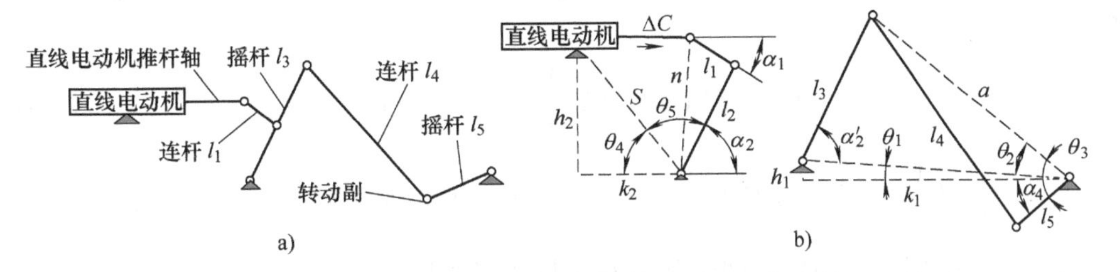

图 4-66 驾驶机械腿运动学模型

a）驾驶机械腿运动学模型简图 b）左半部分和右半部分

运用 D-H 法建立驾驶机械腿运动学模型较复杂。此处利用驾驶机械腿各杆长度以及杆间角度的关系，得出电动机输出位移 ΔC 和 α_4 的关系。

$$n = \sqrt{C^2 + S^2 - 2SC\cos\theta_4} \tag{4-86}$$

$$\theta_5 = \arcsin\left(\frac{C\sin\theta_4}{n}\right) \tag{4-87}$$

$$\alpha_2 = \arccos\left(\frac{n^2 + l_2^2 - l_1^2}{-2nl_2}\right) - \theta_4 - \theta_5 \tag{4-88}$$

$$a = \sqrt{l_3^2 + h_1^2 + k_1^2 - 2l_3\sqrt{h_1^2 + k_1^2}\cos(\alpha_2')} \tag{4-89}$$

$$\theta_2 = \arcsin\frac{l_3\sin\alpha_2'}{a} \tag{4-90}$$

$$\theta_3 = \arccos\frac{l_5^2 + a^2 - l_4^2}{2al_5} \tag{4-91}$$

$$\alpha_4 = \theta_3 - \theta_2 - \theta_1 \tag{4-92}$$

由式（4-86）~式（4-92）所述的各变量之间的关系，可以推得 ΔC 和 α_4 之间的关系，即

$$f(\Delta C) = \alpha_4$$

式中，h_1、k_1、h_2、k_2、S、θ_1、θ_4 均是已知的驾驶机器人安装参数；$\Delta C = C - C_0$，C 是直线电动机推杆轴总长，C_0 是初始时刻直线电动机推杆轴长度；$l_1 \sim l_4$ 是机械腿结构尺寸，l_2 是从 l_3 中分离出来的，为 l_3 长度的 1/2，l_5 是踏板模型长度；α_4 是踏板与水平线的夹角。

（4）驾驶机械腿产生驱动力和制动力分析 加速机械腿直线电动机输出位移 ΔC，使 α_4 变化，从而产生节气门开度 α_t。节气门开度 α_t 和驱动力 F_t 的关系可用式（4-93）表示，并在 α_t 和 F_t 间增加一低阶环节 $A_2(s)$ 来表示加速迟滞现象。该低阶环节分析与转向机械手中类似。

$$F_t = \frac{k_\alpha \alpha_t}{\tau + 1}A_2(s) \tag{4-93}$$

式中，τ 是发动机时间常数；k_α 是节气门开度与驱动力的比例系数；α_t 是节气门开度。

对安装有鼓式制动器的车辆，制动机械腿直线电动机输出位移 ΔC，使 α_4 变化，继而产生制动主缸活塞位移 x_z 和制动轮缸活塞位移 x_l。制动主缸活塞位移 x_z 与输入力 F_{in} 的关系为

$$F_{in} = f(x_z) = \left(k_l\frac{A_z^2}{A_l^2} + k_z\right)x_z + C_p\dot{x}_z^2 \tag{4-94}$$

式中，$C_p = \frac{\rho}{2}A_z\left(\frac{A_z^2}{A_l^2} - 1\right)$，$\rho$ 是制动油液密度；k_z、A_z分别是制动主缸回位弹簧刚度与活塞面积；k_l、A_l分别是制动轮缸回位弹簧刚度与活塞面积。

产生的地面总制动力 F_{xb}为

$$F_{xb} = (F_{in} - k_z x_z - C_p\dot{x}_z^2)C_q x_z + C_r a_x \tag{4-95}$$

式中，$C_q = \frac{r_g K_{ef}}{A_l r_w}\frac{2}{1-\beta_0}$，$C_r = \frac{I_w}{r_w^2}\frac{2}{1-\beta_0}$；$r_w$、$r_g$ 分别是车轮和制动鼓半径；I_w 是车轮转动惯量；K_{ef} 是制动效能因素；k_l 和 A_l 的乘积数值上等于轮缸推力 F_{pu}；β_0 是制动器制动力分配系数。

2. 多模态切换控制方法

驾驶机器人车辆多模态切换控制系统如图 4-67 所示，主要由车辆模型、理想横摆角速度变化率产生模块、加速/制动机械腿切换控制器、模糊 PID/模糊 PID+Bang-Bang 车速

切换控制器和模糊 PID/模糊 PID+Bang-Bang 转向切换控制器组成。其中，车速切换控制器以车速误差 e_u为模态决策和模糊 PID 控制器的输入，输出驾驶机械腿直线电动机位移 ΔC_2 和 ΔC_3。转向切换控制器以轨迹侧向误差 Δy_e为模态决策，以当前时刻与下一控制时刻的横摆角速度之差 $\varepsilon \dot{w}_d$ 为模糊 PID 控制器的输入，输出旋转电动机转角 θ_m。

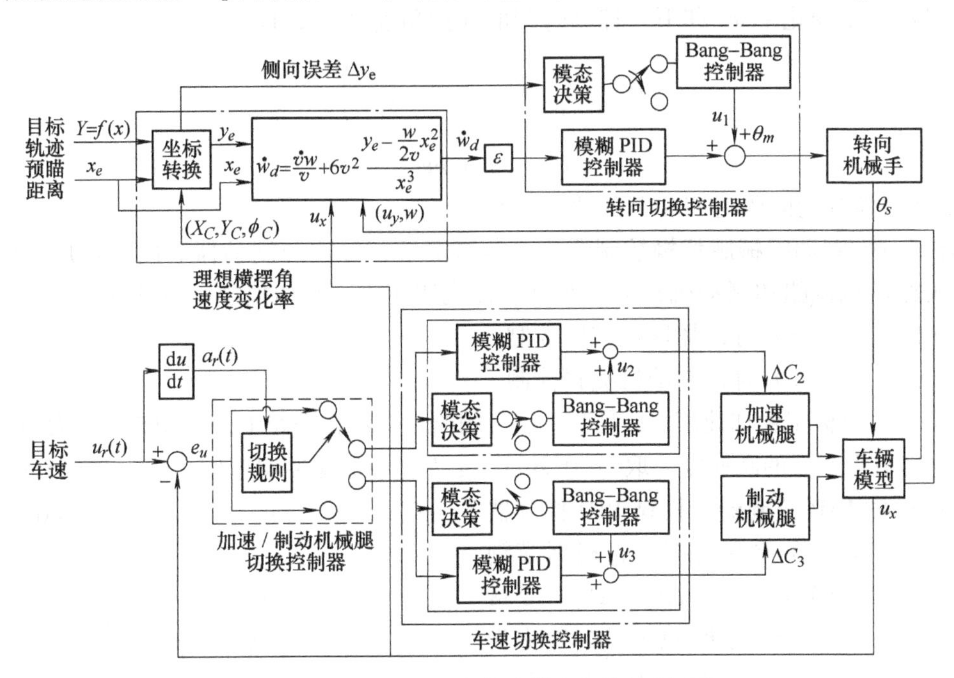

图 4-67　驾驶机器人车辆多模态切换控制系统

(1) 理想横摆角速度变化率　在车辆当前位置与预瞄点之间实时规划一条逼近目标轨迹的虚拟轨迹，可以将轨迹跟踪转换为对下一控制时刻横摆角速度的跟踪。

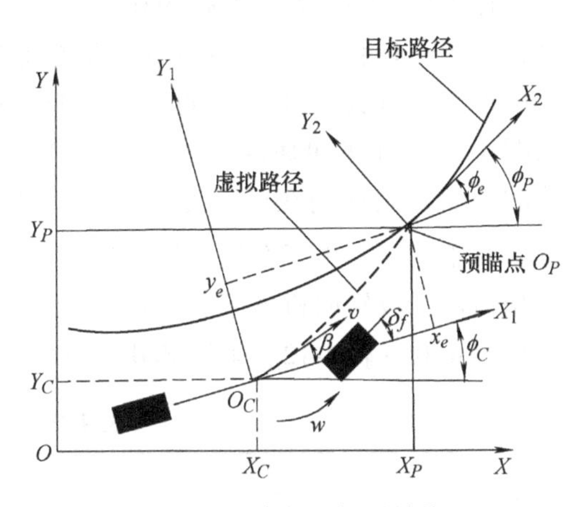

图 4-68　车辆坐标系转换

车辆坐标系转换图如图 4-68 所示，OXY 是大地坐标系，$O_CX_1Y_1$ 是车辆局部坐标系。在坐标系 OXY 中，车辆质心坐标为（X_C，Y_C，ϕ_C），预瞄点 O_P坐标为（X_P，Y_P，ϕ_P），ϕ_C 和 ϕ_P 分别为车辆在 O_C和 O_P处时，车辆纵轴线与大地坐标系横坐标的夹角。坐标系 $O_CX_1Y_1$ 中 O_P的坐标（x_e，y_e，ϕ_e）为

$$
\begin{pmatrix} x_e \\ y_e \\ \phi_e \end{pmatrix} = \begin{pmatrix} \cos\phi_C & \sin\phi_C & 0 \\ -\sin\phi_C & \cos\phi_C & 0 \\ 0 & 0 & 1 \end{pmatrix} \begin{pmatrix} X_P - X_C \\ Y_P - Y_C \\ \phi_P - \phi_C \end{pmatrix} \tag{4-96}
$$

式中，x_e 是预瞄距离；y_e 是坐标系 $O_CX_1Y_1$ 中车辆当前位置与预瞄点的侧向偏差；ϕ_e 是方位偏差。坐标系 $O_CX_1Y_1$ 中，实时规划虚线轨迹方程为

$$y(x)=\frac{y_e-\frac{w}{2v}x_e^2}{x_e^3}x^3+\frac{w}{2v}x^2 \tag{4-97}$$

式中，w、v 分别是当前车辆质心横摆角速度与车速。继而可得车辆沿此虚拟轨迹行驶时，当前横摆角速度变化率 $\dot{w}_d$ 和下一控制时刻的横摆角速度 w_r，即

$$\dot{w}_d=\frac{\dot{v}w}{v}+\frac{6v^2}{x_e^3}\left(y_e-\frac{w}{2v}x_e^2\right) \tag{4-98}$$

$$w_r=w+\varepsilon\dot{w}_d \tag{4-99}$$

式中，ε 是与控制的间隔时间相关的比例系数。

（2）加速/制动机械腿切换控制器　一般情况下，加速与制动器不同时作用，所以驾驶机器人加速机械腿和制动机械腿控制可设计成切换式，其切换规则设计为

当 $a_r(t)-a_0\geqslant h$ 时，加速机械腿控制

当 $a_r(t)-a_0<h$ 时，制动机械腿控制

式中，$a_r(t)$ 是目标车辆加速度；a_0 是节气门全闭时，车辆在平路上由发动机反拖力矩、滚动阻力、空气阻力产生的减速度，取为-0.20m/s^2；h 是控制缓冲层厚度，取为 0.005m/s^2。

（3）模糊 PID 控制器　模糊 PID 控制器不断检测误差 e 和误差变化率 ec，根据模糊推理在线修改调节量 Δk_p、Δk_i、Δk_d。变量 e、ec、Δk_p、Δk_i、Δk_d 的模糊论域均设为{-6，-4，-2，0，2，4，6}，模糊子集均为{NB，NM，NS，ZO，PS，PM，PB}，并用量化因子将模糊论域分别调节到与车速误差、横摆角速度误差相适应的范围。变量均采用图 4-69 所示的隶属度函数。模糊 PID 控制器的模糊控制规则在已有专家经验的基础上进行修正建立。由于车速与转向控制中，模糊推理对调节量 Δk_p、Δk_i、Δk_d的在线修改具有相似性，故转向机械手、加速/制动机械腿的模糊 PID 控制器采用相同的模糊控制规则，见表 4-10～表 4-12。采用 Zadeh 模糊逻辑进行 and 操作，并采用重心法去模糊化。

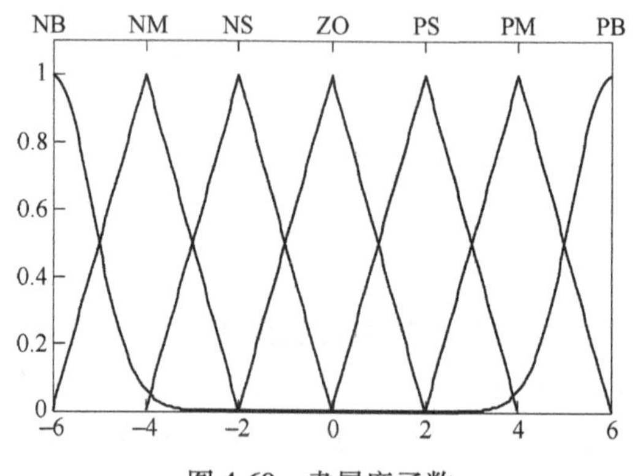

图 4-69　隶属度函数

表 4-10　Δk_p 的模糊规则

Δk_p		ec						
		NB	NM	NS	ZO	PS	PM	PB
e	NB	PB	PB	PM	PM	PS	ZO	ZO
	NM	PB	PB	PM	PS	PS	ZO	NS
	NS	PM	PM	PM	PS	ZO	NS	NS
	ZO	PM	PM	PS	ZO	NS	NM	NM
	PS	PS	PS	ZO	NS	NS	NM	NM
	PM	PS	ZO	NS	NM	NM	NM	NB
	PB	ZO	ZO	NM	NM	NM	NB	NB

表 4-11　Δk_i 的模糊规则

Δk_i		ec						
		NB	NM	NS	ZO	PS	PM	PB
e	NB	NB	NB	NM	NM	NS	ZO	ZO
	NM	NB	NB	NM	NS	NS	ZO	ZO
	NS	NB	NM	NS	NS	ZO	PS	PS
	ZO	NM	NM	NS	ZO	PS	PM	PM
	PS	NM	NS	ZO	PS	PS	PM	PB
	PM	ZO	ZO	PS	PM	PM	PB	PB
	PB	ZO	ZO	PS	PM	PM	PB	PB

表 4-12　Δk_d 的模糊规则

Δk_d		ec						
		NB	NM	NS	ZO	PS	PM	PB
e	NB	PS	NS	NB	NB	NB	NM	PS
	NM	PS	NS	NB	NM	NM	NS	ZO
	NS	ZO	NS	NM	NM	NS	NS	ZO
	ZO	ZO	NS	PS	NS	NS	NS	ZO
	PS	ZO	ZO	ZO	ZO	ZO	ZO	ZO
	PM	PB	NS	PS	PS	PS	PS	PB
	PB	PB	PM	PM	PM	PS	PS	PB

（4）Bang-Bang 控制器与多模态切换控制规则　模糊 PID 控制器始终参与系统控制，只有 Bang-Bang 控制器存在开闭间的切换，Bang-Bang 控制器的控制规则为

$$u_k=\begin{cases}u_{\max} & e_k > E_k\\ u_{\min} & e_k \leqslant -E_k\end{cases} \tag{4-100}$$

式中，u_k 是控制器的输出值；$u_{\max}$ 和 $u_{\min}$ 分别是控制器输出的正最大值和负最大值；e_k 是模态决策的输入；E_k 是模态决策的临界值。

模态划分示意图如图 4-70 所示，车辆跟踪多模态由①（车速误差大轨迹侧向误差小）、②（车速误差小轨迹侧向误差小）、③（车速误差大轨迹侧向误差大）、④（车速误差小轨迹侧向误差大）四个模态组成。

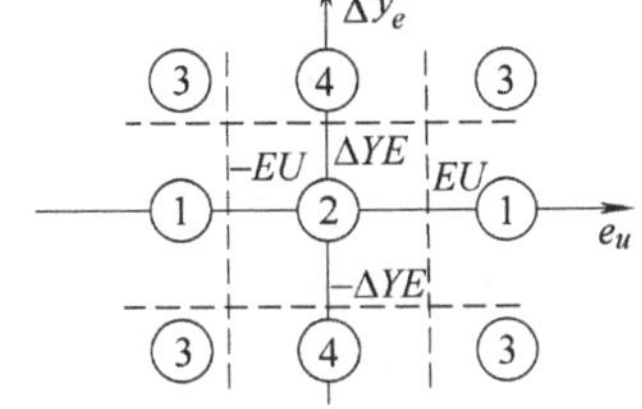

图 4-70　模态划分示意图

结合 Bang-Bang 控制器的控制规则，多模态切换控制规则为：

$$\begin{cases}①:|e_u|>EU,|\Delta y_e|\leqslant \Delta YE,u_1=0,u_2=U_2\mathrm{sgn}[\mathrm{sgn}(e_u)+1],u_3=U_3\mathrm{sgn}[\mathrm{sgn}(e_u)-1]\\ ②:|e_u|\leqslant EU,|\Delta y_e|\leqslant \Delta YE,u_1=0,u_2=0,u_3=0\\ ③:|e_u|>EU,|\Delta y_e|>\Delta YE,u_1=U_1\mathrm{sgn}(\Delta y_e),u_2=U_2\mathrm{sgn}[\mathrm{sgn}(e_u)+1],u_3=U_3\mathrm{sgn}[\mathrm{sgn}(e_u)-1]\\ ④:|e_u|\leqslant EU,|\Delta y_e|>\Delta YE,u_1=U_1\mathrm{sgn}(\Delta y_e),u_2=0,u_3=0\end{cases}$$

式中，e_u 和 Δy_e 分别是车速误差和轨迹侧向误差；EU 和 ΔYE 分别是车速和转向的模态决策临界值；u_1、u_2、u_3 分别是转向机械手、加速和制动机械腿 Bang-Bang 控制器的输出；U_1、U_2、U_3 是 Bang-Bang 控制器输出相关值。

3. 多模态切换控制试验分析

为了验证提出方法的有效性，进行了驾驶机器人车辆和人类驾驶员车辆的底盘测功机排放耐久性试验和双移线试验。驾驶机器人车辆进行排放耐久性试验的现场如图 4-71 所示。此外，利用人类驾驶员做同样的排放耐久性试验，并记录车速变化。由于驾驶机器人车辆未安装定位装置，故目前无法利用驾驶机器人完成双移线试验。根据相关文献，在交通部公路交通试验场由人类驾驶员对桑塔纳某型号轿车进行双移线试验。试验中，由驾驶人操纵车辆，2 名试验员随车实时采集测试数据。部分关键仿真参数见表 4-13。

图 4-71　驾驶机器人车辆进行排放耐久性试验

表 4-13　关键仿真参数

车型	参数	数值
长安悦翔	整车质量 m/kg	1120
	轴距 L/mm	2548
	车轮半径 r_w/m	0.298
桑塔纳某型号轿车	整车质量 m/kg	1115
	轴距 L/mm	2515
	车轮半径 r_w/m	0.307
模糊 PID 器参数整定初始值	转向控制	$k_p=5$，$k_i=25$，$k_d=0.5$
	加速机械腿控制	$k_p=80$，$k_i=0.5$，$k_d=3$
	制动机械腿控制	$k_p=80$，$k_i=0.5$，$k_d=0.5$
Bang-Bang 控制器相关参数	车速模态决策临界值 EU/(m/s)	0.1
	转向模态决策临界值 ΔYE/m	0.05
	转向机械手 U_1(°)	1.26
	加速机械腿 U_2/mm	10
	制动机械腿 U_3/mm	-10
其他参数	控制时间间隔系数 ε	0.05
	预瞄距离 x_e/m	15
	发动机时间常数 τ/s	0.2
	道路滚动阻力系数 f	0.015

图 4-72 所示为 0~48km/h 的车速跟踪试验与仿真曲线对比图。试验包括人类驾驶员车辆和 PID 控制驾驶机器人车辆的排放耐久性试验，仿真计算包括提出方法和模糊 PID 方法分别控制驾驶机器人车辆完成排放耐久性试验的车速跟踪仿真。由图 4-72a 可见，人类驾驶员完成车速跟踪的结果非常不理想。这是因为长时间跟踪车速循环工况，人类驾驶员会产生身心疲劳，很难把握每个工况循环的开始时刻，且车速波动大。PID 控制驾驶机器人比人类驾驶员得到的试验结果要好，但仍没有达到试验要求。采用提出方法与模糊 PID 方法的车速跟踪仿真跟踪误差较小，在±2km/h 以内，均满足试验要求。但采用提出方法控制，当跟踪误差超过切换临界值时，Bang-Bang 控制的加入使跟踪误差快速减小（见图 4-66b），从而得到比模糊 PID 控制更精确的结果。

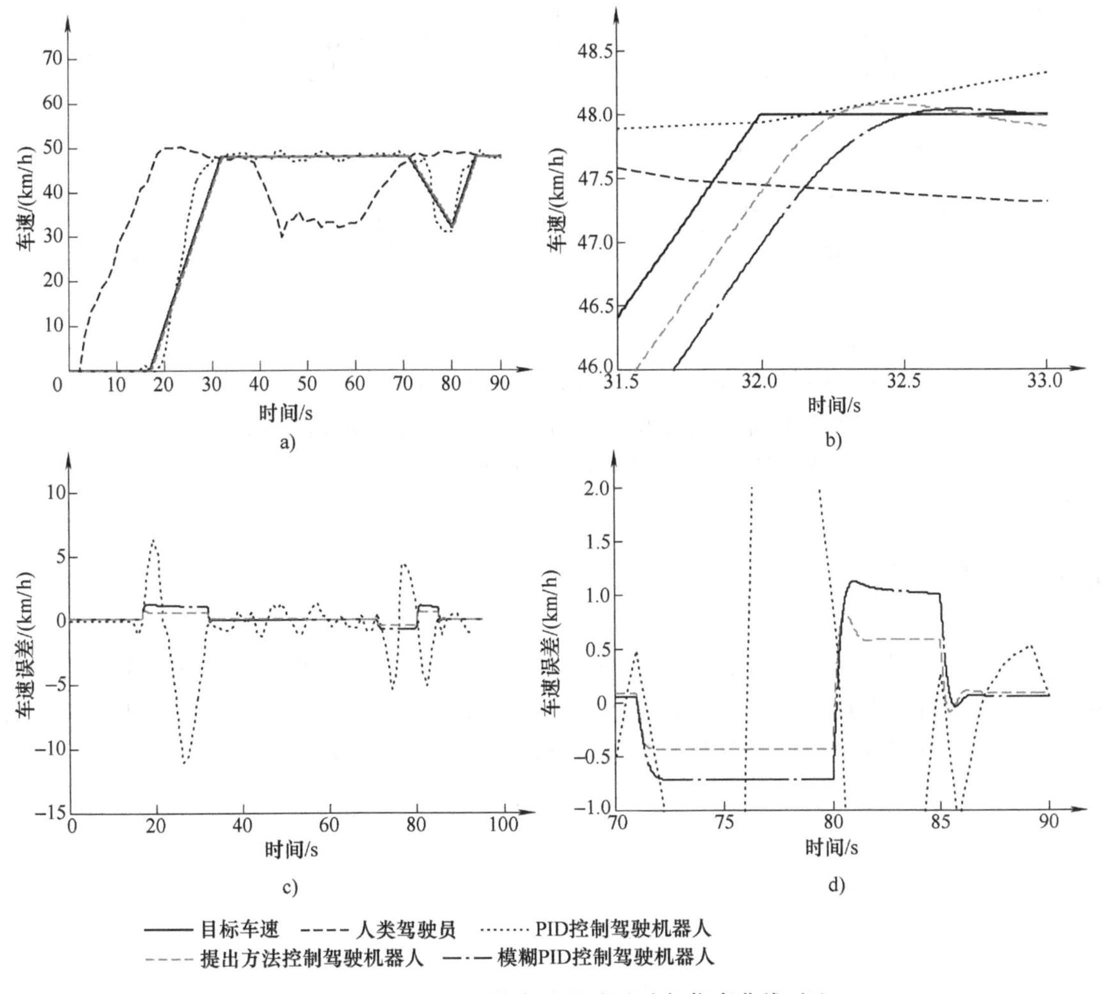

图 4-72　0~48km/h 的车速跟踪试验与仿真曲线对比

a）车速跟踪试验与仿真对比图　b）车速跟踪试验与仿真对比放大图

c）车速跟踪误差对比图　d）车速跟踪误差对比放大图

图 4-73 所示为车速等于 50km/h 时双移线试验与仿真曲线对比图。它包括人类驾驶员车辆试验曲线、提出方法和模糊 PID 分别控制驾驶机器人车辆仿真曲线。由图 4-73a 中可

见，试验曲线与仿真曲线的变化趋势基本吻合，表明提出方法的合理性。人类驾驶员操纵车辆进行试验得到的试验误差较大，尤其在 $X=40\text{m}$ 的弯道之后，这是因为人类驾驶员由于心理和反应滞后因素，很难精确跟踪弯道轨迹。图 4-73b 中，除 $X=40\text{m}$，75m，120m，155m 四处之外，提出方法比模糊 PID 控制精度高，将轨迹侧向误差控制在 ±0.05m内。在 $X=40\text{m}$，75m，120m，155m 四处，采用两种方法得到的轨迹侧向误差几乎一样，是因为四处正好是预设双移线轨迹的折线拐角，所以无论采用何种算法控制，车辆都不可能完成折线拐弯。

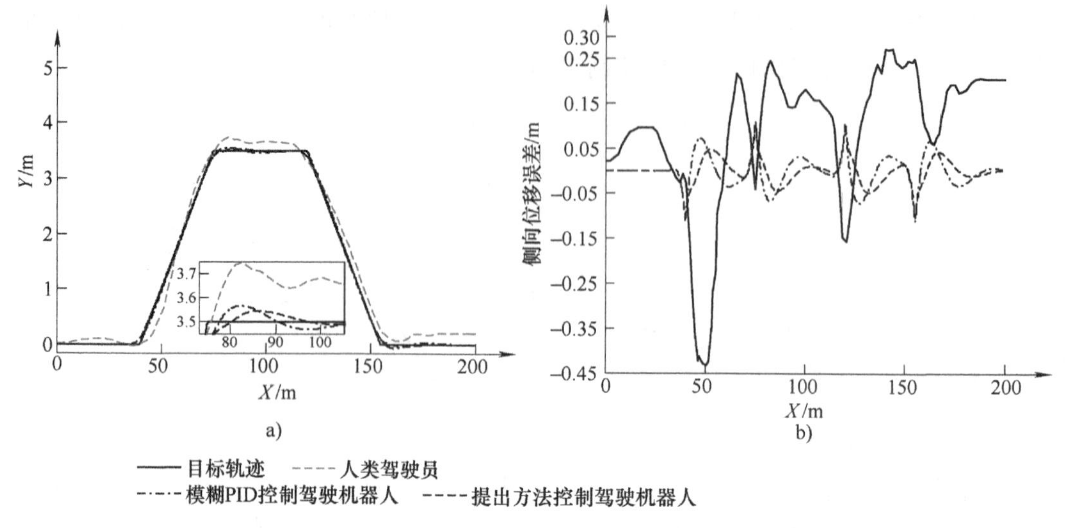

图 4-73　50km/h 的双移线工况下轨迹跟踪试验与仿真对比曲线

a）轨迹跟踪试验与仿真对比　b）轨迹跟踪侧向位移误差对比

4.5　本章小结

本章首先介绍了无人驾驶机器人车辆，分析了无人驾驶机器人的结构组成。接着分析了无人驾驶机器人控制系统。最后列出了无人驾驶机器人车辆的 5 种控制方法，并分别详细地介绍了它们的设计过程以及控制效果验证。

第5章

自动驾驶车辆智能水平定量评价

5.1 评价模型及智能水平等级划分

自动驾驶车辆的行为不能孤立地讨论，它是自动驾驶车辆自身、环境和自动驾驶车辆所执行的任务三者特性的综合结果。

因此在讨论自动驾驶车辆的行为时，需要研究自动驾驶车辆-环境-任务交互以及由此产生的自动驾驶车辆的行为。自动驾驶车辆和其所处环境之间的交互可以看作是一个有三种输入的计算行为，这三种输入包括：自动驾驶车辆形态、环境特征和所执行任务。

5.1.1 自动驾驶车辆评价模型

关于自动驾驶车辆的智能水平，目前有两种评价模型。

第一种是通过三个主要方面进行评价：环境的复杂程度、完成任务的复杂程度以及人工干预程度。环境的复杂程度一般指路面情况、路况类型、光照、天气、障碍物和外界干扰等；任务的复杂程度一般指完成任务的数量以及难易程度；人工干预程度一般指人工干预的比例以及类型。通过以上三个方面可以建立关于自动驾驶车辆的评价模型，如图 5-1 所示。

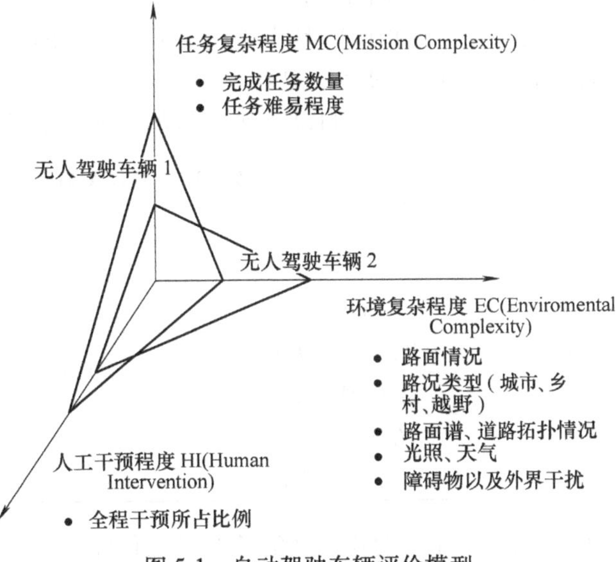

图 5-1 自动驾驶车辆评价模型

第二种是根据驾控主体、环境感知、决策主体以及应对工况对自动驾驶车辆进行评价。驾控主体表示控制加速、制动及转向盘的控制机构的类型以及性能。环境感知指接收外界信息的手段和能力。决策主体是自动驾驶车辆的大脑，根据感知信息，决定加减速、转向等操作。应对工况指车辆所能适用的范围，包括道路类型、路况情况、速度区间、环境气候条件等。

5.1.2 国外自动驾驶车辆智能水平划分

1. ALFUS 框架

美国国家标准与技术研究所在 2003 年建立了无人系统自主级别框架 ALFUS，针对各类无人系统建立了等级划分和评价的规范化框架。

ALFUS 框架将自主性能级别划分为 10 个等级（用 1~10 表示），使用启发式定性评分体系对自主性能进行评估。此外用 0 级表示无人系统没有自主性能，即全部操作都需要进行人为控制；10 级表示在各种复杂环境都可以进行高复杂程度的任务且完全不需要人工干预的完全自主程度；7~9 级表示在复杂的环境中进行高复杂性的任务只需要较低的人工干预程度；4~6 级表示在中等复杂环境条件下进行中等、多功能的任务要求需要中等的人工干预程度；1~3 级表示在简单的环境条件下完成较低的任务要求且需要较高的人工干预程度。通过自主级别划分以指标的方式反映出无人系统从人为控制到完全自主的渐进差异。自主性等级分类见表 5-1。

表 5-1 ALFUS 自主性等级分类

评价方向	1~3 级	4~6 级	7~9 级	10 级
环境复杂程度	简单环境	中等环境	复杂环境	任一环境
任务复杂程度	较低难度	中等难度	高复杂难度	高复杂难度
人工干预程度	较高干预	中等干预	较低干预	无人工干预

2. NHTSA 自动驾驶分级

《自动驾驶车辆指南》是由美国交通部下属的国家公路交通安全管理局（NHTSA）提出的，此项指南已经过多次更新。

2013 年 NHTSA 针对自动驾驶等级的定义见表 5-2。

表 5-2 NHTSA 自动驾驶分级

<table>
<tr><th rowspan="2">等级</th><th rowspan="2">定　义</th><th colspan="4">主　体</th></tr>
<tr><th>驾驶</th><th>监控</th><th>支援</th><th>作用域</th></tr>
<tr><td>0</td><td>无自动化</td><td>驾驶人</td><td rowspan="3">驾驶人</td><td rowspan="4">驾驶人</td><td>无</td></tr>
<tr><td>1</td><td>特定功能自动驾驶</td><td rowspan="2">驾驶人和系统</td><td rowspan="3">部分</td></tr>
<tr><td>2</td><td>集成功能自动驾驶</td></tr>
<tr><td>3</td><td>有条件自动驾驶</td><td rowspan="2">系统</td><td rowspan="2">系统</td></tr>
<tr><td>4</td><td>完全自动驾驶</td><td>系统</td><td>全域</td></tr>
</table>

Level 0——无自动化水平的特点是操作完全由驾驶人完成，车辆只包含环境感知或警报功能。此类车辆的主要功能体现在：夜视、行人检测、交通标志识别、车道偏离警报和盲点监测等。在这种水平下，需要由人类驾驶员全权操作车辆，在驾驶过程中可以得到警告和保护系统给的辅助。

Level 1——特定功能自动驾驶是指通过环境信息对转向和加减速中的一项操作提供辅助，其余的驾驶操作都由人完成，如自适应巡航控制（ACC）以及自动紧急制动（AEB）

就属于特定功能自动驾驶的范畴。

Level 2——集成功能自动驾驶是指通过环境信息对转向和加减速中至少两项提供操作辅助，其余驾驶操作由人提供，如丰田的 AHAC 公路自动驾驶辅助系统，通过自适应巡航控制和车道跟踪控制结合，使驾驶人可以完全脱离转向盘。

Level 3——有条件自动驾驶是指由自动驾驶系统完成所有驾驶操作，驾驶人无须持续监控车辆行驶，根据系统请求，人提供适时的支持。在这种驾驶级别下，在某些路况和路面条件下可以将车辆完全交由车辆本身操控。与集成功能自动驾驶的区别在于不需要驾驶人时刻注意路面状况。

Level 4——完全自动驾驶是指在所有道路、环境条件下，由自动驾驶系统全时完成所有驾驶操作。

NHTSA 在 2016 年更新了以上对自动驾驶车辆的等级分类标准，将 Level 4 划分成两个部分。更新后的 Level 4 称为设计适用范围内的全自动驾驶。即在特定道路、环境条件下的全时完全自动驾驶，与之前的 Level 4 的区别体现在适用范围的变化。更新后添加了 Level 5 即为完全自动驾驶，即在所有道路、环境条件下完成所有的驾驶操作。

3. SAE 自动驾驶等级划分

美国汽车工程师学会（SAE）将自动驾驶分为 Level 0 ~ Level 5 共 6 个等级。相比于 NHTSA 的自动驾驶车辆等级分类标准，SAE 的标准更加简洁。SAE 对自动驾驶车辆等级的分类见表 5-3。

表 5-3 SAE 自动驾驶车辆等级分类

等级	名 称	转向/速度	环境感知	极限条件	应对工况
0	人工驾驶	驾驶人	驾驶人	驾驶人	无
1	辅助驾驶	驾驶人+系统	驾驶人	驾驶人	部分
2	半自动驾驶	系统	驾驶人	驾驶人	部分
3	高度自动驾驶	系统	系统	驾驶人	部分
4	超高度自动驾驶	系统	系统	系统	部分
5	全自动驾驶	系统	系统	系统	全部

Level 0——人工驾驶，即完全无自动化，完全依靠人类来驾驶，但是车辆可以具备夜视、行人检测、交通标志识别、车道偏离预警等基础功能。

Level 1——辅助驾驶，即在驾驶人行驶过程中，对车身姿态、转向或速度有干预的功能都称为辅助驾驶，如基本的 ABS、ESP、ACC 等。

Level 2——半自动驾驶，具有转向和速度等多种辅助控制，与 Level 1 最显著的差异在于是否可以同时对车辆在横向和纵向上进行控制。除了包含 Level 1 的功能外，还可以具备车道保持或自动变道的功能，但是驾驶的决策主体还是人类驾驶员。

Level 3——高度自动驾驶，此类自动驾驶车辆可以在堵车、高速等某些特定场景下进行自动驾驶。从 Level 3 开始，环境感知交由自动驾驶系统控制，与 Level 2 的最大区别在于车辆的决策主体由驾驶人变成自动驾驶系统，不需要驾驶人实时监控当前的路况，只在系统提示时需要驾驶人对车辆进行应答和接管。

Level 4——超高度自动驾驶。Level 4 级别的自动驾驶车辆可以在一定的可行驶范围内实现完全的自动驾驶，完全不需要驾驶人介入，除非遇到某些突发状况或恶劣的天气等情况。这需要自动驾驶系统可以从周围环境中获得丰富的感知信息、稳定的计算平台以及极高鲁棒性的自动驾驶算法，同时需要高精度地图的支持。

Level 5——全自动驾驶。和 Level 4 之间的区别在于可行驶范围。Level 5 可实行全工况、全区域的自动行驶，可以将驾驶任务完全交由系统来处理，也就是"无人驾驶"。

4. BASt 自动驾驶技术等级划分

BASt（德国联邦公路研究所）将自动驾驶的技术划分为 5 个阶段，分别是只有驾驶人控制车辆、驾驶辅助、部分自动驾驶、高度自动驾驶以及完全自动驾驶，分别对应 SAE 的 0、1、2、4、5 阶段，和 SAE 相比去掉了高度自动驾驶。

BASt 等级的前三个部分（纯驾驶人、驾驶辅助、部分自动驾驶）主要还是 ADAS 阶段。从工作系统层面来讲主要是三个部分：环境感知、控制策略、执行机构。基于前三个等级的技术水平，要做到高度自动化，需要结合网联技术，网络技术。将车、道路、行人等作为智能交通系统中的信息节点。在美国、欧洲、日本等车辆发达国家和地区，基于车联网 V2X 技术的协同式辅助驾驶技术正在进行实用性技术开发和大规模试验场测试。要想实现自动驾驶甚至是完全自动驾驶，除了上述各阶段的基本技术要求之外，道路测试是这一环节的难点。实际交通情况千变万化，不可能在真实道路上完成所有测试，此阶段需要借助虚拟环境仿真来完成。

5.1.3 国内自动驾驶车辆智能水平划分

根据自动驾驶车辆行驶环境的复杂程度、执行任务的复杂程度、人工干预的程度以及行驶质量（包括实际轨迹与理想轨迹的重合度、任务完成时间和安全性），评价自动驾驶车辆的智能水平。真实道路交通环境具有复杂和不可预测的动态特性。不同类型的交通环境具有不同的特征内涵，对自动驾驶车辆的认知能力提出了不同要求。例如，城市道路交通环境包括结构化的复杂道路、交通标志、行人、车辆等。交通环境元素的移动速度可以划分为静止、慢、中、快、很快，对环境复杂程度的影响随着移动频率的增强而加大。

1. 交通复杂程度划分

交通复杂程度主要由交通环境元素决定。交通环境元素分为关键交通环境元素、干扰环境要素。关键交通环境包括交通标志、交通信号灯、障碍物和行人等。关键交通环境元素对交通复杂程度起到决定性作用。干扰环境要素比如天气、光照条件和电磁干扰会对环境的复杂程度造成影响。基于以上属性，将环境复杂程度分为 5 个等级。

在测试自动驾驶车辆的水平时，需要对测试环境进行相应的设计。但是真实环境具有复杂和不可预测的动态特性，限制了自动驾驶车辆的关键技术在实际环境中的应用，制约了自动驾驶车辆在陌生、未知环境长时间安全自主行驶的能力。真实环境的复杂性是多种要素综合作用的结果，各种要素对自动驾驶车辆的关键技术提出了不同要求，如环境中的障碍物可用于考核自动驾驶车辆的障碍检测技术水平、评价车辆的避让障碍物能力；环境中的道路标线可用于检测自动驾驶车辆的计算机视觉水平、评价车辆的车道检

测以及跟踪能力。通过分析环境要素与自动驾驶技术、智能行为能力之间的关系，对环境的影响因素进行分类，定义各类基本环境要素及其组成。基本环境要素可分为道路环境要素、与交通规则相关的环境要素、障碍物环境要素、听觉环境要素、光照环境要素、工作条件环境要素等类型。通过组合各类环境要素，研究各种真实道路环境的建立，形成测试环境的理论模型，以实现对复杂真实环境的准确模拟。

自动驾驶车辆的智能行为受限于道路交通环境的各种要素，如道路类型、交通信号灯、行人、交通设施、天气等。道路交通环境包括多种事物和人物等要素，为了清晰描述道路交通环境及其对自动驾驶车辆行为的影响，定义元环境要素（以下简称为元要素）为交通环境中级别最小的个体，如禁止标线、车辆、路面状态等。元要素是在某种程度上能够影响自动驾驶车辆的智能行为的一种刺激实体；若干元要素构成了环境要素类（以下简称要素类），如道路、道路附属设施等；所有的元要素和要素类的集合构成了道路交通环境要素库。道路交通环境要素库中的某些元要素和要素类有机地组合在一起，便形成某种具体的道路交通环境，组合结果不同，所得的交通环境就不同，其复杂程度就不同。

任何一种道路交通环境既可以由要素类组合而成，也可以由元要素直接组合，也可以由两者混合组成；可以由要素类的一个元要素组成，也可以由要素类的多个元要素组成。这种组合具有瞬时性，随着车辆或其他的交通参与物体在环境中运动，环境组合中要素组成也不断地发生变化，车辆所处的交通环境也实时变化。

道路交通环境要素库可分为道路交通环境静态要素库和动态要素库。道路交通环境静态要素库是指无运动物体的、通过视觉可以感受到的区域环境，如道路类型、建筑物等；道路交通环境动态要素库是指一切可能对自身交通的行驶形成威胁的运动体，如相同车道上的前车突然减速等。某种具体的交通环境，也是由相对应的静态环境要素组合和动态环境要素组合构成的。

图 5-2 所示为常见道路交通环境静态要素库组成，由道路、交通设施、周围景观、天时、障碍物 5 个一级要素类构成。通过组合各类环境要素，研究各种道路交通环境的要素组成，形成自动驾驶车辆的测试环境，以实现对复杂环境的准确模拟。

道路是交通环境静态要素库的核心，分为 5 个二级要素类：路段、路表、交叉口、匝道、桥涵；道路包括直道/弯道、上坡道/下坡道、机动车道数目。这种交通环境要素类，用结构物来限制车辆的行驶、规范驾驶行为。

交通设施作为意义类型交通环境，是人们赋予它一定意义后才对交通起作用的，包括道路交通标志（牌）、道路交通标线、交通信号灯（机动车）、道路辅助设施 4 个二级要素类；二级要素继续下分若干要素。道路交通标志分为主标志和辅助标志两大类，其中主标志包含警告标志、禁令标志、指示标志、道路标志等。道路交通标线按功能可分为指示标线、禁止标线、警告标线。

周围景观是指道路侧的建筑物等，主要由建筑物和花草树木两种元素构成。天时是交通环境中不可忽视的要素类，天气和时间的变化都会严重影响驾驶行为，由四种元要素：白天、黑夜、晴天、雨雪雾构成。障碍物是位于车辆行驶路线上的静态物体，包括正障碍和负障碍，正障碍是指各种位于道路平面上方的物体，负障碍是指低于道路平面的坑、沟等。

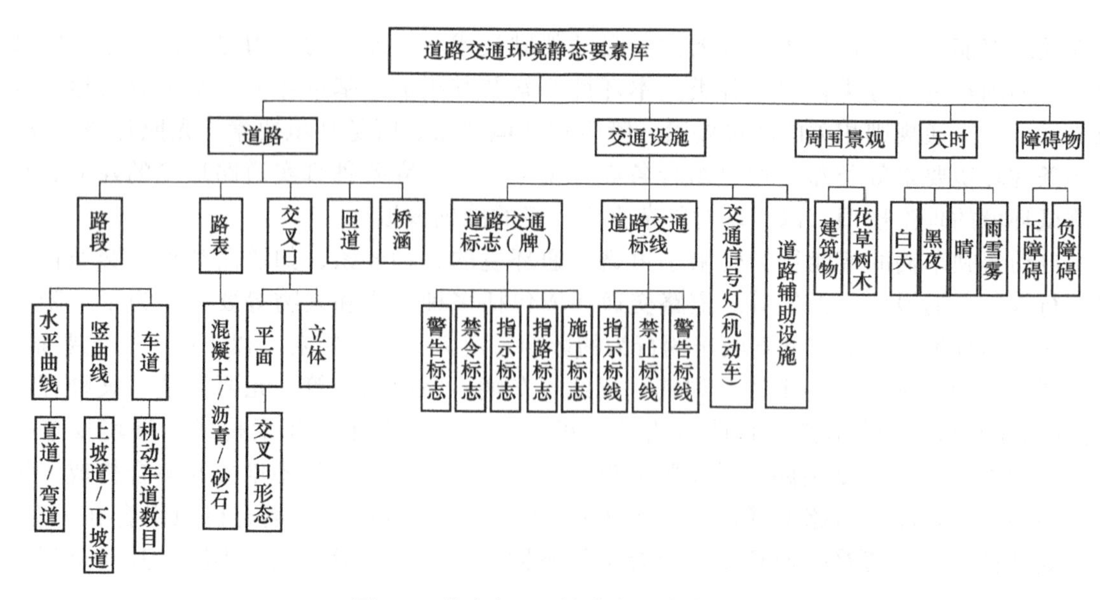

图 5-2　道路交通环境静态要素库组成

常见道路交通环境动态要素库组成如图 5-3 所示。动态要素库的核心是运动状态的描述，将其主要分为 5 个要素类：自身车辆行驶状况、机动车、非机动车、行人、声音。通过这 5 个要素类可以较全面地描述动态交通参与者的大小、形状、远近及方位等。对动态交通环境要素的归类是以自身驾驶车辆/自动驾驶车辆为参照物的，要素类中的行驶方向、相对位移均是参照自身车辆的相对量。

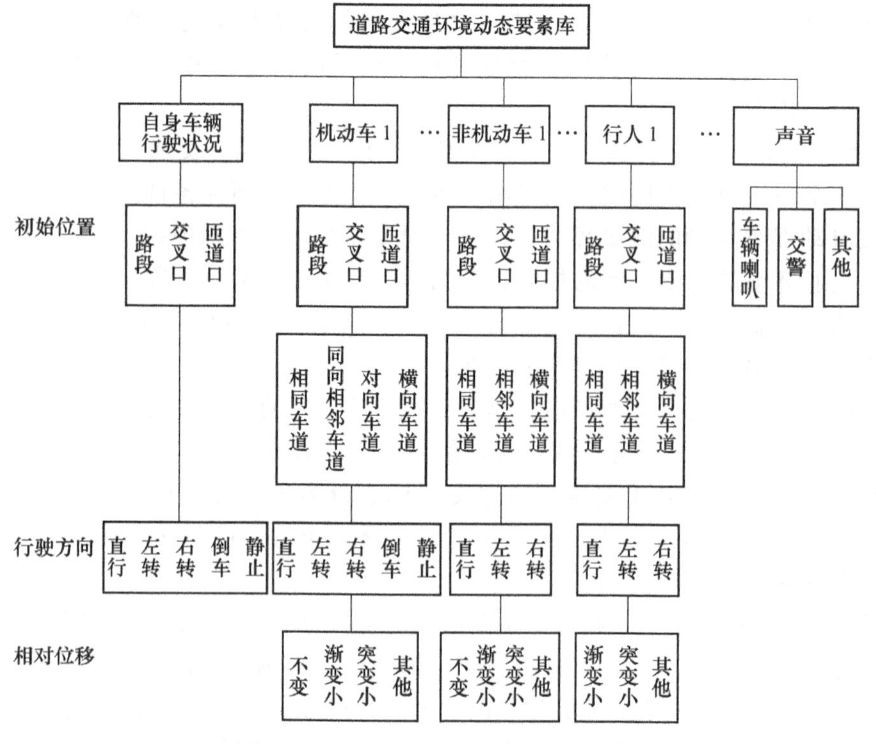

图 5-3　道路交通环境动态要素库组成

其他道路参与对象如机动车、非机动车和行人等，是道路交通环境动态要素库的关键，具有瞬时性、可变性的特点，其运动状态直接影响驾驶行为。

在建立完交通环境要素库后，需要结合要素库内容，根据不同的道路交通环境要素的组合，体现不同的复杂程度。这种复杂性是多种要素综合作用的结果，同时对自动驾驶车辆关键技术也提出了不同的要求，是评价自动驾驶车辆性能高低的关键。道路交通环境复杂度是一个综合性衡量指标，是道路交通环境复杂程度的量化。这种复杂程度与环境要素所包含的平均信息量有关，应用信息熵的相关理论分析具体的道路交通环境组成元素的信息量，构建交通环境复杂度模型，可实现道路交通环境复杂程度的具体量化。

信息论是用概率论和数理统计的方法来研究信息的度量、传递和变化规律的科学，主要研究通信和控制系统各种普遍存在的信息传递的共同规律，以及最佳解决信息的获取、度量、变换、储存和传递等问题。

为了计算道路交通环境复杂度，设道路交通环境复杂度为 C，它由静态环境复杂度 C_1和动态环境复杂度 C_2构成，即

$$C = \alpha C_1 + \beta C_2 \tag{5-1}$$

式中，α 是道路交通静态环境的权重；β 是道路交通动态环境的权重。

道路交通静态环境复杂度的计算方法为

$$C_1 = \theta_1(\alpha_1 \sum X_1 + \alpha_2 \sum X_2 + \alpha_3 \sum X_3 + \alpha_4 \sum X_4 + \alpha_5 \sum X_5) \tag{5-2}$$

式中，X_1是待求道路交通环境道路类中元要素的总量值；X_2是待求道路交通环境交通设施类中元要素的总量值；X_3是待求道路交通环境中周围景观类元要素的总量值；X_4是待求道路交通环境中天时类元要素的总量值；X_5是待求道路交通环境障碍物类中元要素的总量值；α_1，α_2，α_3，α_4，α_5分别是交通环境要素类 X_1，X_2，X_3，X_4，X_5相应的权重；θ_1是道路交通静态环境复杂度系数。

通过选取多名具有丰富驾驶经验的专家进行元要素和要素类的打分（满分均为 100 分），计算平均值，来量化各元要素的量值（元要素的难易分值）及各要素类的权值，并为每个元要素进行编号。

根据待求道路交通静态环境中出现的同一要素类所对应的量值累加，即可得到具体的 X_1，X_2，X_3，X_4，X_5的值。

道路交通静态环境复杂度系数 θ_1是整个模型的关键，根据一阶信息熵的物理意义，来求解 θ_1。熵是复杂程度的量度，其计算公式为

$$H = -\sum_{i=1}^{h} p_i \log_2 p_i \tag{5-3}$$

式中，H 是信息熵，其定义为整个离散信源中各个消息的信息量的数学期望，即概率加权的统计平均值；p_i是单符号离散信源 X 输出信息 x_i的概率 $p(x_i)$。

图形信息熵简称图形熵，被广泛用于复杂度的计量，信息要以图形结构呈现，根据图形计算出熵值，便可求出复杂度，图形一阶熵通常表示系统逻辑结构的复杂程度，在计算中，把图形结构中的节点按照具有相同输入、输出个数的原则进行分组，图中相似类型的节点越多，分的组数就越少，一阶熵值就越小，复杂度就越小。根据图形熵的定义，道路交通环境中出现元要素的不确定性越大，其所需的信息量就越大，熵值就越大，即

道路交通静态环境越复杂混乱，其熵值越大。

同理，道路交通动态环境复杂度的计算模型为

$$C_2 = \theta_2(\beta_1 \sum Y_1 + \beta_2 \sum Y_2 + \beta_3 \sum Y_3 + \beta_4 \sum Y_4 + \beta_5 \sum Y_5) \tag{5-4}$$

式中，Y_1是自身车辆行驶状况类的总量值；Y_2是机动车类的总量值；Y_3是非机动车类的总量值；Y_4是行人类的总量值；Y_5是声音类的总量值；β_1，β_2，β_3，β_4，β_5分别是要素类 Y_1，Y_2，Y_3，Y_4，Y_5相应的权重。同样，由多名具有丰富驾驶经验的专家进行元要素和要素类的打分，通过计算平均值量化各元要素的量值（元要素的难易分值）及各要素类的权值。

道路交通动态环境复杂度系数 θ_2，与自身车辆行驶状况、机动车、非机动车、行人、声音这五种要素类有关，构造动态环境的图形结构，根据图形一阶熵定义，则

$$\theta_2 = -\sum_{i=1}^{k} p_i \log_2 p_i \tag{5-5}$$

通过计算图形一阶熵的方法，建立道路交通环境复杂度计算模型，克服了环境要素复杂繁多，不易计算的缺点，可有效求得待求道路交通环境复杂度，为自动驾驶车辆智能行为的研究奠定基础。

2. 自动驾驶车辆任务等级划分

自动驾驶车辆的测试可分解成多个独立的任务，如遥控起动、保持车道、避让障碍物、自动泊车、交通信号识别等。每个独立的任务分别从感知能力和决策能力分别进行考察。根据独立完成任务的数量和任务的难易程度将复杂程度分为 5 个等级。自动驾驶车辆任务等级划分见表 5-4。

表 5-4 自动驾驶车辆任务等级划分

<table>
<tr><th>等级</th><th>任务描述</th><th>所需感知能力</th><th>所需智能决策能力</th></tr>
<tr><td>1</td><td>遥控起步、制动</td><td>无</td><td>无</td></tr>
<tr><td rowspan="4">2</td><td>限速</td><td>无</td><td>无</td></tr>
<tr><td>直道车道保持</td><td>车道线识别</td><td>局部路径规划</td></tr>
<tr><td>停车线停车</td><td>停车线识别</td><td>停车行为决策</td></tr>
<tr><td>GPS 导航性能</td><td>无</td><td>全局路径规划</td></tr>
<tr><td rowspan="4">3</td><td>U-Turn</td><td>路面拓扑结构识别</td><td>弯道行为决策
局部路径规划</td></tr>
<tr><td>车道保持</td><td>车辆识别、车距检测</td><td>局部路径规划
跟车行为决策</td></tr>
<tr><td>避让静态障碍物</td><td>障碍物识别</td><td>局部路径规划</td></tr>
<tr><td>避障后返回原车道</td><td>障碍物识别、车道线识别</td><td>局部路径规划</td></tr>
<tr><td rowspan="6">4</td><td>语音指令停车</td><td>语音识别、自然语音识别</td><td>无</td></tr>
<tr><td>避让动态障碍物</td><td>障碍物识别、车道线识别</td><td>局部路径规划</td></tr>
<tr><td>避让动态障碍物后返回原车道</td><td>障碍物识别、车道线识别</td><td>局部路径规划</td></tr>
<tr><td>泊车</td><td>停车位识别</td><td>泊车行为决策</td></tr>
<tr><td>紧急制动</td><td>障碍物识别</td><td>局部路径规划</td></tr>
<tr><td>GPS 信号缺失时的
导航性能</td><td>车辆位置信息丢失下的基本
行车行为的鲁棒性</td><td>无</td></tr>
</table>

（续）

等级	任务描述	所需感知能力	所需智能决策能力
5	警告标志时的车速和路径规划	警告标志识别	警告标志认知下的行为决策、局部路径规划
	指示标志时的车速和路径规划	指示标志识别	指示标志认知下的行为决策、局部路径规划
	禁令标志时的车速和路径规划	禁令标志识别	禁令标志认知下的行为决策、局部路径规划
	道路施工标志的路径规划	道路施工标志识别	道路施工标志下的行为决策、全局路径规划、局部路径规划
	指示标线的车速和路径规划	指示标线识别	指示标线认知下的行为决策、局部路径规划
	禁止标线的车速和路径规划	禁止标线识别	禁止标线识别下的行为决策、局部路径规划
	警告标线的车速和路径规划	警告交通标线识别	警告交通标线识别认知下的行为决策和局部路径规划
	紧急声音的车速和路径规划	警车、救护车等鸣笛声识别、自然语言理解	紧急声音认知下的行为决策、局部路径规划
	交通信号灯停车排队	交通信号灯标志识别、车辆识别	交通信号灯标志下的行为决策、全局路径规划、局部路径规划

3. 人工干预程度划分

根据人工干预程度将自动驾驶车辆水平分为5个等级。

Level 1（远程控制）：自动驾驶车辆的运行既不承担自我决策也不自主，所有的感知、理解、分析、规划和决策均由驾驶人来完成。自动驾驶车辆的表现在很大程度上受人影响。

Level 2（远程操作）：自动驾驶车辆感知周围环境并报告给操作者。所有的分析、规划和决策由驾驶人来完成，大部分感知由车辆完成，驾驶人按照自动驾驶车辆的参照标准控制其行为。

Level 3（人为指导）：自动驾驶车辆感知其环境信息并报告给驾驶人。大部分的分析、规划和决策由人来完成，感知和执行行为由驾驶人和自动驾驶车辆共同承担。

Level 4（人为辅助）：自动驾驶车辆感知其环境并报告给操作者。分析、规划和决策由驾驶人和自动驾驶车辆共同承担，大部分的感知和执行行为由自动驾驶车辆来完成。

Level 5（自主驾驶）：在自动驾驶车辆系统功能和限制范围内，自动驾驶车辆承担最大程度的独立和自主。自动驾驶车辆的表现受驾驶人影响最小，不受驾驶人控制。自动驾驶车辆感知其环境并报告给驾驶人，所有的感知和执行行为由自动驾驶车辆来完成，大部分的分析、规划和决策由自动驾驶车辆来完成，协作可能由人来完成。

最后综合上述三个方面划分自动驾驶车辆的智能水平等级。根据自动驾驶车辆的任务复杂程度、环境复杂程度和人工干预程度的等级确定综合等级，综合等级对应10个智能水平等级［如果任务复杂度、环境复杂度和人工干预程度都在最高级，那么综合等级为（5，5，5），智能水平等级为第10级］。自动驾驶车辆智能水平等级划分见表5-5。

表 5-5　自动驾驶车辆智能水平等级划分

智能水平等级	任务复杂度	环境复杂度	人工干预度	综合等级
10	独立完成任务个数最多，任务难度最高	环境复杂度最高	人工干预程度很小	(5，5，5)
9	独立完成任务个数多，任务难度高	环境复杂度高	人工干预程度小	(5，5，4) (5，4，5) (4，5，5)
8				(5，4，4) (4，5，4) (4，4，5) (4，4，4)
7	独立完成任务数量中等，任务难度中等	环境复杂度中等	人工干预程度中等	(4，4，3) (4，3，4) (3，4，4)
6				(4，3，3) (3，4，3) (3，3，4) (3，3，3)
5				(3，3，2) (3，2，3) (2，3，3)
4	独立完成任务个数少，任务难度低	环境复杂低	人工干预程度较大	(3，2，2) (2，3，2) (2，2，3) (2，2，2)
3				(2，2，1) (2，1，2) (1，2，2)
2				(2，1，1) (1，2，1) (1，1，2)
1	独立完成任务个数最少，任务难度最低	环境复杂度最低	人工干预程度大	(1，1，1)
0	全部操作都由驾驶员来控制			

针对特定等级的自动驾驶车辆，需要对其行驶质量进行打分。得分大致分为 4 个等级：0~30 分，实际轨迹和理想轨迹重合度低，任务完成时间长/未完成，安全性低。30~60 分，实际轨迹与理想轨迹重合度中/低，任务完成时间中/长/未完成，安全性中/低。60~90 分，实际轨迹与理想轨迹重合度高/中，任务完成时间短/中，安全性高/中。90~100 分，实际轨迹与理想轨迹重合度高，任务完成时间短，安全性高。

5.2　自动驾驶车辆评价指标

自动驾驶车辆评价指标体系是自动驾驶车辆智能水平评价的前提和基础，有了科学合理的评价指标体系，才能得到科学公正的综合评价结论。自动驾驶车辆评价指标体系如图 5-4 所示。

自动驾驶车辆评价指标体系的构建原则包括全面性、科学性、目的性、可比性以及可操作性。

1）全面性。基于木桶效应，必须反映自动驾驶车辆智能水平的各个方面。

2）科学性。综合自动驾驶车辆评价指标体系从元素到结构，选取的评价指标必须科学、合理、准确、具有代表性，能够客观、科学地反映出自动驾驶车辆的智能水平。

3）目的性。必须围绕自动驾驶车辆的评价目的展开，使最后的评价结论反映自动驾驶车辆的智能水平。

4）可比性。对应的每一个评价对象必须是可比的，不具有倾向性。也就是说，自动

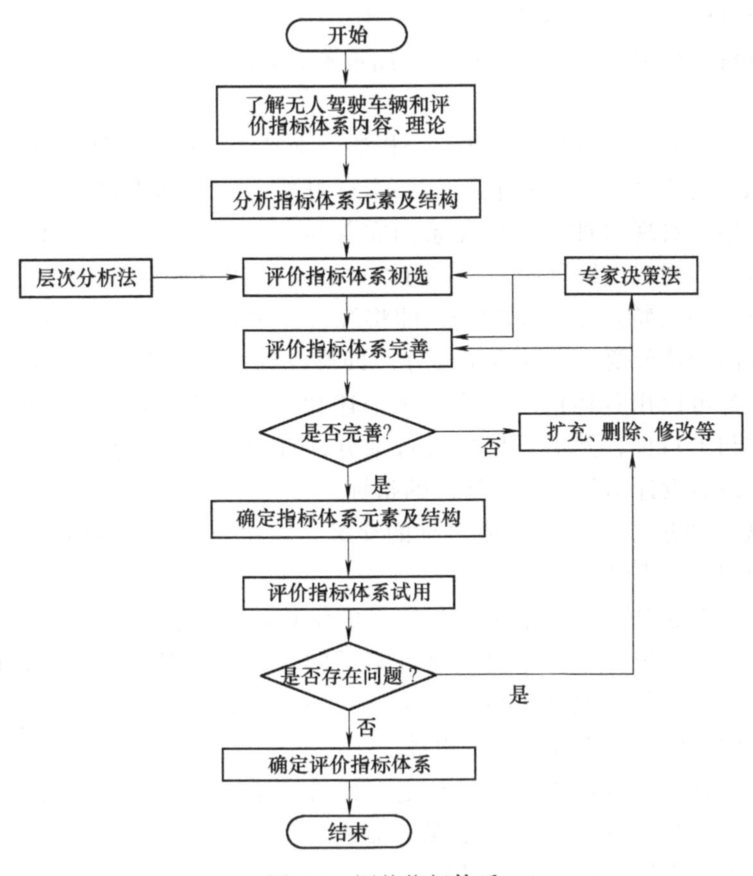

图 5-4　评价指标体系

驾驶车辆的各项评价指标可以相互比较，以便确定其相对优劣的程度。

5）可操作性。自动驾驶车辆智能水平的评价指标体系应该是简易性和复杂性的统一，要充分考虑数据获得和指标量化的难易程度。

5.2.1　评价指标选取

1. 评价指标选取要求

在选择评价指标时，不一定把所有元素都量化成评价指标，而是应该选择主要的，能够反映系统或系统方案优劣的因素，需注意以下几点：

1）评价指标不能超过系统边界，必须在评价目的和评价对象有关的范围内进行选择，选择的指标必须与评价目的和评价对象密切相关，这样才能保证选择的评价指标能够确切地反映评价体系。

2）评价指标应当构成一个完整的体系，全面地反映所需评价对象的各个方面。

3）评价指标的大类和数量要合理，指标范围越宽，指标数量越多，则方案之间的差异就越大、越明显，有利于判断和评价，但确定指标的大类和指标的重要程度就越困难，因而歪曲方案本质特性的可能性就越大。所以指标大类和数量的确定很关键，经验表明，指标大类最好不超过 5 个，总的指标数不超过 20 个。

4）评价指标间的相互关系要明确，如果用一个评价指标可以反映某个评价目标，则不允许用其他评价指标来反映，避免重复，加重不必要的工作。

2. 评价指标初选

评价指标初选的方法一般有综合法、分析法、交叉法、指标属性分组法等方法。

（1）综合法 综合法是对已存在的一些指标群按一定的标准进行聚类，使之体系化的一种方法，适用于对现行评价指标体系的完善与发展。目前许多领域都在讨论有关综合评价问题，若将不同观点综合起来，就可以构造出相对全面的综合评价指标体系。

（2）分析法 主要特点是逐步细分，即将综合评价体系的对象和评价目标划分成若干个不同评价方面和评价要素，并逐步细分（即形成各个评价要素的评价因素集），直到每一个评价因素都可以用具体的统计指标来描述和实现。首先划分概念的侧面结构，明确评价的总目标和子目标，然后再层层进行细分，直到每个目标都可用一个或几个明确的指标来反映，最后设计出每一个子层次的指标。

（3）交叉法 通过二维、三维或多维的交叉，派生出一系列指标，形成指标体系，如投入与产出的交叉得出经济效益指标。

（4）指标属性分组法 实际上是指标体系的结构优化方法，一般用聚类分析或定性判断的方法确定。由于统计指标本身具有许多不同属性，有很多不同的表现形式。因此初选评价指标体系时，指标属性也可以是不统一的。因此，初选评价指标体系时，可以从指标属性角度构思体系中指标元素的组成。

（5）专家调查法 专家调查法是一种定性评价方法，将来自专家们的分散的个人经验和知识进行综合，对评价对象进行主观的描述，并作为判断和评价，专家调查法的方式有很多种，较为常用的有专家个人判断法、专家会议法和德尔菲法。

1）专家个人判断法。优点：简单易行，不受外界因素的干扰，能够最大限度地发挥专家们的判断能力；缺点：受专家个人的知识水平和资料占有的影响大，评价结果带有一定的片面性。

2）专家会议法。优点：克服专家个人判断导致的片面性；缺点：专家易受到心理压力的影响，屈从权威和大多数的意见。

3）德尔菲法。优点：充分发挥专家的独立思考和判断能力，克服可能存在的屈从权威或服从多数的缺陷；缺点：过程比较复杂，耗时较长。

（6）层次分析法 优点：系统性的分析方法，简洁实用，所需的定量数据信息较少，将复杂问题化为简单的权重问题；缺点：指标过多时数据统计量大，且权重难以确定，特征值和特征向量的精确求法比较复杂。

（7）人工神经网络 优点：可以逼近任意复杂的非线性关系，具有很强的鲁棒性和容错性；缺点：一般训练的过程比较复杂，学习时间过长，甚至可能达不到学习的目的。

（8）模糊综合评价 优点：模糊评价通过精确的数字手段处理模糊的评价对象，能对蕴含信息呈现模糊性的资料做出比较科学、合理、贴近实际的量化评价；缺点：计算复杂，对指标权重矢量的确定主观性较强。

自动驾驶车辆智能水平以及综合性能的评价主要面向本体论和现象学。通过对自动驾驶车辆智能行为进行评价完成自动驾驶车辆智能水平的评价。自动驾驶车辆智能水

平测试是对自动驾驶车辆的环境感知、控制与决策等关键技术研究水平进行评价的重要手段。

自动驾驶车辆智能水平的评价是一个多级综合评价的问题，应根据自动驾驶车辆自然环境感知和智能行为决策的复杂度划分成不同的评价层级。自动驾驶车辆智能水平的评价指标较为繁杂，根据全面性原则初选指标可以允许重复的、不可操作的或难以操作的指标存在，只求全而不求优。在自动驾驶车辆评价体系指标初选时，将分析法和综合法结合起来使用，即将被评价对象的总体目标分解为各个方面能力评价的分目标，然后利用现有的指标群，对其进行分析，从中选取大量的可能反映各方面能力的指标。

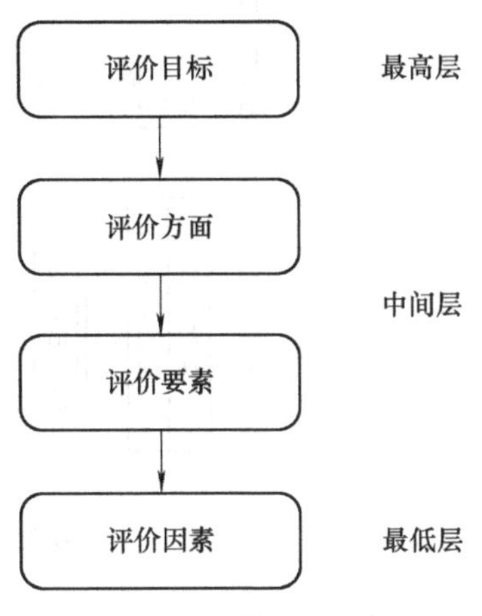

图 5-5 自动驾驶车辆评价指标体系层次结构

3. 自动驾驶车辆评价指标体系层次

自动驾驶车辆评价指标体系分为四个层次，如图 5-5 所示。评价目标为自动驾驶车辆的智能水平。由于自动驾驶车辆的智能水平是通过其自身的行为表现出来的，所以评价方面按照自动驾驶车辆智能行为分为基本智能行为和高级智能行为。基本智能行为包括。车辆控制行为、基本行车行为、基本交通行为。高级智能行为包括：高级行车行为、高级交通行为。它们又组成了自动驾驶车辆的评价要素。而每个评价要素又包括自动驾驶车辆的评价因素。

5.2.2 评价指标筛选

初选的自动驾驶车辆的智能水平的评价指标只是给出了综合评价指标体系的“指标可能全集”，但不是“充分必要的指标集合”，也没有体现指标数据的亲疏关系和相似关系。因此，必须对初选的指标体系进行完善处理，进行筛选、优化，组成科学合理的评价指标集。对于像自动驾驶车辆这样的复杂非线性系统的综合评价，可通过层次分析法和专家决策法进而合理选择需要的指标变量，排除不合理的指标变量。

由于自动驾驶车辆技术的不断发展，对于自动驾驶车辆智能水平的评价按照分层次的评价思路，确定了一个能科学、客观且尽可能全面反映对象目标特性的评价层次，包括：评价目标、评价方面、评价要素、评价因素。从车辆控制行为、基本行车行为、基本交通行为、高级行车行为、高级交通行为 5 个指标和 18 个次级指标建立了自动驾驶车辆智能水平评价指标体系和递阶层次关系。这样，通过对各级指标和次级指标量化，可以直观地得出自动驾驶车辆哪几个指标存在不足，指出以后改进的方向。自动驾驶车辆智能水平评价指标体系，如图 5-6 所示。

5.2.3 评价指标权重的确定

要实现对自动驾驶车辆的评价，还需要确定自动驾驶车辆各个指标的权重。本节采用层级分析法和可拓展的层次分析法确定自动驾驶车辆各级评价指标的权重。

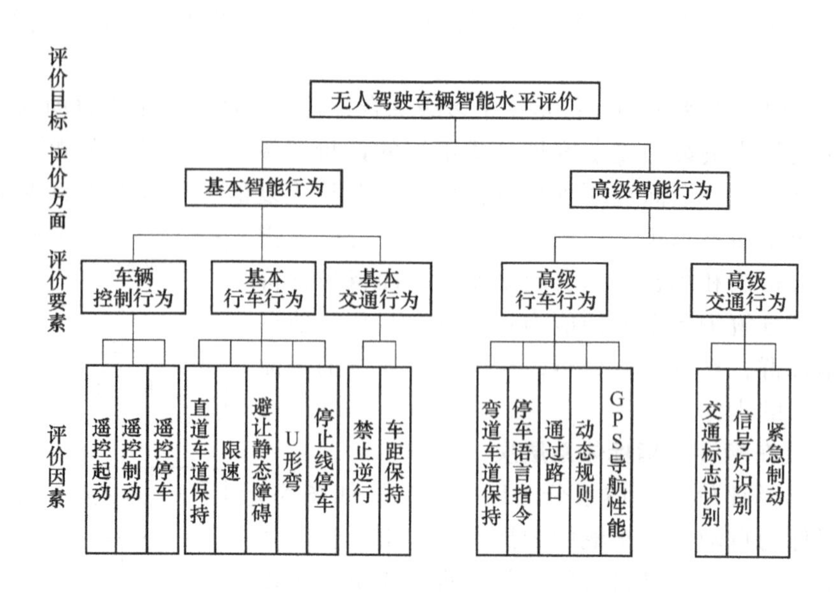

图 5-6　自动驾驶车辆智能水平评价指标体系

1. 层次分析法

层次分析法，又称为 AHP 法，是 T. L. Saaty 等人在 20 世纪 70 年代提出的一种能有效地处理评价指标难以量化的一类问题的实用方法。层次分析法的基本思想是先按问题要求建立一个描述系统功能和特征的递阶层次结构，通过两两比较评价因素的相对重要性，给出相应的比例标度，构成上层某元素对下层相关元素的判断矩阵，以给出相关因素对上层某因素的相对重要程度的重要序列。AHP 法是一种定性和定量相结合、层次化、系统化的权重确定方法。

（1）构造判断矩阵　构造判断矩阵的关键是构造合理且保持一致性。在构造比较矩阵时，需要考虑自动驾驶车辆两个评价指标 A_i 和 A_j 相对于上一层的元素重要性的比较以及重要性的量化。国际上一般采用正整数 1 ~ 9（称为标度）来对重要性进行量化，具体见表 5-6。

表 5-6　重要度定义表

比例标尺	重要度定义
1	表示两个因素比较，具有同样重要性
3	表示两个因素比较，一个因素比另一个因素稍重要
5	表示两个因素比较，一个因素比另一个因素重要
7	表示两个因素比较，一个因素比另一个因素重要得多
9	表示两个因素比较，一个因素比另一个因素极其重要
2，4，6，8	介于上述两个相邻判断的中值

同样，对于自动驾驶车辆两评价指标相比较，其次要度可用正整数 1 ~ 9 的倒数来进行量化，具体见表 5-7。

表 5-7 次要度定义表

比例标尺	次要度定义
1/3	表示两个因素比较，一个因素比另一个因素稍次要
1/5	表示两个因素比较，一个因素比另一个因素次要
1/7	表示两个因素比较，一个因素比另一个因素次要得多
1/9	表示两个因素比较，一个因素比另一个因素极为次要
1/2，1/4，1/6，1/8	介于上述两个相邻判断的中值

决策者进行自动驾驶车辆两指标之间重要程度的比较，可得到表 5-8 所列的结果。

表 5-8 重要程度比较结果

准则层	A_1	A_2	…	A_n
A_1	a_{11}	a_{12}	…	a_{1n}
A_2	a_{21}	a_{22}	…	a_{2n}
⋮	⋮	⋮	⋮	⋮
A_n	a_{n1}	a_{n2}	…	a_{nn}

根据表 5-8 的结果，得到比较判断矩阵 $\boldsymbol{A}$，即

$$\boldsymbol{A}=\begin{pmatrix} a_{11} & a_{12} & \cdots & a_{1n} \\ a_{21} & a_{22} & \cdots & a_{2n} \\ \vdots & \vdots & & \vdots \\ a_{n1} & a_{n2} & \cdots & a_{nn} \end{pmatrix} \tag{5-6}$$

比较矩阵 $\boldsymbol{A}$ 具有以下性质：

1）$a_{ij}>0$；

2）$a_{ii}=1$；

3）$a_{ji}=1/a_{ij}$。

（2）计算自动驾驶车辆评价指标的权重 计算 n 个自动驾驶车辆评价指标 A_1，A_2，…，A_n的权重，并进行一致性检查。对于评价指标 A_1，A_2，…，A_n的判断矩阵 $\boldsymbol{A}$，解矩阵特征根。计算权重向量和特征根 $\gamma_{\max}$的方法有和积法、方根法、和根法。此处选用计算比较简便的“和积法”，其具体计算步骤如下：

1）对自动驾驶车辆评价指标的判断矩阵 $\boldsymbol{A}$ 的列向量归一化，即

$$\bar{a}_{ij}=\frac{a_{ij}}{\sum_{i=1}^{n} a_{ij}} \quad (i, j=1, 2, \cdots, n) \tag{5-7}$$

2）将其按行求和，即

$$W_i = \sum_{j=1}^{n} \bar{a}_{ij} \quad (i = 1, 2, \cdots, n) \tag{5-8}$$

3）对判断矩阵 **A** 进行行归一化处理，即将得到的和向量规范化，得

$$\overline{W}_i = \frac{W_i}{\sum_{i=1}^{n} W_i} \quad (i = 1, 2, \cdots, n) \tag{5-9}$$

4）计算自动驾驶车辆评价指标的判断矩阵 **A** 的最大特征根 γ_{max}。

（3）一致性检验 在得到矩阵最大特征根 γ_{max}后，需对其进行一致性检验，以保证评价者对多因素评判思想逻辑的一致性，使各评判因素之间协调一致，不会出现内部矛盾，这也是保证评价结论可靠的必要条件。一致性指标 CI 为

$$CI = \frac{\gamma_{max} - n}{n - 1} \tag{5-10}$$

只要满足

$$CR = \frac{CI}{RI} < 0.1 \tag{5-11}$$

就认为所得比较矩阵的判断结果可以接受。其中 RI 是平均随机一致性指标，取值见表5-9。

表 5-9　平均随机一致性指标 *RI* 取值

n	3	4	5	6	7	8	9	10	11
RI	0.58	0.9	1.12	1.24	1.32	1.41	1.45	1.49	1.51

2. 可拓展层次分析法

（1）层次分析法的缺陷 虽然通过 AHP 法得到了自动驾驶车辆智能水平评价指标的权重，但是在确定各个指标权重时却存在一些缺点：

1）模糊判断矩阵明确化。构造判断矩阵时，人的判断通常是一个范围而不是 1~9 的整数，层次分析法把原来就是模糊的量明确化，或者变成无一点弹性的硬指标是不合理的。

2）需要一致性检验。如果一致性检验不满足要求，要重新构造比较判断矩阵并计算相应的权重，直到一致性检验满足为止。在实际操作中，一般是靠大致估计来调整判断矩阵，带有一定的盲目性，并且需要经过多次调整才能通过一致性检验。

为了解决上述问题，可采取可拓展层次分析法（Extension Analytic Hierarchy Process，EAHP）。可拓展层次分析法引入可拓展理论，用区间数代替点值数构造可拓展判断矩阵，不需要判断矩阵的一致性，有效避免了层次分析法中的大量试算工作。这样既能保证专家判断结果的真实性，又能保证判断矩阵的一致性，使得确定的自动驾驶车辆各个评价指标的权重更加合理。

（2）建立判断矩阵 和层次分析法一样，可拓展层次分析法也需要建立判断矩阵。建立判断矩阵的过程就是标量化的过程。标量化是通过一定的标度体系，将各种原始数据转化为可直接比较的规范化格式的过程。采用 Saaty 提出的互反性 1~9 标度法作为可拓

区间层次分析法的标量化方法。在某一准则下，专家对隶属于同一层次的自动驾驶车辆各评价指标之间的相对重要性进行两两比较，构建可拓区间判断矩阵 $\boldsymbol{A}=(a_{ij})_{n\times n}(i,\ j=1,\ 2,\ 3,\ \cdots,\ n)$ 为正互反矩阵，其中 $a_{ij}=<a_{ij}^{-},\ a_{ij}^{+}>$ 是一个可拓区间数，a_{ij}^{-}，a_{ij}^{+} 分别为判断矩阵第 i 行第 j 列可拓区间元素的上、下端点。

（3）计算权重量　对可拓区间数判断矩阵 $\boldsymbol{A}=<\boldsymbol{A}^{-},\ \boldsymbol{A}^{+}>$（其中 $\boldsymbol{A}^{-}$ 为区间下端点构成的矩阵，$\boldsymbol{A}^{+}$ 为区间上端点构成的矩阵），求其满足一致性条件的权重。

1）求 $\boldsymbol{A}^{-}$，$\boldsymbol{A}^{+}$ 的最大特征值所对应的具有正分量的归一化特征矢量 $\boldsymbol{x}^{-}$，$\boldsymbol{x}^{+}$。

2）由 $\boldsymbol{A}^{-}=(a_{ij}^{-})_{nn}$，$\boldsymbol{A}^{+}=(a_{ij}^{+})_{nn}$ 计算 k 和 m 的值，其中

$$k=\sqrt{\sum_{j=1}^{n}(1/\sum_{i=1}^{n}a_{ij}^{+})}\quad (i,\ j=1,\ 2,\ 3,\ \cdots,\ n) \tag{5-12}$$

$$m=\sqrt{\sum_{j=1}^{n}(1/\sum_{i=1}^{n}a_{ij}^{-})}\quad (i,\ j=1,\ 2,\ 3,\ \cdots,\ n) \tag{5-13}$$

式中，k 和 m 是满足 $0<kx^{-}\leqslant mx^{+}$ 的全体正实数。

3）判断矩阵的一致性。若 $0\leqslant k\leqslant 1\leqslant m$，则说明可拓区间判断矩阵的一致性较好。一致性程度过低应采取措施校正判断矩阵或让专家重新判断，直到满足要求。

4）求出权重量。

$$\boldsymbol{S}=[S_1\quad S_2\quad S_3\quad S_4\quad \cdots\quad S_{nk}]^{\mathrm{T}}=<kx^{-},\ mx^{+}> \tag{5-14}$$

式中，S_{nk} 是第 k 层，第 n 个元素对上一层的某个元素的可拓区间权重量。

（4）层次排序　在计算完权重量后需要进行层次排序。层次排序分为单层次排序和总排序，首先进行单层次排序。

设 $S_i=<S_i^{-},\ S_i^{+}>$，$S_j=<S_j^{-},\ S_j^{+}>$，如果 $V(S_i,\ S_j)\geqslant 0\ (i\neq j)$ 表示 $S_i\geqslant S_j$ 的可能性程度，则

$$P_j=1\quad (j=1,\ 2,\ 3,\ \cdots,\ n) \tag{5-15}$$

$$P_i=V(S_i\geqslant S_j)=\frac{2(S_i^{+}-S_j^{-})}{(S_j^{+}-S_j^{-})+(S_i^{+}-S_i^{-})}\quad (i,\ j=1,\ 2,\ 3,\ \cdots,\ n;\ i\neq j) \tag{5-16}$$

式中，P_i 是某层上的第 i 个因素对上一层上的某个因素的单排序，经归一化后得到的 $\boldsymbol{P}=[P_1\quad P_2\quad \cdots\quad P_n]^{\mathrm{T}}$ 表示某层上各因素对上一层次的某个因素的单排序权重矢量；S_i^{-}，S_i^{+}，S_j^{-}，S_j^{+} 分别是两个单层权重矢量可拓区间数的上、下端点。

在求出所有 $\boldsymbol{P}_h^k=[P_{1h}^k\quad P_{2h}^k\quad \cdots\quad P_{n_k h}^k]^{\mathrm{T}}$ 以后（其中 k 为第 k 层，h 为第 h 个因素），当 $h=1,\ 2,\ \cdots,\ n_{k-1}$ 时，得到 $n_k\times n_{n_{k-1}}$ 矩阵，即

$$P^k=[P_1^k\quad P_2^k\quad \cdots\quad P_{n_{k-1}}^k] \tag{5-17}$$

如果 $k-1$ 层对总目标的排序权重矢量为 $\boldsymbol{W}^{k-1}=[W_1^{k-1}\quad W_2^{k-1}\quad \cdots\quad W_{n_{k-1}}^{k-1}]$，那么第 k 层上全体元素对总目标的合成排序由下式给出：

$$\boldsymbol{W}^k=[W_1^k\quad W_2^k\quad \cdots\quad W_{n_k}^k]^{\mathrm{T}}=\boldsymbol{P}^k\boldsymbol{W}^{k-1} \tag{5-18}$$

并且一般地，由 $\boldsymbol{W}^k=\boldsymbol{P}^k\boldsymbol{P}^{k-1}\cdots\boldsymbol{P}^3\boldsymbol{W}^2$，这里 $\boldsymbol{W}^2$ 实际上就是单项排序矢量。

5.3 智能水平定量评价

5.3.1 成本函数法

1. 成本函数估计

成本函数估计最常用的方法是利用收集到的一组有关产量和成本的数据进行回归分析，为了完成该分析，需要首先构造一个成本函数并确定函数的具体形式；再在收集数据的基础上用回归分析方法求出函数的具体参数值；还需检验回归结果对数据的拟合程度，以及回归分析的前提条件是否成立，因为一个没有显著函数关系或回归分析前提条件不成立的回归分析是不成立的。

（1）成本函数形式的确定 由于成本函数的曲线特征，总可变成本函数和可变成本函数通常采用多项式，即

$$TVC = \beta_1 Q^3 + \beta_2 Q^2 + \beta_1 Q + \alpha \tag{5-19}$$

式中，Q 是可变成本函数；TVC 是总可变成本函数；α 和 β 是多项式系数。

（2）数据的收集 当模型的具体形式确定下来之后，需要针对模型中的变量收集样本数据。数据类型包括时序数据和截面数据。

（3）建立回归方程及参数估计

1）一元线性回归。

①总体回归模型。如果两个变量在总体上存在线性回归关系，可以用下式表示：

$$y = a + bx + \varepsilon \tag{5-20}$$

式中，a，b 是总体回归模型的参数；ε 是 x 变量以外其他所有影响因素对 y 值的综合影响，故称随机干扰项。

如果在一定时期内一些因素的单独影响都比较零散、微弱，就可以不把它们单独列成自变量，而合并为一个随机因素。在一个模式中是否存在随机误差，是确定型依存关系和统计型依存关系的区别。随机误差体现了在 x 为定值时 y 的差异。

②假定前提。ε 是随机变量，对于某个 x 定值，ε 的符号和绝对值的大小是随机的，它既独立于 x 的取值，也独立于前一项 ε 值；ε 服从正态分布，与影响 y 的其他因素的作用趋于互相抵消，$E(\varepsilon) = 0$，y 的期望值落在总体回归线上，在给定 x 值后，y 值围绕 y 的期望值呈正态分布；对于任何 x 值，ε 有恒定的方差 δ^2，无论 x 取什么值，y 值围绕总体回归线的变异程度相同。

③总体回归直线方程与样本回归直线方程。如果从总体回归函数 $Y = a + bx + \varepsilon$ 中排除 ε，就得到表示 y 值随 x 取值而定的正态分布期望值与 x 值关系的方程——总体回归直线方程，即

$$\mu_{y,x} = a + bx$$

总体回归直线方程表明，在 x 值给定的条件下，y 的期望值是 x 的严密的线性函数。$\mu_{y,x}$ 称为 y 的条件平均数，对于一个双变量协变总体，当自变量 x 取特定值时，因变量取

值服从正态分布 $Y \sim N(\mu_{y,x}, \delta_{y,x}^2)$。

根据样本数据拟合的曲线，称为样本回归直线。

$$\hat{y}_t = \hat{a} + \hat{b}x_t \tag{5-21}$$

式中，$\hat{y}$ 是样本回归线上与 x 相对应的 y 值，可视为 $\mu_{y,x}$ 估计，称为 y 的估计值或拟合值；$\hat{a}$ 是截距，$\hat{b}$ 是斜率，表示当 x 变化一个单位时 y 的变化量，它们是总体回归系数 a，b 的估计值。

实际观测到的变量 y 值，并不完全等于 $\hat{y}$，如果用 e 表示两者之差，它与总体误差项 ε 相对应，即

$$e = Y_t - \hat{y}_t \tag{5-22}$$

由上述可知，样本回归直线是对总体回归直线的近似反映。

2）多元线性回归模型。现实中，某一现象的变动常受多种现象变动的影响，在这种情况下，仅仅考虑单个变量是不够的，这就产生了测定多因素之间的关系问题。研究在线性相关条件下，两个或两个以上自变量对一个因变量的数量变化关系，称为多元线性回归分析，它是一元线性回归模型的拓展，其基本原理与一元线性回归模型相似。

①总体回归函数与总体回归直线。

$$\begin{aligned} Y_t &= \alpha + \beta_1 x_{1t} + \beta_2 x_{2t} + \cdots + \beta_k x_{tk} + \varepsilon_t \\ \mu_{y,x} &= \alpha + \beta_1 x_{1t} + \cdots + \beta_k x_{kt} \end{aligned} \tag{5-23}$$

式中，α 是截距；β_j 是在其他自变量保持不变的情况下，自变量 x_j 变动一个单位所引起因变量 y 平均变动的数值，称为偏回归系数。

②前提假设。与一元线性前提假设相同，另外加上，回归模型所包含的自变量之间不能具有较强的线性关系。

③样本回归方程。

$$\hat{Y}_t = \hat{\alpha} + \hat{\beta}_1 x_{1t} + \hat{\beta}_2 x_{2t} + \cdots + \hat{\beta}_k x_{kt} \tag{5-24}$$

④模型估计。以三元线性回归方程为例，即 $Y_t = \alpha + \beta_1 x_{1t} + \beta_2 x_{2t}$。

a. 回归系数的估计。

$$\min Q = \sum e_t^2 = \sum (Y_t - \hat{Y}_t)^2 = \sum (Y_t - \hat{\beta}_1 x_{1t} - \hat{\beta}_2 x_{2t})^2 \tag{5-25}$$

$$\begin{cases} \sum Y = n\hat{\alpha} + \hat{\beta}_1 \sum x_1 + \hat{\beta}_2 \sum x_2 \\ \sum X_1 Y = \hat{\alpha} \sum x_1 + \hat{\beta}_1 \sum x_1^2 + \hat{\beta}_2 \sum x_1 x_2 \\ \sum X_2 Y = \hat{\alpha} \sum x_2 + \hat{\beta}_1 \sum x_1 x_2 + \hat{\beta}_2 \sum x_2^2 \end{cases} \tag{5-26}$$

b. 总方差的估计。

$$S_{y,n^2}^2 = \frac{\sum e_t^2}{n-k} \tag{5-27}$$

式中，n 是样本容量；k 是方程中回归系数的个数。

S_{y,n^2}^2 称为回归估计的标准误差，越小表明样本回归方程的代表性越强。

$$S_{y,x}=\sqrt{\frac{\sum Y-\hat{\alpha}\sum Y-\hat{\beta}_1\sum x_1 Y-\hat{\beta}_2\sum x_2 Y}{n-3}} \tag{5-28}$$

3）非线性回归模型。如果因变量和自变量之间是非线性关系，就必须采用非线性回归模型。对非线性回归模型估计必须首先将其转化为线性函数，然后利用线性回归方法估计各参数。非线性回归模型主要有：

①幂函数。

$$Y=ax_1^{b_1}x_2^{b_2} \tag{5-29}$$

两边取对数可得：

$$\ln Y=\ln a+b_1\ln x_1+b_2\ln x_2 \tag{5-30}$$

令 $Y'=\ln Y$，$A=\ln a$，$x'_1=\ln x_1$，$x'_2=\ln x_2$。可得：

$$Y'=A+b_1x'_1+b_2x'_2 \tag{5-31}$$

这种形式就是前面所讲的三元线性回归方程。其特点是方程中的参数可以直接反映因变量 y 对于某一个自变量的弹性。

$$Z_{y_1x_1}=\frac{\partial Y}{\partial x_1}\frac{x_1}{Y}=b_1(ax_1^{b_1-1}x_2^{b_2})x_1/Y=b_1(ax_1^{b_1}x_2^{b_2})/Y=b_1 \tag{5-32}$$

即 b_1 是在其他因素不变的条件下，x_1 变动1%所引起的 y 变动的百分比。

②指数型。

$$Y=ab_1^{x_1}b_2^{x_2} \tag{5-33}$$

两边取对数可得：

$$\ln Y=\ln a+x_1\ln b_1+x_2\ln b_2 \tag{5-34}$$

令 $Y'=\ln Y$，$A=\ln a$，$B_1=\ln b_1$，$B_2=\ln b_2$。可得：

$$Y'=A+B_1x_1+B_2x_2 \tag{5-35}$$

③多项式函数。

$$Y=a+bx+cx^2+\mathrm{d}x^3 \tag{5-36}$$

令 $x_1=x$，$x_2=x^2$，$x_3=x^3$。可得：

$$Y=a+bx_1+cx_2+\mathrm{d}x_3 \tag{5-37}$$

非线性回归方程转化为线性回归方程后，可利用前文所述方法，估计各参数，最后利用反函数化为最初形式。

2. 基于成本函数的评价指标量化

卡内基梅隆大学的学者针对 Boss 在 2007 年 DARPA（美国国防高级研究计划局）城市挑战赛只适用于低速、低密度的交通环境的问题，提出了一套结合成本评价的鲁棒的高速公路自主驾驶技术。在我国自动驾驶车辆的评价方法中，引入成本函数的方法，对技术指标量化。采用技术指标成本函数为导向的评价方法，必然会促使参赛车辆在技术研发的过程中朝着成本函数最小的方向发展。这样就引导参赛车辆不仅仅要完成任务，更要高质量地完成任务。从而促进我国自动驾驶车辆的技术水平，进一步提高其自然环境感知与智能行为决策的能力，最终达到甚至超过人工驾驶的水平。就自动驾驶车辆而言，以技术指标更换车道为例，其过程成本需要考虑。

过程成本用来描述自动驾驶车辆是如何完成给定任务的。通常完成任务所用的时间越

长，惩罚越大，成本函数值就越高。对“更换车道”来说，其成本函数可以用更换车道所用的时间 t 和该时间内车辆所行驶的距离 d_{finish} 来表征，即

$$C = td_{finish} \tag{5-38}$$

显然，自动驾驶车辆评价需要考虑的指标比较多，采用加权平均型算法来保证单指标评价矩阵信息的充分利用，具有较大程度的综合性。因此，提出采用“加权平均型”合成运算分层计算，对自动驾驶车辆各模块进行评价；然后再对各层评判结果进行高层次的综合评判，这样逐层综合直至得出总的评判结果。用 A_1，A_2，A_3，A_4 和 A_5 表示 5 个准则层，即车道线检测、交通信号检测、前方车辆检测、车道保持检测、前方车辆距离监测。根据每项测试内容以及自动驾驶车辆的表现（即指标）可计算出 5 个准则层中各自的成本函数，记为 C_1，C_2，C_3，C_4，C_5。

$$C = \begin{cases} \sum_{j=1}^{n} c_{1j}\omega_{1j} & \text{参加本项测试} \\ \beta C_m(\beta > 1,\ \beta = 1.5) & \text{未参加本项测试} \end{cases} \tag{5-39}$$

式中，c_{1j}是准则层 A_1 的 n 个测试指标所计算得到的成本值；ω_{1j}是准则层 A_1 的 n 个测试指标所计算得到的权重值；C_m 是参加本项测试车队最大的成本函数值。

由于有的车队未参加本项测试，所以其成本函数在最大值的基础上施加惩罚因子 β。在 5 个测试准则层中没有参加测试的车队的成本函数均要施加惩罚因子 β。这样，通过指标成本函数使评价指标量化，结合量化的权重系数，合成运算后可以求得自动驾驶车辆在测试中总的成本函数为

$$C = C_1\omega_1 + C_2\omega_2 + C_3\omega_3 + C_4\omega_4 + C_5\omega_5 \tag{5-40}$$

3. 2017“中国智能车未来挑战赛”评价

2017 年 11 月由国家自然科学基金委员会主办了第九届“中国智能车未来挑战赛”，本届比赛主要分无人驾驶智能车真实综合道路环境测试（含城市道路、城郊道路及高速公路）、复杂环境认知水平能力离线测试两部分。其中，道路测试着重考察无人驾驶车辆的交通场景识别能力以及对不同道路环境的适应性和行驶机动性等 4S 性能［安全性（Safety）、舒适性（Smoothness）、敏捷性（Sharpness）和智能性（Smartness）］；离线测试则是在大规模典型真实道路交通场景数据库的基础上，通过仿真环境评估无人驾驶车辆各类环境感知算法的基本认知能力和水平。

（1）车道线检测 车道线检测要求无人车在不同交通场景视频中识别常见的车道线的位置并识别其线型。在真实交通场景中，车道线的线型主要有黄实线、黄虚线、白实线、白虚线四种。队员们根据抽签得到的视频数据，利用预先编好的算法检测出车道线的类型和位置，如图 5-7 所示。

图 5-7 车道线检测

（2）交通信号检测 交通信号测试要求无人驾驶系统检测出不同交通场景视频中常见交通标志和信号灯的位置并识别其类型，如图 5-8 所示。

（3）前方车辆检测　前方车辆检测要求无人车检测不同交通场景视频中的前方车辆，不区分车辆类型，如图 5-9 所示。

图 5-8　交通信号检测

图 5-9　前方车辆检测

（4）车道保持状态检测　车道保持状态检测要求无人驾驶系统基于给定交通场景视频，对测试车辆在行驶中的车道保持状态进行持续检测，如图 5-10 所示。

（5）前方车辆距离监测　前方车辆距离监测是指基于给定交通场景视频，对与安全通行相关的多辆前方车辆的距离进行持续监测，如图 5-11 所示。

图 5-10　车道保持状态检测

图 5-11　前方车辆距离监测

第九届“中国智能车未来挑战赛”采用的是定性与定量相结合的评测分析。用 A_1，A_2，A_3，A_4 和 A_5 表示 5 个准则层，即车道线检测、交通信号检测、前方车辆检测、车道保持检测、前方车辆距离监测。根据重要度定义，并分析各准则层间的相互重要度关系，得出表 5-10 所列的结果。

表 5-10　重要度关系表

	A_1	A_2	A_3	A_4	A_5
A_1	1	1/3	1/5	1/5	1/8
A_2	3	1	1/3	1/3	1/5
A_3	5	3	1	1	1/3
A_4	5	3	1	1	1/3
A_5	8	5	3	3	1

判断矩阵 A 为

$$A=\begin{pmatrix}1 & \frac{1}{3} & \frac{1}{5} & \frac{1}{5} & \frac{1}{8}\\ 3 & 1 & \frac{1}{3} & \frac{1}{3} & \frac{1}{5}\\ 5 & 3 & 1 & 1 & \frac{1}{3}\\ 5 & 3 & 1 & 1 & \frac{1}{3}\\ 8 & 5 & 3 & 3 & 1\end{pmatrix}$$

对判断矩阵 A 的列归一化得

$$\overline{A}=\begin{pmatrix}0.045 & 0.027 & 0.036 & 0.036 & 0.063\\ 0.136 & 0.081 & 0.06 & 0.06 & 0.1\\ 0.227 & 0.243 & 0.181 & 0.181 & 0.167\\ 0.227 & 0.243 & 0.181 & 0.181 & 0.167\\ 0.364 & 0.405 & 0.542 & 0.542 & 0.502\end{pmatrix}$$

对其按行求和，再进行均一化得

$$\overline{W_i}=\begin{pmatrix}0.041\\ 0.087\\ 0.2\\ 0.2\\ 0.471\end{pmatrix}$$

由式 $\gamma_{\max}=\frac{1}{n}\sum_{i=1}^{n}\frac{[A\overline{W_i}]_i}{(\overline{W_i})_i}$ 计算最大特征根得

$$\gamma_{\max}=\frac{1}{5}\left(\frac{0.21}{0.04}+\frac{0.438}{0.09}+\frac{1.027}{0.2}+\frac{1.027}{0.2}+\frac{2.44}{0.47}\right)=5.1156$$

对其进行一致性检验：

$$CI=\frac{\gamma_{\max}-n}{n-1}=0.0289$$

查表 5-9，得 $n=5$ 时，$RI=1.12$，则

$$CR=\frac{CI}{RI}=\frac{0.0289}{1.12}=0.026<0.1$$

所以，判断矩阵的结果可以接受，求得的权重值可以使用。由此得到 5 个准则层在总评价中的权重 0.041，0.087，0.2，0.2，0.471，记作：ω_1，ω_2，ω_3，ω_4 和 ω_5。

按照同样的方法，可求出各指标成本函数值 C_1，C_2，C_3，C_4，C_5。由式（5-40）可以计算得出各车队成本函数值。比赛结果见表 5-11。

表 5-11 比赛结果

车队成本	C_1	C_2	C_3	C_4	C_5	成 本
车队 B	10.829	53.31	15.827	19.992	29.2	26
车队 C	10.829	109.46	24.157	82.574	67	62.87
车队 F	0	243.4	44.982	50.813	60.82	68.98
车队 A	17.493	65.81	106.186	55.049	97.94	84.82
车队 E	3.332	36.65	191.757	15.827	97.94	90.97
车队 G	9.163	124.12	254.399	123.86	12.86	92.88
车队 I	4.165	74.97	273.391	123.86	66.76	117.59
车队 H	6.664	121.62	330.202	26.656	97.22	128.02
车队 D	6.664	139.11	495.303	82.574	97.94	174.08
车队 J	26.24	365.1	495.303	123.86	85.94	197.15

这种评价方法不仅仅考虑了完成任务的时间，也考虑了各个模块，甚至细化到各个技术细节（指标）的完成质量。总成本函数值越低，说明在总的技术层面更胜一筹，这就引导参赛车辆朝着“低指标成本”（即高技术）的方向发展。将 AHP 应用于自动驾驶车辆各级评价指标权重的确定，AHP 充分利用专家的经验和判断，采用相对标度对有形与无形、可定量与不可定量的因素进行统一测度，能把决策过程中定性与定量因素有机结合。成本函数法虽然能够实现自动驾驶车辆的定量评价，但是其各个指标的量化是通过成本函数确定的。成本函数存在很大的人为主观性，不同的人很有可能得到不同的成本函数。

5.3.2 模糊综合评价法

模糊综合评价法的基本原理是首先确定被评价对象的因素集合评价集；再分别确定各个因素的权重及它们的隶属度矢量，获得模糊评判矩阵；最后把模糊评判矩阵与因素的权矢量进行模糊运算并进行归一化，得到模糊综合评价结果。其特点在于评判逐对象进行，对被评价对象有唯一的评价值，不受被评价对象所处对象集合的影响。综合评价的目的是要从对象集中选出优胜对象，因此最后要将所有对象的评价结果进行排序。

1. 对模糊综合评价法的相关术语定义

（1）评价因素 F 评价因素是指评议的具体内容（如价格、各种指标、参数、规范、性能、状况等）。

（2）评价因素值 F_V 评价因素值是指评价因素的具体值。

（3）评价值 E 评价值是指评价因素的优劣程度。

（4）平均评价值 E_P 平均评价值是指评标委员会成员对某评价因素评价的平均值。平均评价值 E_P = 全体评标委员会成员的评价值之和÷评委数。

（5）权重 W 权重是指评价因素的地位和重要程度。

（6）加权平均评价值 E_{PW} 加权平均评价值是指加权后的平均评价值。加权平均评

价值 E_{PW}=平均评价值 E_P×权重 W。

（7）综合评价值 E_Z 综合评价值是指同一级评价因素的加权平均评价值 E_{PW}之和。

2. 模糊综合评价的基本步骤

1）模糊综合评价指标的构建。模糊综合评价指标体系是进行综合评价的基础，评价指标的选取是否适宜，将直接影响综合评价的准确性。进行评价指标的构建应广泛涉猎该评价指标系统的行业资料或者相关的法律法规。

2）通过专家经验法或 AHP 法构建权重向量。

3）构建评价矩阵，建立适合的隶属度函数从而构建好评价矩阵。

4）评价矩阵和权重的合成，采用适合的合成因子对其进行合成，并对结果向量进行解释。

模糊综合评价法根据模糊数学的隶属度理论把定性评价转化为定量评价，能较好地解决模糊的、难以量化的问题，适合非确定性问题的解决。图 5-12 所示为模糊综合评价法流程图。

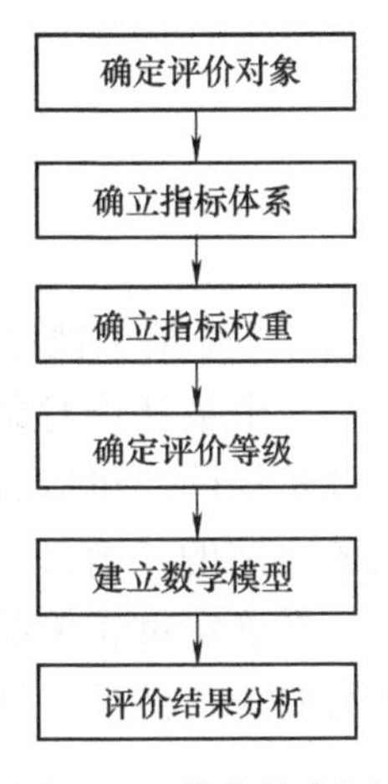

图 5-12 模糊综合评价法流程图

3. 模糊综合评价法权重的确定

权重是以某种数量形式对比、权衡被评价事物总体中诸因素相对重要程度的量值，图 5-13 所示为权重定义流程图。

（1）确定评价对象的因素集 设 $U=\{u_1, u_2, \cdots, u_m\}$ 为被评价对象中评价因素的集合。其中 m 是评价因素的个数，由具体的指标体系所决定。

为方便权重分配和评议，可以按评价因素的属性将评价因素分为若干类，把每一类都视为单一评价因素，并称为第一级评价因素。第一级评价因素可以设置下属的第二级评价因素，第二级评价因素又可以设置下属的第三级评价因素，以此类推。

$$U = U_1 \cup U_2 \cup \cdots \cup U_S \text{（有限不交并）}$$

其中，

$$U_i = \{u_{i1}, u_{i2}, \cdots, u_{im}\}, U_i \cap U_j = \varnothing \quad (\text{任意 } i \neq j;\ i, j = 1, 2, \cdots, S)$$

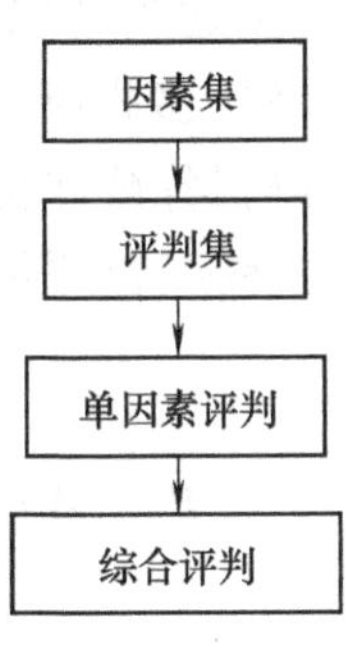

图 5-13 权重定义流程图

我们称 $\{U_i\}$ 是 U 的一个划分（或剖分），U_i 称为类（或块）。

（2）确定评价对象的评语集 设 $V=\{v_1, v_2, \cdots, v_n\}$ 是评价者对被评价对象可能做出的各种总的评价结果组成的评语等级的集合。其中，v_j 代表第 j 个评价结果（$j=1, 2, \cdots, n$），

n 为总的评价结果数。一般划分为 3~5 个等级。

（3）确定评价因素的权重向量 设 $\boldsymbol{A}=[a_1 \quad a_2 \quad \cdots \quad a_m]$ 为权重（权数）分配模糊矢量，其中 a_i 表示第 i 个因素的权重，要求 $\sum a_i = 1$。

$\boldsymbol{A}$ 反映了某个因素的重要程度，在进行模糊综合评价时，权重对最终的评价结果会产生很大的影响，不同的权重有时会得到完全不同的结论。

（4）进行单因素模糊评价，确立模糊关系矩阵 $\boldsymbol{R}$ 单独从一个因素出发进行评价，

以确定评价对象对评价对象集合 V 的隶属程度，称为单因素模糊评价（one-way evaluation）。

构造模糊关系矩阵，即

$$R=\begin{pmatrix} r_{11} & r_{12} & \cdots & r_{1n} \\ r_{21} & r_{22} & \cdots & r_{2n} \\ \vdots & \vdots & & \vdots \\ r_{m1} & r_{m2} & \cdots & r_{mn} \end{pmatrix} \tag{5-41}$$

式中，r_{ij} 是某个被评价对象从因素 u_i 来看对评价等级模糊子集 v_j 的隶属度。

一个被评价对象在某个因素 u_i 方面的表现是通过模糊矢量 $\boldsymbol{r}_i$ 来刻画的，$\boldsymbol{r}_i$ 称为单因素评价矩阵，可以看作是因素集 U 和评价集 V 之间的一种模糊关系，即影响因素与评价对象之间的“合理关系”。

在确定隶属关系时，通常由专家或评价问题相关的专业人员依据评判等级对评价对象进行打分，然后统计打分结果，依据绝对值减法求得，即

$$r_{ij}=\begin{cases}1 & (i=j) \\ 1-\sum\limits_{k=1}|x_{ik}-x_{jk}|c & (i\neq j)\end{cases} \tag{5-42}$$

式中，c 适当选取，要求 $0\leqslant r_{ij}\leqslant 1$。

（5）多指标综合评价 利用合适的模糊合成算子将模糊权矢量 $\boldsymbol{A}$ 与模糊关系矩阵 $\boldsymbol{R}$ 合成得到各被评价对象的模糊综合评价结果矢量 $\boldsymbol{B}$。

模糊综合评价的模型为

$$\boldsymbol{B}=\boldsymbol{A}\circ\boldsymbol{R}=[a_1\quad a_2\quad\cdots\quad a_m]\begin{pmatrix} r_{11} & r_{12} & \cdots & r_{1n} \\ r_{21} & r_{22} & \cdots & r_{2n} \\ \vdots & \vdots & & \vdots \\ r_{m1} & r_{m2} & \cdots & r_{mn} \end{pmatrix}=[b_1\quad b_2\quad\cdots\quad b_n] \tag{5-43}$$

式中，b_j 是被评价对象从整体上看对评价等级模糊子单元素 v_j 的隶属度。

（6）对模糊综合评价结果进行分析 模糊综合评价的结果是被评价对象对各等级模糊子集的隶属度，它一般是一个模糊矢量，而不是一个点值，因而它能提供的信息比其他方法更丰富。对多个评价对象比较并排序，就需要进一步处理，即计算多个评价对象的综合分值，按大小排序，按序择优。将综合评价结果 $\boldsymbol{B}$ 转换为综合分值，于是可依其大小进行排序，从而挑选出最优者。

处理模糊综合评价矢量 $\boldsymbol{B}=(b_1, b_2, \cdots, b_n)$ 常用两种方法：

1）最大隶属度原则。若模糊综合评价结果矢量中 $\exists\, b_r=\max\limits_{1\leqslant j\leqslant n}\{b_j\}$，则被评价对象隶属于第 r 等级。

2）加权平均原则。将等级看作一种相对位置，使其连续化。为了能定量处理，不妨用 1，2，…，m，依次表示各个等级，并称为各个等级的秩。

然后用 $\boldsymbol{B}$ 中对应分量将各等级的秩加权求和，从而得到被评价对象的相对位置，其表达方式为

$$A = \frac{\sum_{j=1}^{n} b_j^k \cdot j}{\sum_{j=1}^{n} b_j^k} \tag{5-44}$$

式中，k 是待定系数（$k=1$ 或 2）目的是控制较大的 b_i 所引起的作用，当 $k \to \infty$ 时，加权平均原则就是最大隶属度原则。

实际中最常用的方法是最大隶属度原则，但在某些情况下使用会有些勉强，损失信息很多，甚至得出不合理的评价结果。

权值确定流程如图 5-14 所示。

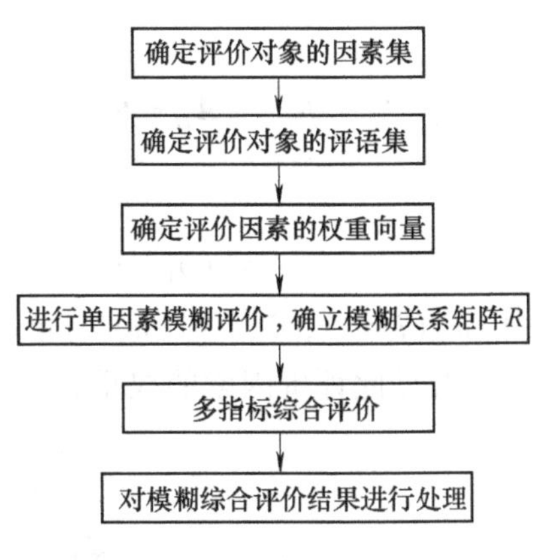

图 5-14　权值确定流程

模糊评价通过精确的数字手段处理模糊的评价对象，能对蕴藏信息呈现模糊性的资料做出比较科学、合理、贴近实际的量化评价。

评价结果是一个矢量，而不是一个点值，包含的信息比较丰富，既可以比较准确地刻画被评价对象，又可以进一步加工，得到参考信息。

4. 自动驾驶车辆某评价要素中单评价因素模糊综合评价

1）确定自动驾驶车辆某评价要素中的评价因素集。

$$U = \{u_1, u_2, \cdots, u_i, \cdots, u_n\} \quad (i = 1, 2, 3, \cdots, n) \tag{5-45}$$

式中，u_i 是自动驾驶车辆的评价因素；n 是同一层次上单个因素的总数量。这一集合构成了自动驾驶车辆评价因素的评价框架。

2）确定自动驾驶车辆的评价集。

$$V = \{v_1, v_2, \cdots, v_j, \cdots, v_m\} \quad (j = 1, 2, 3, \cdots, m) \tag{5-46}$$

式中，v_j 是自动驾驶车辆评价因素在 j 评价等级的评价结果；m 是元素的数量，即等级数。这一集合规定了某一评价因素的评价结果的选择范围，不同的评价因素可以应用相同的评价等级。

3）给出自动驾驶车辆单因素的评判矩阵。即对单个因素 $u_i(i = 1, 2, \cdots, n)$ 的评判，得到 V 上的模糊集（r_{i1}，r_{i2}，…，r_{in}），其中 r_{i1} 表示 u_i 对 v_1 的隶属度，则评判矩阵为

$$\boldsymbol{R}_{IJ} = (r_{ij})_{IJ} = \begin{pmatrix} r_{11} & r_{12} & \cdots & r_{1m} \\ r_{21} & r_{22} & \cdots & r_{2m} \\ \vdots & \vdots & & \vdots \\ r_{n1} & r_{n2} & \cdots & r_{nm} \end{pmatrix} \tag{5-47}$$

矩阵 $\boldsymbol{R}_{IJ}$ 中第 i 行第 j 列元素 r_{ij} 表示自动驾驶车辆评价因素 u_i 具有 v_j 的程度，也就是评价因素 u_i 对 v_j 等级的模糊隶属度，$0 \leqslant r_{ij} \leqslant 1$。若对 n 个元素进行综合评价，其结果是一个 n 行 m 列的矩阵，称为隶属度评判矩阵。矩阵的每一行是对每一个自动驾驶车辆单因素的评价结果，整个矩阵包含了按评价集 V 对评价因素集 U 进行评价的全部信息。

4）确定权重和单因素模糊综合评价模型。由层次分析法得到权重矢量 $\boldsymbol{A}_{IJ}$，它与评判矩阵 $\boldsymbol{R}_{IJ}$ 的合成，求得各因素的模糊综合评价模型，即

$$
\boldsymbol{B}_{IJ}=\boldsymbol{A}_{IJ}\circ\boldsymbol{R}_{IJ}=(a_1\quad a_2\quad\cdots\quad a_n)_{IJ}\begin{pmatrix}r_{11}&r_{12}&\cdots&r_{1m}\\r_{21}&r_{22}&\cdots&r_{2m}\\\vdots&\vdots&&\vdots\\r_{n1}&r_{n2}&\cdots&r_{nm}\end{pmatrix}_{IJ} \tag{5-48}
$$

$$
=(b_1\quad b_2\quad\cdots\quad b_j\quad\cdots\quad b_m)_{IJ}\quad(j=1,2,\cdots,m)
$$

式中，$a_{iIJ}(i=1,2,\cdots,n)$ 表示自动驾驶车辆评价因素 $u_i(i=1,2,\cdots,n)$ 的重要程度，也就是此评价因素的权重，满足：

$$
\sum_{i=1}^{n}a_{iIJ}=1\quad(0\leqslant a_{iIJ}\leqslant 1)
$$

$$
b_{jIJ}=\sum_{i=1}^{n}a_{iIJ}\cdot r_{ijIG}=1\quad(j=1,2,\cdots,m)
$$

式中，b_{jIJ} 是自动驾驶车辆评价要素中第 j 个评价因素的评价结果集合。

5. 自动驾驶车辆模糊综合评判

如果评判对象的有关因素很多，或者某一因素 u_i 又可分为多个等级（u_{i1}，u_{i2}，…，u_{ik}），通常这些等级的划分也具有模糊性，此时需采用二级模糊评判、三级模糊评判等，以此类推，可对事物进行多级模糊评判。

二级模糊综合评判模型为

$$
\boldsymbol{B}_I=\boldsymbol{A}_I\circ\boldsymbol{R}_I=[b_1\quad b_2\quad\cdots\quad b_k\quad\cdots\quad b_n]_I \tag{5-49}
$$

式中，A_I 是自动驾驶车辆第 i 个评价要素的等级权重集。将这些集合组合成上一级评价要素的评价矩阵 $\boldsymbol{R}_I$；$\boldsymbol{B}_I$ 是第 i 个评价要素的模糊评判结果。以此类推可以得到三级模糊综合评判模型，即

$$
\boldsymbol{B}=\boldsymbol{A}\circ\boldsymbol{R}=[b_1\quad b_2\quad\cdots\quad b_k\quad\cdots\quad b_n] \tag{5-50}
$$

式中，$\boldsymbol{A}$ 是自动驾驶车辆评价方面的等级权重集，$\boldsymbol{A}=[a_1\quad a_2\quad\cdots\quad a_i\quad\cdots\quad a_n]$，其中 $0<a_i<1$，$\sum_{i=1}^{n}a_i=1$。

6. 综合评价分数

若用总分数表示自动驾驶车辆综合评价结果，则根据越大越好的原则，可取评价标准的隶属度集为 $\mu=$（好，较好，一般，较差，差），并附相应分值，令 $\mu=(1.0\quad 0.8\quad 0.6\quad 0.4\quad 0.2)$，则自动驾驶车辆的综合评价得分为

$$
\begin{aligned}
G&=100\boldsymbol{B\mu}=100\times[b_1\quad b_2\quad\cdots\quad b_k\quad\cdots\quad b_n][\mu_1\quad\mu_2\quad\cdots\quad\mu_k\quad\cdots\quad\mu_n]^{\mathrm{T}}\\
&=\left(\sum_{k=1}^{n}b_k\mu_k\right)\times 100
\end{aligned} \tag{5-51}
$$

也可以计算自动驾驶车辆各评价要素以及各评价方面的评价结果，即

$$
G_{IJ}=100B_{IJ}\mu \tag{5-52}
$$

$$
G_I=100B_{I}\mu \tag{5-53}
$$

7. 模糊层次分析法的自动驾驶车辆定量评价

2016 年 11 月第八届“中国智能车未来挑战赛”在常熟举行，挑战赛分为城区道路和高速道路两部分，模拟现实道路设置多重障碍，包括 U-turn、识别红绿灯、识别假人、躲

避静止车辆、换道超车等。

现以表 5-12 中的各项目的权重值分配，具体介绍车队模糊综合评价的过程。该综合评价表分为 2 个评价方面，每个评价方面又含有不同的评价要素，每个评价要素又含有不同的评价因素，各评价方面、评价要素及评价因素通过 AHP 方法根据各个评价指标的重要性程度确定不同的权重系数，其评价等级集可设成相同数目的等级，即

$$\boldsymbol{V} = [v_1 \quad v_2 \quad v_3 \quad v_4 \quad v_5]$$

表 5-12　综合权重值表

评价方面			评价要素			评价因素			评价等级 V				
序号 i	u_i	权重 a_i	序号 j	u_{ji}	权重 a_{ji}	序号 k	u_{kij}	权重 a_{kij}	v_1	v_2	v_3	v_4	v_5
									模糊矩阵				
									好	较好	一般	较差	差
1	基本智能行为	0.33	1	车辆控制行为	0.13	1	起动	0.33	0.2	0.7	0.1	0	0
						2	停车	0.67	0	0	0	0.2	0.8
			2	基本行车行为	0.59	1	车道保持	0.21	0	0.4	0.3	0.3	0
						2	避障	0.11	0.2	0.6	0.2	0	0
						3	U 形弯	0.57	0	0	0	0.4	0.6
						4	停止线停车	0.11	0.2	0.3	0.5	0	0
			3	基本交通行为	0.28	1	静止逆行	0.75	0	0	0.2	0.4	0.4
						2	车距保持	0.25	0.2	0.8	0	0	0
2	高级智能行为	0.67	1	高级行车行为	0.67	1	通过路口	0.31	0	0	0	0.4	0.6
						2	动态规划	0.58	0.6	0.4	0	0	0
						3	GPS 导航性能	0.11	0	0.4	0.4	0.2	0
			2	高级交通行为	0.33	1	交通标志识别	0.25	0	0	0	0	1
						2	信号灯识别	0.5	0	0	0	0	1
						3	紧急制动	0.25	0.5	0.4	0.1	0	0

自动驾驶车辆的评价过程从末级开始逐级向更高一级进行评价，这里从“基本智能行为”评价方面的“车辆控制行为”要素开始。

(1) 自动驾驶车辆“基本智能行为”评价方面的“车辆控制行为”的评价过程

1）建立“车辆控制行为”评价要素集 U_{11}。

$$U_{11} = [\text{起动}(u_1) \quad \text{停车}(u_2)]_{11}$$

2）建立“车辆控制行为”评价要素模糊评价矩阵 $\boldsymbol{R}_{11}$。

由 10 名自动驾驶车辆领域的专家根据完成任务的质量进行评价，通过模糊隶属度来表示模糊矩阵。

v_1 = “好”的数量 /10，v_2 = “较好”的数量 /10，v_3 = “一般”的数量 /10

v_4 = “较差”的数量 /10，v_5 = “差”的数量 /10

“车辆控制行为”评价要素的模糊矩阵 $\boldsymbol{R}_{11}$ 为

$$R_{11}=\begin{pmatrix}0.2 & 0.7 & 0.1 & 0 & 0\\ 0 & 0 & 0 & 0.2 & 0.8\end{pmatrix}_{11}$$

3）建立“车辆控制行为”评价要素权重系数矩阵 $\boldsymbol{A}_{11}$。

$$\boldsymbol{A}_{11}=[0.33 \quad 0.67]_{11}$$

4）计算“车辆控制行为”评价要素综合评价矩阵 $\boldsymbol{B}_{11}$。

$$\boldsymbol{B}_{11}=\boldsymbol{A}_{11}\circ\boldsymbol{R}_{11}=[0.066 \quad 0.231 \quad 0.033 \quad 0.134 \quad 0.536]_{11}$$

此结果即为评价要素“车辆控制行为”的综合评价结果。采用相同的方法可以分别求得“基本行车行为”“基本交通行为”各个要素的综合评价结果。分别为

$$\boldsymbol{B}_{12}=[0.044 \quad 0.183 \quad 0.14 \quad 0.291 \quad 0.342]_{12}$$

$$\boldsymbol{B}_{13}=[0.05 \quad 0.2 \quad 0.15 \quad 0.3 \quad 0.3]_{13}$$

（2）自动驾驶车辆五个评价要素的分数

1）如果将综合评价结果由分数来表示，评价集的评判标准为

$$\boldsymbol{\mu}=[1 \quad 0.8 \quad 0.6 \quad 0.4 \quad 0.2]^{\mathrm{T}}$$

式中，1是“好”；0.8是“较好”；0.6是“一般”；0.4是“较差”；0.2是“差”。

2）自动驾驶五个评价要素（车辆控制行为、基本行车行为、基本交通行为、高级行车行为、高级交通行为）的得分（$G_{11} \quad G_{12} \quad G_{13} \quad G_{21} \quad G_{22}$）为

$$G_{11}=100B_{11}\mu=43.14$$

$$G_{12}=100B_{12}\mu=45.92$$

$$G_{13}=100B_{13}\mu=48$$

$$G_{21}=100B_{21}\mu=69.08$$

$$G_{22}=100B_{22}\mu=37$$

3）“基本智能行为”评价方面的评价过程。

①综合各评价要素的模糊评价。将各评价要素的评价结果 B_{11}、B_{12}、B_{13} 构成高一级“基本智能行为”方面的模糊矩阵 $\boldsymbol{R}_1$，即

$$\boldsymbol{R}_1=\begin{pmatrix}0.066 & 0.231 & 0.033 & 0.134 & 0.536\\ 0.044 & 0.183 & 0.14 & 0.291 & 0.342\\ 0.05 & 0.2 & 0.15 & 0.3 & 0.3\end{pmatrix}$$

②“基本智能行为”方面的3个评价要素所构成的权重系数矩阵为

$$\boldsymbol{A}_1=(0.13 \quad 0.59 \quad 0.28)_1$$

③可求得“基本智能行为”评价方面的综合评价结果为

$$\boldsymbol{B}_1=\boldsymbol{A}_1\circ\boldsymbol{R}_1=(0.0485 \quad 0.194 \quad 0.1289 \quad 0.2731 \quad 0.3555)_1$$

同理，求得“高级智能行为”评价方面的综合评价结果 B_2 为

$$\boldsymbol{B}_2=(0.2744 \quad 0.2179 \quad 0.0377 \quad 0.0978 \quad 0.3721)_2$$

4）综合评价分数。

①“基本智能行为”评价方面和“高级智能行为”评价方面构成高一级模糊矩阵 R，即

$$R = \begin{pmatrix} B_1 \\ B_2 \end{pmatrix} = \begin{pmatrix} 0.0485 & 0.194 & 0.1289 & 0.2731 & 0.355 \\ 0.2744 & 0.2179 & 0.0377 & 0.0978 & 0.3721 \end{pmatrix}$$

②权重系数矩阵 A 为

$$A = (0.33 \quad 0.67)$$

③计算综合评价矩阵 B。

$$B = A \circ R = (0.1999 \quad 0.21 \quad 0.0678 \quad 0.1557 \quad 0.3666)$$

④车队综合评价分数为

$$得分 = 100B\mu = 54.42$$

车队智能水平处于中等偏下水平。但从各评价指标来看，基本交通行为和高级交通行为的智能水平较低，是影响整个自动驾驶车辆智能水平的主要指标。今后应针对这几方面进行重点改进，以提高整个自动驾驶车辆的智能水平。

模糊综合评价法不仅可以对自动驾驶车辆的单个评价指标进行评价，还可以结合各级指标进行综合评价。由此找出自动驾驶车辆某个方面的不足，指明以后改进的方向。评价结果不仅考虑了影响自动驾驶车辆的所有因素，而且还保留了各个层次的评价信息。

模糊综合评价法根据模糊数学的隶属度理论把定性评价转化为定量评价。虽然实现了自动驾驶车辆的定量评价，但是隶属度是人为主观确定的，存在很大的主观性，对于评价者要求有丰富的经验。

5.4　本章小结

本章介绍了自动驾驶车辆智能水平的定量评价。首先，建立了自动驾驶车辆智能水平评价模型，分别介绍了国内外车辆智能水平的划分。接着针对评价指标，对评价指标选取和筛选以及权重的确定进行了介绍。最后介绍了两种自动驾驶车辆智能水平定量评价方法：成本函数法和模糊综合评价法。

第6章 自动驾驶车辆的机遇与挑战

6.1 车联网及智能交通系统

6.1.1 车联网技术及其发展

在信息领域，汽车行业正在快速地发生变化，车辆的软件的复杂程度越来越高，过去的一些小的控制软件已经不能满足车辆的需求。如今车辆的软件非常繁多，同时自动驾驶也涉及不同控制软件之间的相互交流，在这个互联互通的时代，人、物、车都需要联网。可以说车辆联网是自动驾驶的必然趋势。

近年来，车辆电子技术、计算机处理技术和数据通信传输技术得到了迅猛发展，三者之间的相互渗透和融合为通信网络技术的应用奠定了基础，推动了社会信息化的发展。汽车的爆发式增长和无处不在的信息需求日益将通信网络和车辆紧密结合起来，推动了以车为节点的智能交通信息系统——车联网的建立。

车联网是指通过多种无线通信技术，实现所有车辆的状态信息（包括属性信息和静、动态信息等）与道路交通环境信息（包括道路基础设施信息、交通路况、服务信息等）的信息共享，并根据不同的功能需求对所有车辆的运行状态进行有效的监管和综合服务。车联网可以实现车与车、车与路、车与人之间的信息交换，通过车联网把高效、完善的交通网络平台提供的服务中的运输资源和数据进行存储管理，对数据实时采集、管理和分析是未来智能交通的发展方向和趋势。

在国外，欧洲汽车公司（如沃尔沃、斯堪尼亚、奔驰等公司）早已将车联网技术应用于车队管理。同时，欧洲客运公司也在积极推广应用车联网技术。美国的 IVHS、日本的 VICS 等系统也都通过车辆和道路之间建立有效的信息通信，从而实现智能交通的管理和信息服务。比较优秀的车联网系统有瑞典斯堪尼亚的黑匣子系统等。

1. 车联网的构架分析

车联网以车内网、车际网和车载移动互联网为基础，按照约定的通信协议和数据交互标准，在车-X(X：车、路、互联网等）之间进行无线通信和信息交换，能够实现智能化交通管理、智能动态信息服务和车辆智能化控制。基于上述概念，可将车联网系统概括为全面感知、多位交互、综合应用三个方面，也对应了车联网的三层架构。

(1) 感知执行层 采集物理世界的对象属性及相关信息，同时让车辆具备寻址和网络标识等能力，并根据自身或依据上层指令做出动作。

(2) 网络传控层 为感知层提供统一接口，兼容不同网络技术，为信息传输提供路

由及差错控制，保证数据完整可靠地传递。

（3）集成应用层 车联网的应用层围绕车辆的数据汇聚、计算、调度、监控、管理与应用，因此需要安全认证、实时交互、海量存储、云计算等功能。集成应用层可细分为四个子层：

1）数据层。遵照一定模式对感知或交互信息形成聚类，进行整理、存储等操作，构成系统的数据基础。

2）支持层。处理不同数据，为上层应用提供智能的信息处理方式，面向不同对象提供数据服务。

3）应用层。面向用户需求，根据不同应用提供相应的服务。

4）显示层。综合呈现不同类型的信息。现代车辆正朝着智能化方向发展，车辆本身已成为完整的信息系统，拥有独立的传感网络、灵活多样的车内网及多应用集成的车载终端。车辆接入互联网成为全新的车载社交网络，用户从中可获取海量的信息，并自由交互，满足多样化与个性化需求。从系统架构上可以看出，车联网技术同物联网技术均以信息感知为前提，以通信网络技术为基础，以应用创新为核心。信息感知同系统应用之间不仅是源与流的关系，还存在交互过程，两者相辅相成。

2. 车联网的关键技术

（1）射频识别技术 射频识别技术（Radio Frequency Identification，RFID）是一种利用无线射频通信实现的非接触式自动识别技术，应用射频识别信号对目标物进行识别并获取相关数据，依靠存储和远程使用的设备检索数据。它是一种内建无线电芯片的技术，芯片中可储存一系列信息，同时允许标签识别离散不集成电路。RFID可识别高速运动的物体并可同时识别多个标签，操作快速简便，是人们生活的一个组成部分，它的出现提高了生产力并且给生活带来了便利。RFID的工作原理为：当装有电子标签的机动车驶入RFID阅读器的感应范围时，由RFID阅读器发出的信息经过天线发送加密的射频信号给电子标签，电子标签的相应工作区域被激活，将电子标签内的带有加密的信息通过内部调制调节成相应射频的信号发射出去，阅读器接收到已调制的电磁波，并解码出电子标签的信息，传送到后台中央信息系统进行有关的数据处理。

RFID表示非光学邻近通信，是通过改进过的条形码能力来进行双向通信的。运行RFID系统涉及标签、阅读器和数据库系统提供的信息和操作功能。它被看作是提高数据处理的方法，并且互补于现有技术。

（2）开放的、智能的车载终端系统平台 车载终端是通过与CDMA或WCDMA通信网络服务器来采集定位数据的，可以支持用导航系统链接。目前，用户终端的车辆网络包括Android系统、IOS系统等，车联网的终端系统平台的车载网络必须装有Android、iPhone平台，如Android手机、Android导航仪、iPhone、iPad等，只有开放的系统平台才能更好地为用户服务。

（3）GPS定位技术 GPS定位系统是以卫星为基础的无线电导航定位系统。通过卫星信号确定的位置坐标与电子地图数据相匹配，便可确定车辆在电子地图中的准确位置。全球定位系统是基础的方法。越来越多的车辆都装有车载GPS（卫星导航）系统，具有与业务数据提供商的双向通信，从这些车辆的位置读数中计算车辆的速度。

（4）云计算技术 云计算用于车辆网络流量的分析计算、智能交通控制计算和大型车辆路径规划。车辆网络互联云计算，可以实现业务的快速部署。在短期内，为各行业提供系统的 Telematics 服务；另一方面，该平台具有强大的计算能力、广泛的服务支持、最新的实时数据，能够对服务发挥强大的支撑作用。云平台可以根据用户的需要，考虑到道路的实际情况和应急计划等其他因素实时调整，以保证用户始终掌握最实用、最方便的路线。

（5）传感器技术及传感信息融合技术 传感器技术及传感信息整合可以说是车联网发展的体现，也是决定车联网应用的基石。传感器系统是基于车辆和基础设施的网络系统，基础设施（传感器）安装或埋设在道路上或道路周围的如建筑物、柱和符号上。根据需要，也可以在道路建设维修时预放于手动散发装置或由传感器注塑机械进行快速部署。车载传感系统包括对车辆部署的电子标签，也可以采用视频自动识别车牌或磁信号检测技术，在所需的时间间隔，增加持续监测关键营运车辆的区域来识别通信。因此车和路信息的获取是车联网技术发展的基础和关键。无线传感器网络通过车传感器和路的传感器来获得数字化的车路信息。同时，通过车联网将车路信息状态传输到控制服务中心，实现传感数据的融合。

3. 车联网各项技术的发展

根据著名研究机构 Strategy Analytics 的相关研究数据显示，我国到 2021 年预计销售乘用车将达到 3140 万辆，其中约有 2420 万辆乘用车搭载有嵌入式车联网系统，约占总销量的 77%，到 2025 年这一比例将提高到 80%。可见车联网各项技术的发展，使得车联网系统正在逐步走向大众市场。车联网相关的各项关键技术如下：

V2X 是车联网中车辆的核心，用于车车、车路或其他各种基础设施与车辆的连接。当前中国汽车工程学会和 C-ITS 已经在制定 V2X 应用层和应用数据交互标准，预计到 2025 年国内嵌入 V2X 模块的乘用车配售率将达到 30%，2030 年智能交通系统基础设施将基本建设好。目前，车联网的一大发展方向是车机系统与手机的互联，随着互联网的高速发展，及 5G 网络的兴起，各大企业都在开发自己特有的车机系统，并且市场上也产生了一些主流的解决方案，如 Apple CarPlay、Andriod Auto、BaiduCarLife 等。在我国 Baidu CarLife 显得尤为重要。在此趋势下，车机系统与手机的互联将占据大量市场。与此同时，由于车联网步入了快速发展阶段，车载屏幕娱乐系统成为车联网中车辆的必需品。未来，车载智能屏将可能占据汽车市场的主导地位，据 IHS 发布的数据显示，从 2015 年到 2022 年，全球车载信息娱乐系统使用情况将呈现逐年增长趋势，增长点为智能屏互联系统和车载导航。

未来，车联网技术将会更加“云端化”“智能化”。通过云端服务器，信息娱乐、电子系统、安全系统等由云端来管控，通过以太网连接到服务器中，经过大数据的计算、处理，不断地拓展车联网的可控范围，最终实现对车辆的升级。

4. 车联网的应用及发展

长久以来，交通监控、车辆管理系统是智能交通的重点领域。美国的 IVHS、日本的 VICS 等系统通过使用车辆和道路之间的联系建立有效的通信，并且已经实现了交通智能化的管理。而且 Wi-Fi 接口、RFID 技术、ZigBee 等无线技术也在智能交通运输领域的管

理中得到广泛发展，如在智能 GPS 车辆定位、智能公交管理和信号优先、车辆类型及流量信息采集、路桥电子不停车收费及智能停车场等方面取得了一定的应用成效。

车联网是物联网技术在智能交通领域的体现，是智能交通的核心，随着车联网的提出，其概念不断发展并融合在当今的世界。车辆产业在智能交通系统领域的发展分为两个方向：传统车辆智能化和车联网。传统车辆智能化，是以车辆厂商为主导的。车联网则比较复杂，其 OBD 方式（CAN 总线上开放的标准梯形口）是新兴的 IT 主导的，是 IT 技术。在电子化的方向上，OBD 模式是最符合趋势的。

对于未来，车联网不仅高效、环保、智能，并且还可以提供给用户前所未有的交通安全保障，可以极大地降低交通事故发生的概率。2018 年，中国汽车技术研究中心在天津召开了“中国智能网联汽车驾驶场景与信息安全数据发布会”，动员中国车企抱团路测。其目的是要在 2020 年年底完成全国 40 个重点城市 5000 万 km 驾驶场景数据的采集，超越谷歌的 Waymo。车辆在自动驾驶的模式下，能获得实时交通信息，自动选择路况最佳的行驶路线，便可缓解交通堵塞的压力。

6.1.2　智能交通系统概述

在市场经济引导社会发展的大环境下，大部分工业化国家都经历了汽车与经济相互促进不断发展的过程：经济的发展催生并促进汽车的发展，而汽车的发展又刺激经济的进一步发展。通过这一过程，这些国家都已进入了汽车化的时代。然而，汽车化社会也出现了大量的社会问题，如交通拥堵、交通事故、能源消耗和环境污染等。考虑到交通拥堵会造成巨大的经济损失，美国、日本等道路设施十分发达的国家也必须通过转换思维模式来改善日益严峻的交通状况，从过去仅仅依靠供给来满足需求的方式转换为同时考虑供给和需求两方面，采取共同管理的方式。这些注重汽车工业发展的国家不断地寻求可以用来维护汽车化社会，缓解交通问题的方法，在这个过程中，旨在运用现代化科学技术来实现“保障安全，提高效率，改善环境，节约能源”的目标的智能交通系统概念便应运而生。

智能交通系统（Intelligent Transportation System，ITS）是在传统的交通工程基础上发展起来的新型交通系统。由于各国、各地区具体情况不同，智能交通的发展重点和研究内容也存在很多不同，因此，目前国际上对智能交通系统还没有一个完整统一的定义。综合各个观点，其含义可归纳为：智能交通系统是人们将先进的计算机处理技术、信息技术、数据通信技术、传感器技术及电子自动控制技术等有效地综合起来，运用于整个交通运输系统中，以车辆、道路、使用者、环境四者有机结合，达到和谐统一的最佳效果为目的，从而建立起的一种作用范围大、作用发挥全面的实时、精确、高效的交通运输综合管理体系。它是充分开发现有交通道路设施的潜能，提高交通效率，降低环境污染，保证交通安全，减少交通拥挤的有力措施，同时也推动了高新技术应用及产业发展。车联网通过基于装载在车辆上的传感器、通信单元、电子标签等，实现车辆信息的网络交互，来提升车辆和道路管理的效率或者安全水平，可以说它是智能交通发展的一个很重要的前沿技术，也是未来 ITS 的核心技术之一。

1. 智能交通系统的特点

智能交通系统为解决当前的各类交通难题提供了新的思路，从概念、理论和试验阶段发展到大规模的实施阶段，各地智能交通的投资规模在迅速增长。与传统的交通运输管理与设施建设不同，ITS 的特点主要表现在以下几个方面：

（1）信息化 智能交通系统以信息的收集、分析处理、交换共享、发布为主线，为交通参与者提供多元化的服务。信息是智能交通系统的灵魂，通过信息技术对由出行者个体分散进行的交通活动进行引导整合，帮助出行者充分了解相关的宏观状态，从而促使其交通行为合理化，达到一定程度上的系统整体协调，同时提高了管理水平，实时采集交通信息，并进行传输和综合分析。

（2）整体性 ITS 项目产生的效益和对社会经济发展产生的影响越来越广泛，这主要得益于交通运输领域越来越多地吸收 IT 等相关技术和新理念，相比传统的技术系统，智能交通系统在建设过程中具有要求更为严格的整体性，智能交通系统建设涉及众多行业领域，是需要全社会一起参与才能完成的大型工程，它涉及众多技术领域，需要这些领域的技术人员共同协作，将其技术成果成功运用于交通运输系统中。智能交通系统的整体性，也体现在 IIS 项目的研发和实施，需要政府、企业、私人组织、科研院所等多方共同参与完成。

（3）开放性 由于智能交通系统是一个开放的系统，ITS 项目中可以应用未来一些新技术。同时，ITS 项目的内容也会不断地扩展，这从根本上决定了 ITS 具有强大的生命力。此外，ITS 项目的实施不但会带来直接的交通效益，还将有更长远的社会效益，并将促进相关产业的快速发展，这也决定了其广阔的发展前景。

（4）动态性 ITS 新技术的应用提供了实时的信息，这使得车辆、道路、环境，特别是交通系统的参与者——人的出行行为发生了变化，从而使得智能交通系统中人-车-路-环境之间可以进行实时的信息交流，相互协调。信息的不停流动体现了其动态性。

（5）复杂性 ITS 从点到面，渗透到整个交通系统的各个方面，呈现出复杂科学系统中的复杂性特征。除此之外，智能交通系统是一项复杂、巨型的系统工程，需要众多行业领域广泛参与，行业间的协调问题也体现了其复杂性。

2. 智能交通系统的研究内容

智能交通系统有较为广泛的研究内容，通常将其归类于七个部分：先进的出行者信息系统、先进的交通管理系统、先进的公共运输系统、商用车辆运营系统、先进的车辆控制和安全系统、不停车收费系统和应急管理系统，如图 6-1 所示。

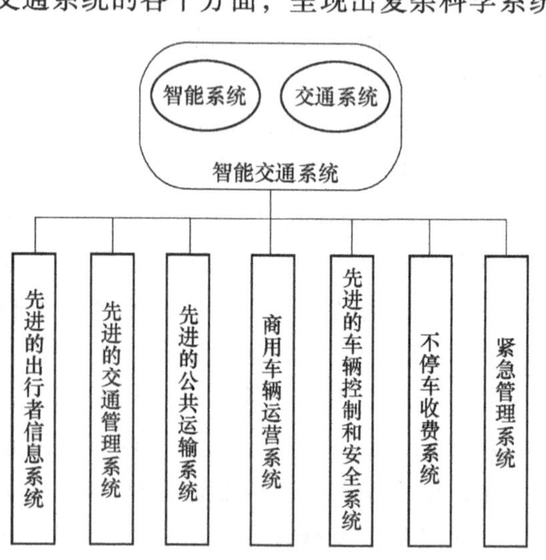

图 6-1 智能交通系统

（1）先进的出行者信息系统 先进的出行者信息系统（Advanced Traveler Information System，ATIS），用于改善交通需求管理，提

供给用户所需要的出行信息。该系统通过移动终端可以为驾驶人提供道路拥堵状况、服务设施位置等各种交通信息。驾驶人可以根据这些信息合理选择出行方式、时间和路线。用户通过该系统提供的实时最佳出行路线，可以避开交通拥挤和阻塞的路段和时间，提高交通运行效率。该系统包含三个子系统：启程之前的出行信息系统、合成配载和预约系统以及需求管理与运营系统。

（2）先进的交通管理系统 先进的交通管理系统（Advanced Traffic Management Systems，ATMS），用于对公路交通系统进行管理及检测控制，包括城市道路信号控制、高速公路交通监控、交通事故处理、交通仿真等功能。ATMS 可以根据交通流的实时变化对车辆进行有效的实时疏导，对交通实施有效的控制和提高事故处理效率，减少交通阻塞和延误，从而最大限度地发挥路网的通行能力，减少环境污染，节省旅途时间和交通费用，提高交通运输系统的效率和效益。该系统包含六个子系统：交通控制系统、突发事件管理系统、在途驾驶人信息系统、线路引导系统、出行人员服务系统、排放测试和污染防护系统。

（3）先进的公共运输系统 先进的公共运输系统（Advanced Public Transport System，APTS），通过应用电子通信设备，可以改善城市交通拥堵情况，减少城市交通量，以适应出行者的交通需求。通过电子通信系统，出行者可以根据自身的需要随时随地与出租车、公共车辆等进行联系，及时调整交通路线，同时这也有助于交通部门增加客运量，提高交通运输效率和效益。通过在使用率较高的家用车辆、公共车辆、有轨电车、地铁等交通运输设施中运用先进的电子技术，公共运输系统的可靠性、安全性和使用率都得到了提高，公共交通系统得到了更好的发展。该系统包含四个子系统：公共交通管理系统、换乘交通信息系统、针对出行者的非定线公共交通运输系统以及出行安全系统。

（4）商用车辆运营系统 商用车辆运营系统（Commercial Vehicle Operations，CVO），利用自动询问和接收各类交通信息，可以对商用车辆进行合理调度，提高其运营效率，增强其安全性。该系统可以向驾驶人提供较为专业的道路信息，如桥梁高度、路段限速等，此外，系统还可以对运送危险物品的车辆进行跟踪监视，检测到危险时进行自动报警，以确保车辆和驾驶人的安全，是专门为提高运输企业效益而研发的智能型运营管理技术。该系统包含六个子系统：商用车辆电子通关系统、自动化路边安检系统、商用车辆管理系统、车载安全监控系统、商用车辆交通信息系统以及危险品应急系统。

（5）先进的车辆控制和安全系统 先进的车辆控制和安全系统（Advanced Vehicle Control and Safety System，AVCSS），其作用是自动识别路网中的障碍，自动发出警报、自动改变方向、自动制动、自动保持车距在安全范围内，控制车辆速度和巡航。该系统在可能发生危险的情况下，可以实时地以声音或者光的形式为驾驶人提供车辆四周的必要信息，同时可以针对危险情况自动采用相应的措施，从面有效地避免危险的发生。该系统主要有事故规避系统和监测调控系统。

（6）不停车收费系统 不停车收费系统（Electronic Toll Collection System，ETC），是当前国际上最为先进的路桥收费系统。其先进性主要表现在无须停车、自动收费。该系统首先通过车辆自动识别技术在车辆与收费点之间进行无线数据通信，自动识别车辆并交换收费方面的数据，之后通过联网技术将银行与计算机相互关联，完成后台结算处理。

这样，车辆经过路桥收费站时无须再像传统收费站那样停车缴费，而是无须停车自动交纳过路桥费。同时，该系统利用联网技术进行后台处理，将收取的费用清分到收益业主，这样节省了大量的时间以及人力资源等。该系统采用先进的车辆自动识别技术、联网技术以及电子扫描技术，实现收费车道上无人管理、无须停车的自动收费。

(7) 应急管理系统 应急管理系统（Emergency Management System，EMS）是一个特别的系统，它基于 ATMS、ATIS 相关救援设备及机构，通过 ATMS、ATIS 将交通道路监控中心和专业救援机构组成一个有机的整体，为出行人员提供现场抢救、排除发生事故的车辆、紧急处理车辆故障现场以及拖车等服务。该系统的作用在于提高对突发交通事件的反应能力，提高交通事件应急的资源调度能力并优化资源配置。该系统包含两个子系统：应急车辆管理系统以及紧急通告与人员安全系统。

3. 智能交通系统的物理结构组成

从物理结构分析 ITS 由六大部分组成，分别是信息管理中心、路侧系统、车载系统、出行者需求管理系统、交通管理控制系统和区域路网管理系统。

(1) 信息管理中心 信息管理中心是 ITS 的核心。信息交流是 ITS 的关键环节，而信息管理中心是交通运输中所有信息进行流通共享的基础。

(2) 路侧系统 路侧系统也称为路边系统，它可以对路况和行车情况进行实时检测，如检测路段参数、车辆与路面标志线之间的距离以及道路上的交通设施等。路侧系统也包括测量车辆速度的检测器、交通路口的信号灯和电子收费装置等。

(3) 车载系统 车载系统也称为车内系统，位于车辆内部，可以随时为驾驶人提供实时的交通信息。它包含动态实时监控系统、导航系统等，其中导航系统内部一般都具有路网数据库、路况预测算法、最短路径选取算法等，并可以通过视频、音频输出导航信息提示。

(4) 出行者需求管理系统 出行者需求管理系统是 ITS 重要的组成部分，它针对出行者进行需求分析与管理，主要功能是对有需求的用户进行分析研究，根据分析结果管理控制系统以制定高效的符合出行者需求的服务策略，同时将服务策略实时地提供给准备出行或已经出行的有需求的用户。

(5) 交通管理控制系统 交通管理控制系统是智能交通系统决策的中心，它的功能是通过应用软件来分析与整个运输系统相关的信息，获得用来控制和管理交通运输系统以确保其运行于最佳状态的策略，使 ITS 能够实现提高交通安全、减少交通堵塞、节省能源、改善交通环境的目标。

(6) 区域路网管理系统 区域路网管理系统是一个区域内的信息管理中心，它是隶属于信息管理中心的一个子系统，为实现路网信息共享和路网信息管理，不同地区的区域路网管理系统之间也可以双向传递信息。

智能交通系统与传统交通系统相比有很大改进：车辆靠自身的智能装置如车载导航系统等，能使驾驶人更好地了解正确的路线和方向，确保车辆在道路上安全行驶，提高行车效率；路网靠自身的智能系统如路线诱导系统，能够使出行人员选择最佳路线，合理分配交通流，使其调整到均衡状态，从而缩短行程时间，减少交通阻塞；交通管理中心则利用系统的智能性实时监控道路和车辆的状态，及时监测到交通事故，从而能够实施

紧急救援，使道路畅通以及交通安全得到保障。借助交通系统的智能性，驾驶人可以充分了解车辆情况和道路交通状况，管理人员则清楚掌握车辆的行踪和运输调度。智能交通系统利用各种高新技术，特别是电子信息技术，将使用者、车辆、道路、环境四者密切配合，和谐统一，从而极大地提高交通运输率，增加交通安全性，优化交通环境并提高资源利用率。

图 6-2 所示为 ITS 的系统构成，从图中可以看出，几乎各个子系统之间都存在双向的信息传递。

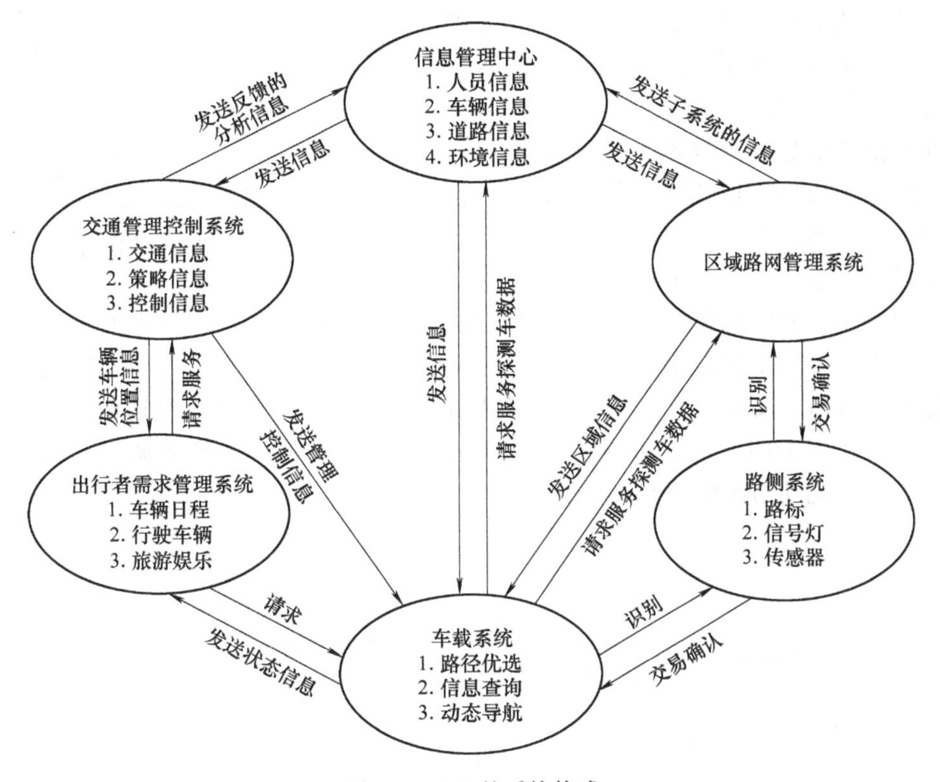

图 6-2　ITS 的系统构成

4. 智能交通系统的信息组成

信息是 ITS 的灵魂，道路交通信息是 ITS 信息中最基础、最重要的部分，ITS 的应用范围和应用效果受限于道路交通信息的精细程度。图 6-3 体现了信息在 ITS 中的作用。

智能交通系统是信息技术与交通运输相结合的产物，从广义的角度，ITS 是信息技术应用于交通领域内的具体体现。信息技术包括四项技术，分别是传感检测技术、信息传输技术、信息处理技术以及信息控制技术，它们均可以用来挖掘并使用信息资源。信息技术的主要内容是：利用传感检测系统、信息传输系统、信息处理系统和信息控制技术，对自然或人为的各类信息进行检测、传递、处理，最后作用在外部世界。

信息技术在智能交通系统中研究的是各类具体的交通信息，这些交通信息主要包括有关交通四要素，即人、车、路和环境的实时信息以及预测信息，也包括系统中经过处理后所得到的策略信息和控制需要的目标信息或控制信息。面向交通信息而进行的各类操

作，如信息的采集、传输、处理、使用等是信息技术在智能交通系统中的主要应用。交通信息的采集依靠传感检测技术，通过这项技术可以获取交通车流量，路面参数、行车速度、车间距、天气情况、路桥收费、停车场位置等信息；交通信息的传输依靠信息传输技术，运用这项技术传输基于感测技术所采集的信息以及处理后待传送的信息，其中包含通信所使用的相关协议；交通信息的处理依靠信息处理技术，运用这项技术分析基于信息传输技术所传递的如交通流量、车辆速度、车道特性等信息，并可以预测危险事故，采取控制方法。信息的使用依靠信息控制技术，通过这项技术将依靠信息处理技术处理后的交通控制信息，如交通车流量控制信息、车辆行驶引导信息等传递给车辆、行人以及交通标志等。由此可以看出，交通信息在 ITS 中是不断循环流动的，它产生于交通四要素，最后再以适当的形式作用于四要素，协调它们的相互作用，这样就可以高效调控交通系统。智能交通系统信息流动情况如图 6-4 所示。

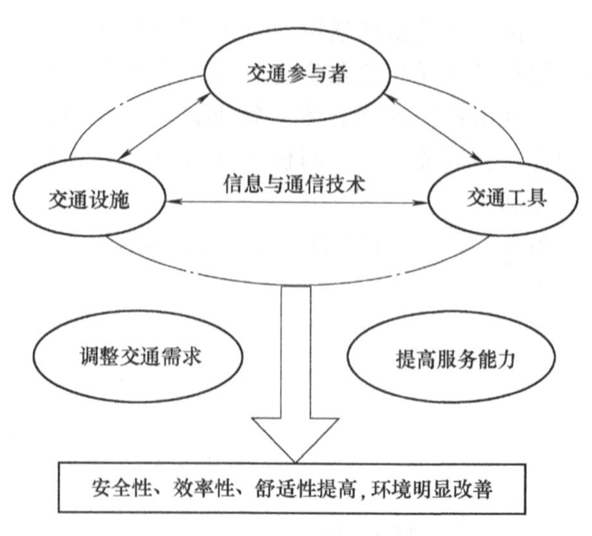

图 6-3 信息在 ITS 中的作用

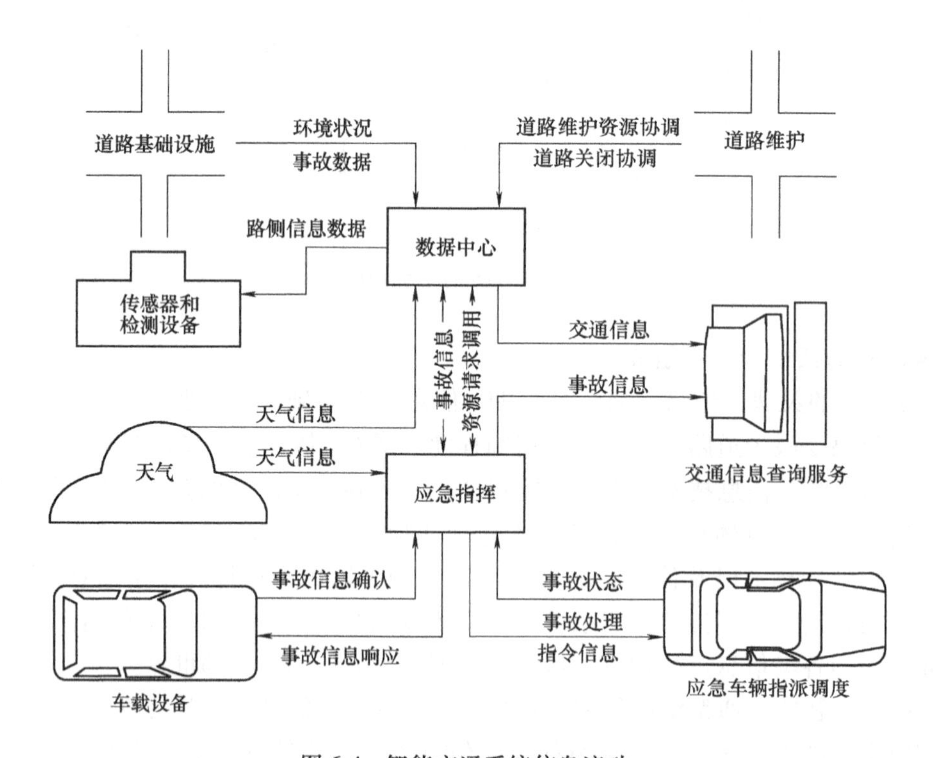

图 6-4 智能交通系统信息流动

5. 新一代智能交通系统的构成技术

（1）物联网　进入21世纪以来，物联网得到了进一步的发展，应用也更加广泛。国际电信联盟提出全面分析物联网系统，在工业、社会公共安全维护和交通运输等方面综合应用物联网，以提高物联网的使用效果，简化各种工作流程。物联网技术能够针对计算机网络系统本身存在的缺陷搭建虚拟专用网，即在公共网络架构体系内部构建与之相适应的专用网络系统，因此，这一专用网不是独立的，而是以公共网络架构为依托的网络系统，是公共网络体系的重要组成部分。具体来说，构建虚拟专用网以计算机网络系统本身的通信协议为基础，并利用网络系统在物联网与物体之间搭建一个多协议虚拟专用线路，实现对物联网和物品的有效连接，利用网络系统本身进行隐蔽的通信处理，进而有效避免数据信息的泄露，检测物品安全与否，并可以避免物品对物联网检测系统形成干扰。

（2）数据库技术　数据库技术在整个新一代智能交通系统中处于核心地位，该技术体系由SQL Server数据库、Oracle数据库和数据校验技术组成。其中，SQL Server数据库又称为"数据库管理系统"（RDBMS），该系统信息与客户、服务器以及客户和服务器之间的通信密切相关。客户软件程序主要通过用户手动方式和自动处理交互方式来实现数据信息服务工作。服务器（Server）是网络计算机、计算机程序或装置，处理来自客户端的要求，而且服务器的主从结构（client-server architecture）发挥的作用颇为重要，该结构属于一种计算机网络架构，通常由众多客户端（远程处理程序）请求并接收中央服务器（主计算机）的服务，并显示服务器送回的结果。服务器等待客户端的请求，随机加以响应。理想状态下，服务器提供标准化的透明界面给客户端，客户端不需要知道提供服务的系统的详细数据（即硬件和软件）。现今的客户端通常安置在工作站或个人计算机上，服务器则位于网络的另一处。此外，服务器会支持搜索、重组、排序、数据恢复、数据更新和数据分析等，数据访问需通过服务器来实现，物理数据往往无法直接进行访问，客户和服务器之间的通信效果由客户和服务器的实现状况决定，Server数据库能够在最短的时间内识别逻辑和物理级别的通信。

Oracle数据库最早出现在美国Oracle公司，该数据库属于组合性软件产品，主要用于提供分布式数据。当前最流行的客户/服务器（Client/Server）和B/S体系结构就充分融合了Oracle数据库，这样能有效增强数据库的管理功能与分布式处理效果，全面完善相关产品。在新一代智能交通系统中植入Oracle数据库能够有效缓解交通拥堵问题，降低尾气与噪声污染指数。

（3）移动互联网　移动互联网能够借助各项无线网络和智能终端来实现数据交换，获取有价值的信息与服务。在信息时代，移动互联网的发展更加普及，使交通信息的发行、公布与分享更为迅速、便捷。此外，移动互联网平台下的信息共享形式更加多样化，信息内容也非常全面，能够为用户提供辅助性决策的依据。

（4）图像抓拍识别技术　图像抓拍识别技术主要利用数字图像处理模式来识别车辆与车牌，并全面采集数字视频与数字图像。一般情况下，车牌号是识别车辆的主要标记，可以说车牌号的重要性与特殊性决定了图像抓拍识别工作的性质。目前，在车辆途经ETC车道时，ETC系统与车牌识别技术会自动识别车牌，精确抓拍车辆，将车牌信息与车辆图片输入计算机内，进而形成流水数据，并判断车辆是否存在违规行为。

（5）自动车辆识别技术 自动车辆识别技术能够准确识别车辆的大小、重量、轴型与轮胎等。从宏观层面来讲，自动车辆识别技术系统的主要组成装备包括轨道接触器、红外线扫描仪、电感环线圈、激光扫描器和动态称重装置。就目前而言，自动车辆识别技术能够运用电子标签准确识别车辆车型和尺寸以及座位数，并将其以数据信息的形式写进 OBU 之中。

（6）云计算 云计算技术主要借助网络来自动分拆计算机处理程序，使之形成无数小型子程序，然后将这些子程序加以整理，并交付给服务器，经过计算与分析之后，将处理结果传输给用户。目前，运用云计算技术能够在几秒的时间内处理海量信息，使这些信息能够服务于交通管理。

6.2 自动驾驶车辆上路驾驶伦理与法律

2014 年 12 月，通过软件和传感器实现全自动驾驶的无人驾驶车辆由美国谷歌公司研发成功。2015 年 12 月百度公司在北京完成了其自动驾驶车辆的首次路测。2016 年后，Uber、通用、特斯拉、英特尔及苹果等企业先后开始加入自动驾驶车辆的研发竞赛。截止至 2017 年 12 月，美国加州机动车辆管理局批准的自动驾驶车辆路测名单共有 47 家。在未来，自动驾驶车辆作为一种更安全、更便捷的交通工具被寄予厚望，业界甚至把 2021 年作为自动驾驶的普及元年。根据前瞻产业研究院发布的《2018—2023 年中国无人驾驶车辆行业发展前景预测与投资战略规划分析报告》数据显示，2025 年全球无人驾驶车辆销量将达到 23 万辆，2035 年将达到 1180 万辆，届时无人驾驶车辆保有量将达到 5400 万辆。自动驾驶车辆融合了环境感知、电子计算机、自动控制及人工智能等诸多技术，自动驾驶车辆的商用化程度将会不断提高。

科技的发展与提高在给人类提供方便、快捷的同时，也正颠覆和改变着社会传统的价值观念和思维方式，对既有的伦理、法律及社会规范等提出了挑战。在研究自动驾驶技术的过程中，除解决技术层面的难题外，更需要考虑自动驾驶车辆在伦理和法律层面的复杂性问题。科技的不断进步与发展使得自动驾驶车辆的自主性程度将越来越高，与此同时自动驾驶车辆也将会面临越来越复杂的道德抉择难题。在自动驾驶车辆行驶过程中，车辆能否做出同人类一样或是优于人类的道德判断仍然有待商榷，一旦自动驾驶车辆发生交通事故，如何协调好设计、制造及用户等之间多重的法律关系、如何界定法律责任均需要进一步探讨。

6.2.1 伦理规范方面

1. 自动驾驶车辆的道德困境

自动驾驶车辆作为未来安全、便捷的交通工具的领导者，在增强行驶安全性、缓解交通拥堵及降低事故发生率等方面占有突出的优势。然而，自动驾驶车辆不可能做到万无一失，并不能做到完全避免交通事故的发生。当自动驾驶车辆面临一场不可避免的交通事故时，该如何抉择呢？

关于自动驾驶车辆驾驶伦理的争议主要与道德哲学中著名的“电车难题（trolley problem）”相似。“电车难题”是由哲学家菲利帕·福特（Philippa Foot）于1967年提出的著名思想实验，用以批判伦理哲学中的功利主义，其主要内容是：你可以决定有轨电车是否改变运行轨道，使其不改变轨道撞向原轨道上的五个人或者改变轨道使其撞向另一条轨道上的一个人。结合自动驾驶车辆的特点，参照“电车难题”的各种变体，自动驾驶车辆在未来的发展中也将会涉及道德决策的复杂性、道德和法律责任的模糊、以及道德原则的相互冲突问题。设想当自动驾驶车辆面对有不同防护措施的行人或摩托车，甚至面对众多穿过马路的小孩，自动驾驶车辆应当如何抉择？人工智能系统会选择撞向谁？应该牺牲车内乘客还是路上行人？自动驾驶车辆的安全性隐忧可能带来的伦理挑战越来越引人注目。

面对道德决策情景，自动驾驶车辆的程序设计中必然包含事故决策的算法，用以解决在危急情况下车辆该如何选择最优行驶方式的问题。因此，自动驾驶车辆的性能对于传感技术和决策算法具有依赖性，而现实中软硬件系统失灵的情况并无法完全避免，且即便零部件运转正常，来自外界环境的不可控因素也会导致两难情景的发生。当事故无法避免时，自动驾驶车辆可能会造成严重的伤亡事故。设想如下的“隧道案例”情形：你坐在一辆自动驾驶的车辆里，并正以稳定的速度驶入一个隧道，前方有一辆载满学生的校车以相同的车速行驶。忽然，你注意到在左侧车道上有一辆载有乘客的轿车正在试图超过你。由于某种原因，前面的校车突然制动，你的车已来不及制动避免追尾。此时，你的自动驾驶系统里有以下三种不同的选择：

1）制动并撞向校车，导致校车上的部分学生伤亡。

2）左转，将左侧的车辆撞到墙上，救了你的性命，致使轿车上的乘客全部丧命。

3）右转，把你的车引到隧道的右墙上，牺牲自己拯救周围其他人的生命。

作为乘客，如果你有权为车辆设置事故处理算法，你会做出上述哪种选择？针对上述情形，人们把第一种看作是受到义务论的指导选择，第二种是利己主义选择，第三种属于功利主义中的利他主义选择。作为乘客或驾驶人，他们最为担心的是车辆行驶安全问题，且大都希望自动驾驶车辆可以最大限度地保护自己。当然，在面临道德两难时也会有人选择牺牲自己，将伤亡最小化。人类在不同情境下既可能表现出保护自身的利己倾向，也能够表现出使他人免于伤害或使其受益的利他之心。

法国图卢兹经济学院的Jean-François Bonnefon等人采用“实验伦理学”的方法进行算法与人类价值相结合的网上调查，结果显示：大部分公众并不希望市场只提供单一“道德算法”的车型，公众希望自己能够拥有选择权，并且由政府的专业部门提供基础选项；在面对撞向更多路人还是牺牲自己的选择时，大部分人倾向于功利主义的道德算法，即拯救更多的生命，但在选择购买何种算法的自动驾驶车辆时，人们又绝对倾向于购买基于自我保护算法的车，而非功利主义算法的车。由此看出，大部分人对于自动驾驶车辆存在着明显的矛盾心理：虽然乘客认同设定功利主义算法的车在道德上是更加可取的，希望在危急时刻车辆可以本着拯救更多数人的原则处理危机问题，但现实中却更加偏爱能够保障自身和乘客安全的车辆。

但对于自动驾驶车辆的政策监管部门而言，为了多数人的公共利益，可能会以减少交通事故的伤亡数量为宗旨，要求车辆制造商为自动驾驶车辆设计功利主义的道德算法。但这种控制可能起到相反的效果，即延缓自动驾驶车辆的应用和普及。因为消费者或乘客并不愿意为这种存在潜在安全隐患的车辆买单，他们对自身生命安全的担忧会影响到他们的购买和乘坐行为，从而导致预置功利主义道德算法的车辆在实际推广和应用上面临困难。

如果自动驾驶车辆可能给乘客造成伤害，那么制造商必将遭到争议和批评；如果自动驾驶车辆以乘客利益至上，那么制造商必然也会因轻视他人生命，蓄意选择更大伤害而同样遭到非议。可见，自动驾驶技术在试图解决现有交通难题时，也带来了全新的伦理挑战。

2. 自动驾驶车辆的伦理规范

在面对道德两难的抉择困境方面，“电车难题”与“隧道案例”的确有很多相似之处。但是，两者有一个很大的不同：“电车难题”的决策者需要做出的是瞬时直觉判断，而“隧道案例”中自动驾驶车辆要求在上路驾驶前就要具有相应的事故决策算法，事故决策算法的制定需要相应的伦理规范作为指导。显然，一个最为紧迫的问题便是：究竟设定何种伦理规范才是正确的？自动驾驶车辆的道德算法基于哪种道德理论才能获得最大的可接受性？与此相关的问题是，即使能确定某种倾向性的伦理规范，那么究竟由谁来决定这种伦理规范？是由共同体集体决定还是由个人决定？在绝大多数人看来，车辆制造者、消费者、政府管理部门等都可能成为决策者。如果没有明确的伦理规范出台来指导无人驾驶车辆的事故决策，将很难改变用户当前的不信任状态，甚至可能导致人们拒绝购买自动驾驶车辆。因此，界定自动驾驶车辆伦理规范迫在眉睫，在自动驾驶车辆被广泛推广应用之前，需要有明确的伦理规范来指导自动驾驶车辆进行道德抉择，以避免自动驾驶车辆陷入道德困境之中，进而使自动驾驶车辆在危急时刻具备做出合理决策的较强的自适应能力。

（1）由制造者决定伦理规范 制造者不仅包括制造商的工程师、科学家或咨询顾问，还包括公司的高管、董事、经理和股东等人。这些人作为车辆的设计者，明确车辆如何设计程序以实现某种功能，会根据市场需求判断消费者的喜好。消费者把自身对于车辆的设计、制造和售卖权移交给制造者，制造者同样能够为自身判断的适销对路的产品负责。但是，设计系统和伦理专业知识分属两个不同领域，自动驾驶车辆在涉及公众安全的领域反而需要更多的政府监管，如果仅仅由制造者决定伦理规范，自动驾驶车辆的设计可能存在导致公共安全问题的风险，因此必须要加强监管。

（2）由消费者决定伦理规范 当自动驾驶车辆面对道德决策时，伦理规范将给予关于使用者道德倾向更多的权重分配，此时由消费者来权衡乘员和行人间的利害问题。人工智能系统通过其“道德学习功能”学习驾驶人的驾驶习惯，即从驾驶人手动驾驶过程或是初期的校正阶段所做出的道德决策中学习。但是，如果多名乘客坐在同一辆自动驾驶车辆上，并且他们的道德倾向差异较大，那么道德决策程序设定就会遇到很大困难。此外，也没有充足的经验证据表明，人们在不同的环境下面对相似的情形一定会做出相同的道德选择。

（3）由政府部门决定伦理规范 把自动驾驶车辆道德决策的行为作为一种社会问题

来看待，由政府部门提供方式来诉诸集体进行决定。可采用的方式有：政府立法和提供公共咨询，成立自动驾驶车辆行业的伦理顾问委员会和组织机构，进行用户调研和公众舆论收集等。但是这可能会使自动驾驶技术创新和应用过程的效率降低。政府干预有可能会造成管理不当，给消费者和企业增加额外负担，日益提高的安全管理控制标准将会增加自动驾驶车辆的生产成本和社会成本。

通过分析可以看出：由单一个体决定的伦理规范总是有利有弊的。在制定标准时需要结合上述三方参与者的想法，根据乘客数量、车型、地区法律和现场情境等因素进行相关权重的灵活分配制定出最优、可行性最高的伦理规范。纵然自动驾驶车辆的发展给很多行业带来了颠覆性的改变，同时也促进许多新兴行业的兴起，但其所引发的伦理问题也亟待解决。自动驾驶车辆上路驾驶可能引发的事故中的道德决策涉及决策过程本身的多主体参与、场景复杂性以及预先“设定死亡”等问题，而道德决策背后则关系到如何设定伦理规范的问题。由于交通事故场景具有多样性，要求自动驾驶车辆在预设伦理规范的基础上需根据具体环境信息进行决策，而这就涉及伦理规范的合理性以及机器道德决策的自主性程度等问题。其中，伦理规范也会影响事故责任划分等法律问题。因此在制定自动驾驶车辆伦理规范时需要全方位、多角度地广泛吸取制造商、消费者以及监管部门等众多意见。

6.2.2　法律法规方面

1. 自动驾驶车辆的法律困境

自动驾驶车辆进入商用阶段所面临的困境，除了道德伦理方面外，在法律层面也具有较大的争议。尽管关于自动驾驶车辆的法规在不断完善，但目前还面临以下几个方面的困境：

（1）现行法律制度的困境　现代驾驶证及其制度是人类科技发展的结果，尤其是自机动车诞生以来，为了确保其安全行驶，各国均无一例外地确定了驾驶证制度，即机动车行驶的前提是驾驶人必须熟练地掌握驾驶技术并取得驾驶资格。例如，我国现行的《道路交通安全法》规定，驾驶机动车应当依法取得机动车驾驶证，且申请机动车驾驶证必须经过理论与实践的测试，合格后方可取得。在国际上具有较强约束力的《维也纳道路交通公约》也明确规定驾驶人必须始终掌握驾驶技能，这表明驾驶人、机动车驾驶证是机动车合法行驶的必备要件，两者缺一不可。然而，现行驾驶证制度是基于传统车辆的特点而设置的，传统车辆需要驾驶人通过手足的协调与配合，并以高度集中的注意力，熟练地操控车辆方可行驶。在行驶的过程中，驾驶人的感官、手足、注意力以及熟练的操作技能是车辆安全行驶的四个要素。但这些要求与无人驾驶车辆相去甚远，因为无人驾驶车辆通过智能软件和多种感应设备实现车辆的自主驾驶，车辆在行驶期间，感官、手足、注意力等均非无人驾驶车辆行驶的必备要素，更无须熟练的驾驶技能。在自动驾驶的情况下，驾驶人可以随意拨打电话、看书、读报甚至是睡觉，且不影响车辆的行驶安全，与传统的行驶要求大相径庭，给交通法规及相关制度带来了较大冲击与挑战。

当前自动驾驶车辆发展所面临的法律法规是多种多样、多方面的，包括国际公约，如《维也纳道路安全公约》；法律法规，如《道路安全法》《测绘法》以及道路安全条例等；

技术标准，如欧盟 ECE R79 和我国的 GB 17675—1999《车辆转向系 基本要求》等。除此之外，在自动驾驶车辆研发和测试阶段以及车辆作为商品销售使用阶段均会面临一系列法律法规问题。对于法律中许多关于驾驶人的抽象要求，如谨慎、合理、文明驾驶等术语和规范将难以确定和实现，给相关法律带来挑战。我国《交通强制险总则》及几大保险公司（如太平洋车险）的机动车商业保险标准合同条款的车险中并无专门针对试验车以及试验车驾驶人的相应保险条款。目前机动车保险可以涵盖的范围有限，试验车辆在测试过程中如出现交通事故，很难保障试验车驾驶人的权益，需要各企业为试验车驾驶人额外缴纳人身意外伤害险，缴纳情况及金额视企业能力而定，未有统一标准。

总之，自动驾驶车辆的运用将引发行业革命，它给人类生活带来便利的同时，也面临着诸多法律问题，这些问题将直接关系到无人驾驶车辆的发展，如何解决值得深入探索和研究。

（2）市场准入准则困境 安全性评估是自动驾驶车辆合法上路行驶的前提条件，是自动驾驶车辆法规的重要组成部分。一辆自身生产合格的自动驾驶车辆不但要保护车内人员安全，还要避免与车辆外行人、车辆发生碰撞，这就需要上路测试，在真实的环境中测试自动驾驶车辆是否具有处理复杂情况的能力。目前国际和国内还未出台统一的测试标准，对于政府来说，如何制定出一个客观、可测试多种可能发生路况的自动驾驶车辆测试标准是一个非常艰巨的挑战，需要从环境感知、控制执行、功能安全、信息安全、软件成熟度、行为决策、路径规划和综合智能等方面提出一种系统的、全面的自动驾驶车辆测评方法，完善市场准入准则。这是目前面临的难题。

（3）事故责任认定赔偿困境 当自动驾驶车辆出现交通安全事故时，应该如何界定和划分法律责任？传统车辆由人类驾驶员操控，驾驶人需要评估周围环境（如限速标识、车道、天气等），决定车辆如何行为（如变道、转弯、加速、减速等），并向周围环境提供必要的信息（如在转弯前打转向灯等），供行人和其他车辆驾驶人参考。在传统车辆中，只有当环境以某种方式影响车辆时，车辆才会出现自动反应（如在车辆发生碰撞时弹出的安全气囊等）。在传统的车辆事故中，责任一般归因于以下一个或多个原因：驾驶人、车辆产品缺陷及不可避免的自然条件（如天气、路况、出现在路上的动物等）。大部分事故责任都归咎于驾驶人或车辆制造商，或是两者责任的结合。传统交通安全事故大部分是由人类过错导致的，往往由人类驾驶人承担事故责任。侵权法管理传统车辆驾驶人的侵权责任，当意外事故发生时，过错决定了当事人是否承担责任以及承担责任的比例。而对于自动驾驶车辆来说，人类驾驶员的角色发生了变化，当造成财产损毁、人员伤亡时，又该由谁来承担法律责任？

2016 年 5 月，一辆特斯拉电动车在美国佛罗里达州以自动驾驶模式行驶时，与一辆横穿公路的货车相撞并最终导致电动车车主死亡，这是世界范围内曝光的首例自动驾驶功能的交通死亡事故。经过为期六个月的调查之后，美国国家公路交通安全管理局（NHTSA）于 2017 年 1 月发布了调查结果，最终表明此次事故与自动驾驶系统无关，特斯拉公司并无相关法律责任。从此次事件可以看出，自动驾驶车辆在发生交通安全事故时认定事故责任人的过程是非常复杂的。近几年来，谷歌、Uber、特斯拉自动驾驶车辆都发生过交通事故，甚至造成人员伤亡，已经引起公众的普遍关注。如果自动驾驶车辆的

事故责任归属不能清晰明确，消费者的购买欲可能会受到抑制，进而影响到自动驾驶车辆的大规模应用。

自动驾驶车辆自身是车辆的控制主体，如果自动驾驶车辆暂时不能作为过失犯罪的法律责任主体，那么是否可以考虑追究其背后的使用者、生产者或设计者过失犯罪的法律责任呢？由于使用者、生产者或设计者不可能完全预见到自动驾驶过程中的所有意外情形，因此自动驾驶车辆的判断缺乏事前的预见可能性或避免可能性。在这个意义上，就不能因为自动驾驶车辆造成法律侵害而追究其背后的使用者、生产者或设计者的过失责任。如果承认或是部分承认机器的道德主体地位，即机器能动性对人类能动性的代替，自动驾驶车辆自身也作为主体参与到未来可能的交通事故中，那么事故的道德责任界定将被彻底颠覆。自动驾驶车辆本身作为机械产品而言，还无法作为现行法律的惩戒对象，不能成为法律责任的承担者，但是当安全事故发生时，又该如何考究自动驾驶车辆背后的诸多个体的法律责任呢？因此，对自动驾驶车辆事故的认定赔偿是一个十分棘手的问题。

（4）数据隐私和网络安全困境　自动驾驶车辆的一个标志性特征就是信息化程度极高，为了更好地发挥自动驾驶车辆的优势，实现安全、高效地行驶，自动驾驶车辆通过“车车通信”和“车路通信”来实现车辆之间的信息互通和信息共享。同时为了保证车辆的行驶安全性，谷歌和各大车辆厂商通常都会对车辆行驶状态信息进行详细的记录，以监测车辆的正常行驶。被记录的车辆行驶状态信息不仅包括车辆的车速、行驶里程，而且还包括车辆的行驶位置及轨迹，而车辆的行驶轨迹信息涉及驾驶人、乘坐者的个人隐私。由于自动驾驶车辆在行驶的过程中需要不断收集行人或其他车辆的相关信息和数据，如果这些数据信息丢失、被盗或是遭到不当利用，将存在侵犯个人隐私权的严重危害。在美国和欧盟的相关立法中，例如，在2017年美国众议院通过的《自动驾驶法案》中规定：自动驾驶车辆的生产厂家必须制定“隐私方案”，说明其如何收集、使用、分享和存储自动驾驶车辆用户的信息。对于不希望共享自己数据的用户，生产厂家应当有相应的处置方案。对于留存的用户信息，生产厂家应当通过数据缩小化、去识别化等方式防止信息的泄露。除此以外，该法案还要求自动驾驶车辆的生产厂家必须向用户提供该厂家的隐私权规则。由此看来，保护自动驾驶车辆数据隐私的安全、明确数据保护中相关主体的法律责任是至关重要的问题，我国也需要更为明确的法律规范进行约束。

除数据隐私外，自动驾驶车辆对车辆网络安全也产生着挑战。随着互联网、人工智能、云计算和大数据等技术的应用，自动驾驶车辆的智能化、联网化程度越来越高，车辆已经变成名副其实的万物互联时代的智能终端设备。自动驾驶车辆的网络安全已经成为互联网安全的重要组成部分。其中，用于控制自动驾驶车辆的手机、内部复杂的传感器控制系统、软件漏洞等都有可能成为新的风险点。除了可能的远程攻击，基于获取商业利益的目的，或者企图控制自动驾驶车辆系统，甚至为了通过控制自动驾驶车辆达到造成大规模损害的目的，在未经授权的情况下监控并获取车辆定位数据等网络信息等行为，都会对自动驾驶车辆的网络安全造成极大的危害。自动驾驶车辆的网络安全问题引起了欧美监管机构的高度重视。近年来，这些国家和地区的监管机构通过发布指引或相关法案条例，以应对自动驾驶车辆的网络安全问题。例如，美国于2016年10月24日由国家公路交通安全管理局（NHTSA）发布了指导性的《现代车辆网络安全最佳实践》（NHTSA 最佳实践），目的在于帮助车辆制造商和软件设计商提升现代车辆网络安全，并为如何防止、抵御网络攻击提供指引。并于 2017 年 9 月发布了《自动驾驶系统 2.0：安全展望》（ADS 指南 2.0），建议车辆行业投入资源评估风险和测试车辆的网络安全隐患。欧盟同样高度重视自动驾驶车辆的网络安全问题，欧盟网络和信息安全部门（ENISA）于 2017 年 1 月 13 日发布了《智能车辆网络安全与适应力》的研究报告（ENISA 指南），提出了应对网络威胁，保障智能车辆安全的最佳实践和建议。我国于 2017 年 12 月 29 日发布了《国家车联网产业体系建设指南（智能网联车辆）》（最终指南），旨在为我国自动驾驶车辆创建国家标准，但我国目前并没有专门针对自动驾驶车辆网络安全的法律。自动驾驶车辆的网络安全是一个涉及车辆安全、联网安全、云平台安全和外部生态安全的完整体系，不仅需要从技术上加强每个环节的网络安全，而且必须通过立法明确每个环节参与者的法律义务。因此，我国需要尽快完善针对自动驾驶车辆的相关法律规范，以便实现维护自动驾驶车辆数据隐私和网络安全的目的。

2. 自动驾驶车辆的法律规范

我国自动驾驶车辆涉及的诸多事项尚待探究，相关条款和内容的确立需科学、谨慎。如果法律规范过于严厉，将会极大挫伤车辆制造商与研发机构的积极性，从而阻碍该科学技术的进步。而将责任归由消费者或车主承担也是值得深思的，因为这也将严重抑制消费。因此，法律主体及其责任的明确是一个既现实而又充满挑战的问题。

在自动驾驶车辆广泛应用之前，应当充分考虑设计制造商、用户、保险公司及立法机构分别在交通安全事故中所占的分量以及所需承担的责任。自动驾驶车辆可减少交通拥堵，提高道路通行能力以及车辆的行驶安全性和经济性，当整车在不存在任何安全隐患的情况下投入使用时，如发生安全事故，在界定法律责任时应当从：设计制造商的贡献和权益，事故发生时车辆和乘员的运行状态，是否应当以保护乘员的利益为本等多个角度进行权衡。因此，必然要求立法机构对传统的交通法规做出修改并进一步完善，以明确交通事故的相关法律责任，为自动驾驶车辆上路驾驶打破法律障碍。随着自动驾驶车辆的商业化，在现有的法律规范下，这一新兴的交通方式将对驾驶制度、交通事故的法律责任承担、个人隐私权以及网络安全等方面提出挑战。

我国在针对自动驾驶车辆建立相关法律法规时，需要深入研究，这既有利于对各方行为的有效规范，也有利于降低各方的法律风险，促进整个产业有序发展。在这个过程中，需要注意两个方面：一是循序渐进，自动驾驶车辆的相关法律法规建设涉及面广而复杂，不可能一蹴而就，也不能过于激进，需要广泛讨论、收集意见，让设计制造商、用户等各方认清问题所在，需要仔细平衡各方的利益；二是要有利于促进创新。合理的法律法规将给自动驾驶车辆的有序发展提供保障。

6.3 各国自动驾驶车辆上路行驶相关法案

自动驾驶能极大程度地增强道路行驶安全性、缓解交通拥堵及降低交通事故的发生率，避免一系列的经济损失，从而为国家带来显著的经济效益及社会效益，自动驾驶将

是未来交通发展的必然趋势。

《维也纳道路交通公约》是车辆驾驶领域通行的国际公约，2016 年 3 月，联合国通过该公约正式认可了自动驾驶的合法地位，明确规定在符合联合国车辆管理条例或者符合自动驾驶的情况下，自动驾驶技术可以应用于交通运输当中。这一新规定为各国自动驾驶的发展奠定了坚实的基础。

立法缺失是阻碍自动驾驶车辆发展的重要原因，也是自动驾驶车辆发展历程的一个重大挑战。越来越多的国家开始在这一领域进行尝试，出台或提议自动驾驶相关战略，通过修订与完善法律法规等路径不一的立法实践来促进自动驾驶的发展。

6.3.1 国外自动驾驶车辆上路行驶相关法案

1. 美国

美国在自动驾驶技术上发展突出，也是立法的先行者。在美国，每个州都能自主地制定自动驾驶车辆相关的法律，其中内华达州、加州发展最快。内华达州颁布了美国历史上首部在州层面上的无人驾驶车辆法案——AB511 法案《Assembly Bill No. 511—Committee on Transportation》，重点解决自动驾驶车辆上路测试无法律依据的问题。该法案认可了研发者的道路行使权，并附加了相配的规制措施。这也成为后来各州的立法典范，具有带头作用。随后，加州于 2014 年 9 月推出了《自动驾驶测试法》，法律要求自动驾驶车辆中必须有一名随行的人类驾驶员，时刻准备好接管车辆的控制权。另外，佛罗里达州、密歇根州、得克萨斯州和华盛顿特区均已通过立法允许自动驾驶车辆上路行驶，还有一些州也已处于提案阶段。

2016 年 9 月 30 日，加州于公布的法案中提到，车辆厂商不应将“automated”“self-driving”或“auto-pilot”等有关自动驾驶的词汇应用于广告宣传中，除非其车辆产品确实能在无须人类驾驶干预的情形下自己行驶。

2016 年 9 月，美国交通部发布了《美国自动驾驶车辆政策指南》，从自动驾驶车辆性能指南、州政府法规模型、NHTSA（美国国家公路交通安全管理局）现有的监管方式和新的监管方式四个方面，针对高度自动驾驶的安全设计、开发、测试和应用等，为生产、设计、供应、测试、销售、运营或应用高度自动驾驶车辆的传统车辆厂商和其他机构提供了一个具备指导意义的前期规章制度框架。

2017 年 9 月，美国交通部发布了名为《自动驾驶系统 2.0：安全愿景》的自动驾驶车辆指南，以回应车辆制造商对消除自动驾驶车辆上路的法律障碍的请求。

2017 年 9 月 6 日，国会众议院通过了《自动驾驶法案》，该法案肯定了联邦的立法优先权，禁止各州自行独立立法颁布无人驾驶相关禁令，对自动驾驶车辆的生产、测试以及发布过程进行全面管理，从而推动了自动驾驶车辆的市场化。

法案的核心规定包括：

1）确立美国联邦立法优先权。

2）赋予 NHTSA 自动驾驶车辆监管权限。

3）落实自动驾驶系统网络安全计划。

4）显著增加自动驾驶车辆的豁免数量。

5）成立高度自动化车辆咨询委员会。

6）加强消费者隐私保护。

2018年2月24日，加州车辆管理局（DMV）表示将在4月开始许可无人驾驶车的远程监控，测试的车辆无须配有驾驶人跟随。

2. 德国

2016年4月14日，欧盟各成员国签署了在自动驾驶领域的合作协议。作为奔驰、宝马、大众等知名车辆品牌的发源地，欧盟成员国之一的德国也较早地开始重视自动驾驶。德国政府于2013年就允许博世在国内进行自动驾驶技术的道路测试，随后奔驰等公司也得到批准，在城市公路和乡间道路上进行测试。

2016年，德国总理默克尔起草首个无人驾驶相关的法律草案。

2016年7月，德国交通部计划立法，要求车辆制造商为自动驾驶车辆配备黑匣子，来记录自动驾驶模式的激活时间、驾驶人参与驾驶的时间、自动驾驶系统要求驾驶人接管驾驶的时间，以备事故发生后的辅助调查。

2017年5月12日，德国联邦议会修订了《道路交通法》，允许高度或全自动驾驶系统代替人类驾驶，驾驶人甚至可以在自动驾驶时手离转向盘，以查看邮件、浏览网页，但是要保持戒备状态，做好随时接管车辆的准备。这是德国首部针对自动驾驶车辆的法案，很大程度地促进了智能车辆在德国的发展，具体内容包括：

1）明确了智能车辆（高度或全自动驾驶车辆）的定义。

2）明确允许驾驶人“按规定使用”自动驾驶功能。

3）明确了驾驶人的权利、义务和责任。

4）明确了智能车辆信息存储、利用和保存规则。

5）与后续法律制定及修正相关的其他内容。

2017年6月，德国交通部伦理委员会发布了《自动和联网驾驶》的报告，这是全球首个自动驾驶伦理原则，主要包括：

1）安全是自动驾驶的准入前提。

2）公共部门以避免事故发生为监督指导原则。

3）利用人机交互程序实时存储驾驶信息，以便事故后的责任认定。

4）用户是数据的权利人，有权自主决定驾驶数据。

3. 英国

英国同样也在逐渐完善自动驾驶相关的政策和法规。2016年7月11日，英国商务部和运输部人员公开表示，英国将清除束缚自动驾驶车辆的法规，其中包括交通规则，以及驾驶人必须遵守的政策法规。英国政府计划到2021年前要在道路上广泛采用自动驾驶车辆。

2017年2月，英国政府提出《车辆技术和航空法案》，为自动驾驶车辆制定了保险政策，该保险法规以乘客为重，确保受害者可从保险公司获得赔偿。主要包括以下条款：

1）保险公司将默认对被保的车辆在自动驾驶模式下发生交通事故承担责任。

2）保险公司有权向制造商追索赔偿的费用。

3）若受害方对产生的损失负有部分或全部责任，则保险公司的赔偿责任可相应减

少；若该事故是因为驾驶人的过错而在不合适的情况下起动了自动驾驶模式而发生，则保险公司无须承担责任。

4）保险公司有权排除或限制因被保险人擅自改装自动驾驶车辆操作系统引起的事故赔偿责任。

5）如果被保险人未按照保单要求更新车辆操作系统，保险公司有权排除或限制因此引起的事故赔偿责任。

由于2017年5月3日英国议会解散，该法案已夭折。

4. 瑞典

与德国、英国同处欧洲的瑞典，在自动驾驶立法工作上也有所成果。2017年7月，瑞典颁布了《自动驾驶道路测试规范》，该法案适用于部分、高度以及完全自动驾驶的车辆。主要包括以下规定：

1）瑞典自动驾驶车辆实行许可制。

2）在特殊情况下，瑞典交通局可要求测试方采取措施或者直接撤销测试许可。

3）未经许可擅自进行自动驾驶车辆道路测试将予以罚款。

4）现行的交通事故赔偿条款仍适用于自动驾驶情况，且保险公司在获得许可后可获得当事车辆传感器数据。

5）测试方需保证测试数据采集、保存符合国际相关法规，并且需要保护个人隐私。

5. 新加坡

新加坡是亚洲首批广泛采用自动驾驶的国家，作为人口密度排名世界第三的国家，政府在重建交通运输系统方面面临巨大的压力。

早在2015年7月，新加坡陆路交通管理局（LTA）就批准了一条长达6km的路线用以自动驾驶车辆的道路测试，一年后长度增加一倍。随后，自动驾驶车辆的测试平台不断扩展。2016年8月，世界首辆无人驾驶出租车nuTonomy开始运行，乘客可通过手机进行免费预约。据悉，新加坡还将推出无人驾驶公交车。

新加坡政府于2017年2月7日通过了《2017道路交通修正法》，该法案旨在最大程度降低事故发生率方面，主要做了以下规定：

1）自动驾驶车辆在上路试验之前必须通过安全评估以检测车辆的基本性能。

2）试验者、开发者必须建立健全的事故风险缓解方案，包括安排经过训练的安全驾驶人，在必要的时候可以控制车辆。

3）驾驶人必须具有三级证书，无违章历史记录。

4）如果开发者能够证明驾驶车辆的性能完全达到陆路交通管理局的要求，那么就可以允许车辆在无安全驾驶人的情况下起动。

5）针对自动驾驶车辆进行的试验只能在畅通的交通状态下进行，只有证明车辆具有更高性能时，才能允许在更复杂的环境下进行。

6）试验运营者必须记录所有的行驶数据以用于事故中的调查和责任追究。

6. 日本

日本是自动驾驶研发的强国之一，立法步伐也较为领先。日本政府早在2015年就开始计划对自动驾驶车辆启动相关立法工作。经过一年的准备工作，于2016年5月发布了自动驾驶普及路线图，预期在2020年允许自动驾驶车辆在高速公路上行驶。2017年允许纯自动驾驶车辆进行道路测试，并且授权交通省组织拟定无人驾驶安全法规。

2017年6月，日本国家警察局就无人驾驶车辆测试通过了一份标准，包括如下内容：

1）测试需要得到警方许可，并在各警署内提交测试申请。

2）通过远程系统操作和监控车辆的人必须拥有驾照，并与普通车辆驾驶人的法律责任相同。

3）测试开始前，应事先通知试验道路附近的居民，并向警察和消防当局提交详细说明车辆结构以及如何停止车辆运行的文件和其他材料。

4）测试标准要求一辆车只能由一个人控制，并且必须在出现通信问题时能够停止车辆自动行驶。

5）测试必须在无线电通信连续可靠的道路上进行，测试可能不被允许在非常拥挤的时段或学校路段进行。

6）在申请公共道路使用后，警务人员会乘坐测试车辆以检查其系统是否正常运作。

2018年1月，日本道路运输局提出，计划2020—2025年实现完全不需要人为操作的全自动驾驶的实际运用。

总的来说，日本在国内投入了大量资金进行研究，也很快推出了本国的标准，着手修订《道路运输车辆法》和《道路交通法》，法律体系较为领先。同时，日本还联合欧洲各国，试图主导自动驾驶相关的世界标准的确立工作。

7. 韩国

与日本隔海相望的韩国采用研讨会的方式推进立法工作。韩国政府早在2015年划分了无人驾驶车辆试运行的特别区域。通过多次举办研讨会，提出了自动驾驶车辆的开发标准，以解决现行的法律冲突。在2016年11月开始修订相关道路交通法规，新法规允许自动驾驶车辆在韩国境内进行道路测试，现已有8辆自动驾驶车辆获批上路进行测试。韩国虽然尚未正式颁布自动驾驶相关法律，但就研讨会的多次讨论，也在一定程度上对自动驾驶车辆上路建立了普遍的约束规范。

6.3.2 国内自动驾驶车辆上路行驶相关法案

我国工业和信息化部发布的《促进新一代人工智能产业发展三年行动计划（2018—2020年）》中，智能网联车辆是首项要大力发展的智能产品，目标是：到2020年，建立可靠、安全、实时性强的智能网联车辆智能化平台，形成平台相关标准，支撑高度自动驾驶。2017年7月5日，李彦宏驾驶百度自动驾驶车辆上路吸引了大众眼球，同时也凸显了我国自动驾驶车辆立法缺位的现状。尽管我国已将智能运载工具列为大力支持发展的新兴产业，但和欧美等国家地区相比，我国的自动驾驶车辆相关的政策框架和法律体系仍不完善。

在具体政策出台之前，车企暂不被允许在道路上进行自动驾驶车辆测试，政策的滞后与技术的发展无法统一脚步，我国急需尽快设立合法的自动驾驶制度，确保相比于欧美国家地区不输在起跑线上。

立法前，人们可能会提出一些疑问。到底什么才是自动驾驶？自动驾驶车辆上路行驶还需要人类驾驶员吗？自动驾驶车辆上路行驶的标准是什么？自动驾驶车辆若发生交通事故，责任方是车辆厂商，还是驾驶人……这一系列的问题的解决都需要与之对应的法案条例来规定，否则必将阻碍自动驾驶车辆的发展。

纵观国外自动驾驶相关法案政策的发展情况，主要有以下几个着眼点：

1）明确自动驾驶技术的合法地位，赋予研发者道路测试权。

2）确定自动驾驶的安全标准。

3）划分自动驾驶车辆事故的责任方。

我国应当借鉴国外先进的立法经验，立足国情，制定切实可行又具有中国特色的技术性规制标准。现提出以下几点建议：

1. 明确“自动驾驶”的定义

有学者认为自动驾驶车辆是指能在没有人工帮助下自动运行的车辆；也有学者认为自动驾驶是指在没有实时人力介入的情况下车辆的转向、制动和加速通过计算机来进行指挥的驾驶方式；还有学者主张无人驾驶车辆是指在网络环境下用计算机技术、信息技术和智能控制技术武装起来的车辆。国内各车企对自动驾驶的定义也不尽相同，这会导致企业发展定位不明。因此，明确自动驾驶的定义能有助于企业制定符合自身技术发展现状的目标，也能够为各个企业提供公平的竞争大环境。

2. 制定自动驾驶车辆道路测试制度

自动驾驶车辆在经过道路测试后才能进入市场使用。测试过程中，道路的选择、测试设施的搭建都应有相关法律法规的支撑，以保证测试过程的顺利开展。如对能使车辆直线行驶、变更车道的道路条件予以规定，另外，测试时还需记录车辆的工况，根据测试数据进一步改进车辆。

3. 制定自动驾驶车辆道路测试申请制度

申请道路测试的自动驾驶车辆需要满足一定的条件，主要是厂商申请自动驾驶车辆上路测试前车辆应当具备的安全标准。美国交通部颁发的《美国自动驾驶车辆政策指南》中涉及15个方面，包括网络安全、耐撞性能、碰撞后表现、操作设计、对物体的探测和响应等内容。

4. 制定自动驾驶车辆市场准入条件与程序

自动驾驶车辆必须满足一定的条件，检验合格后方能进入市场。首先，自动驾驶车辆必须完成道路测试，确保其稳定性、安全性。其次，自动驾驶车辆需通过安全评估，评估方应为一个独立认证的权威机构，符合评估标准才能进入市场。最后，还需对自动驾驶车辆的操作者进行培训，类似于现行的驾驶资格制度。操作者需经过标准化的训练和考核方能上路独立使用自动驾驶车辆，从而避免错误地使用自动驾驶功能，导致交通事故的发生。

满足市场准入条件后，自动驾驶车辆缴纳税费与保险便可申请注册并进入销售程序。注册时，管理部门向车主签发能表明自动驾驶属性的特殊牌照。

5. 制定自动驾驶车辆持续监管制度

自动驾驶车辆进入市场后，还需对其进行持续监管。如制定年检制度、车辆召回制度

等。自动驾驶车辆应当定期接受安全检查，存在安全隐患的自动驾驶车辆可通过强制召回制度来降低其上路行驶带来的公共安全风险。

6. 制定事故责任方确定制度

可明确要求所有的智能车辆必须安装“黑匣子”，用以记录自动驾驶模式的激活时间、驾驶人参与驾驶的时间、自动驾驶系统要求驾驶人接管驾驶的时间，以备事故发生后的辅助调查。如果查明事故发生在人工驾驶阶段，由驾驶人承担相应责任；如果发生在自动驾驶模式下（系统故障），则由车辆制造商承担相应责任。

7. 制定保险金制度

保险金规则用于尽快解决受害者的赔偿问题。在自动驾驶车辆发生交通事故之后，受害者将第一时间获取保险公司的赔偿。

8. 修改现有法律法规

现有的法律法规是否适用于自动驾驶车辆，要做进一步的商定。从我国现行的立法来看，要实现自动驾驶车辆的全面部署，至少要修改 7 个（包括交通安全管理、测绘、运输、信息、通信、质检、标准化）领域 24 部以上的法律。例如，《道路交通安全法实施条例》第 19 条规定，符合国务院公安部门规定的驾驶许可条件的人，可以向公安机关交通管理部门申请机动车驾驶证。可见目前法律规定的我国车辆的驾驶主体还是人类，对于自动驾驶车辆，根据其自动驾驶等级，其驾驶主体也要做进一步的规定。

9. 加强隐私权保护，加强网络数据立法

自动驾驶车辆的普及势必会加大公民网络数据信息泄露的风险。如保护不当，则侵犯了公民的隐私权。可通过对数据管理者加强管控来保护公民的隐私。可在自动驾驶车辆买卖合同中明确规定用户的数据信息所有权，未经本人同意或法律允许，信息泄露需承担相关责任。同时要加强网络数据立法工作，制定专门的自动驾驶车辆数据信息保护条例来保障自动驾驶车辆用户的隐私。

10. 在示范区进行先期立法工作

上海、重庆、苏州及北京现已建成智能网联示范区，用于智能网联车辆的上路测试。在示范区可模拟高速公路、城市道路等多种驾驶环境，通过在示范区内研究自动驾驶车辆的运行状况，再确定全国范围的相关规范和标准。

6.4 本章小结

本章首先介绍了车联网及智能交通系统，包括车联网技术及其发展、智能交通系统，然后介绍了自动驾驶车辆上路驾驶伦理与法律探讨，包括伦理规范方面、法律法规方面，最后介绍了各国自动驾驶车辆上路行驶相关法案，包括国外自动驾驶车辆上路行驶相关法案和国内自动驾驶车辆上路行驶相关法案。

参 考 文 献

[1] 陈刚，王良模，王冬良，等．汽车电子控制技术［M］．北京：机械工业出版社，2017.

[2] 陈刚．电磁直驱无人驾驶机器人动态特性与控制［M］．北京：科学出版社，2017.

[3] 陈刚，王良模，杨敏，等．汽车新技术概论［M］．北京：国防工业出版社，2016.

[4] 陈慧岩，熊光明，龚建伟，等．无人驾驶汽车概论［M］．北京：北京理工大学出版社，2014.

[5] 熊光明，高利，吴绍斌，等．无人驾驶车辆智能行为及其测试与评价［M］．北京：北京理工大学出版社，2015.

[6] 王武宏，孙逢春，曹琦，等．道路交通系统中驾驶行为理论与方法［M］．北京：科学出版社，2001.

[7] ChEN G，ZHANG W G. Hierarchical coordinated control method for unmanned robot applied to automotive test［J］. IEEE Transactions on Industrial Electronics，2016，63（2）：1039-1051.

[8] LEANDRO C F，JEFFERSON R S，GUSTAVO P，et al. Carina intelligent robotic car：architectural design and applications［J］. Journal of Systems Architecture，2014，60（4）：372-392.

[9] NICHOLAS W，CHRISTOPHER C，KARL S，et al. Development of a robotic driver for autonomous vehicle following［J］. International Journal of Intelligent Systems Technologies and Applications，2010，8（1-4）：276-287.

[10] BENEDIKT A，ELIAS H，FERDINAND S. Second order sliding modes control for rope winch based automotive driver robot［J］. International Journal of Vehicle Design，2013，62（2-4）：147-164.

[11] HIRATA N，MIZUTANI N，MATSUI H，et al. Fuel consumption in a driving test cycle by robotic driver considering system dynamics［C］. IEEE International Conference on Robotics and Automation，2015：3374-3379.

[12] CHEN G，ZHANG W G. Digital prototyping design of electromagnetic unmanned robot applied to automotive test［J］. Robotics and Computer-Integrated Manufacturing，2015，32：54-64.

[13] 陈刚，张为公，王良模．电磁直驱驾驶机器人模糊神经网络车速控制方法及试验验证［J］．科学通报，2017，62(30)：3514-3524.

[14] CHEN G，ZHANG W G. Speed tracking control of vehicle robot driver system using multiple sliding surface control schemes［J］. International Journal of Advanced Robotic Systems，2013，10：1-9.

[15] 陈刚，张为公．电磁驱动汽车驾驶机器人：ZL201310361723. X［P］. 2016-4-20.

[16] 陈刚．汽车驾驶机器人智能控制及其半实物仿真平台研究［D］．南京：东南大学，2010.

[17] 黄开胜，张尧，卓晴．一种汽车自动驾驶机器人：ZL201410174404. 2［P］. 2016-4-20.

[18] 陈弘，李伟，乔胜华．用于汽车试验的驾驶机器人：ZL201110264909. 4［P］. 2013-12-25.

[19] 石柱，张文俊，胡可凡，等．自动驾驶机器人：ZL201110247651. 7［P］. 2014-4-16.

[20] 牛喆，牛志刚．汽车驾驶机器人换档机械手运动仿真分析［J］．中国农机化学报，2013，34(4)：197-200.

[21] 仁礼光．我国第一台汽车驾驶机器人诞生［J］．中国机械工程，1994，5(3)：54.

[22] 国家自然科学基金委员会工程与材料科学部．机械工程学科发展战略报告（2011—2020）［M］．北京：科学出版社，2010.

[23] GUO K H，DING H，ZHANG J W，et al. Development of a longitudinal and lateral driver model for auton-

omous vehicle control [J]. International Journal of Vehicle Design, 2004, 36(1): 50-65.

[24] 秦万军，徐友春，李明喜，等. 基于二自由度模型的无人驾驶车辆轨迹跟踪控制研究 [J]. 军事交通学院学报，2014，16(11)：31-35.

[25] 管欣，崔文锋，贾鑫. 车辆纵向速度分相控制 [J]. 吉林大学学报，2013，43(2)：273-277.

[26] 王家恩，陈无畏，王檀彬，等. 基于期望横摆角速度的视觉导航智能车辆横向控制 [J]. 机械工程学报，2012，48(4)：108-115.

[27] 陈刚，张为公. 基于模糊自适应 PID 的汽车驾驶机器人的车速控制 [J]. 汽车工程，2012，34(6)：511-516.

[28] 国家环境保护总局. 轻型汽车污染物排放限值及测量方法（中国五阶段）：GB 18352. 5—2013 [S]. 北京：中国标准出版社，2013.

[29] 尹念东. 汽车-驾驶员-环境闭环系统操纵稳定性虚拟试验技术的研究 [D]. 北京：中国农业大学，2001.

[30] 孙扬. 无人驾驶车辆智能水平的定量评价 [D]. 北京：北京理工大学，2014.

[31] 王世峰，戴祥，徐宁，等. 无人驾驶汽车环境感知技术综述 [J]. 长春理工大学学报（自然科学版），2017，40(1)：1-6.

[32] 张茂胜，方啸，曾庆喜，等. 用于无人驾驶车辆的启停控制方法和装置：2017104954987 [P]. 2017-9-8.

[33] 李凤娇. 无人驾驶车辆综合避障行为研究与评价 [D]. 北京：北京理工大学，2015.

[34] 王仲民. 移动机器人路径规划与轨迹跟踪 [M]. 北京：兵器工业出版社，2008.

[35] 王庆，张小国. 车辆组合定位与导航系统——理论、方法及应用 [M]. 北京：科学出版社，2016.

[36] 刘月杰，金立生，郑义，等. 汽车主动安全预警系统警告触发方式研究 [J]. 汽车技术，2013(3)：33-37.

[37] 李良洪. 汽车车身电气系统 [M]. 2 版. 北京：北京理工大学出版社，2013.

[38] 中国信息通信研究院. 车联网白皮书 [M]. 北京：中国信通院，2017.

[39] BRUMMELEN J V, O'BRIEN M, GRUYER D, et al. Autonomous vehicle perception: The technology of today and tomorrow [J]. Transportation Research Part C Emerging Technologies, 2018 (89): 77-79

[40] 丁强，方友祥. 从智能交通系统到车联网 [J]. 中国新通信，2013(18)：54-56.

[41] 张艺轩. 基于车联网技术的智能交通系统的设计与实现 [D]. 武汉：华中科技大学，2014.

[42] 赵娜，袁家斌，徐晗. 智能交通系统综述 [J]. 计算机科学，2014(11)：7-11，45.

[43] 白惠仁. 自动驾驶汽车的伦理、法律与社会问题研究述评 [J]. 科学与社会，2018，8(1)：72-87.

[44] 孙保学. 自动驾驶汽车的伦理困境——危急时刻到底该救谁 [J]. 道德与文明，2018(4)：34-39.

[45] 孙保学. 自动驾驶汽车事故的道德算法由谁来决定 [J]. 伦理学研究，2018(2)：97-101.

[46] 国务院关于印发新一代人工智能发展规划的通知 [EB/OL]. [2017-07-20]. http://www.gov.cn/zhengce/content/2017-07/20/content_5211996.htm.

[47] 陈晓林. 无人驾驶汽车对现行法律的挑战及应对 [J]. 理论学刊，2016(1)：124-131.

[48] 江溯. 自动驾驶汽车对法律的挑战 [J]. 中国法律评论，2018(2)：180-189.

[49] 付新华. 自动驾驶汽车事故：责任归属、法律适用与“双层保险框架”的构建 [J]. 华东政法大学学报，2018，21(4)：65-77.

[50] 江溯. 自动驾驶汽车对法律的挑战 [J]. 中国法律评论，2018(2)：180-189.

[51] 张静. 超前还是滞后？——各国自动驾驶政策盘点 [J]. 汽车观察，2018(4)：19-22.

[52] 曹建峰，祝林华. 多国出台政策法规：为自动驾驶创新发展保驾护航 [J]. 机器人产业，2018(2)：101-108.

[53] 张韬略，蒋瑶瑶．德国智能汽车立法及《道路交通法》修订之评介［J］．德国研究，2017，32（3）：68-80，135.

[54] 金旼旼．美通过法案为自动驾驶汽车发展铺平道路［N］．中国证券报，2017-9-9(A07).

[55] 李磊．论中国自动驾驶汽车监管制度的建立［J］．北京理工大学学报（社会科学版），2018，20（2）：124-131.

[56] 石娟，曲辅凡，郭魁元．自动驾驶法律法规现状分析及展望［J］．汽车工程师，2017(10)：11-13.